헤브라이즘과 그 생활
The Hebraism & it's Life

원용국 박사
Rev, Yong-Kuk Wone, The D.

호석출판사
Ho-Sook Publishing

축 사

이일호 박사, 한국성서고고학회 회장

　이번에 일찍이 한국성서고고학회를 창립하시고 오늘까지 계간지 《성경과 고고학》을 만 21년간 간행하는 힘든 일을 사재를 털어서까지 이어오신 원용국 박사님께서 〈헤브라이즘과 그 생활〉의 출간을 후학으로서 또 현 한국 성서고고학회 회장으로서 진심을 담아 축하를 드립니다.
　원용국 박사님은 한국교회와 신학계가 성경고고학에 관심을 돌리지 못할 때부터 이 학문의 중요성을 간파하시고 외로운 학문개척의 터를 닦아오셨습니다. 조직신학, 성경신학, 실천신학, 역사신학, 선교학 등 신학 제 분야에 연구와 학문적 기여도는 한국교회의 성장, 발전과 보조를 맞추며 확장되어 왔습니다. 안타깝게도 성경고고학 분야에 대해서는 걸맞는 관심을 보이지 않았습니다. 그러나 최근에 와서 새롭게 그 필요성과 중요성을 인지하며 현실적 접근을 하고 있어 참 다행으로 생각합니다.
　헤브라이즘은 헬레니즘과 쌍벽을 이루며 연구되고 있습니다. 헤브라이즘은 히브리 사람들에 의해 본질, 특성, 사상의 방법과 종교적 체계를 기록한 것으로 종교적이며 신앙적인 면, 즉, 정신문화의 근간으로, 헬레니즘은 헬라철학과 헬라사상의 배경을 가지고 있지만 물질문명의 모체로 구별합니다. 따지고 보면 헬레니즘은 다신론에 뿌리를 가지고 있고 헤브라이즘은 유일신론에 기초하고 있습니다. 그래서 헤브라이즘은 윤리성이 높고 생활문화를 강조합니다. 저자는 이 점을 저서 전반에서 보여주고 있습니다.

 원용국 박사님은 헤브라이즘에 대한 미시적 분석에서 시작하여 거시적 조망까지 역사적 추적을 제공해주고 있습니다. 아직도 이 분야에 관한 연구가 부족함에도 불구하고 산수(傘壽, 八旬)을 기념하여 저서를 준비하셨고 한편 자녀들이 뜻을 모아 이 책을 출판하도록 경제적 부담을 감당한다는 소식을 듣고 적잖은 신선한 충격을 받습니다. 그 동안도 신구약 성경 주석서를 내시고 성경고고학에 관련된 수많은 책을 학자로서 또 한 권의 저서를 내신다니 후학으로서 부끄러움을 금할 수 없습니다. 모쪼록 한국교회의 모든 목회자들과 신학생들은 물론 헤브라이즘에 대해 배우고 싶은 모든 이들에게 일독을 권하며 아울러 저자이신 원용국 박사님의 학문적 열정도 본받았으면 하는 바람도 선사하고 싶습니다. Soli Deo Gloria!!

2015년 7월 30일
이일호 박사

축하합니다

차경옥 목사, 서울은목교회 80세가 되었는데도 꾸준한 연구와 가르치는 일을 하나님의 능력을 받아서 그의 뜻과 영광을 위하여 수고하시는 중에 "성경과 고고학"에 연재하였던 "헤브라이즘과 그 생활"을 출판하게 된 것을 진심으로 축하하면서 제게도 기쁨과 영광으로 생각합니다. 1960년도에 총회신학대학원의 동기 동창으로 나는 목회에 전념하다가 은퇴하고 수도권 은목교회에서 서로 만나서(2008년) 같이 교제하며 동역자와 선교 협력자로 서울은목교회에서 봉사하면서 지내오던 중에 원용국 목사께서 구약주석을 완간하고, 신약주석 "마태복음"에서 "누가복음주석"을 마치고 "요한복음주석"을 집필하던 중에 이번에 위의 귀한 책을 출판하게 되었는데 80세의 생일을 맞이하고 건강과 생명을 주신 하나님께 감사하며 남은 생애도 크게 영광을 받으시기를 소원하며, 하나님의 말씀인 구약과 신약을 율법이나 복음으로만 잘못 오해하거나 곡해하는 이때에 성경에 근거한 성경의 복음과 그리스도 예수의 구속의 진리와 성도의 생명과 천국의 길과 신앙과

생활의 도구인 이 책을 출판하게 된 것을 축하합니다. 지금까지 이에 관한 책이 없었던 중에 출판하는 귀한 지침서입니다. 이 책이 한국교회의 신학계와 교회의 목회자와 성도들에게 좋은 참고서와 연구서가 되기를 바라며 앞으로 이에 관하여 연구하는 이들이 더 많이 나오는 근거가 되기를 바랍니다.

저는 이번에 동년배와 동기동창과 동역자로 이 책을 출판하게 됨을 축하하며 감사하며 일독을 권합니다.

2015년 7월 19일
서울은목교회 차경옥 목사

머리말

2014년 말이 되면서 새 해인 2015년 코앞에 두고 사랑하는 아내인 한영숙께서 혼자서 여러 가지 생각 끝에 나에게 하는 말은 여러 가지 이유로 ① 한살 위인 나와 같이 80세의 생일과 축하연을 같이하는 것이 좋겠고, ② 그 간에 5남매의 결혼과 우리 두 부부의 회갑, 진갑들을 지내면서 친척들에게 짐을 많이 지웠으나, 80 생일을 안 할 수 없으니 ③ 가장 가까운 친형제들만 모시되 그 경비는 ④ 우리 두 부부가 전담하기로 하고 큰아들 원은성 집사와 의논하여 그대로 결정했다.

2015년이 되어서 천천히 준비하는 중에 5월 8일(토)이 되어서 경기도 광주 교외의 민속촌에 모여서 하나님의 은혜와 복 가운데 무사히 연회를 마쳤다. 그런데 5월 24일에 "경인총회신학교"에 갔을 때에 경인총회신학교의 학장인 임재구 목사께서 80세 축하금을 주어서 받았다.

6월이 지나고 7월이 되어서 7월 4일에 종강예배와 함께 종강특강이 있었는데 오전 9시 50분부터 이중석 교수의 Rainhold Neibur의 "그리스도의 문화"에 대한 특강이 있었고, 오전 10시 50분부터 "예수님의 고난과 죽음, 부활의 직간접적 고증"이 11시 50분까지 있었다. 그 후에는 점심시간이 있었고, 오후 2시 30분부터 종강예배가 있었는데, 그 예배 후에 학장님이 내 이름을 불러 강단에 세우고 나를 장황하게 소개하고, 80세 생일을 지난 5월에 지낸 것을 소개하고 교수회와 학생회에서 각각 축하금을 주어서 매우 송구했다.

그래서 오후 4시경에 돌아오는 지하철에서 그 봉투를 열어보고 그 축하금을 어떻게 쓰는 것이 좋을 것인가를 생각하던 끝에 그 돈에 조금 더 보충하여 그간 "성경과 고고학"에 연재하여 오다 끝마친 그 "헤브라임과 그 생활"(The Hebraism & it's Life)을 출판하기로 했다. 그리고 그 축하글로 경인총회신학교 학장인 임재구 목사의 축하문과 한국 성서고고학회 회장인 이일호 교수와 나의 귀한 제자인 박종수와 기타 몇 분의 옥고를 첨부하여 7월말 경에 출간하여 배포하기로 하였다. 이 모든 것이 하나님의 복과 그 분께 영광과 찬양을 돌릴 일이다.
　감사와 영광을 돌린다. 샬롬!

2015. 7. 6.

원용국 박사

헤브라이즘과 그 생활

목차

제 I 편 헤브라이즘
I. 서론
II. 헤브라이즘
　1. 헤브라이즘의 명칭
　2. 토라(תורה)의 어의
　　1) 히브리어　　　2) 아람어　　　7) 영어
　　3) 헬라어　　　　4) 아랍어
　　5) 라틴어　　　　6) 독일어
　3. 토라(תורה)의 정의
　4. 헤브라이즘의 어근
　　1) 토라인 구약
　　2) 탈무드
　5. 헤브라이즘의 의미
　6. 헤브라이즘의 근거
　7. 헤브라이즘의 역사
　　1) 히브리의 기원
　　2) 히브리 사람의 적용범위

제 II 편 헤브라이즘의 행위와 생활
　1. 서론
　2. 헤브라이즘의 행위와 생활의 성경적 근거
　　1) ברא(빠라)
　　2) היה(하야)

10 . 헤브라이즘과 그 생활

    3) חָיָה(하얕)
    4) עשׂה(아샽)
 3. 역사적 교회들
    1) 초대교회
    2) 교부들
    3) 중세교회
    4) 개혁교회
    5) 근대교회
    6) 현대교회
 4. 행함과 생활의 기본적인 어의
    1) 구약   בָּרָא(빠라)
                היה(하야)
                חָיָה(하얕)
                עשׂה(아샽)
    2) 신약 $\kappa\tau i\zeta\omega$(크티조)
                $\sigma i\nu o\mu a\iota$(시노마이)
                $\pi o i y\mu a$(포이에마)
                $\dot{\varepsilon}\sigma\tau\iota$(에스티)
 5. 성도의 행위와 생활의 시련
 6. 성도의 행위와 생활의 평가
 7. 결론
참고문헌

제 I 편 헤브라이즘

I. 서론

필자는 헤브라이즘에 관하여 연구하려고 노력하는 중에 세계적인 대백과사전들을 참고했다. 그런데 그 백과사전들에게도 이에 관한 이론이 없었다. 그래서 필자는 매우 답답하여 일반적인 사전들까지도 찾아보았다. 다행히도 거기에는 간단히 언급이 되어 있었다. 그런가 하면 유명하다는 구약학자나 성경학자들에게도 물어보았으며 그들의 논문들도 참고하여 보니 그 헤브라이즘(Hebraism)과 쥬다이즘(Judaism)은 동일한 것으로 잘못 알고 논리를 전개하고 있었다.

그러나 다행하게도 인터넷(Internet)에 들어가서 Google과 Wikipedia와 Naver에 들어가서 검색하여 보니 이 문제에 관하여 수없이 많이 언급하고 있었다. 그 내용을 보면 철학적이고 사상적인 면에서 언급하고 있는데 그 유명한 헬라철학에서 헬라사상을 헬레니즘(Hellenism)이라 했었고, 그와 반대로 종교적이면서 신앙적인 면에서 헤브라이즘(Hebraism)이 있었다. 그런데 여기에서 저자가 연구하고자 하는 것은 철학적이고 사상적인 면에서 헬리니즘과 헤브라이즘을 대비하여 연구하는 것이 아니라 저자는 그 보다는 종교적이고 신앙적인 면에서 생각하겠다. 또 그 종교적인 면에서도 이 헤브라이즘을 쥬다이즘과 같은 것으로 본 것이 아니라 저자는 그보다 더 순수하고 근원적이고 근본적인 헤브라이즘을 찾아 연구하며 그것이 어떻게 변질이 되었고, 또 그 순수하고 근원적이고 근본적인 헤브라이즘이 메시아론 또는 기독론과 어떤 관계가 있는가를 찾아서 밝혀보고자 한다.

필자는 그 헤브라이즘에 관하여 좀 더 깊고 넓게 구체적으로 연구하여 그 명칭, 그 어근, 그 의미, 그 역사, 그 근거와 그 영향에 관하여 구체적으로 연구하되 성경에 근거하고 또 성서고고학에 근거하여 그 증거를 찾아보기로 했다.

12 .헤브라이즘과 그 생활

주의할 것은 성경인 토라(תורה)가 고대에서 현대에 이르는 동안에 이스라엘 사람들과 그 자손에게 얼마나 큰 영향을 미쳤는지 알 수 없다. 그 영향은 매우 컸다. 그러나 그 영향을 미친 만큼 혼란과 변질을 가져왔다. 이에 관하여 저자가 『성경과 고고학』에 기재한 "토라(תורה)가 인생에 미친 영향"을 참고하여 보자.

정확히 토라(תורה)이다. 그것이 주전 286년경에 이집트 왕 Ptolemy Ⅱ Philadelphus가 예루살렘 대제사장에게 요청하여 72인의 랍비를 초대하여 Alexandria 항구 건너편에 있는 섬에서 그것을 번역할 때 그것을 νόμος로 잘못 번역함으로 유래된 것이다. 그 토라(תורה)는 율법보다는 차라리 "하나님의 교훈", "하나님의 말씀"으로 번역함이 다르다.[1] 다음에 인성(人性)은 "한글 사전"에 "사람의 성품"으로 되어 있다.[2] 모태에서 태어나기 전부터 가지고 나온 성품이고, 후천성은 모태에서 출생한 후에 주위의 영향과 교육을 통하여 이루어진 성품이다. 그런데 위의 두 가지 성품은 인간의 일생을 좌우 하는데 전자는 성령과 모태 교육에 있어서 다소 교정과 부분적인 영향이 있으나 후자는 성령과 진리교육에 의하여 크게 좌우 된다.[3] 그 사실은 창세기 16-49장까지에서 아브라함의 아들 이스마엘과 이삭의 역사를 통한 종교 교육과 진리 안에서의 생활 교육의 필요성을 보여준다. 그것을 일반적으로 종교, 또는 신앙교육이라 하고 후자를 사회 또는 학교 교육이라 한다. 이에 관하여 Douglas Sdan은 "학교에서 얻은 지식보다 삶의 지혜를 얻기 위하여 종교를 찾는 것이 많을 것이다"라고 했다. 이것은 사회교육보다 종교교육의 중요성과 그 인성에 미친 영향을 의미한다. 그 교육은 여러 가지 역할을 하는데 ① 가치관 회복을 위한 교육(Education for Values), ② 내적 사안 교육(Insight izaugination), ③ 지혜교육(Education for Wisdom)이다. 이런 교육은 백년대계만 아니라 만년대계가 필요하며 영

---

1) 원용국, 『율법과 복음에 관한 연구』, 로고스사.
2) 국어국문학회편, 『국어새사전』, 동아출판사, 4291년.
3) 팀 라헤이, 『성령과 기질』, 생명의 말씀사, 1981.

적이고 신령한 능력이 필요하다.

이번에는 우리의 주제가 하나님의 축복과 성령의 역사를 전제로 한 신앙과 진리 안에서 부모와 사회에서의 토라(תורה)의 교육을 연구하며 그것이 사람의 인성에 미친 영향을 생각하고자 한다. 특별히 유대인을 중심한 교육을 살펴보고자 한다.

"사자에게서 사자 새끼가 나오고, 독수리에게서 독수리가 나온다"는 유대인의 격언은 유대인의 종교 교육과 가정교육의 정신을 잘 나타낸다. "교육"이라고 하면 일반적으로 배우고, 익히고, 생활하는 세 단계로 생각한다. 그러나 성경과 유대인의 교육은 위의 세 가지가 하나로 종합된 단어를 사용한다. 즉 히브리어로 למד[4]인데 그것은 "스스로 익히다" 또는 "배워서 생활에 옮겨 습관화하다"라는 것이다(신 5:1). 하나님께서 모세를 통하여 이스라엘에게 말씀을 주었을 때만이 아니라 랍비가 자기의 제자들에게 교육을 했을 때에도, 또 부모가 자녀에게 교육했을 때에도 마찬가지로 배운 것을 생활에 옮겨 습관화하는 것이다. 그러기 때문에 유대인의 교육이 참 교육이고, 중요하고 그리고 우리에게 모범이 된다.

II. 헤브라이즘

참되고 귀한 헤브라이즘은 토라에 근거하고 또 그 토라에 따른 사상과 주의가 헤브라이즘이다. 그러나 그것에서 벗어나서 인위적이고 세상의 철학과 부패한 생활과 그릇된 일에 빠지는 것을 경계시키고 주의케 함에 목적도 있다.

1. 헤브라이즘의 명칭

---

4) B.B.Davidson, Alalytical Hebrew & Charlee Lexicon, Eerdmans; 원용국, 『신명기주석』, 호석출판사, 112-3.

헤브라이즘(Hebraism)이란 명칭은 그 사용이 그리 오래된 것이 아니다. 그것은 18세기 후반에서 19세기에 들어서면서 전문 분야와 그 사용자가 점점 많아지면서 주창자가 늘어나고 하나의 사상 또는 주의가 되면서 헤브라이스트(Hebraist), 헤브라이즘(Hebraism)이 대두되게 된 것이다. 그 명칭의 근거는 구약에 근거를 두었다고 하겠다. 구약 창세기에서 오경에 보든지 또는 당시 이후에 고고학에 의하여 Habiru(하비루) 또는 그와 매우 유사한 Apiru(아피루)라는 족속과 민족이 나오는데 그들이 바로 히브리 족속인 이스라엘 민족으로 생각된다. 그러므로 우리는 그 헤브라이즘을 구약인 토라(תורה)를 무시하거나 또는 떠나서는 말할 수가 없다(창 14:13, 39:14, 17, 40, 41:12, 43:32, 출 1:15-16, 19:20, 신 15:12, 삼하 4:6, 9, 13, 19, 14:16, 21, 29:3, 렘 34:9, 14, 욘 1:9, R. Young, Concordance, The Bible, P.473).

토라(תורה)는 이스라엘 자손의 중요한 하나님의 말씀이고 국가와 종교, 사회와 가정과 개인의 생활과 그들의 문화의 근거이다. 그래서 하나님께서 이스라엘 자손의 인도자요, 지도자인 모세에게 주어 이스라엘 자손과 그의 미래의 국가와 민족의 기본으로 삼았다. 그래서 이 토라(תורה)를 매 7년인 안식년(출 23:10-22, 레 25:2-4) 마지막 해에 곧 정기 면제년에 초막절에 온 이스라엘이 "네 하나님 앞 택하신 곳에 모일 때에 낭독하여 온 이스라엘이 듣게 할찌니 곧 백성의 남녀와 유치와 네 성 안에 우거하는 타국인을 모으고 그들로 듣고 배우고 네 하나님 여호와를…지켜 행하게 하고…요단을 건너가서…"(신 31:9-12, 15:1ff, 느 10:31 등)라고 했다.

또 "그것을 써서 성막의 언약궤에 넣어서 증거하라"(신 31:24-26)고 했다. 그 이후에 그 토라(תורה) 외에 더 첨가하였는데 여호와 하나님은 모세의 후계자인 여호수아를 통하여 이스라엘 자손과 일하고 말씀하신 것을 기록하여 두었다(수 8:34-22:5ff, 24:26ff). 그래서 이스라엘 자손에게 선포하고 기록하여 보존케 했다(왕하 10:1, 6, 17:37, 대상 24:6,

26:22, 32:17, 사 8:1, 10:10, 30:8, 렘 22:30, 30:9, 31:31, 36:2, 4, 6, 17-18, 27-32, 45:1, 51:60, 겔 24:1ff, 37:16, 20, 43:11, 호 8:12, 합 2:2).

신약에서도 구약에서와 같이 기록했다(행 6:1, 15:23, 18:27, 23:25, 25:26, 고후 11:22, 빌 3:5, 계 1:11, 19, 3:1, 7, 12, 10:4, 14:13, 21:5ff). 중요한 것은 이 말씀에 다른 것을 더하거나 자기의 비위에 맞지 않는다고 빼어 내어서는 절대 되지 않는다. 그래서 "가감하지 말라"고 했다 (신 4:2, 12:32, 민 22:18, 잠 30:6, 렘 26:2, 계 22:18-19).

이 하나님의 말씀으로 인간의 교훈과 지시가 되는 오경만 아니라 구약인 토라(תורה)가 잘못된 신학과 사상과 전통과 관습에 따라 잘못 번역이 되므로 변질되거나 오염되었는데 참된 토라는 복음이고 고귀한 하나님의 말씀과 진리이다. 이에 관하여 저자의 『율법과 복음에 관한 연구』를 참고하여 보라!

2. 토라(תורה)의 어의

이하에서 토라에 대한 여러 나라의 언어와 그 뜻을 생각하겠다. 먼저 구약이 기록된 히브리 원어와 아람어를 생각하여 보겠고, 다음에 신약의 원어인 헬라어와 오늘날 팔레스틴과 그 일대의 주민의 언어인 아람어와 신학의 원어인 라틴어를 위시하여 독일어의 의미를 생각하여 보겠다. 모든 언어는 그 의미와 근원이 있기 때문에 그 연구는 필수적이라 하겠다.

1) 히브리어

구약의 원어인 히브리어로는 한글역의 "율법"을 토라(תורה)라고 한다. 이 토라(תורה)는 יָרָה(야라)에서 나온 것으로 본다. 그 이유는 히브리어 명사는 동사에서 파생하기 때문이다. 이 토라(תורה)는 여러 가지 의미가 있는데 첫째, "던진다", "쏜다"는 뜻이 있고, 둘째, "교훈한다", "교육한다"는 뜻이 있는데 특별히 하나님께서 자기의 백성에게 하는 교훈이나 교육이다. 그래서 William Wilsom은 자신의 Old Testament Word Studies에서 토라(תּוֹרָה)는 "교훈"이나 "훈계"로 보았다. 그 이유는 율법이나 규칙에 관한 히브리어 단어는 다른 단어가 있기 때문이다. 왕이나 지도자가 만든 법을 דָּת(다트)라 하고 명령은 מְלִלָּה(밀레다)로 되어 있다. 그래서 토라(תּוֹרָה)는 아버지와 같은 하나님이 자녀와 같은 인간이나 자기의 백성에게 선지자를 통하여 교훈 또는 훈계하신 것이다 (욥 22:22, 잠 1:8, 3:1, 4:2, 6:20, 7:2, 사 1:10, 창 26:5). 이 의견에 대하여 Robert B. Girdlestone도 동조하고 있다. 그뿐만 아니라 고영민 편저 『성서원어대사전』에서도 토라(תּוֹרָה)를 ① "교훈", "교리"라 했고, ② "법"으로 사람이 지키는 방법과 원리, 인간적인 것, 신적인 것, 제사법으로 되어 있다(pp.166-167).

2) 아람어

구약은 히브리어로 기록되었을 뿐만 아니라 구약 중 일부분이 아람어로 기록되어 있다. 그 이유는 그 부분들이 기록될 당시에 아람 나라가 세계를 지배하고 있었기 때문이다. 그 아람제국은 앗수르, 바벨론과 페르시아였다. 이 나라들은 그 공통어가 아람어였다. 성경은 이 나라들이 세계를 지배하면서 북쪽 이스라엘과 남쪽 유다와 깊은 관계를 가졌었는데 북쪽 이스라엘은 앗수르제국에, 남쪽 유다는 바벨론에 망했고, 그 백성들은 그들 나라에 포로가 되어 갔었다. 그러나 그들이 페르시아제국에 의하여 위의 나라들의 백성들이 포로에서 해방되어 다시 고국으로 귀환하게 되었다. 이 모든 역사적 사건이 하나님의 섭리 안에서 되어진 것을 성경기자가 기록하면서 그 아람제국의 공문서를 인용하게 되었다. 그래서 그 공용어인 아람어 부분이 구약에 삽입이 되었다. 그 아람어 부분은 예레미야 10장 11절, 다니엘 2장, 4장에서 7장 28절, 에스라 4장 8절에서 6장 19절, 7장 12절에서 27절 등이다.

이 아람어에 사용된 단어에 근거하면 법이나 법적 상황을 말해주는 단어가 דָּת(다트)이다. 이것은 인간적인 공권에 의하여 만들어진 법률을

2. 토라(תּוֹרָה)의 어의. 17

의미한다. 이미 언급한 히브리어의 법률이나 공적인 법에 해당한다. 그러나 하나님에 의하여 주어진 메시지 또는 말씀은 토라(תּוֹרָה)와는 전혀 다른 פִּתְנָה(피테나)으로 되어 있다. 이 단어는 사신을 통하여 전하여 주는 교훈과 훈계를 의미한다. 그런데 성경에서는 전자보다는 후자를 즐겨 사용하였다. 그 이유는 하나님의 말씀은 첫째, 인위적이 아니고 신위적이고, 둘째, 법적이 아니고 교훈과 훈계라는 것이고, 끝으로 하나님의 말씀은 하나님의 사신들을 통하여 준 훈계이다. 그러므로 히브리어와 같은 계통인 아람어도 오늘날 일반적으로 말하는 율법과 하나님의 교훈과는 근본적으로 다른 것을 보여 준다.

3) 헬라어

구약의 히브리어 토라(תּוֹרָה)는 주전 286년에 νόμος(노모스)로 번역이 되었다. 이 헬라어 νόμος (노모스)는 동사 νέμω(네모)에서 나온 것이다. νέμω(네모)는 "분배한다", "할당한다"는 의미가 있는데 그것이 명사가 되면서 "설정한 것", "관심", "계명", "율법"이라는 의미가 되었다. 여기서 주의하여야 할 것은 70인경의 번역자들이 히브리어 דָּת, חֻקָּה, תּוֹרַת를 νόμος (노모스)로 일괄 번역했다. 여기에서 구약의 원어인 히브리어 토라(תּוֹרָה)는 그 후대에 독자들에게 착각과 오해를 가져오게 되었다. 그러므로 신약저자가 이 νόμος((노모스)를 사용할 때에 LXX경의 영향을 받아서 이 한 단어를 사용했다. 그래서 이 "율법"인 νόμος(노모스)는 몇 가지 의미가 있는데 ① 일반적인 율법이 있다(롬 7:1-2). διὰ ποιου νόμος로 행동을 다스리는 법으로 규칙, 원리, 법규, 규범(히 7:16) 등이다. ② 모세의 법, 또는 교훈이다(마 22:36, 눅 2:22, 요 7:23, 행 23:29, 롬 2:13, 갈 2:19). 신약에 와서 예수님과 사도들은 그 νόμος에 대한 구별과 그 바른 의미와 그것의 종류를 밝히기 위하여 힘썼다. 그래서 이것을 신약에서는 그냥 νόμος가 아니라 첫째, νόμος θεου κυρίου, 둘째, νόμος χριστον πνεύματος, 셋째, νόμος καὶ προφηται, 넷째, κατὰ νόμον 등등 기타 이에 대한 성구는 아래

책을 참고하라. ③ 유대인의 법인데 유대인이 모세의 오경에 근거하여 자기들의 신학과 전통에 의하여 만든 법이다. 이 법을 "율법"이라고 했다. 이 율법은 구약시대만 아니라 신약시대에도 많이 사용되었는데 성경 해석자들이 모세의 νόμος 와 유대인의 νόμος 를 많이 혼동하여 같은 것으로 생각했다. 그러나 히브리 원어에 근거하면 분명히 구별되고 또 의미의 차이가 있다.

그러면 헬라어에 히브리어 토라(תורה)와 같은 하나님의 교훈에 관한 단어가 없는가? 아니다 있다. 헬라어에서 이 교훈은 διδάσκαλος (디다스칼로스)로 되어 있는데 이것은 "교훈" 또는 "교의"를 의미하는데 신약에 58회가 있다. 그 가운데 48회는 복음에 적용되었다(딤전 4:6, 6:3). 복음에는 예수님에게 41회 사용했고(딤전 1:8-11, 롬 2:16, 갈 2:7), 7회는 다른 이들에게 적용했다(딤전 6:3). 그러므로 예수님과 사도들은 구약을 원어와 하나님의 뜻에 따라 신중을 기하여 영적 또는 기독론적인 의미에서 바르고 참되게 해석하려고 했다.

4) 아랍어

이슬람에서 율법은 아랍어로 "샤리아"인데 그것은 문자적으로 이슬람의 생활의 방법인 "길" 또는 "도리"를 의미한다. 그 샤리아라는 이슬람의 율법은 코란, 하딧이즈마와 큐이아스의 교훈에 근거해 있다. 그 샤리아는 이슬람에서처럼 유대교에서 아버와 같은 의미를 가짐으로 유대교의 율법과 비교가 된다.

이스람의 "우레마"는 율법 학자들을 의미하는 아랍어 "우레마"처럼 율법선생 또는 서기관들에게 적용이 되었다. 그런데 모세의 토라를 샤리아라는 단어를 쓰지 않고 놀랍고도 다행하게 "타워라" 또는 "타우라"라는 특수한 단어를 사용했는데 그것은 히브리어 토라(תורה)에서 아랍적으로 변천된 술어이다.

신약에서 복음이라는 아랍어는 "인제엘"로 되어 있는데 이것은 기쁜 소식일 뿐만 아니라 예수 그리스도를 의미하는 것으로 추정한다. 그래

2. 토라(תורה)의 어의. 19

서 신약에서는 "인제엘"이란 단어를 예수 그리스도와 같이 사용했다.

5) 라틴어

위의 헬라어와 마찬가지로 라틴어도 토라를 한 가지 단어를 사용했는데 lex(렉스)를 사용했다. 이 lex는 라틴어 어미가 붙어서 legium(레기움)이나 legis(레기스)가 되었는데 이것은 매우 일반적인 법이고 lexfas(렉스파스)는 하나님의 법이나 또는 신성한 법이 된다. 그런데 로마서에 보면 legium이나 legis를 많이 사용하고 lexfas는 그리 많지 않다. 이것은 라틴어로 성경을 번역한 이가 의식적으로 하나님의 법과 일반법을 구별하려는 의도적인 것이 아닌가! 또 구약의 토라(תורה)와 같은 단어가 라틴어에도 있는데 institutio, diseiplina와 doctrina가 있다. 그런데 위의 단어를 구약에 적용하지 않은 것은 역시 70인경(LXX)에 근거한 것 같다. 그러므로 이상에서 본 바대로 주전 3세기에 구약을 헬라어로 번역한 LXX은 후대에 크고 중요한 영향을 주었는데 그것은 ① 번역 어원에 있어서 착오를 주었고, ② 신학적으로 혼돈을 가져왔으며, 끝으로는 성경 원어 내용에 잘못을 가져다주었다. 그래서 그것이 후대에 다른 나라 말로 성경을 번역하는데 큰 혼돈과 잘못을 가져다주었다. 그러므로 신약에 "선생된 자가 큰 심판을 받는다"고 했는데 선생된 자가 크게 조심하고 경계할 말씀이다.

6) 독일어

독일어로는 교훈과 율법과 복음이 분명하게 정의되고 있다. "교훈"은 Belehrung인데 그것은 가르침, 교훈, 지식을 말한다. 그러나 그 가르침은 삶, 철학 등 인간에 관한 것이 아니라 하나님에 관한 가르침을 의미한다. 그것은 히브리어 토라(תורה)와 일치하고 또 동일하다. 그러나 성경에서 율법은 독일어로는 Gesetz로 표시되어 있다. 그러나 모세의 십계명 등은 Gebot로 표시되었는데 한글로는 "신의 명령"이 된다. 성경에서 독일어로 Gesetz나 Gebot는 모두 하나님의 계율, 하나님의 명령, 율법, 법칙을 의미한다. 그러므로 이 Gesetz와 Gebot는 하나님의 교훈인 Belehrung에 포함되어 있는 그것의 한 부분으로 생활의 규범을 의미한다. 그러면 이 Belehrung은 구약을 의미하고 그 구약은 복음이다.

복음은 "좋은 소식"으로 일반적으로 die gute Nachricht이다. 그러나 뜻밖의 행복은 das unerwartete Glück를 표현하기도 하는데, 기독교에서는 Evangelium 또는 Frohe Botschaft라 한다. Evangelium은 원뜻이 ① 복된 소식(구세주의 출현과 관련된), ② 신약 성경 중 복음서를 지칭하기도 함이다.

신약적으로 Evangelium은 아래와 같다.
① die Botschaft Jesu,
② die vier Schriften des NT über das Leben Jesu von Matthäus, Markus, Lukas und Johannes,
③ Wort, Schriftwerk,
④ das einem heilig ist, an das man bedingimgslos glaubt.

7) 영어

영어는 구약의 히브리어 토라(תורה)와 신약의 노모스(νόμος)를 모두 Law(율법)으로 번역하고 있다. 그 이유는 역시 헬라어 LXX에 영향을 받았고, 또 고대로부터 내려오는 사상인 히브리어 토라(תורה)는 헬라어 νόμος(노모스)를 "율법"이라는 견해에 근거한 것 같다. 그 고대로부터 내려오는 사상은 모세오경 또는 구약은 "율법"이고, 신약은 "복음"이라는 온당치 않은 신학사상에 근거한 것이다. 그 실례는 구약시대는 지나갔고 지금은 신약시대라는 사상, 또는 지금은 은혜시대라는 사상에 근거한 것이 분명하다.

그러나 성경을 번역함에 있어서 칼빈(John Calvin)의 주장대로 첫째, 원어에 철저히 근거하여야 함에도 불구하고 번역본에 근거한 것이다. 한국어 역본의 최초는 Ross역이나 그 후의 번역본들도 역시 마찬가지로 다른 나라의 번역본에 근거한 것이 분명하다. 둘째, 그 원어의 역사적, 신학적 배경과 사상을 밝혀 원 의미를 찾아서 번역하는 것이 귀하다. 그러나 LXX이나 기타 다른 나라의 말로 번역하는 것이 귀하다. 그런데 LXX이나 기타 다른 나라의 말로 번역한 신구약 번역 성경을 참고한 것이다. 그 중에도 가장 영향을 많이 준 번역본이 영어 번역본이다. 영어에 있어서 히브리어 토라(תוֹרָה)를 Law외에도 Instruction이나 다른 좋은 단어로 번역할 수 있는데에도 불구하고 오직 Law 즉 "율법"으로 번역함으로 여기에 영향을 받은 한글 번역본에 교훈이나 훈계를 율법이나 법으로 번역한 것이다. 율법과 교훈과는 얼마나 차이가 있는가? 또 그 번역 성경은 신학과 신앙의 근거이다. 그러므로 그 바르게 번역하지 못한 번역본에 근거하므로 후대에 그 영향을 받아서 바르고 참된 신학과 신앙이 되지 못한 것이라고 여겨진다.

3. 토라(תוֹרָה)의 정의

이상과 같이 구약의 원어와 신약의 원어를 근거하여 볼 때 중간기 시대에 구약을 헬라어로 번역한 70인경(LXX)의 영향으로 구약을 보는 견해에 착오가 일어나게 되었고, 또 예수님과 사도들은 이 착오를 고치고 구약을 "율법" 보다는 차라리 "하나님의 말씀"이요, "하나님의 자녀에게 주는 교훈"으로 당시의 사람들로 하여금 그것을 진리로 받아 바로 깨닫고 예언적인 복음(구약)이 현실적인 복음(신약)으로 받아져서 하나님 앞에 신앙 안에서 구속되기를 바란다(마 11:13). 그것은 일점일획도 변치 않는다(마 5:17).

우리는 출애굽기 24장 12절을 잘 안다. "여호와께서 모세에게 이르시되 너는 산에 올라 내게로 와서 거기 있으라 너로 그들을 가르치려고 내가 율법과 계명을 친히 기록한 돌판을 네게 주리라"고 한 것이다.

히브리어 원문에 의하면 다음과 같다.

וַיֹּאמֶר יְהוָה אֶל־מֹשֶׁה עֲלֵה אֵלַי הָהָרָה וֶהְיֵה־שָׁם וְאֶתְּנָה

לְךָ אֶת־לֻחֹת הָאֶבֶן וְהַתּוֹרָה וְהַמִּצְוָה אֲשֶׁר כָּתַבְתִּי לְהוֹרֹתָם:

여기서 중요한 단어는 다음과 같다. ① "그들을 가르치려고 준 것"이다. 여기의 "그라침"은 교육을 의미한다. 그 교육은 육과 영을 포함한 개인과 가정과 정치와 종교와 어울러 다른 나라와의 관계를 포함한 전체적인 것을 교육하는 것을 의미한다. 이것은 신약의 디모데후서 3장 14-17절에 잘 나타나 있다. ② 그 교육의 교재는 세 가지가 있는데 첫째 לֻחֹת הָאֶבֶן 즉 "그 돌판들"이다. 그 "돌판들"은 출애굽기 31장 18절, 32장 15-16절, 신명기 5장 22절에 나타난 십계명이다. 십계명은 여호와 하나님에 의하여 두 돌판에 기록되어 모세를 통하여 이스라엘 자손에게 준 계명 또는 법이다. 이것은 기본법, 또는 절대법이다. 둘째 הַתּוֹרָה 이다. 그 뜻은 "그 교훈"이다. 이 교훈은 십계명에 근거한 여러 가지 교훈, 또는 훈계들이다. 그런데 영어역 성경이나, 한글역 성경에서는 "율법"으로 되어 있는데 이것은 이미 어원이나 서론에서 이야기한바와 같이 이 תּוֹרָה는 율법이 아니라 "교훈"과 "훈계"로 보는 것이 타당한 것이다. 즉 이미 언급한 것과 같이 어근이나 원어나 학자들의 학설에 근거하여 타당하다. 끝으로 הַמִּצְוָה이다. 이것은 한글역에서 "계명"으로 되어 있으나 그 보다는 "격언"이나 "규율"로 보는 것이 온당하다고 보아진다. 그 이유는 תּוֹרָה 다음에 이 מִצְוָה가 나왔기 때문이고, 또 "그 격언" 또는 "그 규율"로 되어 있기 때문이다. 이 규칙은 하나님께서 모세를 트충하여 그 때 그 주신 말씀과 규칙을 의미한다. 이것은 마치 잠언이나 전도서와 같은 내용이다.

여기서 주의할 것은 한글 성경에서는 "율법과 계명"으로 되어 있으나 히브리어 원어에서는 한글역과 달리 "두 돌판"인 십계명과 "교훈"과 "그 규율"을 말하고 있는데, 원어에 보면 그 하나, 하나의 단어 사이에 접속사 ,가 있기 때문이다. 이것은 접속사로 그 하나, 하나의 단어가 독립되고 또 개별적인 다른 내용의 단어이기 때문이다. 그러므로 위의 세 가지 내용이 교육의 교재였다. 이 교재에서 제하거나 더해서는 안된다(신 4:2, 12:32, 계 2:18-19).

3. 토라(תורה)의 정의.

그 교재들 중의 토라는 율법이 아니라 그 역시 복음이다. 그 복음은 신약의 복음을 기초인 기초복음이며, 신약의 복음인 그리스도를 예언하였으므로 전기복음(Proto-Evangelion), 또는 예언적복음(Prophetic Gospel)이라고 하겠다. 그 복음은 구약 히브리어로 בְּשׂרָה이다. 이는 동사 בשׂר에서 온 것인데 "복된 소식을 가져오다", "기쁜 소식을 선포하다"는 것에서 LXX에 헬라어로 εὐαγγελίζω로 번역했다. 그 동사의 명사는 εὐαγγέλιον인데 "좋은 소식", "복되고 기쁜 소식"이다. 그 "복되고 기쁜 소식"은 ① 곧 세워지는 하나님 나라에 대한 기쁜 소식인데(마 4:23, 26:13, 마 1:14, 10:29) 그리스도를 통한 구원의 기쁜 소식, 그리스도 안에서 나타내지고 실증된 하나님의 은혜의 선포이다(행 15:7, 롬 10:6, 고전 4:15, 살전 2:4). ② 예수 그리스도의 말씀과 행동, 죽음과 인류의 구속사역이다(막 1:1). 그래서 신약에 보면 그 εὐαγγέλιον τας βασιλείας, εὐαγγέλιον ταου' χριστου', εὐαγγέλιον ταου θεου'등 여러 말씀이 있다.5)

이 복음은 신약만이 아니다. 그 신약의 기초가 되는 구약도 마찬가지이다. 그래서 예수님께서 요한복음 5장 46-47절에 "모세가 내게 대하여 기록하였음이니라"고 했다. 그는 아브라함이 자기를 보고 기뻐했다고 했다(요 8:56-59). Martin Luther는 "신구약은 예수 그리스도가 누워 있는 구유다"라고 했고, Billy Graham은 창세기에서 요한계시록까지가 예수 그리스도를 계시한다고 역설했다. 즉 "성서의 메시지란 바로 예수 그리스도이다"고 하면서 예수의 역사는 성서를 통해서 한 가지씩 찾아 볼 수 있다.

창세기에 의하면 예수는 여인의 씨요,
출애굽기에서는 유월절의 어린 양이고,
레위기에서 보면 속죄의 제물이며,
민수기에서는 쪼아진 바윗돌로 나타난다.
신명기에서는 선지자요,

---

5) W. F. Moulton, Concordance of the Greek Testament

여호수아에서는 여호와의 군대 장관이다.
사사기에서는 구조자이며,
룻기에서는 하늘나라의 친척,
사무엘, 열왕기, 역대기에서는 약속의 왕이시며,
느헤미야에는 국가 재건자요,
에스더에서는 옹호자이고,
욥기에서는 구속자이다.
시편에서는 나의 노래요,
전도서에서는 나의 푯대,
잠언에서는 나를 만족하게 하는 자요,
선지서에서는 오실 평화의 왕이며,
......

우리 구주 예수 그리스도에 대한 메시지가 바로 성서의 이야기로서, 그것은 구속의 이야기요, 복음의 이야기이며, 생명과 평화와 영원과 하늘나라에 관한 이야기이다. 그러므로 히브리어 기자는 "νόμος는 장차 오는 좋은 일의 그림자요, 참 형상이 아니므로 해마다 늘 드리는 바와 같이 되었다"(히 10:1)고 했다. 구약의 모형적인 그리스도(히브리서)와 신약의 실체의 그리스도를 바로 믿고 의지하여야 한다(요 6:51-58). 그래서 M. Luther는 "이 신구약 성경은 성도의 영적 두 유방이다. 이 두 유방 중에 어느 하나만 가지고는 원만한 성장을 할 수 없다"고 했다. 실로 그렇다. 그러나 오늘날 신학계나 교회에서 구약을 "순전히 율법주의적인 개념으로 이해되거나 혹은 신약을 순전히 은혜일색의 (Sola-gratia) 개념으로 이해되는 양극의 경향이 있다. 그 이유는 그들의 성경에 대한 관점이 다르기 때문이다. 즉 잘못 되었기 때문이다. 그 관점이 잘못되는 이유는 첫째는 잘못 전래된 관습과 전통 때문이고, 둘째는 잘못된 신학에 의한 그 교육과 그것에 대한 답습 때문이다. 셋째는 성경에 대한 새로운 연구와 발견이 없는 때문이다.

우리는 잘못된 수건을 벗고(고후 4:13-) 구약과 신약의 복음을 바로 연구하고 깨달아 복음에 합당한 일을 행하며 건전한 신학인이 되고 그 복음을 바로 전하는 것이 긴요하다고 하겠다.

4. 헤브라이즘의 어근

헤브라이즘은 Wikipedia, the free 백과사전에서는 "히브리어의 관습, 특색, 또는 특성"의 의미인데 가끔 넓은 의미로서는 "유대 백성, 그들의 신앙, 그들의 국가적인 이상론 또는 문화"에 적용되기도 한다.

그 넓은 관용적인 의미는 히브리어는 성경에 근거한 히브리어로 문화적인 의미를 말하는데 저술가 David Bivin은 히브리어의 관용어 עֵינַיִם בְּאַרְבַּע(베랍에나임) "네 눈들을 가지고"로 3인칭이 아니고 2인칭으로 "얼굴과 얼굴을 맞댐"을 의미하며, 두 사람이 각각 두 눈을 가지고 만나서 דוּבִּים לֹא יָאִיר(두빔웨 로 야알= "곰들 또는 살림이 없다")는 것이라는 것인데 확실하지 않다. 또 אָמַן אֶת יָדוּ בְעַלֲהֹת("그 접시에 자기 손을 붙는다")는 의미에서 나온 것이라는 것이다. 그런데 중요한 것은 헤브라이즘은 셈적 어근에서 나온 것은 분명한데 그것은 말의 순서, 전환, 혼합과 수많은 다른 구성 모습들이다. 마침내 한 저자는 신약에서 헤브라이즘을 찾고 있다. 본래 헬라어 보다는 차라리 히브리어에서 그 기원을 찾고 있다.

헤브라이즘은 꼭 히브리 사람들에게서 본질, 특성, 성격과 사상의 방법과 종교적 체계를 기록한 것으로 보는데 Mathew Arnold(1869)가 헬레니즘과 함께 헤브라이즘을 언급했으며, 이에 Feldman의 옹호를 받으므로 널리 호응되게 되었다.

우리는 그 헤브라이즘에 관하여 연구하기 이전에 어학적으로 영어에서 -ist와 -ism에 관하여 연구하여야 한다. 그 -ist와 -ism의 차이는 전자는 전문적인 사상과 주의자를 의미하고, 후자는 그 주의자의 사상이나 신학을 의미한다. 그렇다면 우리가 연구할 주제인 Hebraist(헤브라이스트)와 Hebraism(헤브라이즘)은 전자는 히브리 사상과 그 학 또는 신학을 면밀히 연구하고 주장하며 그것에 심취하여 전적으로 선전하고 주창하는 자들이다. 그래서 오늘날 사상이나 신학이나 그 어떤 분야를 연구하며 거기에 심취하여 주창하는 자들로 우리말로는 "신봉자들"을 의미한다.

그 실예로 공산주의자들(Communists), "칼빈주의자"(Calvinism), 그리고 경제주의자(Economist)이다. 그런데 주의할 것은 그런 ~주의자들이 주창하는 학설이나 학이나 신학을 우리는 "~~주의"라고 하는데 그 "사상, 정신 또는 실질적인 특성을 의미한다"고 되어 있다. 쉬운 말로 말하면 어떤 사상가나 학자들의 사상이나 학을 전적으로 신봉하는 주의를 내세우고 주창하고 설득하는데 이에 그 영향과 자극을 받은 신학자들이나 사상가들이 자칭 또는 타칭해 성경과 관계된 히브리 사상을 종합하여 헤브라이즘이라 하게 되었다. 그래서인지 어떤 학자는 그 성경이 유대인의 조상들에게 주어졌고 또 그 신학의 근본이 유대인이므로 그들의 신학과 그들의 사상이므로 바로 헤브라이즘으로 오해하거나 곡해하여 유대주의를 헤브라이즘으로 생각하고 있다.6)

그 유대주의는 그 헤브라이즘에서 많이 이탈하여 있고, 또 오랫동안 수많은 불순물들이 첨가되어 있어서 말하자면 그 유대주의는 헤브라이즘이 아니다. 그 이유는 그 유대주의는 구약의 이면적인 사상과 신학을 외면하고 표면적인 구약 또는 חוֹרָה에 유대인들의 전통과 그릇된 신학을 가미하여 주창하다 보니 ① 형식에 따른 의식만 고집하고 그것을 세워 형식주의가 되었으며 그 형식주의가 발전하여 그의 전심전념하다 보니 자의주의가 되었고, ② 자기들만 의롭고 택함을 받지 못한 자들로 자기들에게 인식된 이방인들은 죄인들일 뿐이라고 개와 같이 여겨서 배타주의가 되었다.7) 이런 그 유대주의가 어떻게 헤브라이즘과 동일할 수 있는가! 그것은 마치 동이 서에서 먼 것과 같이, 하늘과 땅이 완전히 다른 것과 같이 큰 차이가 있는 것이다. 그 사실은 이스라엘 사람

---

6) 들소리 문학, 2009년 창간호, P.18
7) 원용국, "구약신학"

4. 헤브라이즘의 어근.

들의 사상과 관습과 유대주의 또는 시온주의가 헤브라이즘으로 곡해한 데서 온 것일 것이다.

여기서 주의할 것이 있다. 그 헤브라이즘(Hebraism)의 어근이 되는 히브리의 어근을 철저히 연구하여야겠는데 그

1. 히브리는 히브리어로 הָעִבְרִי(히에베리)인데 그것은 구약에서 아브라함 이후에 등장하기 시작하여(창 14:13), 도망한 자가 와서 "히브리사람"(הָעִבְרִי=히에베리) 아브라함에게 고하기로(창 39:14, 17, 40:15, 41:12, 43:32)

2. 부터 시작하여 출애굽기 1장 15-16절, 19절과 2장 6-7절, 11-13절과 3장 18절과 5장 3절과 7장 1절에는

3. "히브리사람의 하나님"(הָעִבְרִים=하이베림)이라고 했다(9:1, 10:3, 21:2, 신 15:12).

4. 또한 이스라엘 사람의 종을 "히브리 종"(עֶבֶד עִבְרִי=에벧 이브리)라고 했다.

5. 주전 15세기에서 14세기에는 Tel el-Amarna 토판에서(가나안에 거주하던 왕들이 애굽 왕 바로에게 도움을 요청)는 가나안에 쳐서 들어오는 여호수아와 이스라엘 자손(?)을 Apiru 또는 Habiru 족속이라 칭하였다.

6. 그뿐만 아니라 통일 왕국시대에도 "히브리"라는 말이 많이 사용되었는데(삼상 4:6, 9, 13:3, 7, 19, 14:11, 21, 29:3) 등이다. 이것은 이스라엘 나라와 함께 히브리 자손임을 의미한다.

7. 주전 7-8세기인 예레미야시대인 북쪽 이스라엘과 남쪽 유다 시대에 남쪽 유다 백성을 "히브리인"(הָעִבְרִי=하이베리)이라고 했다(렘 34:9, 14)

8. 신약에서도 이스라엘 백성을 "히브리인"이라고 했는데(행 6:1, 고후 11:22, 빌 3:5) 사도들과 바울이 사용했다.

이와 같이 신.구약에서 사용된 그 "히브리"는 아브라함시대인 주전 2000년 이전에 그의 조상들이나, 그 조상들의 거주지나 도시 국가 중에

그런 이름을 사용한 자가 없는가를 연구하던 중에 아브라함의 6대 조상들 중에 에벨(עֵבֶר)이 있었는데 창세기 10장 21절에 "셈은 에벨 온 자손의 조상이요 야벳의 형이라 그에게서 자녀가 출생하였으나"

וּלְשֵׁם יֻלַּד גַּם־הוּא אֲבִי כָּל־בְּנֵי־עֵבֶר אֲחִי יֶפֶת הַגָּדוֹל:

본문이 귀한 것은 셈을 "에벨 온 자손의 아버지"로 처음 밝히고 있으며 야벳의 형이라고 밝히고 있다. 에벨의 자손은 이것이 기록된 그 날과 그 장소에 대하여 잘 알고 있었는데 이에 대한 성구는 창세기 10장과 11장에 기록되어 있다.

학자들은 "에벨"에서 "히브리"라는 단어가 분명히 나온 것 같다고 한다. 실례로 아브라함은 "히브리 사람"이라 호칭을 받았다(창 14:13). 이것은 에벨의 자손이라는 것을 나타내는 것이다. 그러므로 이 단어가 분명히 성경에서 사용되고 또 큰 백성의 집단을 이루었다고 하지 않고 아브라함의 계통으로만 사용하고 있다. 어떤 학자는 그 백성은 이스라엘이 아닌 "하비르"라고도 하나 다른 이들은 이스라엘이 에벨의 자손이라고도 한다. 여기서 후자가 옳은 것 같다.

셈은 또한 야벳의 형으로 언급되고 있는데 이것이 함에게는 적용되지 않고 있다. 아마 이것은 자기의 아버지의 예언(9:27)과 직접 관계되기 때문이거나 또는 그에게 형의 권리를 준 때문이라고 한다.

후대의 번역본들 중에 어떤 사본은 이 점에 대하여 권위있는 사본을 반영하고 있으며 또 "야벳의 형 셈"으로 번역하고 있다. 한 예로 맛소라 사본은 권위있는 사본의 번역으로 높이 평가받고 있고 또 이것을 바른 내용으로 보고 있다. 셈은 홍수 이전 97년에 태어났었고(창 5:32, 11:10), 노아는 홍수 이전 100년경에 이 세 아들을 낳았다(창 5:32, 7:11)(원용국, 창세기주석, PP.230-231).

그 에벨은 두 아들이 있었는데(창 10:25)

● 에벨의 두 아들(10:25)

4. 헤브라이즘의 어근. 29

"에벨은 두 아들을 낳고 하나의 이름을 벨렉이라 하였으니 그 때에 세상이 나뉘었음이요 벨렉의 아우의 이름은 욕단이며"

יִלַּד שְׁנֵי בָנִים שֵׁם הָאֶחָד פֶּלֶג כִּי בְיָמָיו נִפְלְגָה הָאָרֶץ וְשֵׁם אָחִיו יָקְטָן: וּלְעֵבֶר 25

여기서는 국민들의 목차 중에 셈족의 부분에 대하여 특별히 밝히고 있다. 에벨은 두 아들이 있었는데 벨렉과 욕단이다. 그 중에 벨렉이 선택받은 계통 중에 하나였다. 욕단에 대한 것은 26절에서 30절까지에 나타나 있다.

벨렉의 이름과 관계된 사건은 매우 재미있는데 "그 때에 세상이 나뉘었음이라"고 했다. 이것은 분명히 가장 기념할만한 사건이었고 또 에벨(Eber)은 그 사건을 기념하여 자기의 아들의 이름을 지었다. 벨렉이라는 이름은 "분열"을 의미한다. 벨렉은 벨라스기안(Pelasgians)족으로 알려진 한 백성의 조상이 되었을 가능성이 있으나 이것은 벨렉 자신에게 국한된 지역과 같음을 보여주고 있다. 요는 그 땅에서 분열하기 시작한 것을 의미하고 있다.

이 구절에 대한 가장 명백한 해석은 창세기 11장에서 이야기한 것처럼 바벨탑에서 사람들이 분열한 것을 나타내는 예언이며, 다른 분열은 창세기 10장 5절과 창세기 10장 32절에 의미하는 것도 된다. 즉 "이들로부터 여러 나라 백성들로 나뉘어서 각기 방언과 종족과 나라대로 바닷가의 땅에 머물렀더라"고 했고, "홍수 후에 이들에게서 땅의 열국 백성이 나뉘었더라"고 했다. 이 구절들은 분명히 인종적이고 지리적인 분열을 언급하고 있음을 볼 수 있으며, 특별히 5절에서 그 분열은 "언어대로" 분열된 것을 밝히고 있다.

함을 통하여 태어난 노아의 증손자인 니므롯은 에벨과 같은 세대로 되어 있는데 그는 셈을 통하여 태어난 노아의 증손자였다. 이처럼 니므롯과 에벨이 성숙한 사람들이 되었을 때에 바벨탑의 분열이 있었는지, 그 전후의 사건들이었는지 알 수 없다. 만일 벨렉이 분산 후에 곧 태어났다면 에벨이 자기의 아들의 이름을 그 사건에 대한 기념으로 지을 수 있으나 반면에 성경기자가 국민들의 계통을 보여 주기 위하여 "벨렉"이라는 이름을 줄 수 있다는 것이다. 그러나 그것은 논리에 맞지 않고 다만 그 때에 어떤 분열 사건이 있었음이 분명하다.

벨렉이라는 단어와 같은 파락(פלג) "분열했다"는 단어는 5절과 32절에 있는 파라드(פרד) "분열했다"는 단어와 차이가 있으며, 이것은 분열의 두 다른 유형이 있었을 가능성이 있다. 그런데 히브리의 권위있는 학자들은 그 단어들이 본질적으로 같은 것으로 본다.

만일 그것이 일단 대륙을 점점 형성하여 나아가는 한 단면을 나타내는 것이라면, 이 절은 참으로 그 사건을 참고하여 이해시키는 것이 된다. 오늘날 대륙의 형성 문제는 아직 과학자들 사이에 논란의 대상이 되고 있으며, 창조 과학자들은 모든 생각을 동원하여 물리적 난제를 해결하는데 총력을 기울이고 있다.

어떤 경우에 그것은 지구의 여러 부분에서 지금 발견되는 인종문제를 해결하고 대륙의 형성을 가정하는 모든 요건은 아니다. 의심없이 이 주자들이 벨링해협과 말레이시아 해협을 교두보를 통하여 건넜을 것인데, 해면은 홍수 후에 당분간은 지금보다 매우 낮았을 것이며 또 빙하시대로 되어 있었는지도 모른다. 더욱이 초기 인간은 해양을 진출하는 기구를 만들 줄 알았다. 그 증거는 방주건조이다. 또 그들은 이것으로 쉽게 이쪽 대륙에서 저쪽 대륙으로 여행했다. 이에 대한 고대의 증거들이 많이 있다.

더욱이 지각은 에너지의 대 보고였는데 홍수시대에 그 "큰 혼합의 근원"이 터진 것이다. 이 큰 에너지는 바벨탑과 관계를 가지게 되었을 것이다. 최초는 분리의 과정이 빨리 작용했으나, 후에 점점 느리게 작용하여 오늘날 운동은 더욱 느리게 작용하고 있다. 비록 그 문제는 아직도 정확하지 않으나 대개 분열을 대변하는 구절은 바벨탑의 영향으로 언어가 혼합됨으로 지역적으로 분산된 것으로 본다(원용국, lbid, PP.232-234).

4. 헤브라이즘의 어근. 31

● 에블라 왕국과 히브리인

이미 앞에서 언급한 창세기 10장 21절과 25절에 언급된 그 아브라함의 6대 조상 에벨이 셈 자손의 조상이 되었는데 오늘날 성서고고학이 발달이 되면서 오늘날 시리아, 성경에서는 수리아 지역이 발굴이 되는데 성경의 이 귀한 고증이 아닌가 생각이 된다.

창세기 10장 21절에 "셈은 에벨 온 자손의 조상이요"라고 되었고, 11장 14-16절에는 에벨을 거쳐서 아브라함에게 이르는 족보가 나온다. 그런데 10장 21절에 나오는 "에벨 온 자손"은 알지 못했으나 고고학에 의하여 밝혀지게 되었다.

시리아의 알레포(Aleppo)에서 남쪽으로 30마일 지점에 있는 Tell Mardikh라는 에블라 유적지의 발굴들은 P. 마티에(Matthiae)와 G. 페티나토(Pettinato) 교수에 의하여 이루어졌으며, 초기 동기Ⅳ시대인 주전 3000년 후반에 속하는 쐐기문자가 새겨진 15000개 이상이 되는 토판들이 발굴되었다. 그것들은 히브리인의 조상인 수메르인과 가나안인의 언어로 기록되어 있다. 그 토판들은 ① 하솔, 무깃도, 가자와 우루살리마(예루살렘)의 가나안 도시들을 언급하고 있으며, ② 세상의 시초에 대한 성경 기록과 유사한 세상창조와, 대 홍수에 관한 이야기들이 들어 있다. ③ 그 문서의 대부분은 먼 곳으로 물건을 보낸 것과 그 영수증을 기록한 경제적인 사본들이다. 다른 토판들은 ④ 그 내용이 문자적이고, 법적이고, 외교적이고, 역사적이고, 지리적인 것도 있다. 초기에 그것들은 에블라(Ebla)가 근동의 문화를 나누어준 대 가나안 왕국의 수도와 문화적인 중심지였음을 보여주고 있다. 고대 메소포타미아에 알려진 신화들은 그 왕국을 통하여 퍼져나갔고, 후대에 에블라의 율법들도 여러 면으로 자료가 되어 메소포타미아에 그것을 전하여 주었다.

이처럼 신앙의 족장들 시대 이전에 오랫동안 시리아와 팔레스틴은 서부 셈족인 수메르와 악갓의 신화적 그리고 문화적인 전통이 있었고, 또한 그것을 후세 다른 왕국에 전하여 주었다. 그러나 그것이 이스라엘의 후대의 조상들이 들어있는 어느 곳에 그것들이 전해졌고, 또 연결이 되었다고는 믿을 수 없으며, 창세기의 내용이 되었다고는 보지 않는다. 물론 자유주의자들은 그렇게 본다. 그것은 잘못이다. 그 이유는 첫째 성경의 내용과 크게 다르고, 둘째로 성경은 모세를 통하여 준 하나님의 계시이기 때문이며, 셋째는 그것들은 다신적이고 이방적이기 때문이다 (원용국, "최신성서고고학" 구약편, P.184).

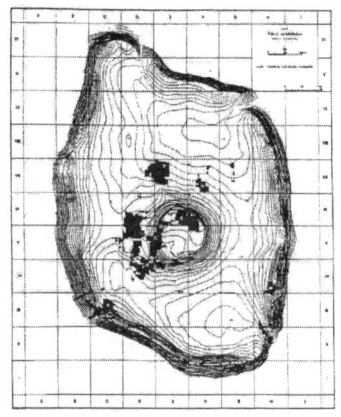
에블라왕국의 Tel 말디크(유적지)

에블라왕국의 에벨의 석상 일부

4. 헤브라이즘의 어근. 33

에블라왕국의 성문

에블라왕국의 설형문자 토판(주전 2500-2300)

●Habiru의 문제

창세기 14장 13절에 "히브리 사람 아브라함" 즉 אברהם라 부르고 있다. 성경 분야에서 주전 20세기에서 19세기에 이르면서 메소포타미아와 북쪽 시리아와 애굽에서 나온 문서에 언급된 아피르 또는 하비르와 성경의 히브리 사이에 가진 가능한 관계를 널리 고찰하게 되었다. 성경시대에 가나안에서 '아피르'의 활동을 기술한 Amarna 토판에 특별한 관심을 가지게 되었다.

이 토판들은 1887년에 Tell el Amarna에서 가까운 한 곳에서 발굴되었는데, 그곳은 애굽왕 바로 Amenophis Ⅳ(Akhenaten)세와 그의 아버지 Amenophis Ⅲ세의 수도와 왕족의 저택이 있던 곳이다. 그것들은 왕의 문서보관소에서 나왔는데, 가나안의 봉신 왕들과 서부 소아시아의 봉신 왕들이, 애굽왕 바로에게 보낸 150개의 편지가 포함되어 있었다.

후기 동기 Ⅰ시대에(후기 가나안시대) 가나안은 명목상 가나안의 통치 밑에 있었으며, 도시 왕들이 그들의 상관에게 조공으로 밀과 다른 농산물들을 바쳤다. 애굽의 통치의 점진적 붕괴가, 그 당시에 국제적인 언어인 악갓 문자로 기록된 토판들에서 나타나 있다. 우리는 그 안에서 가나안에 있던 복잡한 정치적 위치와 시대적 변천을 알 수 있다. 음모들, 대항책과 복잡한 고소들이 있었으며, 그것들은 후기 동기시대(15-14세)의 생활상과 지역주민들의 사회적 구조를 보여주고 있다.

●히브리 사람, 아브라함

"힛타이트 문서"(Hittite Texts)에는 그들이 분명히 하나의 사회적 집단으로 기록되어 있는가 하면, 마리 문서(Mari Texts)나 아마르나 문서(Amarna Letters)에는 하나의 민족인 것처럼 언급되어 있다. 레위(Julius Lewy)는 "성서에 나타난 히브리인의 기원과 의미"라고 하는 흥미 있는 논문에서 여러 학자들의 견해를 분석하면서 다음과 같이 말하고 있다. "어떤 저자는 '하비루'를 '이민자'나 '외국인 거주자'로, 다른 저자는 '망명자'로, 제3의 저자는 '피난민'으로, 제4의 저자는 '멸망한 백성'

으로 그 의미를 제한하고 있다".

중동기시대의 히브리 남녀

아마르나 토판들

'아피르'는 특유한 인종집단도 아니고 그들은 어떤 정한 장소에서 온 것도 아니다. 차라리 그들은 정규적으로 이동하는 백성들을 막연히 규정지을 수 있다. 이 견해는 몇가지 고찰에 의하여 보충되고 있다. (a) 그들에 대한 참고는 상.하 메소포타미아, 소아시아, 시리아-팔레스틴과 애굽에서 나온 수천개의 토판을 통하여 알려져 있다. (b) 그들의 이름은 한 언어로만 된 것이 아니고 그들이 만났던 악갓, 훌족과 다른 족속들의 거주지의 언어들에게서 반영되고 있다. (c) 개체적인 "apiru"의 고향이 확인되었을 때 그들이 고향에 있든지, 이웃나라에 있든지, 또는 먼 나라에 있었을 것이다. 이에 대하여는 일치하지 않고 있다. 그들은 얼마동안 필요한 지역 주민의 일원이 아니었고, 그들은 그곳 주민의 어떤 한 사회계급인 것도 확인할 수 없으며, 자주 추방당한 자로서 국가나, 시민의 주권이 없는 거주민들로 기록되어 있다. 그들은 자기들이 살던 그 사회에서 일반적으로 주민대접을 받지 못했다. 그들은 여러 인종적 집단, 즉 방어자들, 용병들과 또는 교수형수와 같은 일반이름을 가진 것으로 보인다.

아마르나 편지들과 성경의 가능한 유대는 세겜의 운명에 관한 전통과 예루살렘 초기 역사에서 찾아볼 수 있다. 그럼에도 불구하고 성경의 이부림과 아마르나의 아피르, 또는 하비르간의 직접적인 관계의 확인은 없고 오직 가정뿐이다. 더욱이 히브리인의 기원은 방랑하고 주거지가 없는 여러 집단이었던 설형문자 하피르의 기록과 일치하지 않고 있는데, 그들이 그곳에 살고 있는 어떤 주민들과 교제했는지도 분명히 확인되지 않고 있다.

●결론

전통적인 기록에 따르면 이름을 알 수 없는 이스라엘 역사가는 이스라엘이 여러 백성들을 공격하기 전에, 한 방랑자였다고 했다. 그들은 놀라운 물질적 문화를 가졌으나, 이스라엘은 다른 것은 가진 것이 없었다. 모세 당시에 그 땅에 정탐으로 보냄을 받은 한 사람의 말에 따르면 "그러나 그 땅 거민은 강하고, 성읍은 견고하고 심히 클 뿐 아니라, 거기서 아낙 자손을 보았으며"(민 13:28)라고 했다.

이것은 아브라함이 자기의 생애를 보낼 서쪽으로 여행했다. 그 땅은 아브라함에게 알려져 있는 곳이었는데, 고고학적 발굴과 기록문서가 기록되지 않은 자료에 근거하여서 단정되고 있다.

성경 기록자에 의하여 나타난 전통적 모습은 성경적, 고고학적 자료들에 의하여 밝혀진 유물과 시대가 일치하고 있다. 학자들의 연구로 드러난 바로는 성경적 기록이 역사적이고 사실적이라는 것이 증거한다.

그 유대주의 또는 시온주의를 집대성하고 그것을 대변하는 그들의 경전 또는 법전인 탈무드(Talmud), 미쉬나(Mishna), 미드라쉬(Midrash 설교)나 하프타라(보충) 위경과 가경이다. 이들 문서들을 참고하여 고찰하면

●헤브라이즘의 변천의 역사

1) 토라(תורה)인 구약

토라는 넓은 의미에서는 구약을 의미한다. 그러나 좁은 의미에서는 모세오경을 의미한다. 그 넓은 의미는 그 토라가 하나님의 말씀이다. 그러나 그 토라는 한역 성경이나 영어역 성경, 기타 성경 번역에서는 "율법" 또는 "Law"가 결코 아니라 하나님의 "교훈" 또는 "지시" 그리고 "말씀" 이다.8)

Accordingly we hear of a Word of God that is written (Jn. xv. 25; 1 Cor. xv. 54), and the Divine Word is naturally contrasted with meretradition, as if its written form were of its very idea (Mk. vii. 10); indeed, the written body of revelation - with an emphasis on its written form - is designated expressly 'the prophetic word' (2 Pet. I. 19). More distinctly still, "the Law" comes to be thought of as a written, not exactly, code, but body of Divinely authoritative instructions. The phrase, "It is written in your law" (Jn. x. 34; xv. 25; rom. iii. 19; 1 Cor. xiv. 21), acquires the precise sense of, "(It is setforth in your authoritative Scriptures, all the content of which is 'law', that is, Divine instruction". Thus "the Word of God", "the Law", came to mean just the written body of revelation, what we call, and what the New Testament writers called, in the same high sense which wegive the term, "the Scriptures". These "Scriptures" are thus identified with the revelation of God, conceived as a well-defined corpus, and two conceptions rise before us which have had a determining part to play in the history of Christianity - the conception of an authoritative Canon of Scripture, and the eonception

---

8) B. B. Warfield, The Inspiriolian & authoritative of the Bible, P.& Reformed, 100-101

of this Canon of Scripture as just the Word of God written.

What is important to recognize is that the Scriptures themselves represent the Scriptures as not merely containing here and there the record of revelations - "words of God", tōrōth - given by god, but as themselves, in all their extent, a revelation, an authoritative body of gracious instructions from God may have given, are extant - rather as the Revelation, the only "Word of God" accessible to men, in all their parts "law", that is, authoritative instruction from God.

이것에 대한 어학적인 의미와 구.신약의 대조와 예수님과 사도들과 종교 개혁자들과 그 실질적인 것을 연구하여 보면9) 이미 "1. 헤브라이즘의 명칭"에서 본 것과 같이 그 토라는 하나님의 교훈 또는 하나님의 말씀으로 헤브라이즘과 신약의 근거이다. 그러므로 예수님과 그의 제자들인 사도들 역시 그 토라를 근거하여 말씀했고, 그 말씀대로 그 하나님을 경외하며 그의 말씀에 따라 행하였다. 유대와 세계 만민을 구원하기 위하여 성령 안에서 일하셨다. 그 증거는 저자의 "구약성문서"의 부록인 "신.구약 대조 목록"을10) 참고하라. 그 대조목록에 의하면 창세기 1장 1절에서 말라기 4장 5-6절까지가(신약) 마태복음 1장 1절에서 계시록 22장 마지막 절까지에 인용이 되어서 구약과 신약이 큰 조화와 통일과 연합을 이룬다. 그래서 토라는 신약의 근거이고, 신약의 메시야이신 예수 그리스도의 구속과 성령의 충만함으로 사도들과 그의 후계자들에 의하여 세워진 세계 교회의 근거와 생명이다.

좁은 의미에서 모세오경에 언급된 제단이나, 성막이나, 그 안과 밖에서 행해진 6대 제사들이나 7대 절기들과 6도피성들과 10계명도 모두 예수 그리스도의 구속사역과 함께 구속된 성도들의 성결 생활과 그들에게 구원의 보장과 구속의 십자가를 제시하여 준다. 그래서 예수님이 십자가 위에서 운명하시면서 "다 이루었다"(요 19:30)고 하셨다. 이에

---

9) 원용국, "율법과 복음에 관한 연구", 11-63, 72-78을 참고하라.
10) 원용국, "구약성문서", 호석출판사, PP.237-247 참고.

관하여 저자의 "오경의 기독론"을 참고하라.11) 또한 오순절에 성령의 강림으로 사도들과 성도들이 세계에 나가서 복음을 전하여 세계를 복음화에 나선 것도(행 1:8, 2:1-) 그 하나이다.12)

2. 신구약 대조 목록 I13)

가. 창조시대

창세기

1:1	히 11:3	3:6	롬 5:12; 딤전 2:14
1:3	고후 4:6	3:13	롬 7:11; 고후 11:3
1:6-9	벧후 3:5		딤전 2:14
1:11	고전 15:38	3:15	눅 10:19, 롬 16:20
1:26	엡 4:24	3:16	고전 11:3, 14:34
1:26, 27	골 3:10, 약 3:9		엡 5:22, 골 3:18
1:27	마 19:4; 막 10:6	3:17-18	히 6:8
	행 17:29; 고전 11:7	3:17-19	롬 8:20; 고전 15:21
	딤전 2:13	3:19	롬 5:12; 히 9:27
1:29	롬 14:2	3:22	계 22:2,14,19
1:31	딤전 4:4	3:22, 24	계 2:7
2:2	히 4:4-10	4:3-10	히 11:4
2:7	고전 15:45,47	4:7	롬 6:12
	딤전 2:13	4:8	마 23:35; 눅 11:51
2:9	계 2:7, 22:2, 14, 19		요일 3:12
2:17	롬 5:12	4:10	히 12:24; 약 5:4
2:18	고전 11:9	4:25-5:32	눅 3:36-38
2:21-23	고전 11:8	5:1	마 1:1; 고전 15:49
2:22	딤전 2:13	5:2	마 19:4; 막 10:6
2:24	마 19:5; 막 10:7-8	5:3	고전 15:49
	고전 6:16; 엡 5:31	5:24	히 11:5
3:4	요 8:44	5:29	롬 8:20; 고전 11:7

---

11) 원용국, "오경의 기독론", 호석출판사
12) Kurt. Aland, Matthew Black, The New Testament, 1966, American Bible Society, PP.897-907, "성경과 고고학" 24-26호 재인용.
13) 이사야 34장 16절을 참고하라.

나. 홍수시대

창세기

6:1-7:24	벧전 3:20	7:11-21	벧후 3:6
6:5	롬 7:18	8:18	벧후 3:5
6:5-12	눅 17:26	8:21	롬 7:18; 빌 4:18
6:9-12	마 24:37	9:3	롬 14:3; 딤전 4:3
6:13-22	히 11:7	9:4	행 19:20,29
6:13-7:24	마 24:38-39	9:6	마 26:52; 미 10:6
7:1	히 11:7	11:10-26	눅 3:34,36
7:6-23	눅 17:27		

다. 족장시대

창세기

12:1	행 7:3	17:8	행 7:5
12:1-5	히 11:8	17:10, 11	롬 4:11
12:3	행 3:25; 갈 3:8	17:10-13	요 7:22
12:5	행 7:4	17:10-14	행 7:8
12:7	행 7:5; 갈 3:16	17:12	눅 1:59; 2:21
13:15	행 7:5; 갈 3:16	17:17	롬 4:19
14:17-20	히 7:1-2	17:19	히 11:11
14:19	계 10:6	18:1-8	히 13:2
14:20	눅 18:12	18:4	눅 7:44
14:22	계 10:6	18:10	롬 9:9
15:5	롬 4:18	18:11	눅 1:18
15:5, 6	히 11:12	18:11-14	히 11:11
15:6	롬 4:3, 9, 22	18:12	벧전 3:6
	갈 3:6; 약 2:23	18:14	마 19:26; 막 10:27
15:13, 14	행 7:6,7		눅 1:37; 롬 9:9
15:16	살전 2:16	18:18	행 3:25; 롬 4:13
15:18	행 7:5		갈 3:8
16:1	행 7:5	18:20, 21	눅 17:28; 계 18:5
16:11	눅 1:31	18:20-19:28	마 10:15
16:15	갈 4:22	18:25	히 12:23
17:5	롬 4:17	19:1-3	히 13:2
17:7	눅 1:56,72,73	19:1-14	눅 17:28
	갈 3:16	19:1-16	벧후 2:7

1) 토라(תורה)인 구약. 41

19:4-25	유다 1:7	29:35	마 1:2; 눅 3:33
19:15-29	눅 17:29	30:23	눅 1:25
19:17	눅 17:31, 32	32:12	히 11:12
19:24	벧후 2:6; 계 14:10 20:10, 21:8	33:19 35:12, 27	요 4:5; 행 7:16 히 11:9
19:24, 25	눅 10:12	37:11	행 7:9
19:24-28	마 11:23	38:8	마 22:24; 막 12:19
19:26	눅 17:31, 32		눅 20:38, 38:29,30
19:28	계 9:2	39:2,3,21,23	행 7:9
21:2	갈 4:22; 히 11:11	41:37-39	행 7:10
21:3	마 1:2; 눅 3:34	41:40-44	행 7:10
21:4	행 7:8	41:54	행 7:11
21:9	갈 4:29	41:55	요 2:5
21:10	갈 4:30	42:1-2	행 7:12
21:12	마 1:2; 롬 9:7 히 11:18	42:5 45:3,4	행 7:11 행 7:13
22:1-10	히 11:17	45:4	행 7:9
22:2	마 3:17; 막 1:11, 12:6	45:9-11 45:16	행 7:14 행 7:13
22:9, 12	약 2:21	45:18,19	행 7:14
22:16	히 6:13	46:5,6	행 7:15
22:17	눅 1:55; 히 6:14, 11:12	46:27 47:9	행 7:14 히 11:13
22:18	마 1:1; 행 3:25	47:31	히 11:21
23:2-20	행 7:16	48:4	행 7:5
23:4	히 11:9, 13	48:15,16	히 11:21
24:7	행 7:5; 갈 3:16	48:22	요 4:5
25:21	롬 9:10	49:9,10	계 5:5
25:23	롬 9:12	49:10	히 7:14
25:26	마 1:2; 눅 3:34	49:29,30	행 7:16
25:33, 34	히 12:16	49:33	행 7:15
26:3	히 11:9	50:7-13	행 7:16
26:4	행 3:25	50:24,25	히 11:22
27:27-29,39,40	히 11:20		
27:30-40	히 12:17	욥기	
28:12	요 1:51	1:1-8	살전 5:22
28:15	히 13:5	1:9-11	계 12:10

1:20	마 26:65	12:19	눅 1:52
1:21	딤전 6:7	13:16	필 1:19
2:3	살전 5:22	15:8	롬 11:34
2:6	고후 12:7	16:9	행 7:54
2:12	마 26:65	22:29	마 23:12; 벧전5:6
3:21	계 9:6	23:10	벧전 1:7
4:9	살후 2:8	34:19	약 2:1
4:19	고후 5:1	38:3	눅 12:36
5:11	눅 1:52; 약 4:10	38:17	마 16:84
5:13	고전 3:19	39:30	눅 17:37
12:7-9	롬 1:20	40:7	눅 12:35
12:14	계 3:7	42:2	마 19:26;막 10:27

라. 탈출시대(광야시대)

출애굽기

1:6	행 7:15	3:15	마 22:32; 막 12:26
1:7,8	행 7:17,18		행 3:13; 히 11:16
1:10,11	행 7:19	3:16	마 22:32; 막 12:26
1:22	행 7:19; 히 11:23	4:5	히 11:26
2:2	행 7:20; 히 11:23	4:19	마 2:20
2:3-10	행 7:21	4:21	롬 9:18
2:10-12	히 11:24	4:22	롬 9:4
2:11,12	행 7:23,24	6:1,6	행 13:17
2:13,14	행 7:26-28	7:3	행 7:36; 롬 9:18
2:14	눅 12:14; 행 7:35	7:11	딤후 3:8
	행 7:29	7:17-21	계 16:3
2:15	행 7:29; 히 11:27	7:17,19,20	계 11:6
2:21,22	행 7:29	7:19-24	계 16:4
3:2,3	행 7:30,31	7:20,21	계 8:8
3:4-10	행 7:31-34	7:22	딤후 3:8
3:6	마 22:32; 막 12:26	8:19	눅 11:20
	눅 20:37; 행 3:13	9:10	계 16:2
	히 11:16	9:12	롬 9:18
3:12	행 7:7	9:16	롬 9:17
3:14	계 1:4,8, 4:8;	9:23-25	계 8:7
	11:17, 16:5	9:24	계 11:19, 16:21
41:11	롬 11:35	10:12,15	계 9:3

1) 토라(תורה)인 구약. 43

10:21	계 16:10	17:6	고전 10:4
12:1-27	마 26:2; 눅 22:1	17:7	히 3:8
12:3-20	고전 5:8	18:3,4	행 7:29
12:6	막 14:12; 눅 22:7	19:1-6	행 7:38
12:8-11	눅 22:8	19:5	딛 2:14
12:11	눅 12:35	19:6	벧전 2:5,9
12:14	눅 22:7		계 1:6, 5:10, 20:6
12:14-20	마 26:17	19:12,13	히 12:20
12:15	막 14:12; 눅 22:7	19:16	계 4:5, 11:19
12:16	눅 23:56	19:16-19	계 8:5, 16:18
12:21	고전 5:7	19:16-22	히 1:18,19
12:21-30	히 11:28	19:18	히 12:26; 계 9:2
12:24-27	눅 2:41	19:20,24	계 4:1
12:40	갈 3:17	20:1-17	행 7:38
12:46	요 19:36	20:5	요 9:2; 약 4:5
12:51	행 13:17; 히 11:27	20:8-9	막 2:27
	유 1:5	20:9-10	눅 13:14
13:2	눅 2:23	20:10	막 12:2; 눅 23:56
13:7	고전 5:7,8	20:11	행 4:24; 14:25
13:9	마 23:5		계 10:6; 14:7
13:12	눅 2:23	20:12	마 15:4; 막 7:10
13:15	눅 2:23		눅 18:20; 엡 6:2,3
13:19	히 11:22	20:12-16	마 19:18, 19;
13:21,22	고전 10:1		막 10:19
14:4,17	롬 9:18	20:13	마 5:21; 약 2:11
14:21	행 7:36	20:13-15	롬 13:9
14:21-31	히 11:29	20:13-16	눅 18:20
14:22-29	고전 10:1	20:14	마 5:27; 약 2:11
15:1	계 15:8	20:18-21	히 12:18,19
15:11	계 15:3	21:2	요 8:35
15:18	계 11:15, 19:6	21:12	마 5:21
16:4	마 6:34; 고전 10:3	21:17	마 15:4; 막 7:10
16:7	고후 3:18	21:24	마 5:38
16:15	요 6:31	21:32	마 26:15
16:18	고후 8:15	22:1	눅 19:8
16:33	히 9:4	22:11	히 6:16
16:35	행 13:18; 고전10:3	22:28	행 23:5

23:4,5	마 5:44	32:13	마 17:24
23:20	마 11:10; 막 1:2	32:23	행 7:40
	눅 7:27	32:32	눅 10:20; 롬 9:3
24:3	히 9:19	32:32,33	빌 4:3; 계 3:5,
24:6-8	고전 11:25; 히 9:19		13:8, 17:8
24:8	마 26:28; 막 14:24		20:12,15
	눅 22:20;	33:3,5	행 7:51
	고전 11:25;	33:19	롬 9:15
	고후 3:6	33:20	요 1:18; 딤전 6:16
	히 9:20; 10:29	34:1	고후 3:3
24:12	고후 3:3	34:6	약 5:11
24:17	고후 3:18	34:28	마 4:2; 요 1:17
25:9	행 7:44	34:29,30	고후 3:7,10
25:10-16	히 9:4	34:33	고후 3:13
25:16	히 9:4	34:34	고후 3:16
25:18-22	히 9:5	36:35	눅 23:45; 고후 3:13
25:23-30	히 9:2	38:21	계 15:5
25:31-40	히 9:2	38:26	마 17:24
25:40	행 7:44; 히 8:5	40:34	계 15:5,8
26:1-30	히 9:2		
26:31-33	눅 23:45; 히 9:3	레위기	
26:31-35	마 27:31	3:17	행 15:20,29
27:21	행 7:44	6:16,26	고전 9:13
28:1	히 5:4	7:6,15	고전 10:18
28:21	계 21:12,13	9:7	히 5:3, 7:27
29:18	엡 5:2; 빌 4:18	11:1-47	행 10:14
29:37	마 23:19	11:2	히 9:10
29:38	히 10:11	11:25	히 9:10
30:1-3	계 8:3, 9:13	11:44,45	벧전 1:16
30:7	눅 1:9	12:3	눅 1:59, 2:21;
30:10	히 9:7		요 7:22; 행 15:1
30:13	마 17:24	12:3,6	눅 2:22
31:18	요 1:17; 고후 3:3	12:8	눅 2:24
32:1	행 7:40	13:46	눅 17:12
32:4-6	행 7:41	14:2	마 8:4
32:6	고전 10:7	14:2,3	눅 17:14
32:9	행 7:51	14:2-32	마 1:44; 눅 5:14

1) 토라(תורה)인 구약. 45

	히 9:19	20:10	요 8:5
14:4	히 9:19	20:13	롬 1:27
14:4-32	마 8:4	20:21	마 13:3,4
15:18	히 9:10	21:9	계 17:16, 18:8
15:25	마 9:20	23:15-21	행 2:1; 고전 16:8
16:2	히 9:7	23:29	행 3:23
16:2,3	히 6:19	23:34	요 7:2
16:3	히 9:13	23:36	요 7:37
16:6	히 5:3, 7:27	24:5-8	마 12:4
16:12	히 6:19; 계 8:5	24:5-9	막 2:26; 눅 6:4
16:14	히 9:7,13; 요 1:17	24:9	마 12:4
16:15	히 6:19, 7:27, 10:4	24:16	마 26:65,66;
16:21	히 10:4		막 14:64;
16:27	히 13:11		요 10:33, 19:7
16:29	행 27:9	24:17	마 5:21
17:10-14	행 15:20,29	24:20	마 5:38
17:11	히 9:22	25:35,36	눅 6:35
18:5	마 19:17; 눅 10:28	25:43,53	골 4:1
	롬 7:10, 10:5	26:11,12	계 21:3
	갈 3:12	26:12	고후 6:16
18:7,8	고전 5:1	26:21	계 15:1,6
18:15	히 9:21	26:41	행 7:51
18:16	마 14:3,4; 마 6:18	26:42	눅 1:72,73
18:19	히 9:21	27:30	마 23:23; 눅 11:42
18:22	롬 1:27		
19:2	마 5:48	민수기	
19:13	마 20:8; 약 5:4	1:50	행 7:44
19:15	요 7:24; 행 23:3	6:2-5	행 21:26
19:17	마 18:15	6:5	행 21:23,24
19:18	마 5:43, 19:19,	6:13-18	행 21:23,24
	22:39; 막 12:31,33;	6:13-21	행 21:26
	눅 10:27;	6:18	행 18:18
	롬 12:19, 13:9;	6:21	행 21:23,24
	갈 5:14; 약 2:8	6:25,26	롬 1:7
19:32	딤전 5:1	9:12	요 6:31
20:7	벧전 1:16	11:29	고전 10:6
20:9	마 15:4; 막 7:10	11:34	고전 10:6

12:7	히 3:2,5	22:28	벧후 2:16
12:8	요이 12; 요삼 14	23:19	롬 9:6; 딤후 2:11
14:1-35	히 3:16-18		히 6:18
14:2	고전 10:10	24:17	마 2:2; 계 22:16
14:3	행 7:39	25:1,2	계 2:14,20
14:6	마 26:65; 막 14:63	25:1,9	고전 10:8
14:16	고전 10:5	27:16	히 1:29
14:21-23	히 3:11	27:17	마 9:36; 막 6:34
14:22,23	히 3:18	28:9,10	마 12:6
14:23	고전 10:5	30:2	마 5:35
14:29	히 3:17	31:16	유 1:11; 계 2:24
14:29,30	고전 10:5; 유 1:5		
14:33	행 7:36	신명기	
14:34	행 13:18	1:10	히 11:12
14:35	유 1:5	1:16	요 7:51
14:36	고전 10:10	1:17	약 2:9
15:17-21	롬 11:16	2:5	행 7:5
15:38,39	마 23:5	4:2	계 22:18,19
16:5	딤후 2:19	4:11,12	히 12:18,19
16:19-35	유 1:11	4:15-19	롬 1:23
16:22	히 12:9	4:20	딛 2:14; 벧전 2:9
16:26	딤후 2:19	4:24	히 12:29
16:41-49	고전 10:10	4:35	막 12:32
17:8-10	히 9:4	4:35,39	고전 8:4
18:2-6	히 9:6	5:4-22	행 7:38
18:8	고전 9:13	5:12-14	막 2:27
18:21	히 7:5	5:13,14	눅 13:14
18:31	마 10:10; 고전 9:13	5:14	마 12:2; 눅 23:56
19:6	히 9:19	5:16	마 15:4; 막 7:10;
19:9	히 9:13		눅 18:20
19:13	히 9:10	5:16-20	마 19:18,19;
19:17-19	히 9:13		막 10:19
20:2-5	히 3:8	5:17	마 5:21; 약 2:11
20:11	고전 10:4	5:17-19	롬 13:9
21:5,6	고전 10:9	5:17-20	눅 18:20
21:9	요 3:14	5:18	마 5:27; 약 2:11
22:7	벧후 2:15; 유 1:11	5:21	롬 7:7, 13:9

1) 토라(תורה)인 구약. 47

5:22-27	히 12:18,19	15:7,8	요일 3:17
6:4	막 12:32; 롬3:30	15:11	마 26:11; 막 14:7
	고전 8:4		요 12:8
6:7	엡 6:4	15:12	요 8:35
6:8	마 23:5	15:16	엡 6:2,3
6:13	마 4:10	16:1-8	눅 2:41
6:13,14	눅 4:8	16:3	고전 5:8
6:16	마 4:7; 눅 4:12	16:9-11	행 2:1; 고전 16:8
6:20-25	엡 6:4		요 8:17
7:1	행 13:19	17:6	요 8:17; 딤전 5:19
7:6	롬 9:4; 딛 2:14		히 10:28
	벧전 2:9	17:7	요 8:7; 고전 5:13
7:9	고전 1:9, 10:13	18:1-3	고전 9:13
8:3	마 4:4; 눅 4:4	18:13	마 5:48
8:5	히 12:7	18:15	마 17:5; 막 9:7
9:3	히 12:29		눅 24:27; 요 5:46,
9:4	롬 10:6-8		7:40; 행 7:37
9:10	행 7:38	18:15,16	행 3:22
9:10,11	고전 3:3	18:15,18	요 1:21, 6:14
9:19	히 12:21	18:19	행 3:23
10:3-5	히 9:4	19:15	마 18:16; 요 8:17
10:12	눅 10:27		고전 13:1;
10:15	벧전 2:9		딤전 5:19;
10:17	행 10:34; 롬 2:11;		히 10:28
	갈 2:6; 엡 6:9;	19:19	고전 5:13
	골 3:25; 딤전 6:15	19:21	마 5:38
	계 17:14, 19:16	21:6-9	마 27:24
10:22	행 7:14; 히 11:12	21:22	행 10:39
11:14	약 5:7	21:22,23	마 27:57,58;
11:29	요 4:20		요 19:31
12:5-14	요 4:20	21:23	갈 3:13
12:32	계 22:18-19	22:21	고전 5:13
13:1-8	마 24:24; 막 13:22	22:22	요 8:5
13:2-4	계 13:14	22:24	고전 5:13
13:3	고전 11:19	22:30	고전 5:1
14:1,2	롬 9:4	23:21	마 5:33
14:2	딛 2:14; 벧전 2:9	23:24,25	마 12:1

23:25	막 2:23; 눅 6:1	31:8	히 13:5
24:1	마 5:31, 19:7	31:26,27	요 5:45
24:1,3	막 10:4	32:4	롬 9:14; 계 15:3
24:7	고전 5:13		계 16:5
24:14	막 10:19	32:5	마 17:17; 행 2:40
24:14,15	약 5:4		빌 2:15
24:15	마 28:8	32:6	요 8:41
25:3	고후 11:24	32:8	행 17:26
25:4	고전 9:9; 딤전 5:18	32:17	고전 10:20; 계 9:20
25:5	마 22:24; 막 12:19	32:20	마 17:17
	눅 20:28	32:21	롬 10:19, 11:11
27:20	고전 5:1		고전 10:22
27:26	고후 3:9; 갈 3:10	32:29	눅 19:42
28:4	눅 1:42	32:35	눅 21:22; 롬 12:19
28:35	계 16:2		히 10:30
29:4	롬 11:8	32:36	히 10:30
29:18	행 8:23	32:40	계 10:5,6
30:4	마 24:31; 막 13:27	32:42	롬 15:10; 계 19:2
30:6	롬 2:29	33:2	유 1:14
30:11	요일 5:3	33:3,4	행 20:32, 26:18
30:12-14	롬 10:6-8	33:9	마 10:37; 눅 14:26
31:6	히 13:5	33:12	살후 2:13
31:7	히 4:8		

마. 가나안 정복시대

여호수아

1:5	히 13:5	18:1	행 7:45
2:4	약 2:25	22:4	히 4:8
2:11,12	히 11:31	22:5	마 22:37,
2:15	약 2:25		막 12:29,30,33
3:14-17	행 7:45		눅 10:27
6:12-21	히 11:30	23:9	행 7:45
6:17	약 2:25	24:18	행 7:45
6:21-25	히 11:31	24:32	요 4:5
7:19	요 9:24		행 7:16
8:33	요 4:20		
14:1	행 13:19		

1) 토라(תורה)인 구약. 49

사사기		4:17-22	마 1:4,5
2:10	행 13:36		눅 3:31-33
2:16	행 13:20	4:17-22	마 1:6
5:4	행 12:26	4:18,19	마 1:3
5:19	계 16:16		
5:24	눅 1:42	사무엘상	
13:3	눅 1:31	1:11	눅 1:48
13:4	눅 1:15	1:17	막 5:34
13:5,7	마 2:23	2:1-10	눅 1:46-55
14:6,7	히 11:33	2:5	눅 1:53a
		2:26	눅 2:52
룻기		3:20	행 13:20
4:12	마 1:3	4:8	계 11:6
4:13	마 1:4,5		

바. 통일왕국시대

사무엘상			눅 6:3,4
8:5,19	행 13:21		
10:20,21,24	행 13:21		
11:15	행 13:21	사무엘하	
12:3	행 20:33	3:39	딤후 4:14
12:22	롬 11:1,2	5:2	마 2:6
13:14	행 13:22	7:2-16	행 7:45,46
14:45	마 10:30	7:8	고후 6:18
	눅 21:18	7:12	요 7:42
	행 27:34		행 13:23
15:22	막 12:33	7:12,13	눅 1:32,33
15:29	히 6:18		행 2:30
16:1	눅 3:31,32	7:14	고후 6:18
16:7	요 8:15;		히 1:5, 12:7, 21:7
	16:12,13	7:16	눅 1:32,33
	행 13:22	12:24	마 1:6
16:13	눅 3:31,32	13:19	마 26:65
17:34-36	히 11:33	14:11	행 27:34
20:42	막 5:34	15:9	막 54:34
21:1-6	마 12:3,4	22:6	행 2:24
	막 2:25,26	22:9	계 11:5

22:28	눅 1:51	24:10	눅 1:5
22:50	롬 15:9	29:11	계 5:12
23:2	마 22:43	29:15	히 11:13

열왕기상

2:10	행 2:29, 13:36	3:1	행 7:47
5:11	행 12:20	5:1	행 7:47
6:1,14	행 7:47	5:7	계 11:19
8:1,6	계 11:19	5:13,14	계 15:8
8:10,11	계 15:8	6:2	행 7:47
8:13	마 23:21	6:7,8	행 7:45,46
8:17,18	행 7:45,46	6:10	행 7:47
8:19,20	행 7:47	6:18	계 21:3
8:27	행 17:24	9:	마 6:29
9:7,8	마 23:38	9:1-12	마 12:42; 눅 11:31
10:	마 6:29	9:3-6	눅 12:27
10:1-10	마 1:42; 눅11:31		
10:4-7	눅 12:27	시편	
		2:1	계 11:18
역대상		2:1,2	행 4:25-26
1:1-4	눅 3:36-38	2:2	계 19:19
1:24-27	눅 3:34-36	2:7	마 3:17, 15:5;
1:28	눅 3:34		막 1:11; 눅 3:22,
1:34	마 1:2; 눅 3:34		9:35; 요 1:49;
2:1-14	눅 3:31-33		행 13:33;
2:4,5,9	마 1:3		히 1:5, 5:5
2:10-12	마 1:4,5	2:8	히 1:2
2:13-15	마 1:6	2:8,9	계 2:26,27
3:10-14	마 1:7-10	2:9	계 12:5, 19:15
3:15-16	마 1:11	2:11	빌 2:12
3:17	눅 3:27	4:4	엡 4:26
3:17,19	마 1:12	5:9	롬 3:13
11:2	마 2:6	6:3	요 12:27
16:35	행 26:17	6:8	마 7:23; 눅 13:27
17:1-14	행 7:45,46	7:9	계 2:23
17:11	마 1:1	7:12	눅 13:3,5
17:13	히 1:5	7:13	엡 6:16

1) 토라(תורה)인 구약. 51

8:6	고전 15:27; 엡 1:22	22:23	계 19:5
9:8	행 17:31	22:28	계 11:15, 19:6
10:7	롬 3:14	23:1	요 10:11; 계 7:17
10:16	계 11:15	23:2	계 7:17
11:6	계 14:10, 20:10, 21:8	24:1	고전 10:26
		24:3,4	마 5:8
14:1-3	롬 3:10-12	25:11	요일 2:12
14:7	롬 11:26,27	25:20	롬 5:5
16:8,11	행 2:25-28	25:21	눅 6:27
16:9	요 20:9	26:6	마 27:24
16:10	행 2:31; 고전 15:4	26:8	마 23:21
17:15	계 22:4	28:4	마 16:27; 딤후 4:14; 벧전 1:17; 계 20:12,13, 22:12
18:2	눅 1:69		
18:4	행 2:24		
18:6	약 5:4	29:3	행 7:2
19:1	롬 15:9	31:5	눅 23:46; 행 7:59; 벧전 4:19
19:4	롬 1:20		
19:9	계 16:7, 19:2	31:24	고전 16:13
21:9	약 5:3	32:1,2	롬 4:7,8
22:	벧전 1:11	32:2	계 14:5
22:1	마 27:46; 막 15:34	32:5	요일 1:9
22:1-18	막 9:12; 눅 24:27	33:2,3	엡 5:19
22:5	롬 5:5	33:3	계 5:9, 14:3
22:7	마 27:39; 막 15:29, 22:7,8; 마 26:24; 눅 23:35,36	33:6,9	히 11:3
		34:8	히 1:14; 벧전 2:3
		34:12-16	벧전 3:10-12
		34:13	약 1:26
22:8	마 27:43	34:14	히 12:14
22:15	요 19:28	34:15	요 9:31
22:16	빌 3:2	34:19	고후 1:5; 딤후 3:11
22:16-18	마 26:24	34:20	요 19:36
22:18	마 27:35; 막 15:24; 눅 23:34; 요 19:24	35:8	롬 11:9,10
		35:13	롬 12:15
		35:16	행 7:54
22:20	빌 3:2	35:19	요 15:25
22:21	딤후 4:17	36:1	롬 3:18
22:22	히 2:12	36:9	계 21:6

37:4	마 6:33	62:12	마 16:27; 롬 2:6;
37:11	마 5:5		딤후 4:14;
37:12	행 7:54		벧전 1:17;
38:11	눅 23:49		계 2:23, 20:12,13,
39:12	히 11:13; 벧전 2;11		22:12
40:3	계 5:9, 14:3	65:7	눅 21:25
40:6	엡 5:2; 히 10:8	66:10	벧전 1:7
40:7	눅 7:19; 히 10:9	66:18	요 9:31
41:9	마 26:23; 막 14:18;	67:2	행 28:28
	요 13:18, 17:12;	68:8	히 12:26
	행 1:16	68:18	엡 4:8
41:13	눅 1:68; 롬 9:5	69:4	요 15:25
42:2	계 22:4	69:9	요 2:17; 롬 15:3
42:5,11	마 26:38;	69:21	마 27:34,48;
	막 14:34; 요 12:27		막 15:23,36;
43:5	마 26:38; 막 14:34		눅 23:36; 요 19:29
44:22	롬 8:36	69:22,23	롬 11:9,10
45:6,7	히 1:8,9	69:24	계 16:1
46:2,3	눅 21:25	69:25	행 1:20
46:6	계 11:18	69:28	빌 4:3; 계 3:51
47:8	계 4:2,9,10,		13:8, 17:8, 20:12,15,
	5:1,7,13		21:27
	6:16, 7:10,15	72:10,11	마 2:11; 계 21:26
	19:4, 21:5	72:15	마 2:11
48:2	마 5:35	72:18	눅 1:68
50:6	히 12:23	74:2	행 20:28
50:12	행 17:25;	75:8	계 14:10, 15:7,
	고전 10:26		16:19
50:14	히 13:15	78:2	마 13:35
50:16-21	롬 2:21	78:4	엡 6:4
50:23	히 13:15	78:8	행 2:40
51:1	눅 18:13	78:15	고전 10:4
51:4	눅 15:18; 롬 3:4	78:24	요 6:31; 계 2:17
51:5	요 9:34; 롬 7:14	78:24-29	고전 10:3
53:1-3	롬 3:10-12	78:31	고전 10:5
56:22	벧전 5:7	78:37	행 8:21
62:10	마 19:22; 딤전 6:17	78:44	계 16:4

1) 토라(תורה)인 구약. 53

79:1	눅 21:24; 계 11:2	98:9	행 17:31
79:3	계 16:6	99:1	계 19:6
79:6	살전 4:5; 살후 1:8	102:4,11	약 1:10,11
79:10	계 6:10, 19:2	102:25-27	히 1:10-12
82:6	요 10:34	103:3	낙 2:7
86:9	계 15:4	103:7	롬 3:2
88:8	눅 23:49	103:8	약 5:11
89:3,4	요 7:42	103:13,17	눅 1:50
89:4	요 12:34	104:2	딤전 6:16
89:10	눅 1:51	104:4	히 1:7
89:11	고전 10:26	104:12	마 13:32
89:20	행 13:22	105:8,9	눅 1:72,73
89:26	벧전 1:17	105:21	행 7:10
89:27	계 1:5	105:40	요 6:31
89:36	요 12:34	106:10	눅 1:71
89:50,51	벧전 4:14	106:14	고전 10:6
90:4	벧후 3:8	106:20	롬 1:23
91:11	눅 4:10; 히 1:14	106:25-27	고전 10:10
91:11,12	마 1:6	106:37	고전 10:20
91:13	눅 1:11	106:45,46	눅 1:72
91:13	눅 10:19	106:48	눅 1:68
92:5	계 15:3	107:3	마 8:11; 눅 13:29
93:1	계 19:6	107:9	눅 1:53
94:1	살전 1:6	107:20	행 10:36
94:11	고전 3:20	109:4,5,7,8	요 17:12
94:14	롬 11:1,2	109:8	행 1:20
94:19	히 3:15, 4:7	109:25	마 27:39; 막 15:29
95:7-11	히 3:7-11	110:1	마 22:44, 26:64
95:11	히 3:18, 4:3,5		막 12:36, 14:62,
96:1	계 5:9, 14:3		16:19; 눅 20:42,43,
96:11	계 18:20		22:69; 행 2:34,35;
96:13	행 17:31; 계 19:11		롬 8:34; 고전 15:25;
97:1	계 19:6		엡 1:20; 골 3:1;
97:3	계 11:5		히 1:3,13, 8:1, 10:12,
97:7	히 1:6		13, 12:2
98:1	계 5:9, 14:3	110:4	요 12:34; 히 5:6,10,
98:3	눅 1:54; 행 28:28		6:20, 7:3,17,21

111:2	계 15:3	139:21	계 2:6
111:4	약 5:11	140:3	롬 3:13; 약 3:8
111:9	눅 1:49,68	141:2	계 5:8, 8:3,4
112:9	고후 9:9	141:3	약 1:26
112:10	행 7:54	143:2	롬 3:20; 고전 4:4;
113:118	마 26:30		갈 2:16
114:3,7	계 20:11	144:9	계 5:9, 14:3
115:4-7	계 9:20	145:17	계 15:3, 16:5
115:13	계 11:18, 19:5	145:18	행 17:27
116:3	행 2:24	146:6	행 4:24, 14:15, 17:24
116:10	고후 4:13		계 10:6, 14:7
116:11	롬 3:4	147:8	행 14:17
117:1	롬 15:11	147:9	눅 12:24
118:6	롬 8:31; 히 13:6	147:18	행 10:36
118:18	고후 6:9	147:19,20	롬 3:2
118:20	요 10:9	149:1	계 5:9, 14:3
118:22	눅 20:17; 행 4:11		
118:22,23	마 21:42;	잠언	
	막 12:10,11	1:16	롬 3:15-17
118:25,26	막 11:9; 요 12:13	2:3,4	골 2:3
118:26	마 21:9, 23:39	2:3-6	약 1:5
119:137	롬 1:16	2:4	마 13:44
119:165	계 16:5,7, 19:2	3:3	고후 3:3
122:1-5	요 4:20	3:4	눅 2:52; 고후 8:31
125:5	갈 6:16	3:7	롬 12:16
126:5,6	눅 6:21	3:11,12	히 12:5,6
128:6	갈 6:16	3:12	계 3:19
130:8	딛 2:14; 계 1:5	3:27,28	고후 8:12; 벧전 5:5
132:1-5	행 7:45,46	7:3	고후 3:3
132:11	행 2:30	8:15	롬 13:1
134:1	계 19:5	8:22	계 3:14
135:1	계 19:5	10:9	행 13:10
135:14	히 10:30	10:12	고전 13:7; 약 5:20
135:15-17	계 9:20	11:24	고후 9:6
137:8	계 18:6	15:29	요 9:31
139:1	롬 8:27	16:33	행 1:26
139:14	계 15:3	17:3	벧전 1:7

1) 토라(תורה)인 구약. 55

18:4	요 7:38	27:1	약 4:13,14
19:17	마 25:40	27:20	요일 2:16
19:18	엡 6:4	28:13	요일 1:9
20:22	살전 5:15	28:22	딤전 6:9
20:27	고전 2:11	29:3	눅 15:13
22:6	엡 6:4	29:23	마 23:12
22:9	고후 9:6	30:4	요 3:13
23:4	딤전 6:9	30:8	딤전 6:8
24:12	마 16:27; 롬 2:6; 딤후 4:14; 벧전 1:17; 계 2:23 20:12,13, 22:12	31:17	눅 12:35
		전도서	
		1:2	롬 8:20
24:21	벧전 2:17	5:15	딤전 6:7
25:6,7	눅 14:8-10	7:9	약 1:19
25:21	마 5:44	7:30	롬 3:10-12
25:21,22	롬 12:20	11:5	요 3:8
26:11	벧후 2:22	12:14	고후 5:10

사. 분열왕국시대

열왕기상

16:31	계 2:20	19:18	롬 11:4
17:1	약 5:17; 계 11:6	19:20	마 8:26; 눅 9:61
17:1,7	눅 4:25	22:17	마 9:36; 막 6:31
17:9	눅 4:26	22:19	계 4:2,9,10, 5:1,7,13, 6:16, 7:10,15, 19:4, 21:5, 22:26,27; 히 11:36
17:9-24	마 10:41		
17:17	눅 7:12		
17:17-24	히 11:35		
17:18	마 8:29; 막 5:7		
17:21	행 20:10	**열왕기하**	
17:23	눅 7:15	1:8	마 3:4; 막 1:6
18:1	눅 4:25	1:10	계 11:54; 막 16:19
18:12	행 8:39	1:10,12	눅 9:54
18:17	행 16:20	2:11	막 16:19; 계 11:12
18:24-29	계 13:13	4:8-37	마 10:41
18:42-45	약 5:18	4:25-37	히 11:35
18:46	눅 12:35	4:29	눅 10:4, 12:35
19:10,14	롬 11:3	4:33	마 6:6

4:36	눅 7:15	이사야	
4:43,44	마 14:20	1:9	롬 9:29
4:44	마 14:20	1:10	계 11:8
5:1-14	눅 4:27	1:15	요 9:31
5:10	요 9:7	1:16	약 4:8
5:19	막 5:34	2:3	요 4:22
9:1	눅 12:35	2:5	요일 1:7
9:7	계 6:10, 19:2	2:10,19,21	살후 1:9; 계 6:15
9:13	눅 19:36	5:1	눅 20:9
9:22	계 2:20	5:1,2	마 21:33; 막 12:1
9:27	계 16:16	5:9	약 5:4
12:9	막 12:41	5:21	롬 12:16
23:29	계 16:16	6:1	요 12:41; 계 4:2,9,10
24:12,16	마 1:11		5:1,7,13, 6:16, 7:10,15
			19:4, 21:5
역대하		6:2	계 4:8
13:9	갈 4:8	6:3	계 4:8
15:6	마 24:7; 막 13:8	6:4	계 15:8
	눅 21:10	6:9,10	마 13:14,15;
15:7	고전 15:58		막 4:12; 눅 8:10,
18:16	마 9:36; 막 6:34		19:42; 행 28:26,27
18:18	계 4:2,9,10, 5:1,7,	6:10	요 12:40
	13, 6:16, 7:10,15,	7:14	마 1:23; 눅 1:31;
	19:4, 21:5		요 1:45; 계 12:5
18:25,26	히 11:36	8:12-13	벧전 3:14,15
19:7	행 10:34; 롬 2:11	8:14	눅 2:34; 롬 9:32;
	벧전 1:17		벧전 2:8
20:7	약 2:23	8:18	히 2:13
24:20,21	마 23:35; 눅 11:51	8:22	계 16:10
24:21	히 11:37	9:1,2	마 4:15,16
29:31	히 13:15	9:3	눅 1:78,79;
30:17	요 11:55		고후 4:6; 벧전 2:9
36:10	마 1:11	9:6	요 1:45; 엡 2:14
36:15,16	눅 20:10-12	9:7	눅 1:32,33;
36:16	마 5:12; 눅 6:23;		요 12:34
	행 7:52	10:3	벧전 2:12
		10:22,23	롬 9:27,28

1) 토라(תורה)인 구약. 57

11:1	마 2:23; 행 13:23; 히 7:14; 계 5:5; 22:16	26:11	히 10:27
		26:17	요 16:21
		26:19	엡 5:14
11:3	요 7:24	26:20	마 6:6
11:4	요 7:24; 엡 6:17; 살후 2:8; 계 19:11	27:9	롬 11:27
		27:13	마 24:31
11:5	엡 6:14	28:11,12	고전 14:21
11:10	롬 15;12; 계 5:5, 22:16	28:16	롬 9:38, 10:11; 고전 3:11; 엡 2:20; 벧전 2:4,6
11:15	계 16:12		
12:2	히 2:13	29:10	롬 11:8
13:8	요 16:21	29:11	계 5:1
13:10	마 24:29; 막 13:24,25; 눅 21:25; 계 6:12, 13, 8:12	29:13	골 2:22
		29:14	고전 1:19
		29:16	롬 9:20
		30:33	계 19:20, 20:10,15, 21:8
13:21	계 18:2		
14:12	눅 10:18; 계 12:9	32:17	약 3:18
14:13,15	마 11:23; 눅 10:15	33:14	히 12:29
19:2	마 24:7; 막 13:8 눅 21:10	33:18	고전 1:20
		33:24	행 10:43
19:12	고전 1:20	34:4	마 24:29; 막 13:24, 25; 계 6:13,14
21:3	요 16:21		
21:9	계 14:8, 18:2	34:10	계 14:11, 19:3
22:13	고전 15:32	34:11	계 18:2
22:22	계 3:7	35:3	히 12:12
23:	눅 10:13,14	35:5	눅 7:22; 행 26:18
23:1-8	마 11:21,22	35:5,6	마 11:5; 막 7:37
23:8	계 18:23	35:10	계 21:4
23:17	계 17:2, 18:3	37:19	갈 4:8
24:8	계 18:22	38:10	마 16:18
24:15	살후 1:12	40:1	눅 2:25
24:17	눅 21:35	40:2	계 1:5
24:23	계 4:4	40:3	마 3:3; 막 1:3; 눅 1:76; 요 1:23
25:8	고전 15:54 계 7:17, 21:4		
		40:3-5	눅 3:4-6; 행 28:28
26:3	빌 4:7	40:6-7	약 1:10,11

40:6-8	벧전 1:24,25	45:17	히 5:9
40:10	계 22:12	45:21	막 12:32
40:11	요 10:11	45:23	롬 14:11; 빌 2:10,11
40:13	롬 11:34; 고전 2:16	46:13	눅 2:32
40:18-20	행 17:29	47:7-9	계 18:7,8
41:4	계 1:4,8, 4:8	47:9	계 18:23
41:8	눅 1:54; 약 2:23	48:10	벧전 1:7
41:8,9	히 2:16	48:12	계 1:17, 2:8, 21:6, 22:13
41:10	행 18:9,10		
42:1	마 3:17; 막 1:11; 눅 9:35	48:13	롬 4:17
		48:20	계 18:4
42:1-4	마 12:18-21	49:1	갈 1:15
42:5	행 17:24,25	49:2	엡 6:17; 히 4:12; 계 1:16, 2:12,16, 19:15
42:6	눅 2:32		
42:7	행 17:24,25		
42:10	계 5:9, 14:3	49:3	살후 1:10
42:12	벧전 2:9	49:4	빌 2:16
42:16	행 26:18	49:6	눅 2:32; 요 8:12, 9:5; 행 13:47, 26:23
42:18	마 11:5		
43:4	계 3:9		
43:5	행 18:9,10	49:8	고후 6:2
43:6	고후 6:18	49:10	계 7:16,17
43:18	마 11:5	49:13	눅 2:25; 고후 7:6; 계 18:20
43:20	벧전 2:9		
43:21	벧전 2:9	49:18	롬 14:11
43:25	막 2:7; 눅 5:21	49:23	계 3:9
44:6	계 1:17, 2:8, 21:6, 22:13	49:24	마 12:29
		49:26	계 16:6
44:10-17	행 17:29	50:6	마 26:67, 27:30
44:23	계 18:20	50:8	롬 8:33
44:25	고전 1:20	51:17	엡 5:14
44:27	계 16:12	51:17,22	계 14:10, 15:7, 16:19
44:28	행 13:22		
45:3	골 2:3	52:1	마 4:5; 엡 5:14; 계 21:2,27
45:9	롬 9:20		
45:14	고전 14:25	52:5	롬 2:24; 벧후 2:2
45:15	롬 11:33	52:7	행 10:26

1) 토라(חוֹרָה)인 구약. 59

	롬 10:15;	55:3	히 13:20
	고후 5:20;	55:6	행 17:27
	엡 2:17, 6:15	55:8	롬 11:33
52:9	눅 2:38	55:10	고후 9:10
52:10	눅 2:30,31	56:7	마 21:13; 막 11:17
52:11	고후 6:17; 계 18:4		눅 19:46
52:13	행 3:13	56:8	요 10:16
52:15	롬 15:21; 고전 2:9;	56:12	고전 15:32
	눅 24:27,46,	57:19	행 2:39; 엡 2:13,17
	벧전 1:11	57:20	유 13
53	눅 24:27,46;	58:5	마 6:16
	벧전 1:11	58:6	눅 4:18,19; 행 8:23
53:1	요 12:38; 롬 10:16	58:7	마 25:35,36
53:2	마 2:23	58:8	눅 1:78,79
53:3	막 9:12	58:11	요 7:38
53:4	마 8:17; 벧전 2:24	59:7,8	롬 3:15-17
53:4,5	롬 4:25	59:17	엡 6:14,17;
53:5	마 26:27; 벧전 2:24		살전 5:8
53:5,6	행 10:43	59:18	벧전 1:17;
53:6	벧전 10:43		계 20:12,13, 22:12
53:6,7	요 1:29	59:20,21	롬 11:26,27
53:7	마 26:63, 27:12,14;	60:1	엡 5:14
	막 14:60,61, 15:4,5;	60:1,2	눅 1:78,79; 요 1:14
	고전 5:7;	60:1,2	계 21:11
	벧전 2:23; 계 5:6,	60:3,5	계 21:24
	12, 13:8	60:6	마 2:11
53:8,9	고전 15:3	60:7	마 21:13
53:9	마 26:24; 벧전 2:22	60:11	계 21:25
	요일 3:5; 계 14:5	60:14	계 3:9
53:11	롬 5:19	60:19	계 21:11
53:12	마 27:38;	60:19,20	계 21:23, 22:5
	눅 22:37, 23:33,34,	60:21	벧후 3:13
	히 9:28; 벧전 2:24	61:1	마 11:5; 눅 7:22;
54:1	갈 4:27		행 4:27, 10:38
54:11,12	계 21:19	61:1,2	눅 4:18,19
54:13	요 6:45	61:2,3	마 5:4
55:1	계 21:6, 22:17	61:3	눅 6:21

61:6	벧전 2:5,9; 계 1:6 5:10, 20:6	2:13	계 7:17, 21:6
		3:19	벧전 1:17
61:10	계 19:8, 21:2	4:4	롬 2:25
62:2	계 2:17, 3:12	4:29	계 6:15
62:6	히 13:17	5:14	계 11:5
62:11	마 21:5; 계 22:12	5:21	막 8:18; 약 5:7
63:1,3	계 19:13	6:10	행 7:51
63:3	계 14:20, 19:15	6:14	살전 5:3
63:10	행 7:51; 엡 4:30	6:16	마 11:29
63:11	히 13:20	7:11	마 21:13; 눅 19:46
63:16	요 8:41	7:34	계 18:23
63:18	눅 21:24; 계 11:2	8:2	행 7:42
64:4	고전 2:9	8:3	계 9:6
64:8	요 8:41; 벧전 1:17	8:11	살전 5:3
65:1	롬 10:20	9:15	계 8:11
65:2	롬 10:21	9:24	고전 1:31;
65:15	계 2:17, 3:12		고후 10:17
65:17	벧후 3:13; 계 21:1	9:25	롬 2:25
65:19	계 21:4	9:26	행 7:51
65:23	빌 2:16	10:6,7	계 15:4
66:1	마 5:34,35, 23:22	10:14	롬 1:22
66:1,2	행 7:49,50	10:25	살전 4:5; 살후 1:8;
66:5	살후 1:12		계 16:1
66:6	계 16:1,17	11:20	살전 2:4; 계 2:23
66:7	계 12:2,5	12:3	약 5:5
66:14	요 16:22	12:7	마 23:38
66:15	살후 1:8	13:25	롬 1:25
66:22	벧후 3:13; 계 21:1	14:12	계 6:8
66:24	막 9:48	14:14	마 7:22
		15:2	계 13:10
예레미야		15:3	계 6:8
1:5	갈 1:15	16:9	계 18:23
1:7	행 26:17	16:19	롬 1:25
1:8	행 18:9,10	17:10	벧전 1:17; 계 2:23,
1:10	계 10:11		20:12,13, 22:12
1:17	눅 12:35	17:21	요 5:10
2:11	갈 4:8	18:6	롬 9:21

1) 토라(תּוֹרָה)인 구약. 61

19:13	행 7:42	49:36	계 7:1
20:2	히 11:36	50:6	마 10:6
20:9	고전 9:16	50:8	계 18:4
21:7	눅 21:24	50:15	계 18:6
22:5	마 23:38	50:25	롬 9:22
23:1,2	고전 1:30	50:29	계 18:6
23:5,6	고전 1:30	50:34	계 18:8
23:18	롬 11:34	50:38	계 16:12
23:23	행 17:27	50:39	계 18:2
25:10	계 18:23	51:6	계 18:4
25:15	계 14:10, 15:7, 16:19	51:7	계 14:8, 17:2,4, 18:3
		51:8	계 14:8; 18:2
25:29	벧전 4:17	51:9	계 18:4,5
25:30	계 10:11	51:13	계 17:1
25:34	약 5:5	51:36	계 16:12
26:11	행 6:13	51:45	계 18:4
27:15	마 7:22	51:48	계 18:20
27:20	마 1:11	51:49	계 18:24
31:9	고후 6:18	51:63,64	계 18:21
31:15	마 2:18		
31:25	마 11:28; 눅 6:21	예레미야 애가	
31:31	마 26:28; 눅 22:20 고전11:25, 고후3:6	1:15	계 14:20, 19:15
		2:15	마 27:39; 막 15:29
31:31-34	히 8:8-12, 10:16	3:45	고전 4:13
31:33,34	롬 11:27; 살전 4:9		
31:34	행 10:43; 히 10:17 요일 2:27	호세아	
		14:2	히 13:15
32:6-9	마 27:, 10	14:9	행 13:10
32:38	고후 6:16	1:6,9	벧전 2:10
32:40	눅22:20; 고전11:25 고후 3:6	1:10	롬 9:26-28
		2:1	벧전 2:10
36:24	마 26:65	2:23	롬 9:25; 벧전 2:10
37:15	히 11:26	6:2	눅 24:46; 고전 15:4
38:6	히 11:26	6:5	엡 6:17
43:11	계 13:10	6:6	마 9:13, 12:7; 막 12:33
46:10	눅 21:22		
49:11	딤전 5:5	9:7	눅 21:22

10:8	눅 23:30; 계 6:16, 9:6	3:4-8	마 11:21,22
11:1	막 2:15	3:13	막 4:29; 계 14:15, 18, 19:15
12:8	계 3:17	3:15	막 24:29; 막 13:24, 25; 계 6:12,13, 8:12
13:14	고전 15:55		
		3:18	계 22:1

요엘
1:6	계 9:8	아모스	
2:2	마 24:21	1:9,10	마 11:21,22
2:4,5	계 9:7		눅 10:13,14
2:10	마 24:29; 막 13:24, 25; 계 6:12,13, 8:12	3:7	계 10:7, 11:18
		4:11	유 23
2:11	계 6:17	5:10	갈 4:16
2:23	약 5:7	5:13	엡 5:16
2:28	행 21:9; 딛 3:6	5:15	롬 12:9
2:28-32	행 2:17-21	5:25-27	행 7:42,43
2:30,31	눅 21:25	8:9	마 27:45; 막 15:33; 눅 23:44,45
2:31	마 24:29; 막 13:24, 25; 계 6:12		
		9:9	눅 22:31
2:32	행 2:39, 22:16	9:11,12	행 15:16,17

아. 포로시대

에스겔
1:1	계 19:11	3:17	히 13:17
1:5-10	계 4:6,7	4:14	행 10:14
1:13	계 4:5, 11:19	5:12,17	계 6:8
1:18	계 4:8	7:2	계 20:8
1:22	계 4:6	9:2	계 1:13
1:24	계 1:15, 14:2, 19:6	9:4	계 7:3, 9:4, 14:1
1:26,27	계 4:2,9,10, 5:1,7, 13, 6:16, 7:10,15, 19:4, 21:5	9:6	벧전 4:17
		10:12	계 4:8
		10:14	계 4:6,7
1:26-28	계 4:3	11:19	고후 3:3
2:1	행 26:16	12:2	막 8:18
2:8	계 10:9,10	13:10	살전 5:3
2:9,10	계 5:1	13:10-12	마 7:27
3:1-3	계 10:9,10	13:10-15	행 23:3

1) 토라(תורה)인 구약. 63

14:21	계 6:8	34:11	눅 15:4
16:61,63	롬 6:21	34:15	요 10:11
17:23	마 13:32; 막 4:32; 눅 13:19	34:16	눅 15:4, 19:10
		34:17	마 25:32
18:20	요 9:2	34:23	요 1:45
18:23	딤전 2:4	34:23	요 10:16; 계 7:17
20:34,41	고후 6:17	36:20	롬 2:24
20:41	엡 5:2; 빌 4:18	36:23	마 6:9
21:26	마 23:12	36:25	히 10:22
22:27	마 7:15	36:26	고후 3:3
22:31	계 16:1	36:27	살전 4:8
24:7	계 18:24	37:5	계 11:11
26:13	계 18:22	37:9	계 7:1
26:16	계 18:9	37:10	계 11:11
26:17	계 18:10	37:12	마 27:52,53
26:21	계 18:21	37:14	살전 4:8
27:12,13	계 18:12,13	37:23	딛 2:14
27:17	행 12:20	37:24	요 10:16
27:22	계 18:12,13	37:26	히 13:20
27:27-29	계 18:17	37:27	고후 6:16; 계 21:3
27:30-34	계 18:19	38:2	계 20:8
27:30-35	계 18:9	38:19,20	계 11:13
27:32	계 18:18	38:22	계 8:7, 14:10, 20:9, 10, 21:8
27:36	계 18:11,15		
28:2	행 12:22; 살후 2:4	39:6	계 20:9
28:13	계 17:4, 18:16	39:17-20	계 19:17,18
31:6	마 13:32; 막 4:32; 눅 13:19	39:17,20	계 19:21
		40:2	계 21:10
32:7	마 24:29; 눅 21:25	40:3	계 11:1
32:7,8	막 13:24,25; 계 6:12 13, 8:12	40:3,5	계 21:15
		43:2	계 1:15, 14:2, 19:6
33:5	마 27:25	44:4	계 15:8
33:27	계 6:8	44:7	행 21:28
34:2,3	요 10:8	44:30	롬 11:16
34:5	마 9:36	47:1	계 22:1
34:5,6	벧전 2:25	47:12	계 22:2,14,19
34:8	막 6:34; 유 12	48:16,17	계 21:16,17

48:30-35	계 21:12,13	스바냐	
48:35	계 3:12	1:3	마 13:41
		3:8	계 16:1
오바댜		3:13	계 14:5
21	계 11:15	3:15	요 1:49
요나		다니엘	
1:17	마 12:40	1:12,14	계 2:10
3:5	고전 15:4	2:28	눅 21:9
3:6	마 11:21	2:28,29	마 24:6; 계 1:1,19,
3:8	마 12:41		4:1, 22:6
3:8-10	눅 11:32	2:34,35	마 21:44
4:9	마 26:38; 막 14:34	2:44	고전 15:24; 계 1:1,
			19, 4:1, 22:6
미가		2:44,45	마 21:44
4:7	눅 1:33	2:45	계 1:1,19, 4:1, 22:6
4:9	요 16:21	2:47	고전 149:25;
4:10	계 12:2		계 17:14, 19:16
5:2	마 2:6; 요 7:42	3:4	계 10:11
6:8	마 23:23	3:5,6	계 13:15
6:15	요 4:37	3:5	마 4:9
7:6	마 10:21,35,36;	3:6	마 13:42-50
	막 13:12; 눅 12:53	3:10	마 4:9
7:20	눅 1:56; 롬 15:8	3:15	마 4:9
		3:23-25	히 11:34
나훔		4:2	요 4:48
1:6	계 6:17	4:12,21	마 13:32; 막 4:32;
1:15	행 10:36; 롬 10:15		눅 13:19
	엡 6:15	4:30	계 18:10
		4:34	계 4:9
하박국		4:37	요 4:48
1:5	행 13:41	5:20	행 12:23
2:3	벧후 3:9	5:23	계 9:20
2:4	롬 1:17; 갈 3:11	6:1,27	히 11:33
2:18,19	고전 12:2	6:21	딤후 4:17
3:17	눅 13:6	6:26	벧전 1:23; 계 4:9
		7:2	계 7:1

1) 토라(תורה)인 구약. 65

7:3	계 11:7, 13:1, 17:8	9:6,10	계 10:7, 11:18
7:4,6	계 13:2	9:21	눅 1:19
7:7	계 11:7, 12:3,17, 13:7	9:24	행 10:43
		9:26	눅 21:24
7:8	계 13:5	9:27	마 24:15; 막 13:14
7:9	계 1:14, 20:4	10:5	계 1:13
7:9,10	마 19:28; 계 20:11, 12	10:6	계 1:14,15, 2:18, 19:12
7:10	계 5:11	10:13,21	유 9; 계 12:7
7:13	마 26:64; 막 14:62; 눅 21:27; 계 1:7,13 14:14	11:31	마 24:15; 막 13:14
		11:36	살후 92:4; 계 13:5
		11:41	마 24:10
7:13,14	마 24:30; 막 13:26	12:1	마 24:21; 막 13:19;
7:14	마 28:18; 눅 1:33; 요 12:34; 계 10:11, 11:15, 19:6		빌 4:3; 유 9; 계 3:5, 7:14, 12:7 13:8, 16:18, 17:8,
7:18	계 22:5		20:12,15, 21:27
7:20	계 13:5	12:2	마 22:46; 요 5:29,
7:21	계 11:7, 12:17, 13:7		11:24; 행 24:15
7:22	눅 21:8; 고전 6:2; 계 20:4	12:3	마 13:43; 엡 2:15
		12:4	계 10:4, 22:10
7:24	계 17:12	12:7	눅 21:24; 계 4:9, 10:5,6, 12:14
7:25	계 12:14, 13:5		
7:27	계 20:4, 22:5	12:9	계 10:4
8:10	계 12:4	12:11	마 24:15; 막 13:14
8:16	눅 1:19	12:12	약 5:11
8:26	계 10:4		

자.포로귀환시대

에스라		느헤미야	
3:2	마 1:12; 눅 3:27	9:6	계 10:6
4:3	요 4:9	9:15	요 6:31
9:1-10:44	요 4:9	9:36	요 8:33
9:3	마 26:65	10:37	롬 11:16
9:7	눅 21:24	11:1	마 4:63

에스더
4:1   마 11:21
5:36   막 6:23
7:2   막 6:23

학개
2:6   히 12:26
2:6,21 막 24:29; 눅 21:26

스가랴
1:1   마 23:35
1:3   약 4:8
1:8   계 6:2,4, 19:11
2:1,2 계 11:1
2:6   마 24:31
2:6,10 막 13:27
2:10   계 21:3
3:1   계 12:10
3:2   유 9,23
4:2   계 4:5
4:3   계 11:4
4:10   계 5:6
4:11-14 계 11:4
6:2   계 6:4,5
6:3   계 6:2, 19:11
6:5   계 7:1
6:6   계 6:2,5, 19:11
8:16   엡 4:25
8:17   고전 13:5
8:23   고전 14:25
9:2-4 마 11:21,22; 눅 10:13,14
9:9   마 21:5; 요 12:15
9:10   엡 2:17
9:11   마 26:28; 막 14:24; 눅 22:20; 고전11:25; 히 13:20

10:2   마 9:36; 막 6:34
11:12   마 26:15
11:12,13 마 27:9,10
12:10   마 24:30; 요 19:37; 계 1:7
12:11   계 16:16
12:12   계 1:7
12:14   마 24:30; 계 1:7
13:4   막 1:6
13:7   마 26:31,56; 막 14:27,50; 요 16:32
13:9   벧전 1:7
14:5   마 25:31; 살전 3:13; 살후 1:7; 유 14
14:7   계 21:25, 22:5
14:8   계 22:1
14:9   계 11:15, 19:6
14:11   계 22:3

말라기
1:2,3   롬 9:13
1:6   눅 6:46
1:7   고전 10:21
1:11   살후 1:12; 계 15:4
1:12   고전 10:21
2:7,8   마 23:3
2:10   고전 8:6
3:1   마 11:3,10; 막 1:2; 눅 1:17,76, 7:19,27; 요 3:28
3:2   계 6:17
3:3   벧전 1:7
3:5   약 5:4
3:7   약 4:8
4:2   눅 1:78
4:5   마 11:14
4:5,6   마17:10,11; 막9:11,12

2) 탈무드(Talmud).

※ Kurt. Aland, Matthew Black-, The New Testament, 1966. American Bible Society, PP.897-907

그 뿐만 아니라 좁은 의미에서 모세오경에 언급된 제단이나, 성막이나, 그 안과 밖에서 행해진 6대 제사들이나 7대 절기들과 6도피성들과 10계명 모두 예수 그리스도의 구속사역과 함께 구속된 성도들의 성결 생활과 그들에게 구원의 보장과 구속의 십자가를 제시하여 준다. 그래서 예수님이 십자가 위에서 운명하시면서 "다 이루었다"(요 19:30)고 하셨다. 이에 관하여 저자의 "오경의 기독론"14)을 참고하라. 또한 오순절에 성령의 강림으로 사도들과 성도들이 세계에 나가서 복음을 전하여 세계를 복음화에 나선 것도(행 1:8, 2:1-) 그 하나이다.

2) 탈무드(Talmud)

탈무드는 히브리어로 תלמוד(탈무드)인데 그 뜻은 "교훈", "교육"이라는 것으로 그 어근은 למד(라마드)에서 나온 것으로 "가르친다", "가르쳐 생활하게 한다" [저자의 해석], "연구한다"에서 나온 것으로 유대인의 선생인 랍비들의 토론한 기록 문서이다. 그것은 유대인의 경전인 구약, 즉 토라에 근거한 유대주의의 중요한 신학 사상서이다. 그 탈무드는 두 가지의 복합문서인데 하나는 유대주의의 첫 번에 기록한 기본법인 약 주후 2세기의 문서인 미쉬나(Mishnah)와 주후 5세기경의 게마라(Gemara)로 그것들은 타낭(Tanakh)에 널리 퍼져 있던 문제와 사건들을 타낭의 기록한 문서들인데 미쉬나를 놓고 토론한 내용들의 연구이다. 그래서 학자들은 가끔 탈무드와 게마라를 바꾸어 쓰기도 하는데 그 게마라는 랍비(Rabbi)의 법을 집대성한 기초이고, 또 다른 랍비 문서의 많은 인용문서이다. 그 모든 탈무드는 전통적으로 마쉬나의 여섯

---

14) 원용국, "오경의 기독론", 호석출판사

규약(Orders)인 쉬사 세다림(Shisha Sedarim)의 히브리어 부록인 사아스(שעיס)에서 온 것이다. "이는 기원전 5-3세기에 구전된 것으로, 미쉬나(Mishna, 반복)와 게마라(Gemara, 보완)로 구성되어 있지요… 교훈, 또는 그것을 집대성한 책이다. 이는 마쉬나(Mishnah, 반복)와 게마라(Gemara, 보완)의 2부로 구성되어 있다…".

바벨론 탈무드(The first page of the Vilna Edition of the Babylonian Talmud)

(1) 탈무드의 종류

탈무드의 종류는 기록된 장소에 따라서 부르는데 첫째는 예루살렘 탈무드(Jerusalem Talmud)가 있고, 둘째는 바벨론 탈무드(Babylonian Talmud)가 있다. 그 형태와 그 제목은 유사하다.

그 탈무드의 내용은 이미 앞에서 언급한 것과 같이 ① 미쉬나(Mishnah)이고, ② 바라이타(Baraita)이고, ③ 게마라(Gemara)이고, ④ 할라카와 악가다(Hallakha & Aggadah)이다.

2) 탈무드(Talmud). 69

(2) 탈무드의 언어와 인쇄와 주석과 연구

탈무드의 연대는 주후 70년에 로마제국에 의하여 유대와 예루살렘이 멸망한 후에 세계의 사방으로 흩어진 유대인 학자들이 팔레스틴의 디베리아와 가이사랴를 중심한 토라(חורה)와 탈무드를 연구하되 약 200여년을 거쳐서 소위 팔레스틴 탈무드(Palestinian Talmud)를 주후 350년경에 라브 무나(Rav Muna)와 라브 욧시(Rav Yossi)에 의하여 만들어졌는데 그것이 소위 예루살렘 탈무드이다.

예루살렘 탈무드(a page of a medieval Jerusalem Talmud manuscript, from the Cairo Genizah)

이와 때를 같이하여 이 예루살렘 탈무드에 힘입어서 바벨론에 가서 거주하는 학자들과 이집트의 영향을 받은 하나넬 벤 후시엘과 닛심가온 학파에 속한 학자들이 바벨론 탈무드(Babylonian Talmud)를 연구하여 자기들의 신학과 그 결과를 연구하여 기록한 것이다. 이것은 약 주후 5세기의 것으로 자기들의 후손들을 위하여 이국땅에 있는 유대인 학자들에 의하여 편집된 것이다. 물론 그 속에는 전통적이면서도 분석과 비판을 겸하고 있다.

물론 위 두 탈무드는 히브리어를 중심으로 사용하되 바벨론 탈무드 같은 경우에는 히브리어와 아람어를 병용하고 있는 것을 볼 수 있다. 그 이유는 그 아람어가 주전 586년 이전부터 바벨론에 포로되어 가서 거주하면서 그 아람어도 사용했으므로 그 후손들이 그 아람어에 익숙해 있었기 때문이다. 재미있는 것은 그 탈무드 속에 유대의 종교적인 내용, 시편과 잠언과 역사적인 것은 히브리어로 기록하였고, 기타 해설과 분석과 비판은 아람어였다.

(3) 인쇄

바벨론 탈무드의 첫 번째 완전한 편집 출판은 제16세기였는데 봄벍(Bomberg)에 의하여 라쉬(Rash)와 토사호트(Tosafot)의 주석을 달아서 미쉬나와 게마리를 첨가하여 출판했다. 그래서 제17세기에도 출판되었는데 그 때는 그 탈무드가 5,894면에 달했었다. 그 탈무드는 유대인들에게만 아니라 세계의 탈무드 학자들과 독자들에게도 보급이 되게 되었다. 그것이 현재 탈무드의 기초이다.

5. 헤브라이즘의 의미

헤브라이즘은 어떤 이의 주장처럼 유대주의 또는 쥬다이즘(Judahism)과 같은 것이 아니고 유대주의 근거라고 할 수 있다. 그 근거는 하나이나 그 근거에서 나온 것이 외부의 불순물과 결합이 되어 오염된 유대주의가 산출되게 되었고, 본래의 참 헤브라이즘은 하나님의 순결하고 진리와 지혜와 능력에 근거한 것이었다. 그래서 헤브라이즘의 근거는 토라(תורה) 또는 하나님의 말씀이었다. 그 토라는 두 가지 면이 있는데 한 가지 면은 구약의 부분적인 면으로 구약의 첫 부분인 모세오경이고, 또 한 가지는 구약의 전체적인 면인데 창세기에서부터 말라기까지이다. 여기서는 두 가지 면이 다 포함된다.

그 하나님의 말씀인 토라는 천지창조 이후에 하나님의 형상대로 창조된 인간의 출생 이후에 에덴에서 범죄 타락한 아래로 그 에덴에서 추방된 조상 아담과 하와와 그의 후손에게 하나님의 구속의 역사가 하나님의 사람들의 생활을 통하여 주어진 하나님의 언약과 계시를 근거

5. 헤브라이즘의 의미. 71

하여 주어지다가 마침내 민족과 국가로 성장하기 시작하면서 하나님의 사람인 모세를 들어 이스라엘 자손에게 하나님의 순수한 말씀과 성령과 능력으로 일하여 하나님의 백성과 하나님의 나라만 아니라 그들을 통하여 이방 민족들과 그들의 나라들에게까지 그것이 주어지게 되었다. 끝내는 신약시대와 교회시대까지 포함되어서 그 하나님과 그의 말씀과 그의 능력으로 구속함을 받은 그 유대인들과 그 이방인들이 여러 세대와 대를 이어가면서 자기들의 신앙 사상과 신학을 강조, 주장 그리고 선포하고 발전시키면서 자타가 공인하여 "헤브라이즘"(Hebraism)이라 하게 되었다. 그것이 독자들에게도 보급이 되어 그것은 토라와 탈무드의 기초 위에 세워진 것으로 오인되게 되었다.

  그 근거는 오직 토라(תורה)이다. 그 토라는 핵심이 창세기 1장과 2장이다. 창세기 1장에서 "창조하셨다"는 ברא(빠라)와 "하나님의 형상"대로 창조된 아담과 그의 아내 하와이다. 또 "하나님께서 그들에게 복을 주시며 말씀하시기를 생육하고 번성하여 땅에 충만하고 그것을 정복하라 그리고 바다의 고기와 하늘의 새와 땅 위에 움직이는 모든 짐승을 다스리라"하셨다(창 1:28). 그리고 2장에서는 3절에서 "하나님께서 그 일곱째 날을 복 주시고 거룩하게 하셨으니 이 날에 하나님께서 창조하여 만드신 모든 일로부터 쉬셨기 때문이다"이고, 또 하나님께서 그 아담에게 돕는 배필을 주셨는데(창 2:20) 아담을 깊이 잠들게 하시므로 그가 잠드니 하나님께서 그의 한 편(한글역, 영어역, 기타 역 "갈비")을 떼어 그 대신 살로 채우셨다.…하나님께서 아담에게서 떼어낸 그 "한 편"으로 여자를 만드시고 그를 아담에게로 데려갔다(창 2:21-22). "그러므로 남자가 부모를 떠나 그 아내와 연합하여 둘이 한 몸이 될 것이다"(창 2:24)고 했다. 이 두 장의 여러 구절에서 헤브라이즘의 귀중한 신학적, 지리적인 것이 있는데 하나님께서 만물의 영장으로 지음을 받은 그 인간의 조상인 아담과 하와를 통하여 주신 요소이다. 그 요소는 다음과 같다.

1) 빠라(בּרא)의 사상("창조하시니라")

이것은 항상 하나님의 사역에만 사용된 "바라"(בּרא)라는 특수한 단어를 사용하고 있다. 그것은 하나님만이 창조할 수 있음을 의미하는데 즉 아무것도 존재하지 않는 그 가운데 존재하게 하신 것이다. 그는 로마서 4장 17절의 말씀대로 "…없는 것을 있는 것 같이 부르시는 것이니라"이다. 또 "…모든 세계가 하나님의 말씀으로 지어진 줄을 우리가 아나니 보이는 것은 나타난 것으로 말미암아 된 것이 아니니라"고 했다.

인간들은 물건들을 "만들고"(make) 또 무엇을 "형성"(form)할 수 있다. 그러나 인간들은 그 무엇들을 창조할 수 없다. 하나님께서 무엇들을 "만들고"(make) 또 "형성"(form) 할 수 있으며 히브리어로 아사와 얕사(עשׂה, עשׂה) - 또 사람이 하는 것보다 매우 효과가 있고 빨리 하신다. 그런데 창조의 사역만은 하나님의 특수한 사역이다. 만들고 형성하는 작업은 매우 혼돈된 상태로 이미 존재해 있는 재료들을 조직화하는 것이다. 그러나 창조의 행동은 어떤 재료들이 전혀 존재하지 않는 상태에서 하나님의 뜻과 능력에 의하여 어떤 것들(재료)이 존재하게 말씀하는 사역이다.

창세기 1장 1절에서 "창조한다"는 단어를 사용한 것은 위와 같은 점에서 물질적 우주가 하나님에 의하여 존재하게 된 것을 우리에게 소개한다. 그런 면에서 하나님의 이 최초의 창조적 행동은 전에 아무것도 없는 가운데서 하신 것이다. 하나님만이 홀로 무한하시고 또 영원하시다. 그분만이 전능하시다. 그러므로 우주가 존재하게 말씀하실 수 있는 것은 하나님 자신이 자신을 위하여 하실 수 있다. 그러나 우리는 영원하고 초월하신 하나님의 완전한 그 뜻을 깨닫기에는 불가능하므로, 이에서 나온 다른 방도는 영원하고 자존하는 우주라는 생각이다.

그러므로 마침내 인간들은 영원한 하나님과 영원한 물질 중에 하나를 택하여야 하게 됐다. 그 후자는 오늘날 과학적 인과법칙이 확고하다면 불가능한 것이다. 그 이유는 물질은 스스로 존재할 수 없고, 자신이 법을 지킬 수 없고 오히려 혼돈과 무질서한 것이다. 우주는 지능이 없

5. 헤브라이즘의 의미. 73

는 것이며, 살아있는 인격이 없는 것이다. 만약 우주가 살아있는 인격자라면 지능이 있을 것이다. 그러므로 전자인 하나님만이 인격적 신이요, 그 인격적 하나님만이 타당한 원인에 따라 질서와 탁월한 결과인 우주의 존재를 가져오게 한 것이다.

본문에서 한 가지 문제가 있다. 그것은 언어 문제인데 모세는 25절에서 전에 사용했던 "창조(바라 = בָּרָא)한다"는 단어를 사용하지 않고 "만든다" 또는 "일한다"는 아사(עָשָׂה)를 사용한 것이다. 25절 이전에 사용된 "바라"(בָּרָא)를 볼 때(21절) 축복이 따라 온다(22절). 또 여섯째 날의 둘째 사역에서 축복할 때도 바라(בָּרָא)가 따라오고 있다. 이로써 알 수 있는 것은 축복된 것과 특수 창조사역에는 바라(בָּרָא)를 사용했으나 특수 창조가 되지 못하고 부수된 사역은 아사(עָשָׂה)를 사용한 것 같다. 여섯째 날의 첫 번 사역은 여섯째 날 둘째 사역인 인간 창조에 속한다.15)

하나님의 특수 사역으로 하나님의 형상대로 지음을 받은 인간에게 그 하나님의 창조의 특성이 주어져서 인간의 역량에 창조성이 있다는 것이다. 그래서 지상에서 이스라엘인들만 아니라 모든 인간들은 그 어느 누가 따라 갈 수 없는 개성과 재능과 능력이 있어서 인간은 독자적이고 개성적이고, 탁월성이 있음을 의미한다.

이에 대하여 다른 많은 학자들이 이 단어를 의심하고 무시하는 학자들 중에 최근에 네덜란드의 엘렌반 볼테 교수는 "창세기 첫 문장 잘못 해석" "창조했다"가 아니라 "분리했다"가 맞다고 주장했다. 그 이론은 아래와 같다.

"창세기 첫 문장 잘못 해석" 네덜란드 교수 "분리했다가 맞아" 주장

네덜란드의 한 성서 해석 전문가가 구약성서 창세기 첫 문장이 수백 년간 잘못 해석돼 왔다고 주장해 논란이 일고 있다. 엘렌 반 볼데(54) 교수는 지난 9일 라드바우트 대학에서 가진 강연에서 구약성서의 첫 문장이 '태초에 하나님이 천지를 창조했다'가 아니라 '태초에 하나님이 하늘과 땅을 분리했다'고 해석하는 것이 올바르다고 주장했다고 11

---
15) 원용국, 창세기주석

일 네덜란드 일간지 "NRC 한델블라트"가 전했다.

반 볼데 교수는 기존에 창조했다고 오해석한 히브리어 '바라(bara)'가 구약성서에서 사용된 부분들을 연구한 결과, 이 단어를 '분리하다'로 해석하는 것이 올바르다고 주장했다. 반 볼데 교수는 창세기 첫 문장을 '태초에 하나님이 하늘과 땅을 분리했다'고 해석할 경우, 하나님이 천지창조 이전에 하나로 존재했던 하늘과 물, 땅을 분리해 우주의 질서와 위치를 부여했다는 해석이 가능하다고 부연했다.

이 같은 반 볼데 교수의 주장은 성서의 무오성과 배치되는 동시에, 태초의 무(無)에서 유(有)를 창조했다는 기존의 천지창조 이론과 배치되는 만큼 논란이 예상되고 있다.16)

2) "하나님의 형상"을 가진 인간

하나님께서 스스로 결정하신 중요한 일을 스스로에게 다짐하시기를 "그리고 하나님께서 말씀하시기를 우리가 우리의 형상을 따라 사람을 만들자!"고 했다. 하나님께서는 천사들에게 말씀하신 것이 아니다. 왜냐하면 사람이 천사들의 형상에 의하여 만들어진 것이 아니고 하나님의 형상에 따라서 만들어진 것이기 때문이다. 이처럼 하나님은 자신에게 말씀하실 뿐만 아니라 하나님의 성품 중에 한 위가 다른 위에게 말씀하심을 보여준다.

하나님의 성품 안에는 바뀌는 매혹적인 모습이 구약 여러 곳에서 나타나고 있다(시 2:7, 45:7, 110:1, 사 48:16). 그와 유사하게 신약에서도 그리스도(그의 육신의 출생 이전에)와 하나님 아버지 사이에 위와 같은 모습이 마태복음 11장 27절, 요한복음 8장 42절, 요한복음 17장 24절과 다른 성경 구절들에서도 찾아볼 수 있다. 인간에 대한 주제를 상의할 하나님의 회의들은 시간이 시작되기 이전에 일어난 것이다. 이 회의에서 결정된 것은 그 어린양이 세계의 기초가 놓여지기 이전에 살해될 것과 구속 받은 자의이름들이 세계의 기초로 놓여지기 이전에 하나님의 생명책에 기록되어 있으며, 또 하나님은 하나님의 은혜에 의하여 구원된 바 그들을 부르셨다. 그 일을 세계가 시작되기 이전에 있었다(벧전 1:20, 계 17:8, 딤후 1:9).

---

16) 2009년 10월 21일(수) "기독신문" 참고

5. 헤브라이즘의 의미. 75

　이 여섯째 날에 또 하나의 회의가 있었는데 옛날 계획은 전에 소개되었고, 기록되었고 또 실행되었다.
　인간은 모든 창조물들의 가장 높고 가장 최고의 결정체로서 하나님에 의하여 만들어졌으며 또 바다, 공중과 땅의 모든 동물들을 다스리는 주권이 주어졌다. 사람의 신체는 동물들의 육체가 형성된 것과 같은 방법에 의하여 형성되었다(창 1:24, 2:7).
　그처럼 사람은 동물들과 같은 "생명의 호흡"을 가졌으며(창 2:7, 7:22), 또한 동물들과 같이 "산 영"이 되었다(창 1:24, 2:7). 이와 같이 물질적이고 정신적인 두 가지 차원으로 된 인간의 구성은 동물들의 구조보다 더욱 많이 복잡하게 되어 있으며, 그것은 같은 기본 요소로 되어 있지만 하나님은 "우리의 형상대로 사람을 만든"(히브리어로 아사 עשׂה) 것을 강조하고 있다.
　또 사람은 매우 복잡하고 높은 조직을 가진 동물들보다 더욱 복잡하고 높다. 인간은 어떤 동물들보다 양적으로 클 뿐만 아니라 질적으로도 구별되어 있다. 사람은 하나님의 형상과 하나님 자신과 같은 모습을 가지고 있다. 그러므로 사람은 하나님의 형상으로 창조, 즉 "빠라"(ברא)되었다. 인간은 하나님의 형상으로 만들어졌으며 또 창조된 것이다.
　이것은 심오하고 신비로운 진리인데, 완전히 이해하기가 힘들다. 그러므로 그 진리에 대한 여러 의미와 견해가 있는 것에 놀랄 필요가 없다. 그것은 영혼을 가진 영적인 존재임을 말할 뿐만 아니라 이 술어는 다른 의미도 있다. 구약에서 "영"(spirit)이란 술어는 히브리어에서 "르아크"(רוּחַ)인데 그것은 일반적으로 "바람"(wind)과 "숨"(breath)으로 번역된다. 그처럼 "생명의 숨"은[문자로 생명들의 영혼(spirit of lives)] 사람에게서처럼 동물들도 가지고 있다. 그런데 만일 그 술어가 영원한 영, 심미, 도덕, 영적 속성을 가진 하나님과 같은 인간의 모습을 나타내는데 사용되었다면 그것은 부분적인 일면일 것이다. 사람의 영적 속성은 천사와 악령들이 가진 영성과 같은 것이며 또 하나님과 같은 것인데 영원한 영이다. 동물의 정신은 그 몸이 죽고(전 3:21) 땅으로 돌아갈 때 그 존재가 끝나고 만다.

　바꾸어서 말하면 인간이 창조된 그 "하나님의 형상"은 동물들에게는 부여되지 않은 인간의 특성들의 여러 모습들임에 틀림없는데 그 속성들은 도덕적 의식, 추상적인 사고하는 능력, 미와 정서적 이해와 기타 모든 예배하고 사랑하는 하나님에 대한 역량 등이다. 인간 존재의 이 영원하고 신성한 범위는 하나님과 같이 가진 본질인 것이다. "혼"이라는 "네페쉬"(נֶפֶשׁ)는 동물들에게도 부여되어 있으며 그것은 새로운 창조물에게도 주어진 것이다. 그러나 이것은 그 의미를 가지고 있지 못하다. 우리는 사람이 하나님의 형상대로 잘 만들어진 그 사실을 포함한 것으로 보아야 한다. "만들어진" 사람의 그 혼합 요소는 몸과 영혼이다. 그러므로 어떤 학설에 의하면 사람의 몸도 동물들과는 달리 하나님의 형상이 어느 정도 있다고 보는데 그 학설도 타당하다.

　무소부재하신 하나님은 육체적이 아니라 영적으로 계심인데(요 4:24), 하나님의 형상에 따라 만들어진 사람의 몸은 어떻게 그렇게 만들어 질 수 있는가? 하나님께서는 자신이 육신적 신체는 가지지 않았을지라도 사람에게는 육체를 가지고 동작하는 방법을 따라 신체를 가지게 계획했으며 그렇게 만드셨다. 그러나 하나님은 신체 없이도 작용하실 수 있다. 그래서 성경은 하나님은 보실 수 있고(창 16:13), 들을 수 있고(시 94:9), 흠향하실 수 있고(창 8:21), 쉬기도 하시고(창 32:32), 그리고 말씀도 하심(벧후 1:18)을 증거한다. 하나님은 사실 육신적인 눈, 귀, 코, 손, 그리고 입이 없으시나 그런 작용을 하신다. 더욱 하나님은 언제든지 사람에게 볼 수 있게 나타나시기도 하시며 그는 사람의 형체를 한 모습으로 나타나시기도 하고(창 18:1,2), 또 천사들의 모습으로도 나타나실 수도 있다(행 1:10). 그러므로 하나님께서 자신이 나타나시는 그 모습대로 인간의 몸이 있게 할 수 있으며 또 하나님은 창세전부터 모든 것을 다 아셨기 때문에(행 15:18) 하나님은 당신의 뜻대로 사람의 몸을 만들게 된 것이다. 따라서 하나님은 인간을 동물처럼 만들지 않으시고 특수한 모습으로 만들었는데, 주의력과 감정적인 것과 생각과 포부를 언어라는 매개체를 통하여 전달할 수 있는 능력이 있는 존재가 되게 했다.

물론 하나님은 때가 되어 하나님께서 사람이 될 것을 아셨다. 하나님은 그때에 자기의 아들을 인간의 몸으로 입게 하셨다(히 10:5, 눅 1:35). 또 사람을 하나님의 형상으로 만드심과 같이 자신이 "사람의 모양"으로 되게 하셨다(빌 2:7).

육체와 영 이 양자를 가진 그리스도는 참으로 하나님 자신의 모습이었다(히 1:3, 골 1:15, 고후 4:4). 하나님은 언젠가 자신도 가지실 수 있는 그 몸의 형상에 따라서 사람을 만드셨다. 이런 면에서 볼 때 영적인 면에서 또한 육적인 인간은 하나님의 아들의 형상과 모습으로 만들어지고 창조된 것이 사실이다.

그래서 하나님께서 사람을 자기의 형상대로("우리의 형상대로 사람을 만들자") 창조하자는 선언을 세 번 씩이나 한 것을 주의하여야 한다. 여기서 다시 하나님의 말씀에서 단수와 복수 단어가 사용된 것을 주의하여야 한다. 하나님은 한분이시다. 그런데 한 분 이상이다. 여기에서 삼위의 교리가 가정될 수 있다. 하나님은 삼위일체이시다. 그래서 인간의 삼분설자들은 인간은 육, 영 그리고 혼으로 구성되었다고 본다. 그러나 그것이 성경적인 것과 같이 이분설, 즉 영혼과 육으로 되었다는 것도 성경적이다. 이 두 가지의 학설은 계속하여 논쟁의 대상이다. 끝이 없는 학설이다. 이에 대하여는 본인이 쓴 "구약신학"을 참고하라.

"사람"이란 단어는 사실은 "아담"(אָדָם)인데 그것은 "흙"이라는 단어인 히브리어 "아다마"(אֲדָמָה)와 관계되고 있다. 그러므로 사람의 몸은 흙의 요소들로 구성되어 있다(창 2:7). 그것은 사람이 모든 동물들을 지배할 뿐만 아니라 인간이 자기가 형성되어 나온 땅도 지배하게 된 것을 보면 알 수 있다(창 2:26).

끝으로 "사람"이란 것은 남성과 여성을 포함한 총칭적인 단어이다. 남자와 한 여자는 하나님의 형상으로 창조되었는데 창세기 2장에 의하면 잘 알 수 있다. 또 위의 양자들은 그들의 창조자와 인격적 교제를 할 수 있는 같은 영원한 영을 가지고 있는 것도 성경적이다. 그래서 인간은 육적인 면이나 영적인 면이나 다 하나님의 형상을 가졌으므로 하나님과 교제하는데 적격자이며, 또 흙에서 나온 하급 만물을 다스리는데 적격자이다. 그래서 하나님께서 인간에게 만물의 통치권을 주셨다.

동물들은 그 구성요소가 인간과 차이가 있다. 동물들은 바살(בָּשָׂר = 육신) 또는 아팔(עָפָר = 먼지)과 니쉬마(נְשָׁמָה = 생기)로 구성되어 있다. 이 니쉬마(נְשָׁמָה)는 생명을 의미할 때가 있다(왕상 17:17, 욥 27:3, 사 2:22). 그러나 인간은 먼지인 아팔(עָפָר)에 생명인 니쉬마(נְשָׁמָה)를 더한 육신(בָּשָׂר)에 영(רוּחַ)이 더해져서 된 것이다. 그 공식은 다음과 같다.

| 먼지(עָפָר) + 숨(נְשָׁמָה) = 육신(בָּשָׂר) + 영(רוּחַ) = 인간(נֶפֶשׁ) |

이로써 하나님의 인간 창조와 동물 창조사역이 구별이 된다. 그 공식은 아래와 같다.

| 먼지(עָפָר) + 숨(נְשָׁמָה)] = 육신(בָּשָׂר) + 영(רוּחַ)] = 나(자기) (נֶפֶשׁ) |

3) 하나님의 복을 받은 자로 세상을 다스림이다.

히브리어 원문은 יְבָרֶךְ אֹתָם אֱלֹהִים(에바라크 오탐 엘로힘)이다. 그 하나님의 복은 하나님의 최고의 걸작품이요, 자기의 형상대로 지은 인간에게 주신 것인데 민수기 6장 24절 이하에 근거하면 그 복은 크게 나누어 세 가지이다. ① 육적이고, 물질적이고, 건강의 복이고(6:24), ② 영적이고, 신령하고, 영원한 은혜이고(6:25), ③ 국가적이고, 사회적이고, 평화스러운 평강의 복이다. 이것에 근거하여 신명기 28장 1-14절까지의 하나님의 복이 주어지나, 그렇지 않으면 저주와 죽음과 패망 외에는(신 28:15-끝) 없기 때문이다.

5. 헤브라이즘의 의미. 79

창세기 1장 28절의 하나님은 "인간에게 생육하고 번성하며 땅에 충만하고 그것을 정복하고 그리고 바다의 고기와 하늘의 새와 땅 위에 움직이는 모든 짐승을 다스리라"는 것이다. 그 말씀이 창세기 2장 19,20절에 그대로 일부는 성취되고 또 성취되는 중에 있었다. 즉 모든 가축과 하늘의 새와 들의 모든 짐승을 돌보며 성장케하고 발전케 하는 것이다.

그러나 아담을 통하여 그의 아내와의 생육과 번성과 땅에 충만은 여호와 하나님에 의하여 진행 중에 있었다.

4) 성수주의와 복(창 2:1-3)

창세기 2장 1-3절의 말씀은 하나님께서 하나님의 작품인 모든 것의 창조와 제조가 완전했음을 특별하게 요약하고 있다. 하나님께서 하나님의 사역을 마친 것을 4회 강조하고 있다. 또 이것은 모두 하나님의 역사이었음을 3회 강조하고 있다.

이 문제에 대하여 인간들은 우주의 기원을 하나님의 계시에 따라 신뢰하지 않고 반면에 고대 이방인의 신화와 진화론자들과 오늘날 "과학적" 진화론자들을 본받아 그 사상을 그대로 인용하고 있는데 그것은 어리석은 짓이며 무지한 것이다. 어떻게 우주가 스스로 있게 되었으며 스스로 자신을 지탱해 나갈 수 있을 것인가? 아니다 절대로 불가능하다.

그들은 우주의 출현과정은 예외없이 열역학적(Thermodynamic) 두 우주 법칙에 의해 형성 되었는데 즉 보존(Conservation)과 붕괴(Disintegration)의 과정을 따르고 있다고 한다. 반대로 창조시대의 그 과정들은 정확하게 반대되고 있는데 "창조"와 "제조"의 과정을 따르고 있다. 과학도 그 과정을 증거하고 있다. 이유는 우주의 법칙이라는 보존과 붕괴하는 과정(진화론과 신화론자)이 결코 우주를 산출할 수가 없고 오직 무한한 창조와 제조만이 우주를 산출할 수 있음을 보여주기 때문이다. 그러므로 하나님의 말씀은 진리이고 특별히 창세기 1장은 더욱 귀한 진리이요, 사실이다. 그래서 하나님의 창조 사역의 완전과 확실성을 신약성경도 강조한다(히 4:3, 4, 10, 11:3, 엡 3:9 등).

창세기 2장 1절에 나타난 "하늘의 만상"은 처음에는 별들을 의미했다(신 4:19, 느 9:6, 렘 33:22 등). 그러나 그것은 또한 천사들도 의미한다(왕상 22:19, 대하 18:18, 눅 2:13 등). 그 이유는 천사들은 공중에 있으며 별의 이름들을 가지고 있었기 때문이다.

끝으로 일곱째 날에 관한 문제이다. 성경은 "하나님께서 일곱째 날에 쉬시고 있다"고 하지 않고 "일곱째 날에 하나님이 쉬셨다"고 했다. 출애굽기 31장 17절에 따르면 "나 여호와가 엿새 동안에 천지를 창조하고 제 7일에 쉬어 평안 하였음이니라"고 말하였으니, 하나님의 창조의 사역은 끝났으나 하나님은 곧 구속의 대 사역을 계속했음을 보여준다(요 4:34, 5:17 등등). 끝으로 그 구속사역은 구세주이신 하나님의 아들이 십자가에서 못 박히신 후에 "다 이루었다"고 승리의 함성을 외쳤을 때에 완수된 것이다(요 17:4). 그러므로 하나님은 안식일에 쉬셨다. 즉 예수 그리스도는 아리마대 요셉의 무덤에서 쉬셨다. 안식 후 첫날과 새 시대가 밝아오는 새벽까지 쉬셨다. 이것은 미래에 천국에 들어갈 때까지 하나님의 나라에서 있을 것이다("오경의 기독론", 원용국, "안식일"과 십계명 4계명 참고하라).17)

힘차게 활동하지 않으면 안되었다. 그 호흡기관은 움직여야 했고, 그 심장은 뛰어야 했으며 피는 순환하여야 했고 또 모든 신진대사 작용들이 신체의 기관들에서 시작되어야 했다.

그러나 생명은 생명에서만 올 수 있다. 또 살아계시는 하나님은 유일하게 지존하시는 분이시다. 그래서 생명이 드디어 하나님으로부터 오게 되었다. 그래서 인간의 생명과 하나님의 생명과의 유일한 교제 관계를 성경에서 우리에게 특별히 기록해 주고 있는데 이것은 하나님께서 스스로 직접 생명을 분배하여 주었고 또 인간에게 생명을 불어 넣어 주었기 때문이다.

---

17) 원용국, 창세기주석, 호석출판사, PP.68-69

5. 헤브라이즘의 의미. 81

　"생기"는 동물들과 같이 소유한 것이다(창 7:22). 여기의 생기에서 "호흡"은 "영"(Spirit) 또는 "바람"(Wind)이라는 단어와 같은 의미이다. 히브리어 르아하(רוּחַ)는 이 "바람" 또는 "영"을 의미하는 것으로 하나님께서 직접(하나님께서 말씀하심으로 말미암아) "생기"를 "불어 넣음으로" 사람에게만 있게 되었다.

　동물과 인간의 구성 요소에 대하여 Henry Morris는 그의 "창세기주석"에서 인간은 "생령"(living soul)이 되었다. 그 "영혼"은 네페쉬(נֶפֶשׁ)인데 동물들도 가지고 있다(창 1:24). 또 그것은 의식의 원리, 마음과 감정의 영역으로 언급되고 있다. 그 영혼은 다섯째 날에 창조되었다. 그러나 사람의 몸은 동물의 것보다 더욱 복잡하고 특수했으며, 또한 사람의 영혼은 동물의 영혼보다 더욱 높은 차원에 있었으며, 하나님께서 직접 주었기 때문에 더욱 활동적이었다고 한다. 그러나 J. Barton Payne은 그의 "구약신학"(The Theology of Old Testament)에서 인간의 구성 요소로 기본적인 이원론을 채택했는데 히브리어 "바살"(בָּשָׂר)은 "육신" 즉 "먼지"인 "아팔"(עָפָר)과 "생기"인 "니쉬마"(נְשָׁמָה)로 구성되어 있다(창 2:7). 이 니쉬마는 생명의 기운이 되는 개념을 가지고 있으며 또 "생명"을 의미할 때가 있다(왕상 17:17, 욥 27:3, 사 2:22). 이 술어는 동물들에게 사용될 수도 있는데(창 7:22), 물론 동물들은 이 "바살"(בָּשָׂר)을 가졌든지 또는 있다고(창 6:17, 7:15, 참고 7:21) 할지라도 보통 인간에게 그 단어를 적용하는데 국한시켰다(신 20:16, 17, 수 10:40).

　다른 면으로 사람의 이중 구조 속에 영이 있다. 히브리어 르아하(רוּחַ)는 "바람", "영"을 의미하는데 그것은 하나님으로부터 온 활동적인 힘이다(사 42:5). 사람의 영은 병들고 쇠하며 소멸되고 있음을 말한다(욥 17:1). 그러나 그것은 "제2바람"처럼 돌아도 가고 또 다시 그것은 소생도 한다(사 15:17, 삼상 30:12). 짐승들도 하나님에게서 르아하(רוּחַ)를 받았다(시 104:29, 30). 그러나 짐승의 영은 땅이 그들에게 준 것으로 단순한 존재이다(창 1:24). 아담의 영은 하나님의 특별한 창조적 사역에 의하여 주어진 것이다(2:7). 삼위의 하나님이 사람을 창조하시면서 동참하여 인간에게 주신 영이다. 그러나 짐승들은 그렇지 않다(1:26). 인간은 통일이 있다(2:20). 사람의 영은 명철한 인격적 면이 있다. 그것은 하나님으로부터 사상을 받을 수 있고 절대적 사색을 응용할 수 있다. 예로 다니엘이 계시를 받는 무서운 경험들 가운데 그의 르아하(רוּחַ)은 그 몸의 니느네(נִדְנֶה), 아람 말의 의미는 "뇌"(단 7:15) 속에 근심하게 되었다.

성경에서 그 "네페쉬"(נֶפֶשׁ), 즉 "혼"은 온전한 인간이며, 또 "네페쉬"는 "자신"한 "인격"(창 12:5, 7:14)처럼 단순하게 번역한다. 시편에서 사람의 혼으로 사용된 동의어가 인간의 "카보드"(혼=כבד) 또는 "영광"으로 되어있다(창 49:6, 시 16:9). 네페쉬의 기본적 의미는 "숨" 또는 "목숨"을 나타낸다(사 5:14, 합 2:5). 욥기 11장 20절, 31장 39절과 같은 구절에서는 사람이 생명을 잃은 것을 문자적으로 "네페쉬" 또는 "혼"이 끊긴 것으로 되어 있다. 숨쉬고 있는 것이 살아있는 창조물들(창 9:12)을 의미한다. 이 뜻은 "생명의 피"를 의미하므로 "그 피가 네페쉬(생명)"이다. 그러므로 "너는 피와 같이 그 네페쉬를 먹지 말라"는 뜻을 가진 성경구절이 신명기 12장 23절에 나타나 있다. 또 다시 "목숨"이라는 어원에서 네페쉬는 "욕망, 요구"(전 6:9,7)라는 의미를 가진다. 또 어떤 때는 그것은 사람을 의미하는데(창 34:3, 시 42:2), "인격자"를 의미할 때가 있다(창 2:7).

그러므로 혼 즉 네페쉬는 영, 즉 르아하를 가지고 생각한다. 그러나 그 생각하는 자는 네페쉬이다. 그래서 사람의 구성된 요소들은 아래와 같다.

$$\left.\begin{array}{c}\text{먼지}(עָפָר)\\+\\\text{숨}(נְשָׁמָה)\end{array}\right] = \left.\begin{array}{c}\text{육신}(בָּשָׂר)\\+\\\text{영}(רוּחַ)\end{array}\right] = \text{나(자기)}(נֶפֶשׁ)$$

죽을 때 육신은 흙으로 돌아가는데(창 3:19, 시 103:14, 욥 34:14-15),

5. 헤브라이즘의 의미 83

이유는 사람은 오직 흙과 혼이다(창 18:27). 영은 하나님께로 돌아간다(전 12:7). 이에 따라서 르아하와 네페쉬가 가끔 서로 교체해서 사용되었다(사 26:9, 출 6:9, 민 21:4). 죽을 때는 위의 양자가 몸에서 떠나는 것이고, 또 그들은 몸에서 분리된 상태(창 35:18, 왕상 17:22)라고 했다.

여기서 우리는 Morris의 이론보다는 차라리 Payne의 이론이 더욱 정확하고 성경교리에 가까운 것으로 여겨진다.18)

앞에서와 같이 먼지 또는 티끌과 숨으로 육신을 만드신 여호와께서 그 아담에게 영 또는 영혼을 주어 인격체인 나 또는 자신을 만드신 하나님께서 그의 외로움과 홀로인 것을 보시고 그에게 돕는 "배필" 또는 "협력자"(מָצָא עֵזֶר כְּנֶגְדּוֹ)를 만들어 주시기로 하고 그를 깊이 잠들게 했다. 즉 최고의 마취를 시켰다. 그리고 "하나님께서 그의 한 편을 떼어 그 대신 살로 채우셨다. 여호와께서 아담에게 데려오시니"(창 2:20-20)라고 되어 있다. 그런데 한글역은 "그의 한 편" 또는 "그의 한 부분"을 "그의 갈빗대"로 번역했다. 그것은 히브리어로 צַלְעֹתָיו(차르오타이우)인데, 그것은 명사 צֵלָע의 복수, 남성, 복수의 접미, 3인칭, 남성, 단수로 "그의 한 편", "그의 한 부분"이다. 즉 여호와 하나님이 아담의 신체의 한 부분을 취하여 살로 채워서 여자를 만드셨는데 중요한 것은 아담의 한 부분을 취하실 때에 그의 인격과 그의 영도 취하신 것이다. 만약에 그렇지 않으면 그 여자는 비인격적이고 비영적인 존재가 되며 그 아담과 하와를 통하여 태어나는 자녀도 역시 그럴 것이 아닌가?

다음 구절에 중요한 말씀이 있는데 아담이 여호와께서 자기의 한 부분 취하여 만든 여자를 데리고 와서 결혼 주례하여 주셨을 때에 "이는 내 뼈 중의 뼈요 살 중의 살이다. 남자에게서 취하였으니… 그러므로 남자가 부모를 떠나 그 아내와 연합하여 둘이 한 몸이 될 것이다"(창 2:22-23)고 했다. 이 구절에 두 몸인 그들이 한 몸이 된다는 것은 반편들이 합하여 한 몸이 된다는 것이 아닌가? 이것은 부부의 신비로 평등한 존재, 분업적이고, 동등한 인격에 하나님과 연합할 수 있음을 의미

---

18) 원용국, Ibid, PP.70-73

한다.19)

　아담이 자기의 일부분으로 지어서 자기에게 이끌고 오시어 결혼 주례하여 주시는 하나님의 창조의 짝인 그 여자를 보고 "내 뼈 중의 뼈요 살 중에 살이라"는 말에서 그 "나의 뼈 중의 뼈"는 창세기 2장 20절과 21절의 어근인 צלע가 아니라 עצם이라는 단어를 써서 "나의 뼈들 중에 뼈"인 עצם מעצמי(에참 메아차미)라고 했고, 또 "살 중에 살"은 מבשרי בשר(바샬 미뻬샤리)라고 했다. 그것을 분석하여 보면 아담이 하나님이 이끌어 오는 그 여자 하와는 자기의 몸의 일부분의 뼈와 살을 취하여 만든 자기의 반산 또는 반편으로 자기와 같이 영과 인격을 함께 나눈 자기의 귀중한 존재임을 의미한다. 만일 한글역이나 영어역과 그 외의 다른 나라 역과 같이 아담의 "갈비하나"를 취하여 살로 채우고 여자를 만들었다면 그 여자에게는 영과 인격이 없는 자이거나 아니면 남자의 부속물이거나 아담의 증언과 같이 그렇게 귀하고 중요한 존재가 못되며, 또 자녀 출산에 있어서도 그 자녀에게 아버지와 어머니를 통한 영적이고 인격적인 것에 결함이 있을 것이다.

　"한 몸이 될지라"는 히브리어 원문에 היו לבשר אחד(하유 레바샬 에하드)라고 되어 있다. 이 구절에서 "한 몸"은 동등하고 서로 모든 면에 불가분리의 존재이고, 부족한 부분을 서로 도와 협력하여 모든 것을 완수, 완성, 성공하여 나가는 것을 의미한다. 만일 아담의 "한 갈비"를 가지고 흙으로 (살로) 채운 여자라면 아담과 한 몸이 아니라 아담의 몸의 한 부속품에 지나지 않는다. 그런데 어떻게 아담이 그녀에게 나와 결합하여 "한 몸이 될 것이라"고 할 수 있는가! 이것은 저자의 원어해석과 주장과 같이 서로 한 부분을 떼움을 받아 둘이 되었으나 본래는 한 몸이었음으로 그들이 영적으로 정신적으로, 육체적으로 기능은 차이가 있으나 연합과 결합하게 된 자들이라는 것이다.

　하나님은 창조와 구원과 생명과 지혜와 능력의 하나님이시다. 하나로 몸을 만드신 하나님이 둘을 하나로도 만드신다.

---

19) 원용국, 창세기주석

5. 헤브라이즘의 의미. 85

　다음 구절에 "네 손에서 둘이 하나가 되리라"는 것은 히브리어 원문은 "또 그것들은 네 손 안에서 하나가 될 것이라"는 것이다. 이 구절에서 여호와께서 선지자 에스겔에게 네가 네 손으로 만지는 그 두 작대기는 여호와의 말씀과 여호와의 능력에 의하여 그 두 작대기 또는 그 두 막대기가 네 손 안에서 결합하여 하나가 되리라는 것이다. 이런 이적과 역사는 창세기 1장 27절 이하에서 "하나님이 자기 형상 곧 하나님의 형상대로 사람을 창조하시되 남자와 여자를 창조하시고 하나님이 그들에게 복을 주시며 그들에게 이르시되 생육하고 번성하여 땅에 충만하라. 땅을 정복하라… 모든 생명을 다스리라"하셨고, 2장 7절에서는 그 남.여를 만드신 재료와 창조과정을 말씀하시는데 "여호와 하나님이 그 흙에서부터 티끌로 사람을 지으시고"(הָאָדָם עָפָר מִן־הָאֲדָמָה) 그리고 그의 코에 "생명의 기운"(נִשְׁמַת חַיִּים) 또는 영혼을 넣어 주어서 그 아담(사람)이 "살아 있는 인격자"(נֶפֶשׁ חַיָּה)가 되었다. 그 살아 있는 인격자인 아담을 "여호와 하나님이 깊이 잠들게 하시니 잠들매 그가 그의 한편(צַלְעֹתָיו)을 떼어내고 그 자리에 살(בָּשָׂר)로 채웠다". 그리고 여호와 하나님이 그 아담에게서 취한 그 "한편"(הַצֵּלָע)을 여자를(אִשָּׁה)를 만드셨다. 그리고 그녀를 아담에게로 인도하여 갔다. 그때에 그 아담이 말하기를 "이것은 나의 뼈들에게 취한 뼈이고 또 나의 살들에게서 취한 살이므로 이에 대하여 여자라 부르리라. 왜냐하면 이를 남자에게서 취하였기 때문이다. 이 사실 때문에 남자가 자기의 부모를 떠날 것이고 또 자기 아내와 연합할 것이고, 그들이 한 몸이 될 것이다"(창 2:21-24)이다. 이 말씀은 여호와 하나님께서 아무 것도 없는 것에서부터 창조하여 우주와 그 가운데 만물을 만드신 창조자와 전지전능하신 자이실 뿐만 아니라 남자 하나를 가지시고 그의 아내를 만들어 둘을 만드신 절대자이신데 그는 또한 구원과 심판과 흥망성쇠와 시작과 끝이게 하시는 α, ω가 되신다. 그 여호와 하나님이 앞에서 본 것과 같이 선지자 에스겔의 손을 들어 둘을 하나가 되게 하실 수 없으며 유다와 이스라엘을 하나로 통일을 할 수 없을까?

5) 범죄 타락한 인간과 그의 후손

범죄는 두 가지 면이 있다. 스스로 범죄할 수 있고, 타자의 유혹과 압력에 의하여 이끌리어 범죄하는 것이다. 창세기 3장은 인간의 조상인 아담과 하와가 그 좋고 귀한 에덴동산에서 타자인 뱀에 의하여 범죄하고 타락하게 되었다. 그런데 그 타자인 뱀은 동물인 뱀 만인가? 그렇지 않다. 그 뱀은 동물이나 타자에 의하여 이용된 도구였다. 이사야 14장 12절 이하에 의하면

"새벽의 아들, 계명성아,
어찌 네가 하늘에서 떨어졌느냐?
민족들을 굴복시키던 네가
어찌 이제는 찍혀져
그 땅에 쓰러졌느냐?
네 마음속으로 말하기를
내가 하늘로 올라가서
내 보좌를,
신들이 모이는 산 위에 앉을 것이고,
내가 높은 구름에 올라
지극히 높으신 자와 같아지겠다…".

에스겔서 28장 14-17절에서는
"너는 기름부음을 받고 지키는 그룹이다.
내가 너를 하나님의 성스러운 산에서 살게 하여,
네게 불타는 돌 사이로 왕래할 수 있었다.
너는 창조될 날부터 행위가 온전하였으나
마침내 네게서 불의가 드러났다.
네 무역이 풍성하므로 네 가운데 폭력이 가득하였으니, 네가 죄를
　　지었다.
지키는 그룹아,

내가 너를 더럽게 여겨 하나님의 산에서 내쫓아
불타는 돌 사이에서 멸망시켰다…"고 했다.

그래서 그 사단의 이름은 후대에 옛 뱀, 마귀, 용, 계명성, 사단이다 (사 14:12, 계 12:9, 20:2). 그 놈은 영물이고 가장 간사하여 하나님의 물질세계 창조를 지켜보다가 그 창조의 절정인 하나님의 형상과 영적 소유자인 아담과 하와를 유혹하여 그에게 맡긴 만물까지도 범죄 타락케 했다(계 12:7-9, 약 1:2-3, 12-).

그래서 여호와 하나님이 사전에 아담에게 경고했다(창 2:16-17). 즉 "선과 악을 알게 하는 나무의 열매는 먹지 말라. 네가 거기서 나는 것을 먹는 날에는 반드시 죽으리라"는 것이다. 다시 말하면 위에서 말한 사단이 언젠가는 아담에게 그 선악과를 통하여 여호와 하나님의 명령을 불순종케하여 하나님과 이간시켜 결별케하고 자기의 종자로 삼으리라는 것이다. 그런데 그 사단은 뱀을 동원하여 그의 아내된 하와를 협공하여 아담을 넘어뜨려 범죄케하고 마침내 에덴을 잃게 하고 그의 후손과 만물도 타락하여 망케했다.

6) 구원과 회복된 인간

여호와께서 범죄 타락한 그 아담과 하와에게 형벌로 에덴을 잃게 하였고 또 그들과 그의 후손들과 자연 만물이 저주를 받아서 죽고 망하게 되었다. 그런데 중요한 것은 여호와 하나님께서 그들에게 찾아오신 것이다. 그가 찾아오신 "그 날"은 창세기 2장 1-3절에서 언급한 거룩한 안식일인 것 같다. 그 이유는 히브리어로 הַיּוֹם רוּחַ(하옴 루악흐)로 되어 있기 때문이다. 한글역에 "날이 서늘한"것 보다는 "영적인 그 날" 또는 "영적인 그때"이기 때문이다.

찾아오신 하나님은 아담과 하와의 범죄를 다 아셨고 또 보셨다. 그들이 여호와 하나님의 낯을 피하여 숨은 곳도 다 보셨고, 무화과 잎으로 치마를 만들어 입은 것도 보셨다. 그러나 먼저 하나님은 그들을 그 숨은 숲에서 불러내었고, 그들에게 회개와 용서를 구함을 바랐으나 오히려 그들은 그런 의사가 없었고 변명과 자기들의 범죄의 동기를 전가하기에 급급했다. 그런데 하나님은 그 아담과 하와에게 두 가지 큰 언약의 말씀과 일로 구원과 하나님과의 관계를 회복시킬 것을 약속하셨다.

(1) "여인의 후손"(창 3:15)

그 저주는 외향적으로 뱀에게 선언되었다. 그 뱀의 실제적 추진력은 뱀의 몸과 입을 다스리고 있는 악령으로 계시록 12장 9절에서는 "옛 뱀 마귀라고 부르는 자"이다. 땅이 처음에는 사람의 주권 밑에 놓여 있었다. 사탄은 하나님의 말씀 대신에 자기의 말을 추종할 것을 인간들에게 간청함으로 아마 첫 사람과 첫 여자의 후손들도 자기의 것이 된 줄로 믿었을 것이다.

그들은 사탄과 악의 천사들과 연합하여 하나님을 보좌에서 내어 쫓고 또 그 자리를 차지할 수 있을 것으로 여겼을 것이다. 사탄은 또 "이 세상의 신"이 되었고(고후 4:4) 지구의 미래에 자녀를 생산할 여자로 특별히 자기를 따르게 했다. 그녀는 이미 자기 남자를 다스릴 것을 시도했으나 그것은 실패했다. 오히려 남편의 통치 밑에 들어가게 되었다. 즉 사탄은 그들에게 거짓말하고 속인 것이다.

이런 생각이 사탄의 마음에 있었다면 그 놈은 온 세상의 거짓말쟁이일 뿐만 아니라(계 12:9), 그 놈은 스스로 모든 사람을 속이고 있은 것이다. 그러나 처음으로 그 여자는 사탄이 기뻐하는 일에 결합하지 않고 하나님께서 말씀하신대로 "내가 너로 여자와 원수가 되게 하겠다"고 하신대로 되었다. 그녀는 자기 남편을 다스릴 수가 없었다. 오히려 "그녀는 남편을 사모하고 그는 그 여자를 다스리게 되었다". 임신과 자녀 출산은 쉽거나 빨리 이루어지지 않게 되었다. 그래서 성경에 "내가 네게 잉태하는 고통을 크게 더하리니 네가 수고하고 자식을 낳을 것이다"고 했다.

사탄이 생각한 것처럼 승리는 쉬운 것이 아닐 뿐만 아니라 사탄은 전적으로 실패하고 망하게 되었다. 그래서 "남자의 씨가 아닌 그가 오리니 그는 너의 주권 아래 있지 아니하나니 그는 "여인의 씨"라 할 것이다. 그는 이적적으로 잉태되어 처녀에게서 나리라. 그는 하나님의 아들인데 너와 너의 모든 악한 욕망을 피할 것이니라"고 했다(창 3:15).

창세기 3장 15절의 큰 약속은 오랫동안 "제1복음"(Protevangelium)으로 알려져 왔다. 그것은 구원자의 내림과 승리를 약속한 것이다. 그것은 인간과 뱀간의 육신적 대결보다는 차라리 영적이고 제2차적인 대결을 나타내는 것이다. 그 예언은 분명히 사탄이 여인의 승리적 씨의 발밑에서 완전히 상하는 그 때가 올 것을 전망하고 예언한 것이다. 그러나 먼저 그 뱀의 편에서는 그 여인의 후손의 "발뒤꿈치를 상케"할 수 있는 승리를 위한 치열한 전쟁이 있을 것을 보여주고 있다. 이 미래적인 투쟁은 고대인의 전설이나 신화들에서 영향을 받은 것이 아니며, 그렇다고 영웅의 이야기도 아니고 뱀과 용과 그의 사자들과의 생사의 결투가 있을 것을 의미한다. 유감스러운 것은 자유주의 신학자들 중에서는 이 계시를 전설이나 신화나 어떤 영웅담으로 보는 자들이 있다. 그것은 언어도단이다.

위의 계시는 타락한 인간에게 구원을 위한 최초의 큰 계시이며, 언젠가 구주가 오시어서 마귀를 멸하고 인간을 하나님과 화목케 할 것을 바라보게 하는 한 소망의 계시이다.

그러면 그 "뱀의 후손"과 그 "여인의 후손" 중에 그 "후손"은 누구이며 무엇인가? 그 "씨" 또는 "후손"은 생물학상의 의미가 있다. 그러나 이것은 여기에 국한되지 않는다. 영물인 사탄도 여자도 실질적으로 "후손" 또는 "씨"를 생산할 수 없다. 남자만이 육신적으로 이 "씨" 또는 "후손"을 창조할 수 있다. 그러므로 이 두 "씨"들은 영적이고 신령한 면에서 말한 것이다.

특별히 사탄의 씨가 여인의 씨(후손)와 원수가 되는 것은 영적인 것과 일치하고 있는데, 그들은 대적의 특별한 특성을 말하고 있으며(요 8:44, 엡 2:2, 3), 창조와 구원에 있는 하나님의 목적을 대항하는 것을 의미하고 있다.

그 "여인의 씨"는 처음으로 믿음을 통하여 하나님과 하나님의 자녀 사이에 바른 관계를 가지게 함으로 한 가정이 될 것을 언급한 것이다. 그 예언은 하나님의 나라의 자녀와 악한 자의 자녀 사이에 오랜 투쟁을 예언했는데 가인과 아벨에게서 시작된 투쟁은(마 13:37-40, 요일 3:8-12) 세상 끝 날까지 계속될 것이다(계 12:17).

두 자손들에 대한 복수적이고 집단적 의미로 보아서 분명히 다른 의미가 있다. 뱀의 기본적인 한 자손과 여인의 기본적 자손이 있다. 전자는 속히 일어날 "멸망의 아들"(살후 2:3), 적그리스도인데 그는 용이 자기의 힘과 보좌와 권세를 준 자이다(계 13:2). 물론 여인의 기본적 자손은 주 예수 그리스도이지 뱀의 자손은 아니다. 창세기 3장 15절에 의하면 이 자손으로 말미암아 멸망당할 자는 사탄 자신이다.

여기에 분명히 인류의 출생의 추리가 있는데 16절은 여인이 자녀를 출산할 때의 고통을 의미하고 있다. 어떤 날 한 자손이 초자연적으로 동정녀에게 잉태되어 출생할 것을 분명히 의미하고 있다. 이 약속의 씨는 아담의 자손이 가지는 유전적 죄의 성품을 가지지 않은 사람이다. 그는 다른 사람들과 같이 사탄의 주권 아래서 태어나지 않고 또 도덕적 투쟁에서 그 뱀을 물리칠 수 있는 자이다. 끝으로 그 전투에서 그는 발꿈치를 상하지만 그는 뱀의 머리를 "부시는" 승리자이며 사탄의 작업을 멸하고 그놈에게 포로된 자들을 자유하게 할 자이시다.

물론 이 약속은 예수 그리스도로 말미암아 성취되었다. 그는 십자가에서 죽으심으로써 도덕적으로 상처받은 것으로 나타났으나 그는 다시 살아나심으로 불못에 그 마귀를 던져 넣게 되었다(계 20:10). 그리고 그가 죽으심으로 "우리의 허물"을 담당하시었다(사 53:5). 그는 하나님의 거룩하심의 그 보응을 채우셨고, 그는 아담의 죄를 위하여 죽으셨고 또 "아담 안에" 있는 모든 사람의 죄를 위하여서 죽으신 것이다. "아담 안에서 모든 사람이 죽은 것 같이 그리스도 안에서 모든 사람이 삶을 얻으리라"(고전 15:22).

이에 대한 대 예언이 이사야 7장 14절에 매우 의미있게 나타나 있는데 그것을 기록하면 "그러므로 주께서 친히 징조로 너희에게 주실 것이니라. 보라 처녀가 잉태하여 아들을 낳을 것이요 그 이름을 임마누엘이라 하리라"고 했다. 히브리어로 "처녀"를 "하알마"(הָעַלְמָה)라고 하는데, 앞에 분명한 사실은 약속된 한 분이 있다. 예레미야 31장 22절에서는 "여호와가 새 일을 세상에 창조하였나니 곧 여자가 남자를 안으리라"고 했다. 고래(古來)의 임신은 "새 일"이 아니다. 그러나 여기의 새 일은 고래와 같은 임신이 아니라 새로운 임신 즉 처녀가 성령으로 잉태하여 아들을 낳는 기적적인 사건이다.

요한이 하늘에서 본 큰 이적은(계 12:1-17) 그 예언의 최후의 성취를 지적하고 있다. 이 말씀에 있는 그 여인은 일반적으로 택함 받은 국가인 이스라엘을 나타내 보이나 특별한 의미에서는 예수님의 어머니 마리아이다. 인자는 그리스도이나 용은 그리스도를 멸망하기를 기다리는 옛 뱀이다. 그러나 그가 하늘에서 그 용을 결박하려 하고 있는 가운데 참된 자녀들을 멸하려고 계획하는 그 뱀은 그 여자의 남은 자손들과 전쟁을 하려고 한다. 그 여자의 남은 자손은 하나님의 계명을 지키고 예수 그리스도를 증거하는 자들이다. 끝으로 그 용은 천년동안 무저갱에 결박되어 있을 것이고 마침내 불못에 던지울 것이다(계 20:2, 10).

그 약속의 씨는 어떤 날 인간 여자에게서 태어날 것이며, 사탄은 그 여인과 같이 한 때 어두움에 던져져 있었다. 아담과 하와가 처음에 첫 아들을 낳을 것을 바랬다. 후에 여러 세기가 지나서 사탄은 약속의 계통을 통해서 태어나는 모든 남자를 대항하여 싸움을 계속했다. 그 약속의 계통에서 태어난 이들은 노아, 아브라함, 야곱과 다윗인데 그들은 다 예언자적인 사람들로서 다 약속의 후손들이었다.

이렇게 하나님의 은혜가 특별한 방법으로 여자에게 나타남으로 사탄은 세상을 다스림을 통하여 매개물인 그 여자의 존재를 싫어하고 있다. 그 여자는 그럼에도 불구하고 특별한 심판의 대상이 되고 있다. 하와는 "그 사람인 아담에게" 저주를 가져왔지만 이후에 특별한 책임을 받았는데 그것은 임신과 자녀 출산의 경험을 가지게 된 것이다. 이로 말미암아 여자에게 고통과 슬픔이 "몹시 더하게 된" 것이다. 그러나 그것은 여자로 "모든 산자의 어미가" 되게 한 것임을 지적하고 있다(창 3:20). 그러나 그 저주 아래서 고통당하고 있다. 세상에 그것들의 침입은 죄의 무서운 결과로 온 것인데 공통된 고통과 섬김으로 나타나게 된 것이다.[20]

(2) 가죽옷(창 3:81)

하나님께서 감사하게도 그들의 믿음에 대한 보답으로 그들의 벌거벗은 몸을 위하여 가리울 것을 준비하셨다. 전에 그들이 만든 "무화과 잎 앞치마"는 그들에게 적당하지 못했다. 그것은 햇빛에 시들고 마르고 부스러지고 없어져서 부족하고 수고를 더하여 주었다. 그러나 하나님께서 그들을 위하여 "가죽옷들"을 만들어 그들에게 입혀 주셨다(창 3:21). 하나님께서 그들에게 만들어 준 가죽옷은 카트놑 올(כתנות עור)인데 카트놑(כתנת)은 카탄(כתן)에서 나온 명사인데 카탄은 "덮는다", "숨긴다"이다. 그것이 여성 명사로 변하여 카트놑로 되어 하의(下衣, an undergarment)가 된다. 다음에 "가죽"은 히브리어로 올(עור)인데 남성 명사이다. 그것은 사람이나 짐승의 가죽을 의미한다. 본문에서는 짐승의 가죽으로 그 짐승이 어떤 짐승인가에 대하여는 성경이나 그때의 형편으로 보아 양일 것이 분명하다. 그 때에 양을 목양했다(창 4:3). 또 아벨이 이 양을 제물로 드릴 뿐만 아니라 그 이후에 계속해서 양을 제물로 드렸다. 양은 유순하고 순결하다. 그래서 하나님은 그것을 잡아 그것의 가죽으로 옷을 지어 입힌 것이다. 그 양은 아담과 하와의 동물 친구였는데 그들을 위하여 희생되어 피흘리고 살이 찢기어 가죽을 주어 옷이 되어 그들의 부끄러움을 가리우게 된 것이다. 그들의 면전에 무죄한 피가 흘려졌고 생명이 희생된 것이다. 그것은 하나님의 구속의 계시인데 "덮는 것" 또는 "가리우는 것"은 하나님에 의하여 예비된 "속

---

20) 원용국, Ibid, PP.105-107

죄"이고 "양의 피"를 흘리는 것은 제단에서 흘린 구속의 보혈이다(레 17:11). 물론 우리는 잘 모르나 그것은 여인의 약속한 씨가 장차 세상에 오시어서 자기의 피를 흘려서 완전한 구속을 이룰 것을 그들에게 교훈하고 계시한 것일 것이다. 그들은 그 계시를 인식했는지 모른다. 그들은 자기들의 두 아들 제사와 그들의 비극적인 역사에서 이 사실을 경험하고 확인했던 것 같다.

본문이 보여주는 불변하는 교훈은 인간이 타락한 상태에서는 벌거벗은 것과 같은 부끄러운 감정이 그치지 않는데 영적으로 불안, 정신적으로 혼란, 육신적인 불의와 악행이 계속되는 것이다. 오늘날 나체주의자와 쾌락주의자들은 인간의 "육체의 미"와 "자유"와 "자연미"를 주장하나 남녀의 부끄러움을 가리우려고 한 것과 같이 그들도 그것을 행하고 있다. 또 그들도 스스로 가리울 수 없고 하나님이 준비한 그 양의 가죽으로 하나님이 가리워 주어야 고통과 부끄러움을 면하게 된다. 오직 예수 그리스도의 십자가의 공로만이 인간의 고통과 죄를 사하여 주고 가리워 준다.21)

6. 헤브라이즘의 근거

헤브라이즘의 근거는 토랗(תורה)이다. 그 토랗(תורה)는 넓은 의미든지 좁은 의미이든지 그것이 근거이다. 하나님의 사람 모세는 자기가 하나님의 뜻과 명령에 따라서 인도하는 이스라엘 자손을 40년 만에 모압 평원에까지 인도하여 마지막으로 자기 앞에 불러 놓고 자기의 최후로 그 비스가산에 올라가기 전에 "이스라엘아 이제 내가 너희에게 가르쳐 주는 규례와 법도를 귀담아 듣고 행하여라 그리하면 너희가 살 것이고, 여호와 너희 조상의 하나님께서 너희에게 주시는 땅에 들어가 그 땅을 차지하게 될 것이다. 내가 너희에게 명령하는 말에 한마디도 더하거나

---

21) 원용국, Ibid, PP.113-114

빼지 말라 너희는 내가 너희에게 명하는 여호와 너희 하나님의 명령을 지켜라"(신 4:1-2). "보아라, 여호와 나의 하나님께서 명령하신 규례와 법도를 내가 너희에게 가르쳤으니 이는 너희들이 들어가 차지할 땅에서 행하게 하려는 것이다"(신 4:5)고 했다. 여기서 "여호와께서 너희에게 가르쳐 행하게 하려는 것"은 그 핵심이 십계명이다(신 5:1-22). 그것은 이스라엘 자손들만 아니라 "네 자녀에게 부지런히 가르치며 집에 앉아 있을 때나, 길을 갈 때나, 누울 때나, 일어날 때나, 언제든지 이것들을 말하여라. 또 너는 이것들을 네 손목에 매어 기호를 삼고 이마에 붙여 표를 삼아라. 그리고 이것들을 네 집 문설주와 바깥문에도 기록하라"(신 6:7-9)고 했다.

 이 말씀은 여호와께서 다시 여호수아와 이스라엘 자손에게 명령하셨고 그들에 의하여 실천되었다. 그래서 "여호와의 종 모세가 죽은 후 여호와께서 모세의 보좌관이요 후계자인 눈의 아들 여호수아에게 말씀하셨다…. 내가 모세에게 말한대로 너희 발바닥으로 밟는 모든 곳을 너희에게 주었으니… 오직 강하고 극히 담대하여 내 종 모세가 네게 명령한 모든 (하나님의) 말씀을 지켜 행하고 좌로나 우로나 말씀에서 떠나지 말라. 그리하면 네가 어디로 가든지 형통할 것이다. 이 토랗 두루마리를 네 입에서 떠나지 않게 하고 그 가운데 기록된 모든 것을 지켜 행하도록 주야로 그것을 묵상하여라. 그리하면 네 길이 평탄해 질 것이며 네가 형통할 것이다"(수 1:1-9)고 했다. 하나님의 능력과 진리에 전적 순종과 겸손으로 요단강을 건너서 길갈에 도착한 이스라엘 자손은 그곳에서 할례와 유월절을 지켰다.

 그러나 사사시대는 여호수아의 "그 세대의 모든 사람들 역시 죽어서 그 조상에게로 돌아갔으며 그 이후에 여호와를 알지 못하고 그분께서 이스라엘을 위해 행하신 일들도 알지 못하는 다른 세대가 일어났다. 그 이스라엘 자손이 여호와 보시기에 악을 행하고 바알들을 섬기며 그들이 이집트 땅에서 자신들을 인도하여 내신 여호와 자기 조상들의 하나님을 버리고 자기 주변의 이방 백성들이 섬기던 다른 신들을 좇아 그 신들에게 절하여 여호와를 분노케 하였다(삿 2:10-12). 그래서 여호와께서 그들을 약탈하는 이방 나라들의 사람들에게 맡겨서 재난과 고통을 당하게 하였다(삿 2:14-16). 그 실증이 그들이 시내산 밑에서 금송아지를 섬겨 여호와의 분노를 산 것만 아니라 사사시대로 추정되는 시대의 구리 송아지와 그 제단이 사마리아 지역의 산에서 발굴된 것이다.

구리 송아지의 모형도

마체바 또는 제단이 가까운 판벽한 돌들 사이에서 도기 조각이 발견되었는데 그것은 본래 네모진 향단 또는 다아낙, 무깃도와 벳스안에서 발견된 것과 같은 우상물의 일부분이었다. 그것은 디르사에서 발견된 것과 같은 우상 제단의 한 모형이기도 하다. 이런 경우에 도기 조각은 이곳이 우상 숭배지임을 보여 준다.

이 일과 일치한 것은 희생 제물이 되었던 동물들의 뼈들이 있었다. 고고학자들은 그 담 속에 있는 곳에서 우상이 된 다른 물건을 발견했다. 성경에서 언급한 신성한 나무이다. 그 나무는 언덕이나 산꼭대기에 있었다(겔 6:13).

송아지 형상은 통일되어 있었다. 그것은 이스라엘에서 발견된 송아지 형상들 중에 가장 큰 것일 뿐만 아니라 또한 그것은 자연적이고 균형적인 것이다. 그 송아지는 길이가 7인치이고, 높이가 5인치이다. 그것은 보조봉이나 어떤 협조없이 제 발로 설수 있게 되어 있었고, 그것은 소위 "Lost Wax"라는 기술로 만든 것이다. 그 동물의 모형은 처음에 촛

밀로 만들었다. 그리고 그 촛밀 모형위에 흙을 씌웠었다. 그리고 구멍을 내고 흙 덮개를 덮었었다.

또 솔로몬에게는 이 우상의 시설물들이 그 때 얼마나 중요한 것이었나를 보여준다. 어원학적으로 "바마"라는 단어는 "몸"(body)에서 나온 것이며, 또 비유적으로 "산정상"에서 온 것이다.

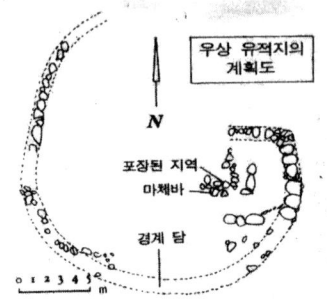

그러면 여기서 누구를 경배했는가? 바알인가? 또는 여호와인가? 북쪽 이스라엘 족속들 사이에 여호와와 송아지간의 관계는 금송아지에 관한 성경 이야기에서 반영된다. 우리가 다 아는 것과 것이 북쪽 이스라엘의 왕 여로보암은 솔로몬이 죽은 후에(왕상 12:28) 이스라엘 왕이 되어서 벧엘과 단에 금송아지를 세웠다. 학자들은 생각하기를 여로보암에 의하여 세워진 금송아지의 둥근 눈들은 유리나 보석으로 조각하여 부착하였던 것이 분명하다. 그러나 지금 나타난 구리 송아지에는 그것들이 없다. 즉 위엄스럽고 산 동물과 같은 형상이었다. 송아지의 어떤 모습은 매우 자연주의적이었다. 송아지에는 눈만 아니라 귀와 뿔들도 조화있게 만든 것을 볼 수 있고, 그 짐승의 다리는 아주 산 짐승의 다리와 같았다. 수놈의 기관은 힘과 번식을 상징하고 있다.22)

그래서 여호와께서 그들을 약탈하는 이방 나라들의 백성들에게 맡겨서 재난과 고통을 당하게 하여(삿 2:14-16) 여호와께 돌아와 부르짖게 하였고 사사나 하나님의 사람들을 보내어 구원했다(삿 2:16, 18-22). 이런 역사가 계속되었다. 통일왕국시대인 솔로몬왕시대만 아니라(왕상 11:1-), 분열왕국시대는 더 하였다(왕상 12:1-). 또한 그 고고학적인 증거가 여러 곳에서 발굴되었는데 그 실증은 헤브라이즘의 역사를 참고하라.

---

22) 원용국, 최신성서고고학, 구약편, PP.320-323 참고.

- 중간사시대

　페르시아제국이 망했고 그 제국에서 세계의 패권을 물려받은 헬라의 알렉산더 대왕은 유대인들에게 호의를 베풀어 어느 정도의 자유를 주었다. 그러므로 헬라 밑에 있는 유다사회는 페르시아의 통치 밑에 있을 때와 별로 다름이 없었던 것 같다. 그리고 페르시아 임금들에 의하여 허락되었던 반 독립적 자치제도가 유다 전역에 그대로 계속되었던 것으로 보인다. 대왕 알렉산더가 죽은 후에도 유다에는 큰 변화가 있은 것 같지 않다. 그러나 알렉산더 이후의 헬라사회가 혼란하여졌고 국가가 분립되자 식민국가들이 독립했고, 약육강식하게 되었는데, 이 유다는 북쪽 셀루키드의 수리아와 남쪽 프톨레미의 애굽사이에서 분쟁의 대상이 되었다. 위의 두 나라에 의하여 고통을 받던 유다는 혼란이 없지 않았으나, 더 큰 혼란이 있게 된 것은 셀루키드에 의한 것이었다. 그것은 헬라의 문명이 유다인들의 전통적 신앙을 유린하는데 기인한 것이었다. 유대인들은 그 전에 헬라의 문화의 영향을 받지 않은 것이 아니라, 그것은 간접적이고 자기 자신들이 자각하여 자기 민족의 독특성과 신앙의 순수성을 고수할 수 있었으나, 셀루키드의 왕들은 의식적으로 유다사회에 헬라 문화를 주입시켰고, 종교 활동을 막았고 박해하게 되자, 이에 대하여 격분한 유대주의자들의 반항이 일기 시작하였다.

　셀루키드(수리아)왕인 안티오커스 4세(Antiochus Ⅳ, 175-164 B.C), 또는 안티오커스 에피파네스(Antiochus Epiphanes)가 등극하자 이 형편은 더욱 극도로 악화되었다. 그 왕들은 유다를 헬라 사회로 만들기 위하여 유다 사회에서 여호와의 종교를 말살하려고 하였다. 이에 격분하여 반기를 든 유대주의자들은 주전 169년에 다수의 헬라주의자들을 죽여 버렸다. 그때 에피파네스는 예루살렘에 와서 유대주의자들을 무참히 학살했고, 유다 종교의 모든 행사를 일체 금지하였다. 주전 168년경에는 2만명의 군대를 끌고 예루살렘에 들어가서 안식일을 지키던 유다인들을 죽였고, 성전을 파괴한 후에 성소 안에 우상인 제우스(Zeus)의

제단을 만들어 놓았고, 유대인들로 하여금 돼지를 잡아 그곳에 제사를 드리도록 강요하였다. 그래서 유대인들은 이에 대항하여 죽음으로 반기를 들었다. 그 반기는 예루살렘 북쪽에 있는 모데인(Modein) 촌락에서 시작되었다. 그 촌락에는 하스모니아(Hasmonean) 가문에23) 속한 제사장 마타디아스(Mathatias)라는 사람이 다섯명의 아들을 데리고 피난 중이었는데, 헬라주의자들의 만행에 참다못하여 명령을 거슬렀고 헬라주의자들을 죽였고, 반기를 들었다. 그 때에 유대인들이 그의 거사에 찬동했고 함께 가담하게 되었다. 얼마 후에 마티디아스가 죽고 그의 아들 유다스(Judas)가 이 투쟁을 지휘하게 되었다. 그는 용맹한 성격의 소유자여서 마카비어스(Maccabeus = 망치)라는 별명이 붙게 되었다. 마카비 형제들은 수리아 군대를 공격했고, 예루살렘에 들어가 성전을 수리했으며, 희생 제사를 드리게 되었고, 악정에 고생하는 자기 동포를 구하기 위하여 남쪽 이두매(Idumae)와 동쪽 길르앗(Gilead), 북쪽의 갈릴리, 서쪽의 블레셋 땅을 각각 침략한 후에 예루살렘으로 돌아왔다.

이때에 수리아 왕인 에피파네스는 죽었고, 어린 왕 안티오커스 V세인 유파톨(Andiocus Eupator 164-162 B.C)이 수리아 왕위에 즉위했고,

---

23) 하스모니안(마카비) 왕조
 시몬, B.C 142-134
 요한 힐가누스 I세, B.C 134-104
 아리스토볼러스 I세, B.C 104-103
 알렉산더 얀네우스, B.C 103-76
 알렉산더 살로메(아리스토볼러스 I세의 미망인), B.C 76-67
 아리스토볼러스 II세, B.C 67-63
 힐가누스 II세, B.C 63-40
 안티고너스, B.C 40-37

6. 헤브라이즘의 근거. 99

섭정관은 루시아스(Lysias)가 되었다. 섭정관 루시아스는 마카비의 반란군을 진압하기 위하여 10만의 보병과 2만의 기병과 32마리의 코끼리 부대를 지휘해 예루살렘으로 향하였으나, 본국의 정치적 혼란으로 되돌아가게 되었다. 이에 그들은 평화조약을 맺었고, 종교의 자유를 얻었다. 그러나 마카비는 이에 만족하지 않았고 유다의 완전한 정치적 독립을 쟁취하기 위하여 투쟁을 계속하였다. 주전 161년에는 로마와 우호조약을 체결했고 수리아를 대항하였는데, 주전 160년에 그는 전사했고, 그의 혁명군도 이때에 큰 손실을 입었다. 그 후 마카비의 동생인 요나단(Jonathan)이 혁명군의 총지휘관이 되었다. 그러나 그는 주전 142년에 수리아 군장에게 사로잡혀 죽었고, 동생 시몬(Simon)이 대를 이어 유다의 정치적 독립을 쟁취하였다. 유다 독립에 공이 큰 시몬은 아깝게도 주전 134년에 사위되는 톨레미(Ptolemy)에게 살해되었고, 그의 아들 요한 힐카너스(John Hyrcanus)가 대제사장과 군대의 지휘자의 대를 이었다. 그는 재임 30년(134-104 B.C) 동안 많은 일을 하였다. 즉, 사마리아와 베레아, 이두메를 통치했고 그것들을 자기의 장중에 넣었다. 이때 로마의 장군은 폼페이였다. 그는 약한 유다를 점령했다. 로마의 장군 폼페이에게 정복된 유다는 에돔의 지배자인 안티파터에게 예속하게 되었다. 에돔은 유다의 원수였다. 그래서 유대인들은 이에 항거하게 되었다. 그 일로 인하여 로마 원로원의 임명으로 헤롯 I세가 유다를 다스리게 되었다. 헤롯 I세는 안티파터의 아들이요, 헤롯 왕가의 창시자였다. 그는 주전 37년에 유다 왕이 되어 주전 4년까지 있었다. 그는 호탐하고 잔인한 사람이었다. 그는 제사장 안티고나스를 잡아 죽일 뿐 아니라 자기의 아들도 죽인 자였다. 그 뿐 아니라 예수님이 출생했을 때 베들레헴 두 살 이하의 아이들을 죽인 살인마였다.

그는 즉위 18년째 되던 해(20/19 B.C)부터 로마황제 아우구스터스를 본받아 많은 건축을 했는데, 도시와 요새와 왕궁뿐 아니라 성전도 건축한 자였다. 그 예로 가이사랴, 사마리아 도성은 그 좋은 예이고, 성벽, 극장, 유원지, 예루살렘 성전을 건축한 것은 그의 공적이었다. 이때의 유다사회의 특징은 바리새인(Pharisees)과 사두개인(Sadducees)이 등장했다. 이들 두 종파는 마카비와 사독의 사상에 근거하여 일어난 학파였다. 이 두 종파에 대하여 이하에서 생각하겠다.

(1) 바리새인(The Pharisees)

이 바리새인은 주전 2세기경에 유다에서 유다학자들을 중심하여 헬라제국의 문화를 항거하여 일어난 유대주의의 일파이다. 또 그들은 문화만이 아니라 유다인들이 이방종교에 물들지 않고 구별되어 유다 종교의 참 신앙을 고수하자는 동기에서 일어난 유대교 보수파라고 하겠다. 그래서 그들은 율법을 유다인들에게 가르쳐서 선도하기 위한 선생들이었는데, 그들은 자신들을 가르켜 에스라와 초대 서기관들의 계승자라고 자처하였다. 그래서 그들은 자신들을 "바리새 즉 분리주의자"라고 하였다. 그러나 그보다는 차라리 위에 기록한 마카비의 추종자라고 하는 것이 더욱 좋겠다. 즉, 그들은 모세의 토랑에 근거하여 여호와 하나님을 섬기고, 모세의 토랑를 준수하며, 선민의 약속인 메시야를 대망하면서 백성을 선도하는 것이었다. 그러나 그들의 좋은 그 신앙과 사상은 주후 제1세기에 와서는 와해되었고 반면에 의식과 위선적으로 전락이 되어, 마침내 예수님의 책망과 저주의 대상이 된 것이다. 그들은 현대의 위선적이고 외형적 보수주의 신자의 모형이라 하겠다.

(2) 사두개인(Sadducess)

"어떤 학자들은 '사두개'라는 말은 솔로몬 왕의 제사장이었던 사독(Zadok, 왕상 2:35)이란 이름에서 온 듯하다"고 한다. 그러나 그것은 신빙성이 희박하다. 한 가지 아는 것은 그들은 주전 2세기경에 유다 종파의 일원이었음은 틀림이 없다. 그들은 대제사장급의 종교적인 지휘에서 의식과 예배를 맡아 주장하였고, 모세의 토랑를 고수하였다. 그러나 그들의 신앙에 한 가지 이상한 현상이 있는 것은 그들은 천사의 존재, 영과 악신의 존재를 부인했고, 믿지 않는 것이었다. 즉, 영적인 실체들을 믿지 않았고 부인하였다. 그러므로 그들은 신약에 와서 바리새인들과 그들의 신앙과 교리상의 충돌이 생겼었고, 예수님을 모함했고 죽이는데 한편을 담당했으며, 또 바울의 선교에 장해물이 되었다. 그들은 현대의 자유주의자들의 조상이라고 하겠다.

사두개인의 실제적인 역사를 보면 주전 104년에 요한 힐카누스가 죽은 후로 유다 사회가 속화되었고 권력 싸움으로 혼란에 빠지게 되었다. 그 예로서 요한 힐카누스의 맏아들 아리스토블러스(Aristobulus)는 대제사장겸 왕의 지위를 얻기 위하여 동생 셋을 감옥에 가두었고, 다른 하나는 죽였다. 그러나 그는 그 후 1년이 못되어 죽었고(104-103 B.C), 그의 아내의 친척인 알렉산더 얀네우스(Alexander Jannaeus, 103-76 B.C)가 대를 이었다. 그는 재임 중에 나라를 잘 다스렸으나, 그의 과격한 성격 때문에 국내에서 반발을 다소 샀다. 얀네우스의 사후에 그의 아내 알렉산드라(Alexandra)가 여왕으로 9년간 유다를 통치하였다(76-67 B.C). 그녀가 사망한 후에 그녀의 두 아들 힐카누스 II세(Hyrcanus II)와 아리스토불러스 II세(Aristobulus II) 사이에 제사장 계승문제와 왕위 계승문제로 싸움이 일어나자, 유다 내에서도 사두개인들은 아리스토불러스를 도왔고, 바리새인들은 힐카누스를 도왔다. 그뿐 아니라 그 나라가 두 쪽으로 갈라질 찰나에 수리아에 와 있던 로마의 장군 폼페이(Pompey)의 원정을 요청하였다. 그러나 그것은 오히려 로마에게 그 나라가 점령되는 비극으로 마무리 지었다(B.C 63년).

그러므로 유다는 주전 63년에서 주후 30년까지 로마의 속국이 되었고, 식민지로 내려오게 되었는데 그 때에 예수 그리스도께서 탄생하셨고, 죄인들을 구속하는 구속 사업이 그에 의하여 성취된 것이다.

(3) 서기관(The Scribes)

서기관은 유다사회의 고문이요, 한 학자의 무리였던 것 같다. 그 이유는 구약성경을 찾아보면 그들은 아래와 같은 일들을 했기 때문이다. 그 증거로 사무엘하 8장 17절을 보면 "스라야는 서기관이 되고"라고 했다. 또 20장 25절에도 "스와는 서기관이 되고"라고 했다. 이들은 다 장관의 무리에 속해서 왕을 보좌하는 무리들이었다. 그뿐 아니라 열왕기상 4장 3절, 열왕기하 18장 18절, 37절, 이사야 36장 3절, 22절, 역대상 18장 16절, 역대하 34장 8절에도 나타나 있다. 그들은 또한 역사책을 편찬했고, 감독하는 일도 한 것 같다. 둘째 증거는 그 이름이 보여준다. 서기관은 히브리어로 סוֹפֵר(소펠) 또는 סוֹפְרִים(소페림)이다. 헬라어로 Ύραμματεις 그라마테이스), νομίκοι이다. 그 뜻은 "율법자" 또는 "율법선생들"이란 것이다. 서기관을 "율법자" 또는 "율법선생"이라 한 이유는 모세의 토랖를 연구하고, 가르친 때문이다. 느헤미야 8장 9절에 보면 에스라는 제사장이요, 서기관이었는데 그는 포로에서 귀환한 이스라엘 백성에게 제사를 주재했고, 율법을 가르쳤다. 그래서 그들은 신약시대에 와서는 희망을 창시하여 그곳을 통하여 백성을 교육하고 제사를 주관하였다. 또 그들 중의 얼마는 산헤드린(Sanhedrin) 회원이 되었었다(마 16:21, 26:3). 주후 70년 이후에는 서기관의 중요성을 크게 높아졌는데 그들은 토랖를 기록했고 히브리 성경을 보관하여 왔다.

서기관들의 직분에 대하여 I.V.P의 "The New Bible Dictionary"에 의하면 세 가지가 있었는데, 첫째가 토랖를 보존하는 것이다. 즉 헬라시대에 토랖를 가르치기 위한 교수 받는 학생이요, 토랖를 변호하는 자들이었다(막 7:15). 둘째는 그들은 토랖를 백성에게 가르치는 선생들로 백성들에게 존경을 받는 지도자들이었다(막 7:40, 눅 20:47). 그들은 성전에서 백성들에게 토랖를 교수했다(눅 2:46, 요 18:20). 그들은 돈을 받고 가르친 것 같다(마 10:10, 고전 9:3-18). 셋째는 그들은 "율법사"와 "율법선생"으로 호칭되었다. 그 이유는 산헤드린에서 재판을 하며, 율법을 해석하여 존망을 받았기 때문이다(마 22:35, 막 14:43, 53, 눅 22:66, 행 4:5). 그래서 율법사와 서기관은 신약에서 같이 사용되었고, 같은 의미를 갖는다.

(4) 엣센파(The Essenes)

6. 헤브라이즘의 근거 · 103

이 엣센파는 고대 역사가들의 기록에 남아 있을 뿐이요, 얼마 전까지만 하여도 그들의 교리와 사상과 생활을 찾아 볼 수 없었다. 그러나 1947년에 사해변에서 자기의 양을 치던 베드위 타아미라(Taamirah) 족속에 속한 소년 무하마드 아드 딥(Muhamad adh-dhib)이 한 동굴을 찾아 들어가서 두루마리 몇 개를 발굴하여 낸 것이 인연이 되어 1949년에 그 동굴이 고고학자들에 의하여 과학적 조사가 진행되었다. 그 조사 결과 그 동굴을 사해동굴로 그 곳에서 발굴된 사본이 소위 사해사본이었다. 그 후 1951년 이후에 성서고고학자들이 쿰란(Qumran) 부근에서 여러 날을 소비하여 조사한 결과 많은 동굴이 발견되었는데, 그 동굴들 중에서 많은 사본과 사본 단편들이 발굴되었다. 그뿐 아니라 그 동굴의 총 지휘소였던 수도원이 발굴되었다. 그 일로 인하여 그들의 정체가 드러나게 되었다. 그들은 바로 엣센(Essenes)파였다.

이 엣센에 대하여는 고대학자인 필로(Philo), 요세퍼스(Josephus)와 프리니(Pliny)에 의하여 언급되었었다. 그들은 유다인 사회의 부패에 환멸과 반항을 가지고, 유대 광야에 나가서 메시야를 대망하면서 경건과 의의 생활에 전념하면서 성경연구와 예배 생활을 행하였다. 이 사실들은 쿰란에서 발굴된 수도원과 동굴과 공동묘지가 밝혀 줄 뿐만 아니라 동굴에서 발굴된 사본들이 잘 말하여 준다.

그들은 "이사야서"에 나타난 메시야의 의와 왕국을 대망하였고, 그들의 『하박국 주석』에 의하면, "의의 선생이 나서서 의를 선포했고, 의의 선생을 통하여 경건과 극기의 생활의 훈련을 받으면서 메시야를 맞을 준비를 하였다". 그것을 보여주는 책이 소위 "마누엘(Manual) 훈련교본"이다. 그들은 이 세상은 선과 악의 전장으로 믿었으며, 얼마 가지 않아서 악의 세력은 멸망당하고, 의와 선의 세력이 이기고, 의의 나라가 건설될 것을 믿었다.

또 그들은 영생을 믿었고 부활을 믿었으며, 하나님의 공의의 심판을 믿었다. 그 종파의 인원은 필로(Philo)에 의하면 4,000여명이 되었을 것이라고 하며, 프리니(Pliny)는 엔게디, 즉 사해 북서쪽에 있는 쿰란이었다고 했다. 그 사실은 쿰란 사회의 유적지 발굴로 분명하게 밝혀졌다.

그들은 기독교 이전 2세기 동안 활동하였으며, 유대인 사회에 신앙의 경종을 주었던 것 같다. 그런 가운데 신약시대가 도래하게 되었다. 구약시대와 신약시대 사이의 신앙과 진리의 공간과 시간을 이들이 메워주면서 또 그들이 연결하여 주었다. 즉 에센들은 구약의 영적 진리를 깨닫고 메시야를 대망하다가 신약시대에 와서 그리스도가 오시게 되자, 그 실례가 아닌가 생각이 된다. 또 세례요한의 제자들이 예수님을 추종하게 되었고, 세례요한 역시 자기의 제자들로 예수님을 추종하게 한 것이 여기에 있는 것이 아닌가?

●마카비 인들의 반역의 근거를 보여주는 비문

요즘 골동품상에서 나타난 새롭고 위대한 비석을 이스라엘 예루살렘 박물관에서 구입하였다. 극적이며 새 빛을 비추어준 이것은 주전 2세기경의 마카비 반란을 주관한 비석이다.

지금까지 대부분의 것은 우리가 알기로는 마카비의 반란에 관하여 안티오커스 IV세 에피파네스의 선언에서부터 예루살렘의 기록물들과 마카비 I세와 II세의 문서에 근거한 것이다. 그런데 이 새로운 비문은 그 시대의 중요한 역사의 내용을 매우 사실적으로 보여주고 있다.

그 비석은 거의 높이가 90센티미터에 기록된 돌비석인데 그 석비의 꼭대기에는 각각 장식을 했고, 가운데에는 붉은 색을 칠한 크고 높은 곳에 꽃 모양이 있다. 그 비문의 언어는 헬라어이다. 그 석비의 밑의 대부분은 깨어져 없어졌으며 23줄의 기록만이 남아있으나 몇 년 전에 다시 이스라엘의 고고학자들에 의하여 나머지 부분이 발굴되어 내용은 해석하기엔 충분하다.

이 비문은 소위 사건서류이며, 공식적인 선언문이고 아마 성서의 형식을 따른 것으로 추정된다. 이 내용문서는 3문서가 포함되어 있는데 ① 왕 셀루커스 IV세로부터 자기의 신하 헬리오도로스에게 주는 문서이고, ② 헬리오도로스로부터 도리메네스(관리)에게 전달하는 편지이며,

③ 도리메네스로부터 자기의 부관 디아파네스에게 주는 마지막 말이다. 결과는 둘째와 셋째 편지들은 그 왕의 명령을 성취할 것을 자기의 부관들에게 교훈한다. 그 편지들은 정치적인 내용들이 잘 표현된 것이 아니라 매우 공식적인 선언을 나타낸다.

셀루커스 Ⅳ세는 알렉산더가 죽은 후에 셀룩키드 왕조에게 알렉산더 대왕의 고대 왕국의 북쪽 반을 다스린 자이다. 마카비 선언에 언급된 헬리오도로스는 그 왕에게 친근한 신하였다. 그 비문에서 말하는 다른 두 일들은 분명하지 않으나 그 사본에서 셀루커스는 모든 시리아와 베니게 지역에 있는 신전에서 자기의 새로운 일을 행할 것을 요구하는 것인데 그것이 유다에도 적용되었다. 그 문서들의 연대들은 그 비석에서 주전 178년 여름이고 셀루커스 4세는 이미 자기의 통치 10년 동안이다. 그의 계승자 안티오커스 Ⅲ세는 유대인의 종교적 상황을 인정했다. 그래서 그 이유로 셀루커스는 변화를 결정했다. 그는 자기의 제국 내에서 자기의 종교적 새로운 욕구를 나타내고 있었는데 그 신전들을 지배하여 자기가 좋아하는 신상을 세우고 제사를 드리는 것이다.

그 편지 끝에 왕의 칙령을 인용했는데 그 석판 위에 있는 그 사건 서류는 어떤 공적인 장소 안에 전시하였다. 아마 유다 가까이에 있는 이방신전으로 추정된다. 이 석판은 마카비 2서에서 언급하고 있는 한 이적을 포함한 유명한 이야기를 배경으로 시작하고 있다. 그 기록에 의하면 그 성전의 사무관인 시몬(Simon)이 대제사장과 함께 투쟁했다. 시몬은 그 왕이 성전 창고 안에 있는 "말할 수 없는 내용에 대한 왕의 요구와 왕의 지배 하에서 그것이 노략이 될 위기를 언급하고 있다. 셀루커스 왕은 자기의 업무를 주관하는 헬리오도로스를 택하여 모든 재산을 정확히 보고하기를 요구했다. 헬리오도로스는 예루살렘에 도착해 창고의 보화를 파악하려 할 때에 대제사장은 그 돈이 과부들과 고아들에게 속한 것임을 그에게 말했다. 그러나 헬리오도로스는 자기가 왕에게서 명령을 받았기 때문에 어떤 경우에도 이 돈은 왕께 귀속 되어야 할 것을 말했다.

헬리오도로스는 그 창고의 보화를 탈취하기 위하여 성전으로 향하였다. 그곳에 도착했을 때에 유대인 군중들은 거기서 하나님의 도움을 요구했다. 그때 헬리오도로스와 그의 부하는 하나님의 능력에 휩싸였고, 또 공포에 휩싸이게 되었다. 이는 하늘로부터 말(horse)과 천사가 나타났고, 금으로 만든 방패와 무기를 가지고 있었다. 그 말은 앞 말굽으로 헬리오도로스를 공격했고, "강하고 영광스럽고 아름답고 빛나는 옷을 입은 두 젊은 사람들"은 이쪽과 저쪽의 말 옆에 서서 헬리오도로스를 쳤다. 이들은 악하고 비양심적인 헬리오도로스를 내어 던져서 끌고 갔다. 이처럼 하나님의 절대적인 능력이 그들에게 인식되었다.

그 때에 헬리오도로스의 친구들은 그 대제사장에게 헬리오도로스를 불쌍히 여겨 여호와께 간구하기를 빌었다. 대제사장이 하나님께 빌자 그는 회복되었고 하나님께 희생 제사를 드렸으며 왕에게도 보고했다.

이 전설적인 내용은 지금 무엇이든지 이 이야기에서 묘사하고 있다. 새로운 비문은 마카비 2서에서 언급된 내용인 헬리오도로스의 셀루커스 왕조가 성전 창고를 탈취하는 역사적인 노력과 셀루커스가 결코 조용히 받아드리기를 바란 것임을 암시한다. 어떤 면에서는 우리가 알지 못하지만 유대인들이 배반한 시발점이 무엇인지를 보여준다.

헬리오도로스에게 준 셀루커스의 편지 가운데 있는 그 열쇠인 한 구절은 "아무것도 그 신들의 선한 뜻 없이 그 어울리는 변명은 기뻐할 수 없다"는 선언이다. 분명히 셀리쿠스는 그의 왕국의 성전 안에서 자기의 권세로 이 번영을 오래 지속할 수 없다. 그러나 지금 모든 시리아(Syria)와 베니게도 같은 정책을 쓰기로 셀루커스는 결심했다.

우리는 최후로부터 그 신전들이 다른 관리 구역에서 발견된 것은 우리의 관심사로 그것들을 적합하게 돌보는 전통적 명예를 받들어 오고 있다. 그러나 모든 시리아와 베니게에서 그 일이 있은 후에 올림피오도로스(Olympiodoros)는 이것들을 돌보는 사람으로 임명할 필요를 세웠다.

예루살렘에 있는 유대인 성전을 포함한 다른 신전들의 행정관으로 임명된 올림피오도로스로 인하여 그 포고문은 파괴되고 말았다. Hannah Cotton과 Michael Wirrle는 그 비문에 대한 그들의 학적인 보고서에서 말하기를 "그것은 올림피오도로스가 모든 시리아와 베니게에서(셀루커스) 왕국 안에서 자기의 총독들이 행한 같은 일을 보여주고 있다. 물론 이 일을 위하여 새로운 사람들로 교체 되었을 때에도 그 임무는 계속되었다".

셀루커스는 주전 175년 이후에 3년 안에 살해당했고 또 Hanukkah의 이야기에 의하면 안티오커스 Ⅳ세 에피파네스(Antiochus Ⅳ, Epiphanes)에 의하여 그 자리가 계승되었다. 때가 주전 169/8년에서 약 10년간 계속되었다. 그의 권세는 예루살렘에까지 미쳤다. 그래서 그 일은 그 거주자들과 성전에까지 자극을 주었다. 마카비 가문의 반란은 주전 165년에 일어났는데 마타디아스와 그의 아들들에 의하여 인도되었다. 특별히 유다 마키비("그 철퇴")에 의해 주도 되었다.

[사진] 마카비 포고문 비석

성전은 그들로부터 재탈환 되었고, 촛대는 다시 세워졌으며 불은 밝혀졌다. 옛 전통대로 기름은 매일 매일 채워졌다. 그러나 그것은 8일

후에 끝난다.

　Hanukkah 제8일 축제일이었다. 인간적인 역사가 계속되었는데 안티오커스의 군대가 예루살렘으로 들어왔으며 성전은 폐쇄되었고 더럽혀졌다. 이로 인해 마카비의 반역이 있었다. 또 유대인의 선언에 의하여 자기들의 종교적인 행사를 위하여 셀루커스 정권을 몰아내었다. 그 안티오커스는 성전의 재물을 탈취하였으며 그 상황이 유대인들의 종교적인 행사를 장악하려던 왕의 사신의 압력에 자극을 받아 일어난 것임을 기록하고 있다. 이 비문은 마카비 가문에 의한 반란인 것을 부분적으로 나타내고 있다(B.A.R 2008년 11/12월 34권, 제6호 56-59).[24]

- 대제사장의 명단

　아론으로부터 포로 때까지의 대제사장들의 전체 명단은 역대상 5장 29-41절에 기록되어 있다. 기원전 4세기까지의 대제사장들은 느헤미야 12장 10-11절과 유대인 역사가 요세퍼스의 저작인 『유대고대사』(Antiq. XI, 8, 7 §347부터 XII, 5, 1 §239까지; XX, 10, 1-5 §224-251에 전체 기술이 있다)에 기록되어 있다.

　요아킴 예레미야스는(『예수시대의 예루살렘 신약성서 시대에 대한 문화사적 연구』 Gottingen 1962. 3, 424f.) 주전 200년부터 주후 70년까지의 대제사장 명단을 다음과 같이 열거하고 있다.

　① 시몬왕조
・시몬, 정의의 사람(주전 200년 후)
・오디아스 2세(주전 175년까지)
・야손(주전 175-172)
・메네라우스(주전 172-162)
・알키모스(주전 162-159)
　＊ 주전 152-37년 마카비가 출신의 8명의 대제사장

---

24) "성경과 고고학" 2009년 봄, 61호 PP.3-17, 한국성서 고고학회

.요나단(주전 152-142)
.시몬(주전 142-134)
② 요하네스 힐카누스 1세(주전 134-104)
③ 아리스토블로스 1세(주전 104-103)
④ 알렉산더 안나이오스(주전 103-76)
⑤ 힐카누스 2세(주전 76-67, 63-40)
⑥ 아리스토블로스 2세(주전 67-63)
⑦ 안티노고스(주전 40-37)

- 신약시대

 신약시대는 중간사시대의 계속이므로 그 시대의 정치적으로나, 종교적으로나 문화와 경제와 과학적인 영향이 크다. 정치적인 것은 헬라적 정치가 로마적 정치로 대치되어서 그 군사력과 로마정권에 의하여 좌우되었고, 종교는 로마의 우상숭배와 황제숭배가 시작되었다. 이때에 헬라의 영향은 종교적인 면에도 마찬가지인데 헬라의 우상들과 신들이 로마의 이름으로 변경이 되어 섬겼고, 더욱이 주전 286년경에 헬라어로 번역된 70인경이 헬라시대 중기와 말기를 지나 로마시대에 활짝 꽃을 피우게 되었다. 그런데 그 하나님의 말씀이요 진리인 구약이 더욱 유대주의와 그들의 잡다한 관습과 신학과 결합이 되어 율법주의로 변하였다. 그 대표적인 집단은 대제사장들과 제사장들과 바리새인들과 사두개인들과 서기관들이다. 이들의 사상과 신학은 유대인들에게 교육과 전수되어 크게 오염되었다.

(1) 예수님과 토랗

 이때에 예수님의 선구자 세례 요한과 그의 뒤를 이어 참 메시야이신 그리스도가 탄생하게 되었는데 그 사실이 마태복음 1장과 누가복음 1장에서 2장이다. 세례 요한과 예수님이 성장하여 나이 30이 되었을 때에 공생애에 나서게 되었는데 그 공생애의 사역의 중심이 구약(תורה =

토랗)의 교훈 또는 하나님의 말씀이었다. 위에서 말한 유대주의자들은 그것을 율법($νομός$)으로 보고 외형과 형식과 의식과 자의주의에 빠져서 율법주의자가 되고 배타주의자가 되었다. 그러나 세례 요한이나 예수님은 그 하나님의 말씀인 토랗(תורה)가 구약의 "메시야"(משיח) 즉 신약의 헬라어로 "그리스도"($Χριστος$)를 계시하고 그를 통한 하나님의 사랑(요 3:16)과 그를 통한 대속과 구원을 계시하고(행 16:29-31) 성령의 충만함으로 그의 몸된 교회를 통한 하나님과의 교제와 생활로 거룩함과 영생을 주장했다. 이것은 전자인 사단의 세력과 후자인 하나님의 성령의 세력의 영적인 전투였다. 그것이 예수님의 공생애 마지막에 그의 고난과 십자가에서 대속의 죽으심과 무덤에 장사됨과 그의 3일만의 부활과 40일후에 그의 승천하심과 성령의 강림을 통한 세계에 복음 선포와 세계 선교이었고, 마침내 그의 재림과 심판 후에 천국에서 영생이다.

우리는 여기서 예수님의 하나님의 말씀인 토랗(תורה)와 자기의 구속 사역과의 관계만 아니라 그의 제자들과 사도 바울의 예수 그리스도와 구약인 하나님의 말씀인 토랗(תורה)의 관계를 살펴보자!

(2) 예수님의 토랗관

그 예수님의 토랗관은 그의 3년 동안의 교훈과 그의 사역에서 나타나는데 단적으로 말하면 자기가 구약에 예언된 메시야이시고 그 메시야의 사역을 완수하려고 왔다는 것이다.

구약의 예언과 신약의 성취 비교

구약 예언	내용 비교	신약의 성취
1. 창 3:15, 시 7:14	여인의 씨와 처녀의 몸에서 출생할 메시야	마 1:18-25, 갈 4:4, 눅 1:26-38
2. 창 49:10	유다 지파에서 출생할 메시야	히 7:14, 계 5:5
3. 시 11:1-2, 10	이새의 집에서 나올 메시야	행 13:22-23

구약 예언	내용 비교	신약의 성취
4. 시 9:6-7, 132:11	다윗의 줄기에서 오실 메시야	눅 1:32-33, 행 13:22-23
5. 미 5:2	베들레헴에서 나실 메시야	마 2:1-6, 눅 2:4-7
6. 단 9:24-26	메시야가 오는 때	갈 4:4, 엡 1:10
7. 삼하 7:12-16	다윗의 아들, 선지자, 메시야	행 3:20-26
8. 신 18:15, 18-19	선지자, 메시야	행 3:20-26
9. 슥 9:4-10	승리의 들어감	눅 19:28-40
10. 슥 11:11-12	값에 팔리움	다 26:14-16
11. 시118:22, 단9:24-26	버림받은 돌인 메시야	요 1:11-12, 12:37-43
12. 시 53:7	고난 가운데 침묵	행 4:1-12
13. 시 53:8	정죄당하심	마 27:3-8
14. 시 22:6-8	가시로 만든 관	마 27:27-31
15. 시 22:18	옷을 나누임이 됨	요 19:23-25
16. 시 22:16	십자가에 못박힘	마 27:39-43, 46 막 15:20, 24-26 눅 23:11-35 요 19:15-18, 23-24
17. 시 22:17	벌거벗기운 메시야	마 27:33-36
18. 시 22:15	목마르다	요 19:28
19. 시 69:21	우슬초 먹이움	
20. 시 53:1-12	죽음의 메시야	고후 5:21, 벧전 3:18
21. 슥 12:10	옆구리 찔리움	
22. 출 12:46	뼈가 꺾이우지 않으신 메시야	마 27:33-37
23. 시 110:1-4	메시야의 제사장적 사역	막 16:19, 눅 24:50-51 행 2:33-36, 히 10:12-13
24. 시 53:5-11	희생되심	요 19:33
25. 시 22:31	다 이루었다	요 19:30
26. 시 53:9	매장됨	요 19:38-42

구약 예언	내용 비교	신약의 성취
27. 시 16:10	썩지 않으심	요 20:1-8
28. 요 1:17, 시 16:10	3일만에 살아나심	고전 15:1-19, 마 28:1, 요 20:1
29. 렘 31:31	메시야의 새 언약	히 5:6-13, 9:12-32, 10:4-24, 마 26:17, 27-29, 눅 22:15-20, 롬 11:26-27
30. 시 24:3-10	승천	행 1:9-11
31. 시 27:	메시야의 총회(교회)	살전 4:13-18
32.	메시야의 재림	계 19:11-16
33. 시 2:1-4	메시야의 지상의 통치자	계 20:1-6
34.	메시야의 백보좌 심판	계 20:11-15
35.	그리스도와 성도의 영생	계 21:22-27, 22:13-16

마 5:17-18   내가 율법이나 선지자를 폐하러 온 줄로 생각하지 말라 폐하러 온 것이 아니요 완전하게 하려 함이라 진실로 너희에게 이르노니 천지가 없어지기 전에는 율법의 일점 일획도 결코 없어지지 아니하고 다 이루리라.

7:12   그러므로 무엇이든지 남에게 대접을 받고자 하는 대로 너희도 남을 대접하라 이것이 율법이요 선지자니라

11:13   모든 선지자와 율법이 예언한 것은 요한까지니

12:5   또 안식일에 제사장들이 성전 안에서 안식을 범하여도 죄가 없음을 너희가 율법에서 읽지 못하였느냐

22:36   선생님 율법 중에서 어느 계명이 크나이까

22:40   이 두 계명이 온 율법과 선지자의 강령이니라

23:23   화 있을진저 외식하는 서기관들과 바리새인들이여 너희가 박하와 회향과 근채의 십일조는 드리되 율법의 더 중한 바 정의와 긍휼과 믿음은 버렸도다 그러나 이것도 행하고 저것도 버리지 말아야 할지니라

6. 헤브라이즘의 근거 · 113

막 2:23-28	안식일에 예수께서 밀밭 사이로 지나가실 새 그의 제자들이 길을 열며 이삭을 자르니 바리새인들이 예수께 말하되 보시오 저들이 어찌하여 안식일에 하지 못할 일을 하나이까 예수께서 이르시되 다윗이 자기와 및 함께 한 자들이 먹을 것이 없어 시장할 때에 한 일을 읽지 못하였느냐 그가 아비아달 대제사장 때에 하나님의 전에 들어가서 제사장 외에는 먹어서는 안 되는 전설병을 먹고 함께 한 자들에게도 주지 아니하였느냐 또 이르시되 안식일이 사람을 위하여 있는 것이요 사람이 안식일을 위하여 있는 것이 아니니 이러므로 인자는 안식일에도 주인이니라
눅 2:22	모세의 법대로 정결예식의 날이 차매 아기를 데리고 예루살렘에 올라가니
2:23	이는 주의 율법에 쓴 바 첫 태에 처음 난 남자마다 주의 거룩한 자라 하리라 한 대로 아기를 주께 드리고
2:24	또 주의 율법에 말씀하신 대로 산비둘기 한쌍이나 혹은 어린 집비둘기 둘로 제사하려함이더라
2:27	성령의 감동으로 성전에 들어가매 마침 부모가 율법의 관례대로 행하고자 하여 그 아기 예수를 데리고 오는지라
2:39	주의 율법을 따라 모든 일을 마치고 갈릴리로 돌아가 본 동네 나사렛에 이르니라
눅 6:1-5	안식일에 예수께서 밀밭 사이로 지나가실 새 제자들이 이삭을 잘라 손으로 비비어 먹으니 어떤 바리새인들이 말하되 어찌하여 안식일에 하지 못할 일을 하느냐 예수께서 대답하여 이르시되 다윗이 자기 및 자기와 함께 한 자들이 시장할 때에 한 일을 읽지 못하였느냐 그가 하나님의 전에 들어가서 다만 제사장 외에는 먹어서는 안 되는 진설병을 먹고 함께 한 자들에게도 주지 아니하였느냐 또 이르시되 인자는 안식일의 주인이니라 하시더라
눅 6:31	남에게 대접을 받고자 하는 대로 너희도 남을 대접하라
10:26	예수께서 이르시되 율법에 무엇이라 기록되었으며 네가 어떻게 읽느냐
16:16-17	율법과 선지자는 요한의 때까지요 그 후부터는 하나님 나라의 복음이 전파되어 사람마다 그리로 침입하느니라 그러나 율법의 한 획이 떨어짐보다 천지가 없어짐이 쉬우리라
24:44	또 이르시되 내가 너희와 함께 있을 때에 너희에게 말한 바 곧 모세의 율법과 선지자의 글과 시편에 나를 가리켜 기록된 모든 것이 이루어져야 하리라 한 말이 이것이라 하시고

요 1:17	율법은 모세로 말미암아 주어진 것이요 은혜와 진리는 예수 그리스도로 말미암아 온 것이라
1:45	빌립이 나다나엘을 찾아 이르되 모세가 율법에 기록하였고 여러 선지자가 기록한 그 이를 우리가 만났으니 요셉의 아들 나사렛 예수니라
7:19	모세가 너희에게 율법을 주지 아니하였느냐 너희 중에 율법을 지키는 자가 없도다 너희가 어찌하여 나를 죽이려 하느냐
7:23	모세의 율법을 범하지 아니하려고 사람이 안식일에도 할례를 받는 일이 있거든 내가 안식일에 사람의 전신을 건전하게 한 것으로 너희가 내게 노여워하느냐
7:49	율법을 알지 못하는 이 무리는 저주를 받은 자로다
7:51	우리 율법은 사람의 말을 듣고 그 행한 것을 알기 전에 심판하느냐
8:5	모세는 율법에 이러한 여자를 돌로 치라 명하였거니와 선생은 어떻게 말하겠나이까
8:17	너희 율법에도 두 사람의 증언이 참되다 기록되었으니
10:34	예수께서 이르시되 너희 율법에 기록된 바 내가 너희를 신이라 하였노라 하지 아니하였느냐
12:34	이에 무리가 대답하되 우리는 율법에서 그리스도가 영원히 계신다 함을 들었거늘 너는 어찌하여 인자가 들려야 하리라 하느냐 이 인자는 누구냐
15:25	그러나 이는 그들의 율법에 기록된 바 그들이 이유 없이 나를 미워하였다 한 말을 응하게 하려 함이라
18:31	빌라도가 이르되 너희가 그를 데려다가 너희 법대로 재판하라 유대인들이 이르되 우리에게는 사람을 죽이는 권한이 없나이다 하니
19:7	유대인들이 대답하되 우리에게 법이 있으니 그 법대로 하면 그가 당연히 죽을 것은 그가 자기를 하나님의 아들이라 함이니이다

(3) 사도들과 바울의 토랑관

예수님의 제자들인 베드로를 위시한 사도들의 하나님의 말씀인 구약

6. 헤브라이즘의 근거. 115

의 진리관인 예수님과 동일했으며 사도 바울은 더욱 그러했다. 사도 바울은 예수님과 사도들의 구약의 진리와 신학관이 동일하였고 그것을 집대성했다고 하겠다.

행 6:13	거짓 증인들을 세우니 이르되 이 사람이 이 거룩한 곳과 율법을 거슬러 말하기를 마지 아니하는도다
7:53	너희는 천사가 전한 율법을 받고도 지키지 아니하였도다 하니라
13:15	율법과 선지자의 글을 읽은 후에 회당장들이 사람을 보내어 물어 이르되 형제들아 만일 백성을 권할 말이 있거든 말하라 하니
13:39	또 모세의 율법으로 너희가 의롭다 하심을 얻지 못하던 모든 일에도 이 사람을 힘입어 믿는 자마다 의롭다 하심을 얻는 이것이라
15:5	바리새파 중에 어떤 믿는 사람들이 일어나 말하되 이방인에게 할례를 행하고 모세의 율법을 지키라 명하는 것이 마땅하다 하니라
15:24	들은즉 우리 가운데서 어떤 사람들이 우리의 지시도 없이 나가서 말로 너희를 괴롭게 하고 마음을 혼란하게 한다 하기로
18:13	말하되 이 사람이 율법을 어기면서 하나님을 경외하라고 사람들을 권한다 하거늘
18:15	만일 문제가 언어와 명칭과 너희 법에 관한 것이면 너희가 스스로 처리하라 나는 이러한 일에 재판장 되기를 원하지 아니하노라 하고
21:20	그들이 듣고 하나님께 영광을 돌리고 바울더러 이르되 형제여 그대도 보는 바에 유대인 중에 믿는 자 수만 명이 있으니 다 율법에 열성을 가진 자라
21:24	그들을 데리고 함께 결례를 행하고 그들을 위하여 비용을 내어 머리를 깎게 하라 그러면 모든 사람이 그대에 대하여 들은 것이 사실이 아니고 그대도 율법을 지켜 행하는 줄로 알 것이라
21:28	외치되 이스라엘 사람들아 도우라 이 사람은 각처에서 우리 백성과 율법과 이곳을 비방하여 모든 사람을 가르치는 그 자인데 또 헬라인을 데리고 성전에 들어가서 이 거룩한 곳을 더럽혔다 하니
22:3	나는 유대인으로 길리기아 다소에서 났고 이 성에서 자라 가말리엘의 문하에서 우리 조상들의 율법의 엄한 교훈을 받았고 오늘 너희 모든 사람처럼 하나님께 대하여 열심히 있는 자라

22:12	율법에 따라 경건한 사람으로 거기 사는 모든 유대인들에게 칭찬을 듣는 아나니아라 하는 이가	
23:3	바울이 이르되 회칠한 담이여 하나님이 너를 치시리로다 네가 나를 율법대로 심판한다고 앉아서 율법을 어기고 나를 치라 하느냐 하니	
23:29	고발하는 것이 그들의 율법 문제에 관한 것뿐이요 한 가지도 죽이거나 결박할 사유가 없음을 발견하였나이다	
24:6	그가 또 성전을 더럽게 하려 하므로 우리가 잡았사오니	
24:14	그러나 이것을 당신께 고백하리이다 나는 그들이 이단이라 하는 도를 따라 조상의 하나님을 섬기고 율법과 선지자들의 글에 기록된 것을 다 믿으며	
25:8	바울이 변명하여 이르되 유대인의 율법이나 성전이나 가이사에게나 내가 도무지 죄를 범하지 아니하였노라 하니	
28:23	그들이 날짜를 정하고 그가 유숙하는 집에 많이 오니 바울이 아침부터 저녁까지 강론하여 하나님의 나라를 증언하고 모세의 율법과 선지자의 말을 가지고 예수에 대하여 권하더라	

신앙과 신학을 집대성한 사도 바울의 토랗의 관점은

롬 2:12	무릇 율법 없이 범죄한 자는 또한 율법 없이 망하고 무릇 율법이 있고 범죄한 자는 율법으로 말미암아 심판을 받으리라
2:13	하나님 앞에서는 율법을 듣는 자가 의인이 아니요 오직 율법을 행하는 자라야 의롭다 하심을 얻으리니
2:14	(율법 없는 이방인이 본성으로 율법의 일을 행할 때에는 이 사람은 율법이 없어도 자기가 자기에게 율법이 되나니
2:15	이런 이들은 그 양심이 증거가 되어 그 생각들이 서로 혹은 고발하며 혹은 변명하여 그 마음에 새긴 율법의 행위를 나타내느니라
2:17	유대인이라 불리는 네가 율법을 의지하며 하나님을 자랑하며
2:18	율법의 교훈을 받아 하나님의 뜻을 알고 지극히 선한 것을 분간하며
2:20	율법에 있는 지식과 진리의 모본을 가진 자로서 어리석은 자의 교사요 어린 아이의 선생이라고 스스로 믿으니

6. 헤브라이즘의 근거.

롬 2:23	율법을 자랑하는 네가 율법을 범함으로 하나님을 욕되게 하느냐
2:25	네가 율법을 행하면 할례가 유익하나 만일 율법을 범하면 네 할례는 무할례가 되느니라
2:26	그런즉 무할례자가 율법의 규례를 지키면 그 무할례를 할례와 같이 여길 것이 아니냐
2:27	또한 본래 무할례자가 율법을 온전히 지키면 율법 조문과 할례를 가지고 율법을 범하는 너를 정죄하지 아니하겠느냐
3:19	우리가 알거니와 무릇 율법이 말하는 바는 율법 아래에 있는 자들에게 말하는 것이니 이는 모든 입을 막고 온 세상으로 하나님의 심판 아래에 있게 하려 함이라
3:20	그러므로 율법의 행위로 그의 앞에 의롭다 하심을 얻을 육체가 없나니 율법으로는 죄를 깨달음이니라
3:21	이제는 율법 외에 하나님의 한 의가 나타났으니 율법과 선지자들에게 증거를 받은 것이라
3:27	그런즉 자랑할 데가 어디냐 있을 수가 없느니라 무슨 법으로냐 행위로냐 아니라 오직 믿음의 법으로니라
3:28	그러므로 사람이 의롭다 하심을 얻는 것은 율법의 행위에 있지 않고 믿음으로 되는 줄 우리가 인정하노라
3:31	그런즉 우리가 믿음으로 말미암아 율법을 파기하느냐 그럴 수 없느니라 도리어 율법을 굳게 세우느니라
4:13	아브라함이나 그 후손에게 세상의 상속자가 되리라고 하신 언약은 율법으로 말미암은 것이 아니요 오직 믿음의 의로 말미암은 것이니라
4:14	만일 율법에 속한 자들이 상속자이면 믿음은 헛것이 되고 약속은 파기되었느니라
4:15	율법은 진노를 이루게 하나니 율법이 없는 곳에는 범법도 없느니라
4:16	그러므로 상속자가 되는 그것이 은혜에 속하기 위하여 믿음으로 되나니 이는 그 약속을 그 모든 후손에게 굳게 하려 하심이라 율법에 속한 자에게 뿐만 아니라 아브라함의 믿음에 속한 자에게도 그러하니 아브라함은 우리 모든 사람의 조상이라
5:13	죄가 율법 있기 전에도 세상에 있었으나 율법이 없었을 때에는 죄를 죄로 여기지 아니 하였느니라
5:20	율법이 들어온 것은 범죄를 더하게 하려 함이라 그러나 죄가 더한 곳에 은혜가 더욱 넘쳤나니

118 .헤브라이즘과 그 생활

롬 6:14   죄가 너희를 주장하지 못하리니 이는 너희가 법 아래에 있지 아니하고 은혜 아래에 있음이라

6:15   그런즉 어찌하리요 우리가 법 아래에 있지 아니하고 은혜 아래에 있으니 죄를 지으리요 그럴 수 없느니라

7:1   형제들아 내가 법 아는 자들에게 말하노니 너희는 그 법이 사람이 살 동안만 그를 주관하는 줄 알지 못하느냐

7:2   남편 있는 여인이 그 남편 생전에는 법으로 그에게 매인 바 되나 만일 그 남편이 죽으면 남편의 법에서 벗어나느니라

7:3   그러므로 만일 그 남편 생전에 다른 남자에게 가면 음녀라 그러나 만일 남편이 죽으면 그 법에서 자유롭게 되나니 다른 남자에게 갈지라도 음녀가 되지 아니하느니라

7:4   그러므로 내 형제들아 너희도 그리스도의 몸으로 말미암아 율법에 대하여 죽임을 당하였으니 이는 다른 이 곧 죽은 자 가운데서 살아나신 이에게 가서 우리가 하나님을 위하여 열매를 맺게 하려 함이라

7:5   우리가 육신에 있을 때에는 율법으로 말미암는 죄의 정욕이 우리 지체 중에 역사하여 우리로 사망을 위하여 열매를 맺게 하였더니

7:6   이제는 우리가 얽매였던 것에 대하여 죽었으므로 율법에서 벗어났으니 이러므로 우리가 영의 새로운 것으로 섬길 것이요 율법 조문의 묵은 것으로 아니할지니라

7:7   그런즉 우리가 무슨 말을 하리요 율법이 죄냐 그럴 수 없느니라 율법으로 말미암지 않고는 내가 죄를 알지 못하였으니 곧 율법이 탐내지 말라 하지 아니하였더라면 내가 탐심을 알지 못하였으리라

7:8   그러나 죄가 기회를 타서 계명으로 말미암아 내 속에서 온갖 탐심을 이루었나니 이는 율법이 없으면 죄가 죽은 것임이라

7:9   전에 율법을 깨닫지 못했을 때에는 내가 살았더니 계명이 이르매 죄는 살아나고 나는 죽었도다

7:12   이로 보건대 율법은 거룩하고 계명도 거룩하고 의로우며 선하도다

7:14   우리가 율법은 신령한 줄 알거니와 나는 육신에 속하여 죄 아래에 팔렸도다

7:16   만일 내가 원하지 아니하는 그것을 행하면 내가 이로써 율법이 선한 것을 시인하노니

롬 7:21		그러므로 내가 한 법을 깨달았노니 곧 선을 행하기 원하는 나에게 악이 함께 있는 것이로라
	7:22	내 속사람으로는 하나님의 법을 즐거워하되
	7:23	내 지체 속에서 한 다른 법이 내 마음의 법과 싸워 내 지체 속에 있는 죄의 법으로 나를 사로잡는 것을 보는도다
	7:25	우리 주 예수 그리스도로 말미암아 하나님께 감사하리로다 그런즉 내 자신이 마음으로는 하나님의 법을 육신으로는 죄의 법을 섬기노라
	8:2	이는 그리스도 예수 안에 있는 생명의 성령의 법이 죄와 사망의 법에서 너를 해방하였음이라
	8:3	율법이 육신으로 말미암아 연약하여 할 수 없는 그것을 하나님은 하시나니 곧 죄로 말미암아 자기 아들을 죄 있는 육신의 모양으로 보내어 육신에 죄를 정하사
	8:4	육신을 따르지 않고 그 영을 따라 행하는 우리에게 율법의 요구가 이루어지게 하려 하심이니라
	8:7	육신의 생각은 하나님과 원수가 되나니 이는 하나님의 법에 굴복하지 아니할 뿐 아니라 할 수도 없음이라
	9:31	의의 법을 따라간 이스라엘은 율법에 이르지 못하였으니
	9:32	어찌 그러하냐 이는 그들이 믿음을 의지하지 않고 행위를 의지함이라 부딪칠 돌에 부딪쳤느니라
	10:4	그리스도는 모든 믿는 자에게 의를 이루기 위하여 율법의 마침이 되시니라
	10:5	모세가 기록하되 율법으로 말미암는 의를 행하는 사람은 그 의로 살리라 하였거니와
	13:8	피차 사랑의 빚 외에는 아무에게든지 아무 빚도 지지 말라 남을 사랑하는 자는 율법을 다 이루었느니라
	13:10	사랑은 이웃에게 악을 행하지 아니하나니 그러므로 사랑은 율법의 완성이니라

120 · 헤브라이즘과 그 생활

기타 토랑관으로(히브리서와 야고보) 역시 대동소이하다.

히 7:5	레위의 아들들 가운데 제사장의 직분을 받은 자들은 율법을 따라 아브라함의 허리에서 난 자라도 자기 형제인 백성에게서 십분의 일을 취하라는 명령을 받았으나
7:12	제사 직분이 바꾸어졌은즉 율법도 반드시 바꾸어지리니
7:16	그는 육신에 속한 한 계명의 법을 따르지 아니하고 오직 불멸의 생명의 능력을 따라 되었으니
7:19	(율법은 아무 것도 온전하게 못할지라) 이에 더 좋은 소망이 생기니 이것으로 우리가 하나님께 가까이 가느니라
7:28	율법은 약점을 가진 사람들을 제사장으로 세웠거니와 율법 후에 하신 맹세의 말씀은 영원히 온전하게 되신 아들을 세우셨느니라
8:4	예수께서 만일 땅에 계셨더라면 제사장이 되지 아니하셨을 것이니 이는 율법을 따라 예물을 드리는 제사장이 있음이라
8:10	또 주께서 이르시되 그 날 후에 내가 이스라엘 집과 맺을 언약은 이것이니 내 법을 그들의 생각에 두고 그들의 마음에 이것을 기록하리라 나는 그들에게 하나님이 되고 그들은 내게 백성이 되리라
9:19	모세가 율법대로 모든 계명을 온 백성에게 말한 후에 송아지와 염소의 피 및 물과 붉은 양털과 우슬초를 취하여 그 두루마리와 온 백성에게 뿌리며
9:22	율법을 따라 거의 모든 물건이 피로써 정결하게 되나니 피흘림이 없은즉 사함이 없느니라
10:1	율법은 장차 올 좋은 일의 그림자일 뿐이요 참 형상이 아니므로 해마다 늘 드리는 같은 제사로는 나아오는 자들을 언제나 온전하게 할 수 없느니라
10:8	위에 말씀하시기를 주께서는 제사와 예물과 번제와 속죄제는 원하지도 아니하고 기뻐하지도 아니하신다 하셨고 (이는 다 율법을 따라 드리는 것이라)
10:16	주께서 이르시되 그 날 후로는 그들과 맺을 언약이 이것이라 하시고 내 법을 그들의 마음에 두고 그들의 생각에 기록하리라 하신 후에
10:28	모세의 법을 폐한 자도 두세 증인으로 말미암아 불쌍히 여김을 받지 못하고 죽었거든

6. 헤브라이즘의 근거. 121

약 1:25	자유롭게 하는 온전한 율법을 들여다보고 있는 자는 듣고 잊어버리는 자가 아니요 실천하는 자니 이 사람은 그 행하는 일에 복을 받으리라	
2:8	너희가 만일 성경에 기록된 대로 네 이웃 사랑하기를 네 몸과 같이 하라 하신 최고의 법을 지키면 잘하는 것이거니와	
2:9	만일 너희가 사람을 차별하여 대하면 죄를 짓는 것이니 율법이 너희를 범법자로 정죄하리라	
2:10	누구든지 온 율법을 지키다가 그 하나를 범하면 모두 범한 자가 되나니	
2:11	간음하지 말라 하신 이가 또한 살인하지 말라 하셨은즉 네가 비록 간음하지 아니하여도 살인하면 율법을 범한 자가 되느니라	
2:12	너희는 자유의 율법대로 심판 받을 자처럼 말도 하고 행하기도 하라	
4:11	형제들아 서로 비방하지 말라 형제를 비방하는 자나 형제를 판단하는 자는 곧 율법을 비방하고 율법을 판단하는 것이라 네가 만일 율법을 판단하면 율법의 준행자가 아니요 재판관이로다	

우리는 그 가운데 시편 하나만 메시야와 비유를 구약과 신약을 비교하여 보자!

구 약 본 문	제 목	신 약
시 2:1-2	주를 대적하는 왕들	행 4:25-26
시 2:7	너는 나의 아들이라	행 13:33, 히 1:5, 5:5
시 2:9	만국을 다스리심	계 2:27, 19:15
시 4:4	분노와 죄악	엡 4:26
시 5:9	인성의 죄	롬 3:13
시 8:2	하나님을 찬양하는 자녀들	마 21:16
시 8:4-6	천사들보다 낮아지심	히 2:6-8
시 8:6	주의 받아두신 모든 것	고전 15:27, 엡 1:22
시 10:7	인간의 죄	롬 3:14
시 14:1-3	인간의 죄	롬 3:10-12
시 16:8-11	그리스도의 부활	행 2:25-28, 13:35
시 18:49	만국에서 찬양	롬 15:9

구약본문	제 목	신 약
시 19:4	일반 계시	롬 10:18
시 22:1	하나님의 용서를 부르짖음	마 27:46, 막 15:34
시 22:18	제비뽑아 나눈 옷들	마 27:35, 요 19:24
시 22:22	하나님의 이름 선포	히 2:12
시 24:1	이 땅은 주님의 것	고전 10:26
시 31:5	나는 나의 영을 부탁합니다	눅 23:46
시 32:1-2	용서의 축복	롬 4:7-8
시 34:12-16	악에서 돌아오라	벧전 3:10-12
시 34:20	그 뼈가 꺽이지 아니하리라	요 19:36
시 35:19	이유없이 미움받음	요 15:25
시 36:1	인간의 죄	롬 3:18
시 40:6-8	제사와 순종	히 10:5-9
시 41:9	발꿈치를 드는 친구	요 13:18
시 44:22	죽임을 당할 양	롬 8:36
시 45:6-7	하나님의 영원한 보좌	히 1:8
시 51:4	하나님의 의의 심판	롬 3:4
시 53:1-3	인간의 죄	롬 3:10-12
시 62:12	하나님의 공정한 심판	롬 2:6
시 68:18	승천과 선물들	엡 4:8
시 69:4	이유 없이 미움받음	요 15:25
시 69:9	하나님의 집을 위한 열정	요 2:17
시 69:9	그리스도를 향한 훼방	롬 15:3
시 69:22-23	원수들을 심판하심	롬 11:9-10
시 69:25	유다에 대한 심판	행 1:20
시 78:2	비유들로 말씀하심	마 13:35
시 78:24-25	하늘로부터 떡주심	요 6:31
시 82:6	너희는 신들이다	요 10:34
시 91:11-12	보호하시는 천사들	마 4:6, 눅 4:10-11
시 94:11	인간의 생각을 아시는 하나님	고전 3:20
시 95:7-11	악한자들을 위하여 쉬지 않으신 분	히 3:7-11, 15, 4:3, 5, 7, 히 1:10-12

6. 헤브라이즘의 근거

구약본문	제목	신약
시 102:25-27	변함이 없으신 하나님	히 1:7
시 104:4	사자들과 바람들	행 1:20
시 109:8	유다를 대신할 자	마 22:44, 막 12:36
시 110:1	하나님의 우편에 계심	눅 20:42-43, 행 2:34-35
시 110:4	멜기세덱	히 5:6, 7:17, 21
시 112:9	가난한 자들을 위한 선물들	고후 9:9
시 116:10	믿음과 말함	고후 4:13
시 117:1	하나님을 찬양하는 백성들	롬 15:11
시 118:6-7	주는 나의 돕는 자	히 13:6
시 118:22-23	버림이 된 모퉁이돌	마 21:42, 막 12:10-11, 눅 20:17, 행 4:11, 벧전 2:7
시 118:26	오시는 자의 축복	마 21:9, 23:39, 막 11:9 눅 13:35, 19:38, 요 12:13
시 135:14	자기 백성을 심판하시는 하나님	히 10:30
시 140:3	인간의 죄	롬 3:13
시 146:6	창조자이신 하나님	행 4:24, 14:15

※ Words Bible Commentary, Psalms 참고

- 교회시대

제2세기에 와서 세계의 신세력으로써의 기독교는 교회를 조직하며 그 존속을 위하여 노력하지 않으면 안되었었다. 기독교는 외부와 내부로부터 오는 위험을 받았으므로 자신의 존재를 정당화하며 교활한 오류에 직면한 교리의 순수성을 유지하지 않으면 안되었다. 그리고 교회는 국가로부터 박해의 위협을 당하였다. 그 첫째 박해는 순유대인으로부터 온 것인데 그것은 교회가 주로 팔레스타인에만 국한되었던 때문이요 당시의 로마 정부는 얼마동안은 그리스도인들을 한 유대 종파로 생각하고 그것을 합법적인 종교로 여겼던 것이다. 그러나 기독교가 세

계적인 특성을 요구하며 국교를 위협하며 대대적으로 국사를 무시하고 또한 로마의 우상숭배 특히 황제숭배를 거절하는 등의 태도가 분명하게 되었을 때 로마는 기독교의 존재를 위협하는 계속적인 박해를 시작하였던 것이다. 동시에 기독교는 둘째 루씨안이나 풀피리 또는 쎌써스(Lucian, Porphyry, and Celsus)와 같은 당시의 예리한 사상가들의 저술을 통해서 막대한 공격을 받았는데 그들은 모두가 기독교종교를 향하여 독설을 퍼부은 왜곡된 철학가들이었다. 그들의 이론은 여러 세기를 통하여 기독교에 대한 철학적반대의 전형이 되었고 때로는 그것들 중의 어떤 것은 금일의 고등 비평가들과 이성주의철학자들이 사용하는 이론을 연상케 한다. 그러나 외부로부터 오는 위험이 아무리 크다 할지라도 교회를 안으로부터 위협하는 위험이 오히려 더 컸었다. 즉 복음을 곡해하는 형태는 여러 모양으로 나타났던 것이다.

[1] 유대인의 곡해

유대인 기독교신자 중에 유대 교적 경향을 띠고 있던 세 단체가 있었다. 그들의 흔적은 신약성서에서도 찾아볼 수 있다.

이들은 기독교의 교의를 받아들인 유대인 기독교신자들(Jewish christians)이었다. 그들은 히브리어 마태복음(The Hebrew Gospel of matthew)만을 사용하였으나 동시에 바울을 진정한 사도로써 인정하였다. 다른 유대종파들과 달리하여 그들은 예수의 신성과 동정녀탄생을 믿었다. 그리고 그들은 율법을 엄격히 준수하고 실행하였으나 이방 그리스도인들에게는 이것을 요구하지 않았다. 씨-벌크가 말한바와 같이 『그들은 진정한 유대인 기독교신자들이었다. 그러나 다음에 생각할 두 단체 즉 에비온파와 엘크이싸트파는 다만 기독교적 유대인들(Christian Jews)이었다』.

(a) 에비온파(The Ebionites)

이들은 사도 바울을 유대교적 입장에서 계속적으로 반대한 진정한 바리새식 사도였다. 그들은 바울의 사도직을 인정하지 아니하고 오히려 그를 율법의 배교자로 여겼으며 따라서 모든 그리스도인은 할례를 받아야 한다고 주장하였다. 그들도 아마 구약의 유일신사상을 주장하였던 세린디안(Cerinthian)의 그리스도 관을 갖았을런지도 모른다. 그러므로 그들은 그리스도의 신성과 동정녀탄생을 모두 부인하였던 것이다. 그들의 견해로 하면 예수는 다만 율법을 준수한 점에서 다른 사람들과 다르며 또 그의 율법적 경건 때문에 메시아로 피선되었다는 것이다. 예수는 세례 받을 때 이 사실을 의식하였으며 또한 그때 그로 하여금 선지자의 일과 교사의 일을 완수할 수 있게 하는 성령을 받았다는 것이다. 그들은 예수의 부활과 사망에 대하여 생각하기를 싫어하였다.

(b) 엘크싸이트파(The Elkesaites)

이들은 접신론적 사색(Theosophic speculation)과 엄격한 금욕주의(asceticism)로 특징지어진 유대적 기독교형을 표현한 단체였다. 그들은 그리스도의 동정녀탄생을 부인하여 다른 사람과 꼭 마찬가지로 출생하였다는 것을 주장하는 동시에 그를 고상한 영이나 혹은 천사라고 보았다. 그들은 그리스도를 현대적 아담의 육신적으로 보았으며 또한 그를 최고의 천사장으로 불렀다. 할례받는 일과 안식일 지키는 것을 영광으로 알았다. 그들은 자주 세례의식을 지냈는데 여기에 마술적 정결과 화목적 의미가 있다고 하였다. 그들 사이에는 마술과 점성술이 숭고되었다. 그들은 율법엄수에 관한 신비로운 고리를 갖고 있었다. 아마 이 운동은 당시의 혼탁한 사상적 경향에다가 자기네 사상을 적용함으로써 유대적 기독교를 위한 일반적 인정을 얻으려고 한 시도였을런지도 모른다. 골로세서와 디모데전서가 언급한 것은 아마 이 이단에 대하여서일 것이다.

[2] 이방인의 곡해

그노시스주의(Gnosticism)에서 우리는 기독교에 관한 제2의 곡해를 보게 된다. 이 사상은 유대인의 종파들과 같이 복음을 곡해하였는데 그 것은 신구약의 각기 갖고 있는 종교가 서로 반대의 관계에 있다고 생각하는 것이었다. 이 사상의 기원적 형성은 처음에는 유대주의에 뿌리 박고 있었으나 나중에는 유대교적 요소와 기독교교리와 이교사상의 괴상한 혼합물로 발전되었다.

(a) 그노시스주의의 기원

그노시스주의가 그 최초의 얼굴을 벌써 사도당시에 보이고 있었다는 것은 신약성서가 지시하여 준다. 그 때에 벌써 유대교로부터 신약에 나타난 직접 충동을 받아 천사와 영들에 관하여 사색하는 그노시스주의 이단적 교사들이 있었던 것이다. 그들은 한편으로는 금욕주의로 다른 한편으로는 도덕적 방탕으로 이끌어 가는 거짓된 이원론(Dualism)을 주장한 자들로써 부활을 다만 영화시켜 해석하여 교회의 희망을 조롱꺼리의 대상으로 만들어 버렸던 것이다(골 2:18-, 딤전 1:3-7, 4:1-3, 6:3-, 딤후 2:14-18, 딛 1:10-16, 벧전 2:1-4, 유 4:16, 계 2:6, 15, 20-).

역사 그 당시에 종교적인 철학적 사상의 경향도 있었는데 그것은 특히 이단자 세린터스(Cerinthus)에게서 보여졌다. 그는 인간 예수와 더 높은 영으로써의 그리스도와를 구별하였으니 그 높은 영이란 그리스도가 세례받을 때 강림하였다가 십자가에 못 박히기 전에 그에게서 다시 떠났다는 것이다. 요한은 그의 저술에서 직접 이 이단을 논술하였다(요 1:14, 20:31, 요일 2:22, 4:2, 15, 5:1, 5, 6, 요이 7).

제2세기초엽으로부터 이 그릇된 사상은 더 발전된 형식을 취하였으며 공개적으로 선포되어 재빨리 놀라운 정도로 널리 퍼져 나아갔었다. 이것은 당시의 일반적 혼합사상에 비치어서만 이해할 수 있다. 당시는 광범한 종교적 불안상태이어서 놀라운 열심을 가지고 모든 가능한 종교사상을 흡수하며 그것들을 일반화하며 조화시키려고 하였었다. 서방 종교들은 인심을 만족시키지 못하였으되 동방종교는 존경을 받으며 열심히 순회설교자들에 의하여 선포되었고 포섭되었다. 이 사상의 큰 목적은 더 깊은 지적욕망과 신과의 신비적 교제의 욕망과 또 사후 천계에서 영혼을 위한 안전한 길을 찾는 희망 등을 만족시키는데 있었다. 이 사상이 자신을 기독교로 자처한 것은 조금도 이상할 것이 없다. 그것은 기독교의 과업을 자신이 현저히 성공시켰다고 말하는 듯 하기 때문이다. 더욱이 이 사상은 기독교는 절대적이요 우주적인 종교라고 하는 입장에서 그 지원을 찾았었다. 그러나 그노시스주의는 그릇되게 기독교를 인간의 요소에 적응시키며 또한 세상지식과 조화시켜서 그것을 해석함으로써 그것을 우주적 종교의 위치에다가 올리려고 노력한데 불과하였다….

- 성경과 교리사

대부분의 교리사 학자들이 교리사를 씀에 있어서 성경으로부터, 즉 예수 자신과 사도 시대로부터 시작함을 본다. 그러나 이와 같은 입장에는 대개 교리사를 발전적으로 혹은 퇴보적으로 보자는 헤에겔 사관 혹은 진화론 사관들이 지배하고 있는 것이다. 기독교 교리는 예수 자신에게서는 단순한 도덕적 종교이었던 것이 후에 헬라적 사색권에서 점차적으로 교리 발전을 이루어 왔다든가, 혹은 그 반대로 처음에 가졌던 종교적 체험이 점차적으로 식어 갔다든가의 역사적 연속성에 치중하는 사상에서 결과되는 것이다. 교리사 학자가 예수의 메시지와 사도의 메시지의 서술로부터 시작하는 것은 성경에 대한 미숙한 해석으로, 더욱이 너무 성급히 단일사상을 성경에 뒤집어씌움으로써 그 출발로부터 어떤 폐쇄된 사상적 입장을 취하게 되는 것이다. 교리사가는 성경의 사상의 요약으로부터 출발할 것이 아니라, 성경의 신앙을 교리사에 등장하는 여러 사상, 교리, 신조의 규범으로 삼아야 할 것이다.

교리사는 무엇보다도 먼저 "신앙"의 역사로 보아야 할 것이다. 기독교 신앙은 기독교회가 어느 시대나 가져왔다. 기독교 신앙 없이는 진실로 기독교회라 불리우지 못하였을 것이기 때문이다. 그런데 시대에 따라서 신앙과 사상의 경향이 달랐고 또한 지역의 차이에 따라서도 달랐다. 또한 이 신앙과 사상의 골자가 되는 교리도 시대와 지역에 따라 다른 것이 주로 문제가 되었고 논의되었다. 그런데 우리가 경험으로 아는 바로는 성경에서의 기독교 신앙은 그 양과 깊이와 명확성에 있어서 인간에게 필요한 최대, 최심 최고라고 할 수 있다. 각 시대의 부분성은 성경의 전체성에서 그 종합 통일을 찾아야 할 것이며, 각 시대의 신앙의 불명확성, 편파성 등은 모두 성경에서 정로의 표준을 찾아 그 단점들을 시정하여 나가야 할 것이다. 이런 의미에서 성경 그 자체를 교리사 속에 넣을 수는 없다. 성경은 교리사 연구에 있어서의 표준이 되며, 또는 목표가 되어야 할 것이다. 즉 교리사의 각 시대의 신앙 사상은 성경의 신앙에 비추어서 이해되며, 비판되어야 하며, 또 한편 성경의 신앙은 교리사상의 각 교회의 신앙적 노력과 그 업적을 통하여 더 밝아지는 것이다.

이와 같은 입장은 신약사 즉 복음사, 사도사의 가능성을 배제하는 것은 아니다. 즉 위에서 성경과 그 시대는 교리사에서 떼어서 따로 고찰하자는 입장은 반드시 성경의 역사적 연구는 불가능하다는 것은 아니다. 신약성경 그 자체가 역사적 산물이 된다는 것은 부인할 필요도 없고, 또한 신약성경이 가지는 역사적 배경을 밝힘으로써 성경 그 자체의 이해에 도움을 받을 것이다. 그러나 이와 같은 연구는 성서신학 그 자체에게 돌려야 할 것이고, 교리사는 그 대상을 역시 속사도 교부 이후로 잡아야 할 것이다. 물론 신약 시대에도 교회가 전체로서 반드시 사도적 신앙을 다 가지고 있었던 것은 아니다. 또한 사도들의 전부가 한결같이 같은 모양의 신앙을 가졌던 것도 아니다. 그러나 신약 시대의 이런 모든 상태에 대한 연구는 성경 그 자체의 이해를 위한 것이요, 교리사 연구와는 구별되어야 한다. 물론 속사도 교부 시대나 또는 그 후 시대를 잘 알기 위하여서는 신약 시대나 그 전시대의 이해가 필요할 것이다. 그러나 그것도 역시 속사도 교부 이후의 시대 연구를 그 주목적으로 삼는 것이요, 성경 그 자체를 교리사의 일부분으로 넣기 위해서는 아닐 것이다. 성경을 교리사에서 분리시키는 것은 성경을 교리사의

규범으로 삼으려는 것이 그 주요 이유다.25)

- 속사도 교부들과 성경

속사도 교부 시대에 있어서 신약성경의 정경이 고정된 것은 아니었다. 신약성경의 정경이 문제되는 것은 마르키온(Marcion)이 2세기 중엽에 "복음과 사도"라고 부른 정경(Canon)을 하나 결정하는 데서 시작된다. 여기에 마르키온은 누가복음과 바울의 10서신을 포함시켰었다. 이것이 계기가 되어 이레니우스는 빌레몬, 요한 3서, 유다서 등을 제외한 모든 신약성경을 정경으로서 언급하고 있다. 그러나 실제로 신약성경의 각 권들은 처음부터 다 주의 말씀과 사도들의 글로서 권위를 가지고 있었고, 다만 그것이 부분적으로 사용되었을 뿐이었다. 그리하여 제베르크(Seeberg)가 "노스틱주의와 몬타누스주의가 교회로 하여금 신약성경의 정경(canon)을 결정하지 않을 수 없게 하였다는 생각은 잘못이다. 신약성경의 한계는 제2세기 말에도 제2세기 초에서보다 더 적극적으로 고정되어 있지 않았다"고 말한 것은 어떤 의미에서 옳다고 할 수 있다. 그리고 이것은 교회가 처음부터 의식적이든 무의식적이든 성경을 신앙의 표준으로 모든 다른 교사들의 가르침과 구별하여 온 것을 말한다. 즉 사도들의 전통과의 사이에 명확한 구별이 이루어지게 된 것은 우연한 일이 아니었다는 것은 시간이 흘러 감에 따라 더욱 분명히 되어 왔다.

우리가 속사도 교부들의 글을 읽어 갈 때, 로마의 클레멘트보다 이그나시우스의 글이, 이그나시우스의 편지들보다 폴리캅의 편지가 더 정통 신앙에 서 있다는 것을 볼 수 있다. 이것은 결국 신약성경의 의존도에 달려 있다고 할 수 있다. 클레멘트에 비할 때 이그나시우스는 비교가 되지 않을 만큼 신약성경을 많이 이용하고 있으며 이그나시우스에 비할 때 폴리캅은 비교가 되지 않을 만큼 더 많이 신약성경을 인용하고

---

25) 한철하, 고대 기독교 사상, PP.16-17

있으며 또 그 인용의 범위도 확대되어 간 것을 볼 수 있다. 폴리캅의 경우는 거의 성경 구절을 이어갔다는 감이 있다. 다음의 폴리캅의 글은 그가 얼마나 본격적 성경의 신앙으로 고정되어 있었는가를 보여 준다.

 그러므로 너희들은 허리를 동이고 두려움과 진리 안에서 하나님을 섬기고 사람들의 공연한 이야기와 거짓된 가르침을 버리고 우리 주 예수 그리스도를 죽은 자 가운데서 일으키시사 영광과 그의 우편의 보좌를 주신 이를 믿을지니라. 하늘에 있는 것이나 땅에 있는 것이나 만물을 그에게 복종케 하시었으며, 코로 숨 쉬는 모든 것이 그를 섬기며, 그는 산 자와 죽은 자를 심판하시기 위하여 다시 오실 자시니, 하나님께서는 그의 피를, 그를 순종치 않는 자에게서 찾으실 것이니라. 그를 죽은 자 가운데서 일으키실 그가 우리도 또한 다시 살리시리니, 이는 우리가 그의 뜻을 행하며 그의 계명을 좇으며, 그가 사랑하신 것을 사랑하고, 모든 행악과, 탐욕과 돈을 사랑함과 비방함과 거짓 증거함을 멀리하고, 악을 악에게 갚지 아니하고… 오히려 주께서 말씀하신 바 "비판을 받지 아니하려거든 비판하지 말라. 용서하라 그러면 용서함을 받을 것이요, 긍휼히 여기면 긍휼히 여김을 받을 것이니, 너희의 헤아리는 그 헤아림으로 너희도 헤아림을 도로 받을 것이니라" 하시고 또한 "가난한 자와 의를 위하여 핍박을 받는 자는 복이 있나니 하나님의 나라가 저희 것임이라" 고 말씀하신 일을 기억할지니라.

 이 구절에서 우리는 벧전 1:13, 21, 3:9, 엡 6:14, 시 2:11, 150:6, 딤전 1:6, 클레멘트1서 7:2, 9:1, 이그나시우스, 빌 1:1, 2:10, 3:21, 고전 6:14, 15:28, 사 57:16, 행 10:42, 겔 3:18, 눅 6:20, 36-38, 11:50, 51, 고후 4:14, 롬 8:11, 요일 4:11, 12, 클레멘1서 13:2, 마 5:3, 10, 7:1-2의 인용을 볼 수 있다. 그러나 자자구구의 인용보다 기억으로부터의 자유로운 인용이라고 할 수 있다. 이것은 경전은 아직도 구약에 국한하고 이와 꼭 같은 권위를 가진 예수에 관한 산 구전에 의존하던 초대 교회의 관습이 아직도 남아 있는 연구라고 할 수 있다. 예를 들면 빠빠이아스(Papias)는 책보다도 "살아남아 있는 음성"을 좋아한다고 말하고 있다. 그러나 폴리캅 때에 성경의 본문이 아직도 결정되어 있지 않았다고 할 수는 없고, 또한 경전으로서 이미 권위를 가지게 된 이 모든 성경에 익숙되어 있으리라는 것은 말할 나위도 없다. 같은 편지에서 한 구절만 더 인용하여 보자.

6. 헤브라이즘의 근거. 131

그러므로 이 모든 일에 견고히 서서 주의 본을 따르라. 믿음에 굳게 서서 흔들리지 말며 형제 우애를 도모하여 서로 사랑하며, 진리 안에서 함께 수고하며, 주의 온유함으로 서로 존경하며, 아무도 멸시하지 말라. 선을 베풀 힘이 있거든 지체하지 말라. 대개 구제는 사망을 면케 함이라. 너희 모두가 피차 복종하라. 이방인 중에서 너희 행실을 흠 없이 가져 너희 선한 일로 인하여 너희가 칭찬을 받게 하여 너희로 인하여 주께서 비방받지 않게 하라.

여기에도 우리는 성경에서 고전 15:58, 골 1:23, 벧전 2:12, 17, 3:8, 5:5, 롬 12:10, 요 3:8, 고후 10:1, 잠 3:28, 토빗 4:10 이하 등이 인용되어 있는 것을 볼 수 있다.

폴리캅이 이와 같이 성경 구절의 뜯어 붙이기 모양으로 성경 본위로 됨으로써 정통적 성경적 신앙에 서게 된 것을 볼 수 있다. 클레멘트나 이그나시우스에 대한 것과 같은 신약성경의 신앙으로부터의 이탈이라는 평은 폴리캅에 대하여는 말하지 못한다. 그러나, 현대 비평가들은 폴리캅에 대하여 "비독창적"이라는 평을 하는 것과 같이 사실 그에게 있어서 독창성을 찾기가 힘들다. 그에게 있어서 신학적 혹은 철학적 탐구를 찾아보기가 힘들다. 이와 같이 우리는 속사도 교부 시대에 벌써 정통 신앙과 자유사상과의 갈등 관계에 대하여 엿볼 수가 있다. 이 같은 내적 대립 관계는 후에 알렉산드리아 교부들과 라틴 교부들과 사이의 대립 갈등을 나타냄으로써 표면화되며, 종교 개혁 시대에 루터와 에라스므스와의 대립과 현대의 정통주의 신학과 자유주의 신학의 대립에서 같은 내용을 볼 수 있다. 여기서 우리는 한편 성경을 언제나 신앙의 규범(norm)으로 삼아야 하는 동시에 그 때 그 때의 자유로운 독창적 탐구의 과업이 신앙에 부과되어 있음을 발견할 수 있다.

- 변증가들

1. 변증가들의 출현과 그 의의

제2세기 중엽에 이르러 기독교에 대한 이론적 공격이 많이 유포되었고 따라서 이에 대한 이론적 방어도 많이 전개되게 되었다. 속사도 시대를 통하여 교회는 많은 핍박을 받았고, 속사도 교부들은 이와 같은 박해 당국자들에게 별로 변증을 전개하려고 하지 않았고, 이 박해를 다만 감수할 뿐이었다. 그러나 이제 기독교는 널리 퍼지어 고대 문명의 최고의 교양을 갖춘 철인들이 기독교로 들어오게 되자 외부로부터의 공격에 대하여 변증을 전개하기 시작하였던 것이다.

변증적 활동은 기독교 안과 밖과의 대화라고 할 수 있다. 다시 말하면 기독교 밖의 사상과 기독교 안의 신앙 사상이 서로 만나 대화를 전개하는데 기독교의 변증적 활동이 전개된다고 할 수 있다. 그러므로 변증적 활동은 어느 시대에나 있을 수 있고 또 있었던 것이다. 가령 사도 바울의 사도행전 22장과 26장에 있어서의 변증은 그 한 예이다. 그러나 왜 제2세기 중엽에 이르러서 소위 변증가들이라고 불리는 일련의 그리스도인 문필가들이 일어났는가? 이때까지도 이미 기독교와 고대 문명의 철학과의 접촉이 없었던 것은 아니나 이제 그 양자 사이의 대화가 본격적으로 시작되었다고 할 수 있다. 속사도 시대에는 내부의 문제, 내부적 조직의 강화와 순교의 노력에 주의가 집중되어서 아직도 외부 사상과의 관련 문제를 논하고 있을 여지가 없었다. 그러나 이 시대에 기독교 전도는 철학적 형식을 또한 갖추기 시작하였던 것이다. 즉 이 시대의 문필가들은 한편으로 그리스도인들의 무죄함을 변증함과 동시에 한편으로 전도할 목적으로 저들의 종교의 가치와 진리성을 증명하기에 노력한다. 이 목적으로 저들은 다만 저들에게 향한 공격(무신론, 불법종교, 사람의 살 먹는 일-homophagia, 근친상간, 사회적 무용성 등)에 대하여 변명하는 데 족하지 않고 더 나아가서 이교의 강진을 공격한 것을 볼 수 있다.

이 시대의 변증가들의 출현을 또 하나의 다른 요소로서 설명할 수 있다. 즉 플라톤의 소크라테스의 변명은 문학형의 하나로서 고전에서 흔히 볼 수 있었다. 그리고 헬라 철학가 출신들인 이들 변증가들은 소크라테스의 변명(apologi)의 문학형을 기독교 안에 적용한 것으로 볼 수 있다. 어떻든 변증가들의 출현은 헬라 철학에 통달한 인물들이 기독교 안에 일어나게 될 때 비로소 가능하였던 것이다.

변증가들은 기독교의 신앙 내용을 헬라 철학의 용어, 사상들을 빌려서 설명하여 기독교의 가치나 탁월성 등을 설명할 수밖에 없었다. 이것은 기독교 신앙과 고전적 교양과를 연결시키는 "연결의 방법"(method of correlation)에서 당연히 일어나는 결과였다. 변증적 활동은 반드시 이와 같은 "번역의 방법"(method o translation)만은 아니다. "비판의 방법" 혹은 "정복의 방법"도 있는 것이다. 그러나 변증가들이 사용한 "번역의 방법"의 결과는 양자간의 종합(synthesis) 작용이 일어나는 것을 면치 못하였다. 그런데 이와 같이 기독교 안에 헬라 철학의 용어를 도입한 결과, 기독교 신앙은 "지적 도구"를 얻게 된 것이고, 이것을 이용하여 교리를 논할 수 있는 계기를 얻었던 것이다. 만일 우시아($ο\dot{υ}σια$)란 말이나, 휘포스타시스($\dot{υ}πoσtασις$)란 말이나 프로소오폰($πρoσ\acute{ω}πoν$, 가면, 대표, 품격)이란 말이 없었더라면 니케아 신조나 칼케돈 신조 등이 생겨나지 못하였을 것이고, 로고스(Logos)사상이 없었더라면 하나님의 삼위일체의 내부에 사색을 가하지 못하였을 것이다. 즉 변증가들의 시대로부터 기독교 신학이 전개되기 위한 지적 도구를 장만하게 된 것이다.

2. 대표적 변증가들과 그 저술

제2세기의 대표적 변증가들을 일반적으로 다음과 같이 든다. 지면상 이것을 다만 열거하고 지나가련다.

Quadratus(A.D. 123-124 또는 129년): Eusebius의 H.E.IV, 3에 단편이 남아 있다. Letter to Diognetus 1장~10장도 Quadratus의 것으로 봄. 11장 12장은 Hippolytus에 돌림.

Aristides(A.D. 140-145): "하드라인 황제에게 보낸 변증서, 수리아역

발견되었음. Justin, the Martyr:
>The First Apology A.D. 155 경.
>The Dialogue with Tryphon.
>The Second Apology, A.D. 165 경.

Tatian:
>Discourse to the Greeks, A.D. 170 경.

Athenagoras:
>Athengoras' Plea A.D. 176 경

Theophilus of Antioch:
>Discourse to Autolycus, A.D. 180 경

Bardesanes of Edessa:
>On Fate, A.D. 180 경. 수리아 어권의 변증가

Minucius Felix:
>Octavius, A.D. 175 이후 최초의 라틴어 신학 문서

3. 디오그네투스에의 편지

이상에서 우리는 대표적 변증가들과 그 저술을 개관하였거니와 그들의 변증의 모습을 보기 위하여 그 대표적인 작품이라고 할 수 있는 "디오그네투스에의 편지"를 보고자 한다. 위에서 말한 대로 이 저자 미상의 편지의 1장에서 10장은 쾌드라투스(Quadratus)의 하드리안(Hadrian) 황제에게 제출한 변증서로 보여진다. 이것이 사실이라면 이 편지는 가장 일찍 쓰인 변증서일 뿐더러 쾌드라투스는 변증가들 중에 가장 탁월한 필자였다고 할 수 있다. 더욱이 그리스도인을 새로운 인종(new race)으로 표현하며, 그들이 이 세상에 처하여 사는 모습을 그린 것은 어거스틴의 "신국론"(City of God)의 선구라고도 할 수 있다. 이 변증서는 다음과 같이 시작하고 있다.

디오그네투스 폐하에게

6. 헤브라이즘의 근거

폐하께서 기독교인의 종교에 관하여 사실 알아보시기를 원하시며 이 문제에 관하여 정확하고 주의 깊은 조사를 하여 보시기를 원하시는 줄 아나이다. 예컨대 저들은 어떤 신을 믿고 있으며, 어떻게 그를 예배하며 동시에 저들은 세상을 무시하며 죽음을 멸시하고 있는지 또한 저들은 어떻게 해서 헬라의 여러 신들을 전혀 신들로 여기지 않을 뿐만 아니라, 유대인의 미신도 따르지 않는지에 대하여 등입니다. 폐하께서는 저들이 서로 간에 나누는 그 사랑과 사모의 근원을 아시기를 원하실 것이니이다. 또한 이 새로운 인종이 또한 이 새로운 형체의 생이 지상에 왜 더 속히 나타나지 않고 지금 나타났는지에 대해서도 의심이 갈 것이니이다. 우리에게 말하는 능력과 듣는 능력을 주시는 하나님께서 폐하께서 나의 말을 들음으로써 최대의 유익을 얻도록 나로 하여금 말할 수 있게 하옵시고, 또한 내가 말한 것을 후회하지 않도록 폐하로 하여금 잘 들을 수 있게 하옵시기를 간구할 뿐이니이다.

이와 같이 서론을 말한 후에 그는 먼저 이방인들의 우상 숭배의 어리석음을 지적하고 제3장, 4장에 가서 유대인들의 여러 의식과 미신을 배격한다. 그리고 나서 그는 세상에 있어서의 그리스도인의 생활의 모습을 그림으로써 그들을 변호하기 시작한다.

그리스도인은 나라나 언어나 관습에 의하여 다른 인류와 구별되지 않습니다. 저들은 반드시 저들 고유의 나라에서 사는 것도 아닙니다. 저들은 어떤 특별한 언어를 쓰는 것도 아닙니다. 저들은 어떤 특별한 양식으로 사는 것도 아닙니다. 저들이 가지는 이 가르침도 호기심 많은 사람들의 발견 거리나 깊은 사상도 아닙니다. 또는 저들은 그것을 단순한 인간의 가르침으로 나타내는 것도 아닙니다. 비록 저들이 헬라 사람의 도시에나 야만인의 도시에나 분별없이 살면서 또 각자가 저기의 운명을 따라 살며, 각기 그 나라의 관습대로 옷 입고 먹고 일상생활을 영위하고 있으나 저들은 저들 자신의 공동체의 놀라운 통일성과 조직을 나타내고 있습니다. 저들은 저들 각자의 나라에서 살고 있으나 외인으로서 살고 있는 것입니다. 저들은 모든 것을 다른 시민들과 함께 살고 있으나, 외국인으로서 모든 것을 참는 것입니다. 모든 외국이 저들도 결혼하고 자녀들을 낳으나, 저들은 아기들을 내어 버리지는 않습니다. 저들은 지상에서 바쁘게 지내나 저들의 시민권은 하늘에 있습니다. 저들은 모든 법률에 순복합니다. 그러나 저들은 법이 요구하는 것 이상을 행합니다. 저들은 모든 사람을 사랑하고 그리고 모든 사람에게 박해를 받습니다. 저들은 알려져 있지 않습니다. 그리고도 정죄를 받습니다. 저들은 죽임을 당합니다. 그러나 저들은 생명에 이르는 것입니다. 저들은 가난하나 많은 사람을 부하게 만들며, 저들은 아무것도 가진 것이 없으나 완전한 풍족을 즐깁니다. 저들은 부끄러움을 당하나 저들의 그 수욕 가운데서 영광을 받습니다…. 저들은 선을 행하고 행악자로 벌을 받으며, 벌을 받으면

136 . 헤브라이즘과 그 생활

서 생명에 이르는 것을 기뻐합니다.

유세비우스가 증거하고 있는 대로 이 편지의 저자는 그 신앙에 있어서 깊은 이해와 사도적 건전성을 가졌을 뿐만 아니라, 그 고백적인 문장의 아름다움과 박력에 있어서, 그 신앙의 깊이와 폭에 있어서 그 유례를 찾기가 드물다. 그는 위에 인용한대로 그리스도인들의 역사적 생존의 모습을 고후 10:3, 5:16, 롬 8:4, 요 17:13-19, 8:36, 37, 빌 3:20, 엡 2:19-22, 벧전 2:9-17, 고후 6:4-10 등에 기초하여 서술한 후에, 기독교의 중심 도리를 설복력 있게 해명하고 있다. 이것을 요약하여 보면 다음과 같다.

위에 말한 대로 저들에게 의탁된 것은 이 땅의 발견이 아니요 저들이 그와 같이 소중히 지키고 있는 것은 가사적인 생각이 아니요 저들이 다만 인간적인 신비의 청직이로 세움을 받은 것이 아니다. 오히려 그것은 진실로 모든 것의 통치자요 모든 것의 창조주요, 보이지 않는 하나님 자신이시다. 그가 하늘로부터 진리를 세우셨고 사람들 사이에 이 거룩하고 불가침한 로고스를 세우시어 저들의 마음 속에 이것을 확정시키셨다. 또한 그가 이것을 하실 때 어떤 종속적인 존재인 천사나 권세를 보내어 하실 것이 아니요, 그는 이 우주의 설계자요 조성자 자신을 보내신 것이다. 즉 그로 말미암아 그는 하늘들을 창조하시고 바다의 한계를 정하시고, 세계의 모든 원소들은 그의 목적을 이루어 나가며 해를 그 돌아갈 척도를 그에게서 받으며, 달은 그의 명령을 따라 밤에 빛을 내며, 별들도 그를 순종하며 그의 달릴 궤도를 따라 운행한다.

그런데 하나님은 그를 보내실 때 보통 사람이 생각하기 쉬운대로 폭군적 지배와 두려움과 공포로 다스리기 위함인가? 너무나 먼 소리다! 자비와 온유로써 그를 보내시었으니 한 임금이 그의 아들을 보냄과 같다. 그리고 이 아들 자신이 또한 한 임금이다. 그는 그를 하나님으로서 보내시었다. 그는 그를 사람으로서 사람들에게 보내시었다. 그가 인간을 구원하시는 것은 설복(persnation)에 의하여 하시기를 원하시었고, 강제로써가 아니다. 대개 강제(compulsion)는 하나님의 역사하시는 길이 아니기 때문이다. 그를 보내심으로 하나님은 사람들을 부르시었고, 사람들을 몰아세우는 일을 하지 아니하시었다. 그는 사랑으로 보내시었고, 심판으로 보내신 것이 아니었다. 그러나 진실로 언젠가는 그를 우리의 심판자로 보내실 것인데 누가 감히 그의 앞에 설 것인가?

다음에 그는 헬라 철학자들이 신을 불 혹은 물이라고 하는 등의 생각을 비판하고 있는데, 이것은 후에 다른 변증가들이 뒤따르고 있는 하나의 변증의 분야를 개척한 것이다.

이 변증서의 절정은 9장에 있다고 할 수 있다. 그는 우리 죄악과 하나님의 은총과 이에 대한 감사를 골자로 삼고 있다. 하나님께서 우리가 충동과 쾌락과 육욕에 사로잡혀 있는 것을 길이 참으신 것은 우리의 죄를 기뻐하시어서가 아니요 그의 오래 참으심을 나타내기 위함이다. 오히려 그는 길이 참으시는 가운데서도 그의 선하심을 보이사 의로운 세대를 준비하시었다. 그리하여 우리가 우리의 힘으로는 하나님의 나라에 들어감을 얻지 못할 때 또한 우리의 불의가 만기에 이르렀을 때 마침내 하나님께서는 그의 선하심과 능력을 보이시기로 작정하시었다.

오, 넘쳐흐르는 하나님의 자비하심과 사랑! 하나님께서는 우리를 미워하지 아니하시고 우리를 쫓아내지 아니하시었다. 오히려 오래 참으시는 가운데 자비로써 그는 우리의 죄짐을 친히 지시었다. 그는 직접 그의 친 아들을 우리의 대속물로 주시었다. 거룩한 자를 불의한 자 위하여, 무죄한 자를 범죄자들을 위하여, 의로운 자를 불의한 자 위하여, 썩지 않는 자를 썩을 자들을 위하여, 죽지 않는 자를 죽을 자들을 위하여! 대개 그의 의로우심 외에 우리의 죄를 무엇으로 가리울 수 있었을까? 무법하고 경건치 않던 우리가 하나님의 아들이 아니었다면 어디서 의롭게 될 수가 있었겠는가? 오, 가장 달고 오묘한 교환이여! 오, 측량할 수 없는 하나님의 하시는 일이여! 오, 모든 예측을 넘어서는 축복이여! 많은 사람의 죄악이 의로운 자(the Righteous One)안에 숨기었고, 이 의로운 자의 의가 죄인들인 많은 사람을 의롭게 만드신다. 이전에 그는 우리의 본성이 생명을 얻기에 무능함을 우리에게 보이셨으나, 이제는 무력한 자도 구원하시는 구주(Saviour)의 능력을 보이시었다. 그리하여 이제 우리는 그의 선하심을 믿고, 그를 유모로, 아버지도, 스승으로, 인도자로, 의사로, 정신, 빛, 존귀, 영광, 능력, 생명으로 바라고, 우리가 옷과 먹을 것을 일하여 염려하지 말도록 하신 것이다.

저자는 이어서 이 신앙을 얻기 위하여 아버지에 대하여 잘 알아야 한다는 것을 말하고, 사람이 그의 형상으로 만드신바 되었으므로 그를 본받는 자(an imitator of God)가 되어야 한다고 말한다. 하나님을 본받는 자는 남을 지배하는 자가 아니요 오히려 이웃의 짐을 지며 약한 자를 돕는 일이라는 것을 말한다. 더욱이 가짜 죽음을 멸시하고 참 죽음을 두려워할 것을 권하는 두가지 죽음에 대한 구별은 후에 어거스틴의 죽음에 대한 사상의 선구라고도 할 수 있다.

4. 저스틴에 있어서의 로고스 교리

　로고스(Logos) 사상이 헬라 문화권에서 기독교에로 도입된 일은 큰 중요성을 가진다. 이 로고스 사상을 통하여 기독론은 큰 발전 분야를 얻었고, 그리스도의 의의는 여러 가지로 해명되었고, 더욱이 하나님과 그리스도와의 관계는 형이상학적으로 해명되었다. 로고스 사상은 이 시대에 헬라-로마 세계에 널리 퍼져 있던 사상으로 기독교 로고스 사상에 앞서서 피로(Philo)에서 유대교로 도입되었었다. 필로는 그의 방대한 창세기 주석서에서 순전히 이 로고스 사상에 입각하여 비유적으로 성경 주석을 하고 있다. 이 로고스 사상이 기독교 안으로 도입된 것은 주로 헬라 철인 출신들인 이 변증가들을 통하여서이다.

　로고스 사상이 기독교에 도입하는 형체는 이미 필로가 준비하였었다. 즉 필로에 있어서 로고스는 처음에 하나님 안에 있었고 이 로고스가 하나님에게서 먼저 나와서 하나님이 이 로고스를 통하여 우주를 창조한 것이다. 이리하여 로고스는 우주 창조의 원리와 원동력이 되어 있다. 이와 같은 또는 이와 유사한 사상을 우리는 요한복음 1장에서 볼 수 있다. 그런데 헬라 철학의 특히 스토아(Stoa) 철학의 로고스 사상의 영향이 그 특질을 나타내는 것은 이미 창조된 우주의 질서에 있어서 로고스를 보는 점이다. 즉 로고스는 우주 창조의 원리일 뿐만 아니라, 우주의 질서와 존속의 원리가 또한 로고스라는 사상이다. 특히 인간에서의 영혼의 이성적 부분은 이 로고스와 일치하는 것이다. 그리하여 이 로고스는 하나님 안에 있을 뿐만 아니라 인간의 영혼 안에 또한 우주 질서의 여러 부분에서 볼 수 있다. 이것은 스토아 철학의 "산출적 로고스"의 사상과 일치한다. 스토아 철학의 이 보편적 이성 혹은 산출적 로고스(generative Logos)에 관하여 젤러(Zeller)는 다음과 같이 설명하고 있다.

자연에 있어서의 창조적 힘으로서의 우주적 이성은 또한 산출적 로고스라고 불리어진다. 이와 같이 불리어지는 것은 만물이 우주적인 불로부터 마치 씨앗에서 그 내적 법칙을 따라 산출되듯이 산출되는 그 산출의 능력 때문만이 아니고, 사물들의 현 상태에 있어서 모든 형체와 생명과 이성이 모두 이에서부터 자라나기 때문이다. 즉 우주적 불과 로고스는 그 속에 만물의 씨앗을 내포하고 있기 때문이다. 마찬가지 의미로 이 산출의 능력은 복수로서 개인 영혼의 부분으로서의 산출의 능력을 말하며, 이것은 자연에 있어서의 산출의 능력이 우주의 혼에 대응하는 것과 같다. 그러므로 "산출적 로고스"란 말로써 자연에 있어서의 창조적, 형성적 힘들을 의미하며, 이것은 전체로서 우주를 산출하였고, 개체적으로는 모든 개별적 사물들을 산출한 것이다.

스토아 철학의 이와 같은 로고스 사상을 변증가들은 그리스도를 그들에게 설명하기 위하여 이용하고 있다. 물론 여기에 부적당한 점들이 생겨나지 않은 것이 아니나 이것은 그들이 기독교 밖에 있는 사람들에게 그리스도를 소개하는데 일어나는 부득이한 점들이었다고 할 수 있다. 저스틴은 그리스도는 로고스로서 모든 인류가 다 이 로고스에 참여하고 있고, 그리스도인은 이 로고스에 따라서 사는 사람들이라고 그리스도를 변증하고 있다. 그러므로 누구든지 소크라테스든지 헤라클레이토스든지 다 이 로고스에 따라서 사는 한에 있어서 그리스도인들이었던 것이다.

그리스도는 하나님의 처음 나신 자(the first begotten)이라고 우리는 배워 왔고, 그는 로고스로서 그에게 모든 인류가 참여하고 있다는 것을 우리는 앞서 증거하였다. 이 로고스를 따라 산 사람들은 비록 저들이 하나님 없는 자들이라고 불리었을 지라도 그들은 그리스도인들이다. 헬라인들 중에 소크라테스, 헤라클레이토스 등이 그러하였고, 야만인들 사이에 아브라함이나 아나니아, 아자리아나 미사엘, 엘리야 및 이제 그 이름을 다 열거할 자리가 없을 정도의 많은 사람들이 그러하였다. 그러므로 또한 로고스 없이 산 사람들은 무정한 자들이었고 그리스도의 원수들이었고 로고스에 의하여 산 사람들의 학살자들이었다. 그러나 로고스에 의하여 산 사람들은 또한 지금도 그와 같이 사는 사람들은 그리스도인들로서 두려움이 없으며 불안함이 없다.

저스틴은 같은 변증서에서 그리스도인들이 무신론자들이라고 비난받는 일과 소크라테스가 역시 같은 비난을 받은 일을 비교하여 이것을 모두 악마들이나 잡신의 장난을 배제한 일들이며, 이것은 그리스도인들에 있어서나 소크라테스에 있어서 모두 로고스의 하는 일이란 것을 말하고 있다.

대개 헬라인들 사이에서만 로고스는 소크라테스를 통하여 역사하여 이와 같은 악마의 장난을 심판하였을 뿐만 아니라, 야만인들 사이에서도 로고스 자신에 의하여 악마들은 심판을 받았다. 이 로고스는 사람의 형제를 취하여 사람이 되어 예수 그리스도라고 불리어졌던 것이다.

저스틴은 스토아 철학의 "산출적 로고스"(generative logos)란 말을 빌릴 뿐만 아니라, 이 "로고스"를 분유하는 분량에 따라 잘 말을 한다고 한다. 즉 누구나 그들 속에 있는 이 "로고스"를 통하여 어두운 가운데나마 실재를 볼 수 있었다는 것이다.

나는 그리스도인이 된 것을 자랑으로 여기며, 또한 그와 같이 되기 위하여 나의 전력을 다하였다는 것을 고백한다. 그 까닭은 플라톤의 가르침이 그리스도의 가르침과 다른 때문이 아니요, 그들의 가르침이 균등하지 않다는 점, 또한 모든 다른 사람들 즉 스토아 철인들이나 시인들이나 역사가들의 가르침이 다 다르다는 점 때문이다. 즉 각 사람이 각기 "산출적 로고스"를 분유하고 있는 비례를 따라서 그 로고스에 관련된 것을 봄으로써 훌륭하게 말하고 있는 것이다. 그러나 더 중요한 점들에서 모순을 범하고 있는 자들은 절대적으로 확실한 그 지혜와 반박할 수 없는 그 지식(logos)을 분유하고 있는 것 같지 않다. 모든 교사들에 있어서 바로 말한 것은 무엇이든지 다 우리 그리스도인들의 소유이다. 왜냐하면 우리는 하나님 다음으로 비출생적인 불가형언의 하나님으로부터 오신 그 로고스를 경배하고 사랑한다. 왜냐하면 그는 우리를 위하여 사람이 되시었고, 우리의 고난에 참여하는 자가 되심으로써 우리를 고치시었기 때문이다. 대개 모든 저자들이 저들 속에 심어진 "말씀"의 작용을 통하여 희미하게 실제들을 볼 수 있었던 것이다. 왜냐하면 각기의 그릇을 따라 심어진 씨앗과 형상은 실물 그 자체와는 전혀 다르기 때문이다. 그 분유하고 모방하는 일은 그로부터 오는 은총을 따라 그 실물 자체에 참여함으로 말미암는 것이다.

이와 같은 로고스 교리를 전개함에 있어서 저스틴은 그 근본 목적이 그리스도를 어떻게 그 당시의 지성에게 알 수 있도록 설명할 수 있을까 하는 데 있었다는 것을 잊어서는 안 될 것이다. 그의 눈앞에는 많은 이교의 철인들이 있었고 그들을 상대로 그들의 지식 정도를 생각하면서 이야기하고 있는 것이다. 그러므로 그는 성경의 인물들을 언급할 때에 그들을 야만인 가운데 넣는 것을 잊지 않는다. 또한 기독교의 예배와 성례 등을 설명할 때도 거기서 성례를 집례하는 사람을 일컬어 좌장이라고 부르고 있다. 이와 같이 모든 설명을 그 당시의 이교 지식인에 알 만하게 하고 있는 것이다. 그는 이 글들을 기독교를 변증하려는 실제적인 목적에 따라서 썼던 것이다.

7. 헤브라이즘의 역사

헤브라이즘의 역사는 "헤브라이"의 근원을 찾아 그 역사가 어떻게 전개되어 나갔는가를 역사적으로 찾는 것이다. 그 헤브라이(Hebrai)는 히브리(Hebrew)에서 변형된 것이다.

1) 히브리의 기원

그 "히브리"는 처음으로 구약에서 언급되는데 창세기 14장 13절에서 "히브리 사람 아브라함"(אַבְרָם הָעִבְרִי = 아브람 그 히브리)에서 찾을 수 있다. 그 "히브리 사람 아브라함"에서 그 "히브리"는 히브리어로 הָעִבְרִי(하이브리)인데 그것이 인명(人名)이냐? 아니면 지명(地名)이냐? 그렇지 않으면 또 다른 것이냐? 이다. 그 "히브리"(הָעִבְרִי)는 요즘 교역자들이나 학자들 중에서 말하는 "그 건너온 자"라는 뜻이냐? 아니면 "그 에벨에게 속한 자"라는 뜻이냐? 이다. 중요한 것은 네 가지 의미가 다 가능성이 있다. 그러나 중요한 것은 위의 이론들 중에 어느 것이 성경적이고, 역사적이고, 성서고고학이냐? 이다. 오늘날 성서고고학이 크게 발달하고 있다. 그 성서고고학의 성경의 해석들 중에 곤란한 것을 해석하여 주고 밝혀주는 고고학과 그것에 근거한 성경해석이 많은데 아브라함의 조상들 가운데 그 "히브리"와 같은 이름의 소유자가 있는 것이다. 귀한 것은 아브라함의 조상들 중에 제6대 조상 중에 히브리어의 근거가 되는 "에벨"(עֵבֶר)이 있다. 그 "에벨"은 창세기 10장 21절 이하와 11장 14-16절에 있다. 그는 셈의 후손이었고 아람자손이다. 그 에벨은 창세기 10장 21절에 "셈은 에벨 모든 자손의 조상이고, 야벳인데 그에게도 자녀가 태어났으니"라고 되어 있다. 이 절에서 주목을 끄는 단어는 "에벨 모든 자손"26) 또는 "에벨 온 자손" 27)인데 그것은 두 가지의 주석이 가능하다.

첫째는 족보상으로 연구하는 것이다. 그 에벨을 중심하여 그의 아들들, 다음에 그의 손자들, 그 다음에 그의 증손자들… 제5대, 그리고 제6대인데 그 육대가 바로 신앙의 조상이요, 이스라엘 자손의 조상인 아브람 또는 아브라함이다. 그러나 이 절들은 그 족보보다는 당시는 도시국가시대이므로 어떤 도시국가의 왕과 그 왕국의 신민으로 보는 것이 더 옳지 않은가 생각이 된다. 그 이유는 오늘날 성서고고학이 급속히 발전하므로 많은 유적과 유물들이 발굴되므로 그 가운데 그 성경의 내용들 중에 해답은 없는가 이다. 다행한 것은 메소포다미아(Mesopotamia)의 "기름진 새달"(fortile crecent)의 중심 남부인 시리아 북서부에서 한 유적지가 발굴되게 되었다. 그 유적지가 소유 "텔 말디크"(Tel Maldikh = 텔 말디크)라는 곳인데 1978년부터 1987년까지 약 10년간 이태리 수도 로마의 로마대학교의 P. Matthie(피. 마티에)교수와 동료인 G. Petinato(지. 페티나토)교수가 이끄는 발굴팀이 말디크를 발굴하는 중에 한 석상이 발굴되었다. 그 석상은 머리가 깨어져서 없어졌고, 그의 몸의 옷은 체크무늬의 샤리를 입었다.

그리고 그는 보좌에 앉아 있었는데 그의 의자의 손받임에 양손을 얹혀 있었고 의자 밑에 발판에 발을 놓고 있었다. 그 석상에는 그 어떤 표시나 문자나 설명이 없었다. 그러나 다음 단계로 그 유적지를 발굴하

---

26) 원용국, 창세기주석, 1985, 호석출판사
27) 성경전서, 한국성서공회, 1956년도판 참고

는 중에 그 유적지 바닥에 석판을 깐 건물바닥을 발굴했다. 그것은 분명히 도시국가 왕궁임이 분명했다. 그래서 그 석상은 그 도시국가 왕임이 분명하여 그 석상과 그 석상의 기단을 찾아서 조사 연구한 결과로 "에불라 왕국"(Ebla Kingdom)의 왕 "에벨"(Ebel)임이 들어났고, 이에 흥분한 학자들과 발굴대원들이 왕궁 주변을 발굴하는 중에 그 왕궁의 도서관이 발굴되었다. 그 도서관에는 잘 진열된 채로 있던 설형문자로 기록된 토판 진열장이 화재로 소실되면서 쓰러져 있던 토판 15,000개가 넘는 귀중한 자료들이 있었다. 그 소득은 대단하고 값진 것이었다. 그 토판들 속에는 3,000개에 달하는 사전도 포함되어 있어서 그 토판들을 연구한 결과로 그 왕국과 그 왕은 에불라 왕국과 에벨 왕임이 확인되었고, 그 나라와 그 왕은 주전 2,500년에서 주전 2,300년까지 약 200년간 존재해 있었음이 들어 났다. 그리고 그 나라는 그 지역 일대를 지배했고, 예루살렘인 "우루살렘"과 그 망 주변에서 명성과 권세와 위업을 떨쳤음도 보여 준다. 결론은 그 왕국의 시대나, 그 왕국의 위치나, 그 인종이나, 모든 정황을 보아서 아브라함의 조상인 것이 거의 확실하게 보여 준다. 그러나 반론도 있다.

그런데 중요한 것은 성경의 창세기 10장 21절의 "에벨 온 자손"이나, 14장 13절의 "히브리 사람 아브라함"은 위의 고고학적 증거에 근거하여 양자의 상관관계가 있는 것으로 본다. 즉 "히브리"(הָעִבְרִי)는 그 뜻이 "그 에벨"의 아브라함으로 그 에불라 왕국의 왕인 에벨의 자손임을 의미하는 것으로 볼 수 있다. 즉 왕국의 자손을 의미한다.[28]

2) 히브리 사람의 적용 범위

그렇다면 그의 6대 후손인 아브라함은 자기의 조상의 명예와 영광과 덕을 입고 기름진 새달을 중심한 하란, 우르, 에렉 마리, 누지 등을 중

---

28) 원용국, 최신성서고고학, 구약편, P.184 참고
 Robert Young, Young's Analytical Concordance to the Bible, Eerdmans, P.473 참고

심하여 살면서 당시의 무역업과 사업차 여기저기를 왕래한 것 같다. 우르와 하란에서의 아브라함에 대한 여호와 하나님의 부르심과 사명은 우르에서 하란으로, 하란에서 세겜으로 가게 하였는데 그는 진실한 신앙과 절대적 순종으로 참된 헤브라이즘의 헤브라이스트였다. 그의 아들인 이삭과 야곱도 그러했다.

그러나 그 아브라함의 맏아들 이스마엘이나 다른 아들들과 장손자인 에서는 변질되었고 불순한 헤브라이스트로 후에 이스라미스트가 되었다. 그런데 아무리 충실한 헤브라이스트라 할지라도 그의 가족 식구들 중에 불충실하고 변절적인 식구들이 있었는데 그 대표적인 실예가 야곱의 가정식구들이었다. 야곱이 밧단 아람에서 나와서 가나안에 들어왔을 때에 여호와께서 야곱에게 너와 네 가족이 벧엘에 올라가서 제단을 쌓으라고 하셨을 때에 벧엘에 올라가기 전에 자기의 가정 식구들을 정화했다. 우상들을 제거하고 몸을 씻고 마음과 몸을 가다듬고 여호와께 나아가서 제사를 드렸다. 이때에 신앙의 조상인 아브라함과 이삭과 야곱시대의 관습과 전통을 보여주는 고고학적으로 발굴된 문서가 마리(Mari)와 누지(Nuzi) 문서이다. 그 문서들에도 히브리와 같은 이름이 등장하는데 "하비르"와 "아피루"이다. 이하에서 이들 문서들을 논한다. 참고하라.

- 마리 토판들(Mari Tablets)29)

1) 위치

마리는 시리아와 이라크의 국경선상에서 시리아 쪽에 위치한 작은 도시인 아부케말(Abu-Kemal)로부터 북서쪽으로 약 11km 떨어진 곳에 위치해 있으며, 오늘날의 텔 하리리(Tell Hariri)로 알려진 곳이다.

마리가 중요해지고 번영했던 것은 두 대상로의 교차로에 자리잡은 전략적 위치 때문이다. 두 대상로 중 하나는 지중해 연안에서 시작되어

---

29) 원용국: 마리 토판들 "성경사본과 고대 근동사본 비교 연구" 참고

시리아 사막을 통과하여 유프라테스강에 이르렀고 또 다른 하나는 북부 메소포타미아에서 시작되어 카볼(Khabur) 골짜기와 유프라테스강을 종단하여 남쪽으로 뻗쳐 있었다.

이 전략적인 위치는 마리의 전설적인 부귀뿐만 아니라 그곳에 거주했던 사람들의 국제적인 성격에서도 잘 반영되어 있다. 그 당시 마리는 개화된 바벨로니아인들과 앗수르인들, 얌카드알레포(Yamkhad-Alopo) 왕국의 서 셈족들, 수테아인들 및 베냐민 족속들이 살고 있었다.

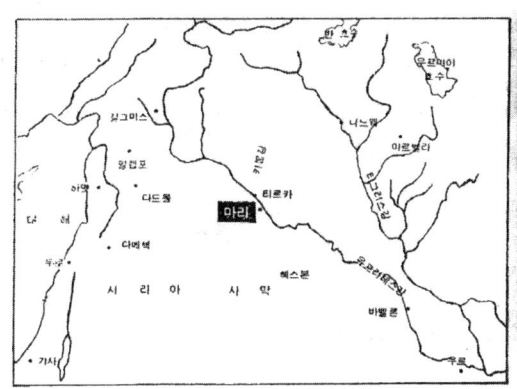

<마리 문서가 발굴된 유적지 지도>

2) 발굴

1933년 텔 엘 하리리의 정상 근처에서 돌을 구하던 베드윈족들은 머리가 없는 석상 하나를 캐었다. 그후 루브르 박물관이 후원하는 발굴작업이 패로트(A. Parrot)의 감독하에 즉시 착수되었다.

그리하여 제2차 세계대전이 발발해 1939년 중단되기까지 여섯 차례의 발굴작업이 성공적으로 끝났고, 이후 이 작업은 1951년에 재개되어 4차에 걸쳐 시행된 후 다시 수에즈 운하 사건으로 말미암아 중단되었다. 발견된 건축물들 중에 중요한 것으로는 다음과 같은 것들이 있다.

① 이쉬타르(Ishtar) 여신의 신전 : 이것은 마리의 변방에 위치해 있고 여러 시대를 통해 증축된 4개의 건물로 이루어져 있는데, 그중 가장

후대의 것은 바벨론 첫왕조 시대의 것이다.

② 지그라트(ziggurrat) : 이것은 신전의 탑으로서 인근의 "토지에 제신"(帝神, Sarru-ma-tim)을 위한 성소가 딸려 있었다.

③ 넓은 궁전 : 언덕 중앙에 위치한 3백 개의 방을 갖춘 거대한 궁전이 있는데 이 궁전은 바벨론 제1왕조(주전 1850-1750년경)시대에 속하는 것이다. 궁전 경내에서 발굴자들은 2만개의 설형문자 서판을 발견했는데, 이 서판들은 대부분 야스마크 아다스(Yasmakh-Adad, 주전 1760-1780년경) 통치시대에 만들어진 것이다. 이 궁전은 야스마크 아다드 시대에 기공되어 짐리 림(Zim-Ri-Lim, 주전 1779-1761년경)과 동시대의 사람이었다. 홀어로 작성된 몇몇 종교적인 문서를 제외하고는 이 문서들은 아카드어로 쓰여졌다.

3) 역사

마리에 관한 최초의 문헌은 마리를 정복했다고 자랑하는 라가쉬(Lagash)의 에아나툼(Eanatum, 주전 3000년대 중엽) 왕의 비문에서 발견되었다.

그 다음으로 마리를 정복한 사람은 아카드의 사르곤왕이었다. 우르(Ur)의 제3왕조시대에 마리는 우르의 왕들이 보낸 통치자들에 의해서 지배되었으나 결국은 도시국가인 이신(Isin)을 지배하게 된 마리의 왕자 잇비일라(Ishbi-Irra, 주전 2021년경)가 우르 왕조를 멸망시키고 말았다. 카나(Khana)의 압둔 림(Iabdum Lim)왕은 마리를 포함한 주변 왕국들을 정복해 그의 영역을 확장했다. 그는 앗수르의 샴시 아닷 1세에 의해 패배당하고(주전 1818-1786년경), 궁전 내에서의 반란에 의해 목숨을 잃었다(주전 1793년경). 4년 후에 샴시 아닷왕은 그의 어린 아들 이아스마 아닷에게 마리의 왕좌를 주었다.

이 압둔 림왕의 아들 지므리 림왕은 샴시 아닷왕이 죽자, 이 왕의 아들들에 대항해 앗수르의 이슈메다간 1세와 마리의 이아스마 아닷왕과 동맹을 맺었다.

에시눈나(Eshnunna)의 군대와 알레포의 강력한 왕의 보호를 받아 그는 주전 1780년에 그의 아버지의 왕좌를 되찾았다. 그는 바벨론의 함무라비 왕이 주전 1765년에 마리를 정복했을 때 자치적인 통치권을 잃었으나, 가싯족(Kassites)이 마리를 정복해 파괴시킨 주전 1746년까지 통치를 계속하였다.

4) 마리 문서들

1935년-1938년에 안드레 패로드가 텔엘 하리리 즉 중기 유프라테스의 고대 마리에 있는 지므리 림왕의 궁권을 발굴했다. 이 궁궐에서 발견된 2만여개의 설형문자 토판 가운데 약 5,000여개의 편지가 있다. 대부분 서부 셈족의 말과 문법적 어법으로 가득찬 바벨로니아 언어에 있는 모든 아모리인들에 의해 쓰여졌다. 개인적인 이름들, 언어와 관습들은 창세기에 나오는 족장시대의 문화를 반영한다.

나의 주에게 말함 : 당신의 종 Bannum이 이렇게 고합니다.

어제, 나는 마리를 떠났고 Zurban에서 밤을 보냈습니다. 모든 베냐민 족속들이 봉화대를 올렸습니다.

Samonum에서 Ilum-Muluk까지, Ilum-Muluk에서 Misham까지 Terga지역의 모든 베냐민 족속 도시들이 응답하여 봉화대를 올렸습니다. 그리고 그때까지 나는 그 신호의 의미를 알아내지 못하였습니다. 이제 나는 그 의미를 결정할 것이고 그것이 그러한지 아닌지 나의 주인께 글을 쓸 것입니다. 마리 도시의 경계를 강화시키고, 나의 주께서 문밖으로 나가지 않게 해야 합니다.

나의 주에게 말함: 당신의 종 Ibalpi-II가 이렇게 고합니다.

하무라비가 나에게 다음과 같이 말했습니다.

무겁게 무장한 병력이 적의 열을 습격하기 위하여 나아갔습니다. 하지만 근거를 삼을 적당한 기지가 없었습니다. 그래서 병력은 빈손으로 들어왔고 적의 열은 낭패없이 순조롭게 전진하고 있었습니다. 이제 적의 열을 습격하기 위해 가볍게 무장한 병력이 갑니다. 그리고 밀고자들을 붙잡도록 합니다.

이렇게 하무라비가 나에게 말했습니다. 나는 Shabazum에서 Szkirum를 300명의 병력과 함께 보내고 있습니다. 그리고 내가 보냈던 병력은 Hanu 150과 Suhu 50이고 유프라테스강 둑으로부터 100명입니다. 그리고 바벨론의 300명의 병력이 있습니다. 나의 주인의 신하인 선각자 Ilu-nasir가 나의 주인의 군대 선두에 서서 그곳에서 갔고 한 바빌론 선각자도 바빌론 군대와 함께 갔습니다.

<마리에서 발굴된 도판중 창조신화>

이 600명의 병력들은 Shabazum에 기지를 두었고 그 선각자는 징조들을 모읍니다. 그들의 징조들의 출현이 알맞을 때 150명은 나가고 150명은 들어옵니다. 내 주께서 이것을 아시기 바랍니다. 내 주의 병역은 양호합니다.

나의 주께 말함: 당신의 종 Ibal-Ⅱ가 이렇게 고합니다.

Ibal-Adad의 서판이 Aslakka로부터 나에게 도착되었고, 그리고 나는

Hanu와 Idamaras 사이에서 "나귀를 죽이기" 위하여 Aslakka로 갔다. "새끼와 상추"를 그들이 가져왔지만 나는 나의 주인께 복종하였고 "새 기와 상추"를 주지 않았다. 나는 나귀새끼로 하여금 도살되어지도록 하였다. 나는 Hanu와 Idamaras 사이에 평화를 확고히 했다. Hurra 안에서, 모든 Hanu는 적이 없는 승리자처럼 승리를 거두었다. 나는 Rataspatum 안의 나의 주인께 나의 이 서판을 배달할 것이다. 나는 나의 이 서판을 배달된 후 셋째 날까지 나의 주인께 도착할 것이다. 캠프와 Banu Sinal은 잘 지냅니다.

나의 주인께 말함: 당신의 종 Mshum이 이렇게 고합니다.
Sintirirk가 도움을 얻기 위해 나에게 편지를 썼고 나는 Shubat-shamas에 있는 병력과 함께 그에게 도착했다. 그 다음날 적의 전갈이 다음과 같이 날아왔다. "Yapah-Adad는 유프라테스강 둑의 이 편에 있는 Zallul에 정착을 준비하였고 그 땅에 있는 Hapiru의 2,000명의 병력과 함께 그 도시안에 거주하고 있습니다". 이 전갈이 나에게 왔다. 그래서 Shabat-Shamash로부터 온 나의 예하부대 병력과 Sintiri의 예하부대 병력과 함께 나는 서둘러서 Himush 성읍이 있는 Zallul 성읍에 맞서도록 준비를 갖추었다. 두 도시 사이에는 30 "Fidld"의 거리가 있다. 내가 Himush 도시가 그를 대하여 맞서도록 준비시켰을 때, 그가 그 땅이 나의 도움을 재촉하고 있음을 보았을 때, 그는 불신호를 올렸고 다른 편에 있는 Ursum 땅의 모든 도시들이 그것을 인정했다. 벽돌로 쌓은 울안에 배치되어 있는 보안부대는 많았다. 나의 이 서판을 유프라테스강 둑으로부터 나의 주인께 보냅니다. 병력과 가축들은 잘 있습니다.

5) 성경과의 비교

마리 사본들은 큰 행정사건들을 취급하며 사람과 장소의 이름들이 창세기의 족장들의 문서와 비교하는데 많은 유익이 있다. 마리 토판의 대부분은 악갓 언어로 기록되었으나 작은 것만이 홀어로 기록되었다.

그리고 거기에는 스메르-악갓 두 나라의 말이 있었다. 그 궁전에는 서기관들을 위한 학교가 있었다.

그 마리 사본들은 다른 백성들을 언급하면서 성경에 나오는 베냐민 지파와 비슷한 이름인 하비르 백성과 베냐민 지파가 나타나 있다. 하솔은 팔레스틴 도시인 것을 의미하며, 하란 등 여러 곳의 이름들은 성경 기록과 비교되고 있다. 투라히(데라)와 사룩(세룩) 등 족장들에 대해서도 성경에 나타나고 있는데(창 11:23-24) 마리사본에서도 언급하는 인물들이다.

우리는 마리에서 나온 서부 셈족 익명들 가운데서 아리욱쿠(아리옥, 창 14:1)와 아브라함과 야곱과 같은 이름을 만나게 된다. 또한 마리 사본에서 반영하는 습관들은 족장시대의 생활과 유사한 한 신이 자기의 선지자를 가졌으며, 신의 이름을 전하기 위하여 보내졌다. 그것은 마치 여호와가 바로와 이스라엘에게 자기의 선지자인 모세를 보냄과 같다.

인구조사는 정치적이고 경제적인 의미가 있는 것과 마찬가지로 종교적 이유도 있었다(삼하 24:). 상속받은 땅은 팔수가 없으며, 또 기업은 이스라엘 자손과 같은 가족의 성원을 통하여 계승되게 되었다. 계약과 언약은 세겜 사람과 야곱사이에 맺은 것과 같이 나귀를 죽임으로 진행되었다(창 33:19, 34:1-3).

●누지 토판들(Nuzi Tablets)30)

앗수르의 도시 앗술(Ashhur)의 동편에 있는 도시인 누지의 바로 동쪽에는 주전 2000년대 중엽에 번성했던 아라프카(Arrapkha)가 위치해 있다. 이곳 누지에서 발견된 누지 문서(The Nuzi Text)는 족장시대 사회의 관습에 대해 많은 빛을 던져주었을 뿐만 아니라, 하비루(Habiru)에 대한 일차적인 자료이기도 하다. 이 문서의 기록은 아카드어로 기록되었지만 대부분 이곳 주님들은 훌 또는 후리 족속(Hurrians)이었다.

---

30) 원용국 : 누지 사본들도 "성경사본과 고대사본 비교연구" 참고.

1) 발굴과정

누지의 현 위치는 바그다드의 북쪽 240km의 지점, 즉 남쿠르디스탄 (남 Kurdistan) 구릉 부근의 요글란 테페(Yoghlan Tepe) 언덕에 있다. 이곳의 발굴은 1925-31년에 걸쳐 바그다드에 있던 미국 동방학연구소 (ASOR)와 하버드 대학교의 연합 발굴대에 의해 행해졌다. "누지"라는 명칭은 후리 족속이 이 도성을 점령하고 있을 때 사용되었다. 이미 하무라비 시대의 마리 서판(The Mari Tablets)에서 밝혀진 바 있지만, 이 이름은 14-15세기에 걸쳐 작성된 지방문서에서 가장 잘 알려져 있었다. 당시 전 지역은 미타니(Mitanni)왕국에 속해 있었고 그 당시의 문자는 설형문자였다.

그 설형문자로 기록된 누지 시대의 문서는 수천 개에 이른다. 이 가운데 대부분은 누지 자체에서 나온 것이며, 공문서는 물론 개인문서도 있다. 또한 수는 얼마 되지 않지만 중요한 문서들이 아프리카(오늘날의 키르쿠쿠[Kirkuk]) 동쪽 15km 지점에서 발굴되었다. 이 문서들은 바벨론과 앗수르 주변지역 모두에 거주하고 있었던 침략자인 후리 족속의 생활과 관습에 대한 생생하고도 다양한 주석을 제공해 주고 있다.

누지에서 출토한 인장이 찍혀 있는 점토판

2) 성경과의 관계

이 도시가 현대 성경학도들에게 매우 중요한 의의를 가지게 한 것은 주로 그 역사적 가능성과 지리적 환경 때문이다. 족장들은 팔레스타인에 입주하기 전에 유프라테스 계곡 중간쯤 되는 하란(Haran)지역에서 생활했다. 그리고 그후 얼마동안 그들이 떠나온 고향과의 왕래를 유지해왔다.

이 지역은 후리 또는 홀족속들이 밀집되어 있었으며, 곧이어 미타니를 정복한 후리족속의 중심지가 되어버렸다. 후리족은 이 지역의 사회적, 정치적 주인공으로 그들의 셈족 이웃들(그들 가운데에는 히브리인의 조상들도 있었음)의 생활과 습관에 여러 가지로 영향을 끼칠 수 밖에 없었다. 그러나 현재까지 이 지역에 관한 자세한 역사를 알려주는 자료가 나타나지 않고 있다. 그렇지만 누지 동쪽에는 멀리 떨어져 있음에도 불구하고 진정한 후리족 공동사회의 중심지였으므로, 누지에서 얻어진 결과들은 서(西) 후리족에게도 마찬가지로 근거있는 사실이 된 것이다. 누지 문서가 성경의 족장설화에 중요한 영향을 끼치는 것은 바로 이 같은 사실 때문이다.

아래의 예들은 오랫동안 연구 과제가 되었던 성경적 개념과 관습들 중의 일부인데, 이제는 누지 문서의 도움으로 후리족에게로 소급될 수 있는 것들이다.

가장 인상적인 예로서 라헬이 그녀의 아버지 라반의 '드라빔', 즉 '가신'을 훔친 일이다(창 31:19, 30, 공동번역에는 '수호신'). 이 이상한 행위를 설명하기 위해 수많은 시도들이 행해졌지만 라반 고향의 가족법을 알 수 없는 한 어느 것 하나 상세한 설명을 할 수 없었다. 그러나 아프리카와 누지에서 발견된 문서들이 마침내 이것에 대한 상세한 설명을 제공해 주었다. 즉 특별한 경우에 장인은 그의 재산을 사위에게 넘겨줄 수 있는데, 이 때 장인은 계약이 합법적으로 되었다는 공식적인 표로서 가정의 수호신을 넘겨주어야만 했다는 것이다.

7. 헤브라이즘의 역사· 153

불법적인 것을 합법화시키는 유사한 경우가 룻기 3장 7절에서도 발견되는데, 이것도 역시 누지 문서에서 중요한 전례를 찾아볼 수 있다. 일반적인 누지 문서 가운데 재판상의 시련을 겪기 위해 '하나님에게로 간다'는 문귀가 출애굽기 21장 6절과 특별히 22장 8절에 반영되어 있음을 주목할 필요가 있다. 후자의 경우 하나님이라는 명사는 복수형으로 연결되어 있다.

족장의 '아내'가 명백한 이유도 없이 '누이'로 소개되는 것이 세 군데나 된다(창 12:10-20, 20:2-6, 26:1-11). 그러나 누지 사본이 보여주는 바로는 누지족 사회에서의 결혼 계약은 아내가 반드시 혈연관계는 아니더라도 법적으로 누이의 신분을 소유하고 있었을 때 가장 엄숙했다. 그래서 대부분의 경우 '누이'와 '아내'를 적절한 상황아래서 공식적으로 번갈아 사용하였으므로, 아브라함과 이삭은 그의 아내를 누이로 소개함으로써 법이 그들에게 제공해 줄 수 있었던 가장 강력한 안전보장책을 강구했다.

누지 결혼 계약은 때때로 레아(창 29:24)나 라헬(29:29)의 경우에서처럼 신부에게 여종이 딸려 있게 된다는 사실을 언급하고 있다. 이같은 경우는 명백히 후리족 사회에서 용인된 관습이었으며, 문화적으로 연결된 곳에서는 모두 마찬가지였다. 누지 문서에 나오는 다른 결혼 조건들을 보면 상류계급의 여인이 남편에게 아들을 낳아주지 못했을 경우 자기의 여종을 첩으로 들여보내도록 하고 있다. 그러나 이같은 경우에 아내는 첩의 소생을 자기의 자식으로 간주할 권리가 있었다. 이 마지막 조건은 창 12장 2절의 "내가 혹 그로 말미암아 자녀를 얻을까 하노라"('나는 그녀를 통해서 부흥될 것이다')는 구절의 숨겨진 의미를 밝혀주고 있다.

하무라비 법전에 나오는 이 관계의 법(144절)에는 완전한 병행귀절이 없다. 여기서 아내는 여사제이며, 첩의 자식을 그녀의 아이로 주장할 권리가 없기 때문이다.

마지막으로 후리족 사회에서 장자권은 부친의 명령만큼 연대적인 우선권이 문제되지 않았다. 그같은 명령은 '나는 이제 나이 많아 늙었으니'라는 형식으로 시작되는 임종시 유언 선포 양식으로 전해질 때 다른 모든 것들보다 구속력이 있었다. 이같은 인습화된 배경에 비추어 창 27장의 의식적인 기술은 그 서두(2절)와 장엄한 유언의 선포와 장자권의 소홀한 취급과 더불어 새로운 의의를 가지게 된다.

문학전승은 세월의 흐름에 따라 내용의 일부가 모호하게 되었을지도 모른다. 실제로 장자권이 뒤바뀌는 관습은 주로 변모된 환경에 더 이상 적합하지 않기 때문에 율법에 의해 금지되어졌다(신 21:16). 그러나 적절한 설형문자 자료들의 도움으로 본래적인 의미는 복구될 수 있을 정도로 충분히 원래 골격은 보존되어 왔었다.

3) 누지와 하비루

이와 같이 족장시대와 관련된 성경 본문에 대한 근거있는 배경을 제시해 주고 있는 점 이외에도 누지 서판들은 하비루(Habiru), 혹은 하피루(Hapiru)의 복잡한 문제를 명료하게 해주고 있다.

<누지에서 발굴된 상형문자 점토판>

먼저 이 문서들은 하비루의 수많은 인명들을 열거하고 있으며, 처음으로 이 집단의 계보에 관한 고찰을 보여주고 있다. 따라서 누지에 있던 대부분의 하비루는 그 기원이 아카드 족속이었다는 것이다. 나머지 사람들은 후리족 이름을 가지고 있었으며, 현재까지 분석되지 못한 것들도 적지 않다.

둘째로 후리족속 이름을 소유하고 있는 사람들을 포함해 이 문서들에 나오는 모든 하비루는 국외자였으며, 공통점은 이들이 종족으로나 지리적으로 분류되지 못하고 다만 열등한 사회신분이었고, 위치는 어디에서나 사회적, 경제적으로 남만큼 혜택받지 못한 이방인이었다. 누지 자료가 다른 나라나 시대에 대해 반드시 확실하고 정당하다는 것은 아니다. 그 종족의 구성은 틀림없이 지역적인 차이에 따랐을 것이다. 그러나 이 문서가 결론적으로 확인하는

7. 헤브라이즘의 역사 · 155

것은 '하비루'가 처음부터 특정한 계층의 사람들에 대한 명칭이었지 어떤 뚜렷한 종족을 가리키는 것이 아니었다는 사실이다(성서대백과사전 참고).

그러다가 야곱의 11째 아들인 요셉시대에 10아들이 요셉을 시기하고 미워하여 미디안 상인들에게 팔아 애굽 또는 이집트에 들어가서 종살이하다가 그 나라의 총리대신 되었을 때에 야곱과 요셉은 철저한 헤브라이스트였고 헤브라이즘에 철두철미했다. 야곱의 아들들 중에 유다와 다른 아들들은 추종적이었고 협조적이었다(창 39:14, 17, 40:15, 41:12, 43:32).

3) 히브리 민족과 그 국가건설의 근거

이스라엘 자손의 약 400년간의 애굽에 거주하는 동안은 이스라엘 자손의 숫적인 번성만 아니라 순수하고 참된 히브리 민족의 신앙과 진리에서 떠나 이방인들과의 관계에서 변질되어 육신적인 면 만아니라 정신적이고 영적인 변질을 가져오는 죄악된 시대였다. 그 대표적인 성경의 주장이 에스겔 23장 19절 이하인데 ① 이집트인 애굽에서의 음행(겔 23:19, 27)과 ② 여러 이방 민족들과의 음행이다(겔 23:30). 그 대표적인 실예가 출애굽하여 홍해를 건너서 시내산 밑에 도착하여 장막을 쳤으나 모세가 시내산에 올라가서 하나님께로부터 말씀을 받는 동안에 그 산 밑의 이스라엘 자손과 잡족들이 금으로 금송아지를 만들어 섬기는 것이다(출 32:1-14).

156 • 헤브라이즘과 그 생활

가정과 마을에서 우상 아피스(Apis) 또는 프타(Plah)
구리, 길이 2.5인치, 너비 2.5인치
송아지 우상으로 이집트 26왕조의 우상으로 머리에 태양신을 이고 있다. 시내산 밑에서 이스라엘 자손이 섬긴 금송아지의 모형

 그 금송아지의 형상은 애굽의 우상들과 신들중에 송아지 우상 신들인 Apis(아피스)와 Mnevis(무네비스)중에 하나의 모습을 본 받은 것이다. 그 아피스와 무네비스는 고고학적으로 발굴이 되었는데 아래와 같다.

Mnevis : 이것은 신성한 송아지인데 헬리오폴리스(Heliopolis)에서 숭배되었다. 이스라엘 백성이 애굽에서 나와 시내산 밑에서 섬긴 그것인데, 그런 것이 사사시대에 가나안에서도 섬긴 것이 들어났다 (출 32).

Mnevis

Apis : 프타(Prah)의 신성한 송아지인 이 신은 멤피스(Memphis)에서 숭배되었고, 또 어떤 학자들에 의하면 후에 오시리스로 둔갑이 된 것으로 생각하고 있다. 한 새로운 Apis가 선정되었을 때 그것은 흰색을 가졌었고 또 그 이마에 네모진 점을 가지고 있었다. 그 등은 독수리의 모습이 있었고 또 그 입 밑에는 불쑥 나온 것과 같은 매듭이 있었다. 이 신성한 송아지들의 묘소들은 삭카라(Saqqara)에서 발견되었다. 거기에는 남신 Apis와 이스라엘이 광야에서 만든 금송아지와 관계되었던 것으로 보는 학자들도 있다(출 32).

Apis

출애굽 때에는 거의 이방인 적이었고 헤브라이즘이 퇴색이 되었다. 그런데 모세의 부름과 사명은 그 퇴색되어가는 그 헤브라이즘에 불을 집혀서 다시 소생시키고 활력을 넣어 주었다(출 1:15, 19, 2:6-7, 11, 13, 3:18, 5:3, 7:16, 9:1, 10:3, 21:2, 신 15:12). 그래서 애굽왕 바로와 그의 신하들 앞에서 10가지 이적적 재앙은 더욱 그러했고, 유월절은 더 말할 수가 없다. 급기야 모세와 이스라엘 자손이 홍해 가에 이르렀을 때에 애굽왕과 그의 군대가 추격하여 왔으나 홍해를 건너는 이스라엘 뒤를 추격하던 그 애굽인들이 홍해에서 몰사하는 그 모습은 Hebraism의 극치라고 할 수 있다. 이 헤브라이즘을 퇴색시키는 자들은 이스라엘 자손들과 같이 출애굽한 잡족들과 애굽에서 그 이방문화에 물든 이스라엘 일부 족속들이다. 그들은 시내산 밑에 도착해서 약 2개월간 거주하는 동안에 모세가 시내산에 올라가서 하나님과 교통하는 동안에 아론과 이스라엘 사람들로 여호와와 그의 말씀(출 20:1-) 대신에 금송아지를 만들어 섬겨서 범죄케 했다(출 32:1-14). 그뿐만 아니라 고라와 다단과 아비람 같이 패당을 지어서 반역하고 원망하고 탐심을 부리는 자들이 있었다. 이들은 헤브라이즘에 정통하지 못하고 헤브라이스트가 되지 못한 자들이었다(출 1:15, 16, 2:6, 7, 12-13, 3:18, 5:3, 7:16, 9:1, 10:3, 21:2, 신 15:12).

그런 사례가 사사시대에도 있었는데 미가의 집과 단 지파이다(삿 17:-18:). 즉 에브라임 산지의 미가의 집에서 그의 어머니가 은 천백을 잃어버리고 나서 저주한 사건으로 미가가 자기 어머님의 말을 듣고 그 은 천백을 자기의 어머니에게 돌려주므로 그 어머니가 저주한 일로 자기 아들을 위하여 은을 여호와께 거룩히 드려서 새긴 우상과 부어 만든 우상을 하나 만들어 신당에 두고 에봇과 드라빔을 만들어 자기 아들 하나를 세워 제사장으로 섬기게 했다. 그 때에 유다 베들레헴에 있던 레위 사람 하나가 지나가다가 그 집에 들러서 제사장이 되어 그것들을 섬겼다. 단 지파가 지나가다가 미가의 집에 들러서 그 레위 사람 제사장과 그 우상들을 취하여 단에 가서 그 지파의 제사장과 신당을 만들어서 그 우상들을 섬기게 되었다. 그 이유는 "그 시대에는 이스라엘에 왕이 없었으므로 사람마다 자기 보기에 옳은 대로 행하는(삿 17:7) 무법(無法)과 무신앙(無信仰)과 무진리(無眞理) 시대였기 때문이다. 그래서 19장에서 음행과 폭력과 무서운 죄악으로 살인과 시체 토막 전달 사건으로 민족 상전이 일어났으며 베냐민 지파가 거의 멸절되는 일이 일어났다. 이것은 헤브라이즘의 퇴색이었고 참 헤브라이스트가 사라지는 시대였다.

4) 히브리 민족의 황금기

앞의 사사시대가 지나고 통일왕국시대가 오게 되었는데 그 통일왕국시대 초대왕인 사울은 헤브라이즘에 충실하지 못했다. 그러나 그의 뒤를 이은 다윗시대에는 그 다윗왕만 아니라 그의 백성이 헤브라이스트가 되어서 헤브라이즘을 고취시키고 헤브라이즘을 부흥시키는 시대였다(사무엘하 참고). 그의 아들 솔로몬시대는 번영의 시대였으나 다시 석양시대로 기울기 시작한다. 열왕기상 11장 1절 이하를 보면 솔로몬왕과 그의 이방인들의 아내들이 자기 나라들의 우상들을 마음대로 끌어들여 자기들과 이스라엘 백성들로 섬기게 하여 혼란과 죄악시대를 열고 그 시대를 끝낸다(삼상 4:6, 9, 13:3, 7, 19, 14:11, 21, 29:3).

5) 혼란과 패망의 시기

통일왕국시대를 뒤를 이은 시대가 분열왕국시대인데 이 시대에는 혼란시대였다. 북쪽 이스라엘의 왕 여로보암은 우상숭배의 광신자가 되어 벧엘과 단에 금송아지 우상을 세우고 숭배하게 하면서 헤브라이즘을 몰아내게 되었다(왕상 12:1-). 그러나 남쪽 유다는 르호보암이 왕이 되어 유약한자였으나 자기의 전 왕대에 있던 헤브라이스트들로 헤브라이즘을 유지시키게 하였으나 정화나 개혁없이 혼합종교가 되었다가 마지막에 소멸되게 되었다. 그 실질적증거가 유다왕 아사시대와 주전 8-7세기의 쿤틸렛의 고고학적 증거에 의한 것이다(렘 34:9, 14).

야웨와 바알

가나안의 폭풍신 바알은 히브리성서에서 야웨를 추종하던 이스라엘인들과 심각한 갈등을 초래하는 신으로 등장한다. 우가리트 문헌에 의하면 바알은 폭풍을 일으키며 전투에 돌진하여 승리하는 전쟁신이다. "바알은 그의 자리를 차지했다. 산은 그의 왕좌이었다. 하다드(천둥신)는 (산에 쉬었다.) 그의 산 중에 폭풍처럼, 바알은 일곱의 번개와 여덟의 굉음을 보냈다. '번개 나무'가 (날아갔다)".

가나안의 지고신 엘은 야웨에게 동화되고 점차 고유명사에서 보통명사로 전환되어 하느(나)님이라는 의미로도 사용되지만 '주(主), 주인, 남편'의 뜻인 바알은 일부 이스라엘인들에게는 융화를 이루었으나 세월이 지나며 대부분의 이스라엘인들로부터 배척되어 나가는 과정을 겪었으며 끝내 설자리가 없게 된다. 왕국시기의 인명을 조사하여 보면 그 현상을 보다 잘 알 수 있다.

히브리어 인명에 명사+동사 혹은 동사+명사의 구조로 된 경우가 많다. 이런 이름에서 명사 자리에 신명이 들어가는 경우를 히브리성서와 그 외 인장이나 토판에 기록된 인명 중에서 쉽게 찾을 수 있다. 그중에 엘과 바알과 야웨의 신명이 포함되어 있는 이름들을 찾아보면 엘이 들어있는 이름의 수효는 77개, 야웨(야후, 야, 요 등)의 경우 557개, 그러나 바알을 포함한 이름은 5개뿐이다. 우가리트 문헌에 나타난 신화에 의하면 바알이 그들 종교사회에 가장 강한 신이다. 가나안의 가장 우월한 신명이 가나안 땅에 더불어 살았던 이스라엘인들의 인명에 드물게 사용된 것은 그 설명이 요구되는 것이다.

우가리트의 바알 신화에 의하면 신들의 숙적 바다를 뜻하는 얌은 바알을 그에게 내 놓으라고 신들의 모임에 말한다. 얌(ם, 바다)의 전령에 신들은 두려워하며 신들의 아버지 엘은 그렇게 하겠다고 약속한다. 그러나 바알의 야망은 얌을 물리치고 신들의 모임에서 최고의 신이 되는 것이었다.

　폭풍의 신 바알은 신들의 적 얌을 물리칠 힘이 있었다. 결국 바알은 지고의 신 엘을 뒷전으로 밀어내고 가나안의 최고의 신으로 대두된다. 아래에서 바알 신화의 일부를 읽어 본다. 얌은 신들의 모임에 전갈자를 보내 바알을 굴복시켜 그에게 보낼 것을 종용한다. 그러나 바알은 즉각 거부하고 그에게 항쟁하여 싸울 것을 다짐한다. 그 때 바알을 도와주는 현자 코타르-와-하시스는 두 개의 지팡이를 만들어 그에게 넘겨준다.

"당신에게 말하겠습니다. 수뇌 바알이여,
보십시오. 당신은 당신의 적을 죽일 것입니다.
당신의 숙적들을 소탕할 것입니다.
당신의 영원한 왕권을 누릴 것입니다.
당신의 주권을 영원무궁토록."
코타르는 두 개의 지팡이를 가지고 나와 그것들의 이름을 불러 주었다.
"너로 말하자면, 네 이름은 강타자이다.
강타자여, 얌(바다)을 몰아내라.
얌을 그의 왕좌에서 몰아내라. 나하르를 그의 권좌에서,
바알의 손에서 날뛰어라. 그의 손가락에서 독수리처럼.
수뇌 얌의 어깨를 때려라. 판관 나하르의 두 팔 사이를."
얌은 강하여서 주저앉지 않았다.
그의 사자는 흔들리지 않았으며 그의 모습은 무너지지 않았다.
코타르는 두 개의 지팡이를 가지고 나와 그것들의 이름을 불러 주었다.
"너로 말하자면, 네 이름은 격추자이다.
격추자여, 얌을 추격하라.
얌을 그의 왕좌에서 추격하라. 나하르를 그의 권좌에서,
바알의 손에서 날뛰어라. 그의 손가락에서 독수리처럼.
수뇌 얌의 두개골을 때려라. 판관 나하르의 두 눈 사이를.
얌은 고꾸라진다. 땅바닥에 쓰러진다."
그러자 지팡이는 바알의 손에서 날뛰었다. 그의 손가락에서 독수리처럼.
그것은 수뇌 얌의 두 개골을 때렸다. 판관 나하르의 두 눈 사이를.

7. 헤브라이즘의 역사 · 161

얌은 주저앉았다. 그는 땅바닥에 쓰러졌다.
그의 사지는 흔들렸고 그의 모습은 무너졌다.
바알은 얌을 붙잡아 토막을 내었다. 판관 나하르를 끝내 버렸다.
이쉬타로트는 얌의 이름을 힐난했다.
"보아라, 승리자 바알을, 보아라, 구름타고 달리는 자를.
수뇌 얌은 우리의 포로가 되었다. 판관 나하르는 우리의 포로가
되었다".

('바다'를 뜻하는 얌은 바다 용을 가리키며 '강'을 뜻하는 나하르(נהר)는 강의 용을 가리킨다고 생각할 수 있다. 아쉬타로트는 여신이다. '구름타고 달리는 자'는 구름을 전차처럼 타고 달리는 자를 말한다. 시편 68. 5 참조)

가나안 토착민들에게 바알과 같은 강한 전쟁신이 가나안 땅으로 이주해왔던 히브리 민족에게는 받아들여지지 못한 이유가 무엇이었을까? 엘리야후 같은 야웨의 선지자는 바알의 선지자들과 대판 싸움을 하였으며(왕상 18:) 여러 예언서를 읽어보아도 확실히 알 수 있는 것은 이스라엘의 일부는 바알을 좇아갔었다는 사실이다. 이러한 일련의 사건들이 일어나는 이른 시기로 사사기에서 볼 수 있다.

'이스라엘인들이 야웨의 눈앞에서 악을 행하였다. 그들은 바알들을

섬기었다'(삿 2:11). 그 구체적인 예로 야웨가 사람을 통하여 바알과 싸우는 장면을 알려주는 사건을 사사 기드온의 에피소드에서 읽어본다 (삿 6:). 이스라엘인들이 야웨의 눈앞에서 악을 행하였다. 그래서 야웨는 그들을 미디안의 손아귀에 넘겨주었다. 일곱 해가 지나자 야웨의 천사가 기드온에게 나타나 이스라엘인들을 구할 것을 당부하고 야웨가 그와 함께 있음을 보여주는 그 증표로 바위에 올려놓은 고기와 빵을 불살라 버렸다.

야웨의 천사임을 알아차린 기드온은 "오. 주여 야웨이시여 정말로 나는 야웨의 천사를 얼굴 대 얼굴로 보았습니다"라고 말한다. 두려워 떠는 기드온에게 야웨는 말씀하였다. "너에게 평화(샬롬)를" 그리고 그는 죽지 않을 것이라고 말한다. 그래서 기드온은 그곳에 야웨께 드리는 제단을 쌓고 그 이름을 '야웨 샬롬(יהוה שלום)'이라고 불렀다(24). 그리고 기드온은 그의 아버지의 바알 제단을 허물고 그 곁에 세운 아쉐라 목상도 찍어 버렸다. 그곳에 야웨를 위한 제단을 쌓고 찍어 낸 아쉐라 목상을 불살라 만든 수소의 번제물을 올려놓았다. 다음 날 아침 성읍 사람들은 이 일을 보고 아래와 같이 말한다. "사람들은 각자 그의 이웃에게 말했다. '누가 이런 짓을 하였는가!' 그들은 캐묻고 조사했다"(29). 기드온의 행위였음을 알아낸 그들은 기드온을 끌어내어 그를 죽이려고 하였으나 기드온의 아버지는 그들에게 이렇게 말한다. "당신네들은 바알을 위해 다투겠다는 말입니까? 당신들이 그를 구하겠다는 것입니까? 그를 위해 다투는 자는 아침까지면 죽을 것입니다. 만일 그가 하나님이면 자기 제단을 무너뜨린 것이니 자기를 위해 그가 다툴 것입니다. 그날 그를 "예룹바알"(ירבעל)이라고 불렀다. 즉, 그가 그의 제단을 무너뜨리니 바알이 그와 다투라"(31-32). 이래서 기드온은 '바알이 다툰다'(ירב בעל)는 뜻인 예룹바알이라는 별명을 가지게 된 것이다. 히브리어 동사 미완료형 예룹(ירב) 원형은 רב)의 뜻은 주로 '언쟁을 하다. 법정에 고소하다' 등으로 사용된다.

위의 이야기에 주목할 부분은 바알을 섬기는 사람들이 야웨를 추구하는 기드온을 찾아 캐묻고 조사하였다는 점이다. 즉 바알을 섬기는 자들이 야웨를 섬기는 자들과 말로 다투었다는 암시이다.

앞에서 읽은 야곱의 이야기와 기드온의 이야기에 여러 가지 공통적인 요소가 나온다. 두 사람 모두 하나님의 얼굴을 대면하였어도 죽음을 면하고 오히려 새로운 인명과 지명을 얻게 된다. 가장 특기할 사항은 새로운 인명에 사용된 두 개의 동사이다. 이스라엘의 경우 "엘이 (야웨를 섬기는 야곱과) 힘으로 견주었다"는 것이고 기드온의 경우 "바알이 (야웨를 섬기는 기드온과) 말로 다투었다"는 점이다. 엘이 야웨와 동격이 된 상황을 보여주는 인명 엘리야후 혹은 엘야후의 경우처럼 바알이 야웨와 동격임을 알려주는 '바알은 야이다'라는 뜻의 이름 브알야가 히브리 성서에 한 번 나온다(대상 12:6).

브알야는 다윗이 사울을 피해 시골에 가있을 때에 다윗을 도우러 온 장수들 중에 하나이다. 한편 왕국시기의 한 인장에 브알야(בעליה)를 뒤집어 표기한 형태인 같은 뜻의 이름인 요바알(יובעל '요는 바알이다')이 있다.

이처럼 이스라엘인 가운데 일부는 바알과 야웨가 동화되는 양상을 보여주지만 이스라엘 민족사의 기본적인 흐름은 바알의 제단을 배척하고 바알을 섬기는 사람들을 몰아내었다는 기록들이다. 그렇다면 가나안의 지고신이며 자비와 궁휼의 신 엘은 야웨 신앙과 합류되었는데 왜 가나안 땅의 폭풍신이며 전쟁신으로 최고신이 된 바알은 야웨 신앙에 합세되지 못했을까? 라는 질문이 생긴다. 그 대답은 바알과 야웨 모두가 강하고 비슷한 성격의 소유자라는 점에서 찾아질 수 있을 것이다. 바알은 가나안 땅의 가장 대표적인 폭풍신이다. 그의 별명은 '구름타고 달리는 용사'이며 천둥과 번개를 만들어 내고 폭풍우를 일으켜 적들에게 공포와 두려움을 쏟아 붓는 전쟁신이다. 히브리 성서에서 가장 이른 시기의 작품 중의 하나라고 일컫는 '드보라의 노래'(삿 5:)를 읽어 보자. 이 노래는 이스라엘의 적들을 물리친 야웨의 승리를 찬양하는 전승가이다. 여기에 나타난 야웨의 모습은 폭풍을 일으키며 전투에 돌진하는 전형적인 폭풍신이다.

"야웨여, 당신이 세이르에서 나올 때 에돔의 벌판에서 행군하였습니다. 땅은 흔들였고 하늘도 쏟아내며 먹구름이 물을 쏟아냅니다. 산들은 야웨 앞에서 진동합니다" (4-5).

야웨나 바알 모두 폭풍신이며 전쟁신이다. 이처럼 같은 성격의 두 신이 조화를 이루지 못하고 서로 배척하는 상황이 사사시기에서 왕국시기를 거치는 동안 여러 작품에 전해진다. 가나안 사람들에게 바알은 산천초목을 떨게 하는 전쟁용사이며 이스라엘인들에게는 야웨의 원형이 폭풍우를 일으키며 전쟁에 돌진하는 용사로서의 신이었다. 위에 읽은 바알 신화에 그려지는 바알의 전쟁 장면처럼 야웨가 그러한 모습으로 등장한다고 하박국서를 들어 비교한다(3:6-10).

> 야웨가 서있으니 땅은 흔들리며 그가 쳐다보니 열방은 떨고 있다.
> 태산이 폭발하고 태고의 언덕이 주저앉는다...
>
> 나하르에게 화나셨습니까? 야웨여.
> 당신의 분노는 나하르에게 난 것입니까?
> 당신의 진노는 얌(바다)에게 난 것입니까?
> 당신은 당신의 말을 타고 달려옵니다. 당신의 구원의 병거를.
> 당신은 당신의 활을 날립니다. 격추자의 일곱 지팡이를 (쎌라).
> 당신은 나하르를 땅에 고꾸라지게 합니다.
> 당신을 보고 산은 흔들거리고 거센 물이 흐릅니다.
> 깊은 물(바닷물)은 소리를 지르며 야후(즉 야웨)는 손을 높이
>   치켜듭니다.

하박국서 3장은 바알 신화의 여러 부분과 매우 유사하다. 단어의 사용에서도 그렇지만 특히 얌(바다)과 나하르(강)를 의인화하여 표현한 것은 같은 문화권에서만 이해될 수 있다. 지난 1928년 시리아 북쪽 지중해변의 옛 터에서 많은 토판이 발굴되고 이에 대한 집중적인 연구

결과 우가리트 왕국의 한 서고에 간직되었던 작품들이라는 것이 밝혀졌다. 이 토판들이 서기전 14-10세기의 가나안 땅의 종교를 이해하는 결정적인 문헌임은 주지하는 바이다.

위의 하박국서와 바알 신화와의 일부 비교에서도 보여지듯이 가나안 종교와 이스라엘의 종교 사이에 깊은 연관성이 있음은 분명하며 하박국서 3장의 경우처럼 가나안 종교 문헌을 배경으로 이와 연관된 히브리 성서의 일부를 해석하면 보다 구체적인 이해를 돕는다.

야웨와 아쉐라

모세의 출애굽 서사시 가운데 극적인 하이라이트는 무엇보다도 모세가 시나이 산에서 십계명을 새긴 석판을 하나님으로부터 받고 내려와 생기는 돌발적인 사건이다.

십계명은 히브리 성서를 대표하여 하나님의 가르침이라고 내놓을 수 있는 가장 압축된 양식의 선언문이다. 오직 야웨만이 이스라엘의 하나님이며 그 외 다른 신들을 섬기지 않을 것이며 또한 절대로 하나님을 신상으로 표상하지 않을 것을 단호히 천명한다. 동시에 하나님의 보배로운 토랑를 소유한 백성으로 하나님과의 계약을 증거하는 안식일을 지킬 것을 당부하고 살인, 간음, 도적질, 거짓 증거 등을 하지 않을 것을 다짐한다. 이것이 십계명이며 모세가 시나이 산에서 가지고 내려온 두 석판은 이 열 마디를 하나님의 손가락으로 쓰신 증거판이다(출 31:18).

모세가 하나님을 만나고 두 석판을 받게 되는 그 동안 이스라엘 백성은 산기슭에서 그를 기다리고 있었다. 모세가 산에 올라가 오랫동안 내려오지 않자 사람들은 아론에게 몰려가 모세가 지금 무엇을 하고 있는지를 모르니 "우리 앞에서 걸어갈 신들을 우리를 위하여 만드십시오"라고 말한다(32:1). 그 때에 아론은 사람들에게서 금귀고리들을 모아 거푸집에 넣어 송아지 형상을 만들어내었다. 그리고 외쳤다. "이것들이 너를 이집트 땅에서 이끌어 올린 이스라엘의 신들이다"(32:4).

그리고 아론은 그 앞에 제단을 쌓았다. 다음날 아침 사람들은 제사상을 차리고 먹고 마시며 뛰어 놀았다. 이 일을 알게 된 모세는 두 석판을 그의 손에 쥐고 산에서 내려왔다. 그들이 만든 송아지와 사람들이 춤추는 꼴을 보고 모세는 화가 치밀어 석판을 내던져 깨뜨려 버렸다. 그리고 송아지 형상을 집어 불에 태우고 가루를 만들어 물 위에 녹여 이스라엘 자손들에게 마시게 했다. 송아지를 만드는 일에 가담한 사람들은 처형당했으며 모두 삼천여명이라고 한다(32:28).

이스라엘인들이 야웨 하나님의 형상으로 송아지를 만든 죄의 시작이 여기에 있다고 기억하는 것이다. 그리고 그 죄값으로 하나님은 이스라엘 백성에게 재앙을 내린다고 말한다. 송아지 형상을 만들고 그것을 섬겼기에 그 죄 값으로 이스라엘 백성은 곤경에 빠졌다는 역사의식이 생긴 것이다. 이스라엘과 유다 왕가의 실록을 편찬하며 늘 대두되는 안건 중에 하나가 바로 송아지 신상을 만들어 모셨던 왕들에 대한 비판이었다. 이것을 대변하는 숙어가 "야롭암(ירבעם, 여로보암)의 길을 걸은 자"라는 정해진 문구이며 이방신들을 섬긴 왕들을 비난하는 문장으로 열왕기에 자주 사용되었다.

다윗이 통합했던 이스라엘 왕국은 그의 아들 솔로몬 왕이 죽자 두 나라로 갈라지고 여로보암은 북 왕국을 다스리게 되었다. 여로보암은 백성이 큰 절기에 예루살렘의 야웨 성전으로 순례가는 일을 막고자 금송아지 형상 두 개를 만들고 사람들에게 선포한다. '예루살렘에 올라가는 것은 이제 충분하다. 보아라, 이스라엘아, 이집트 땅에서 너를 이끌어 올린 너 신들을'(왕상 12:28), 그리고 금송아지 형상 두 개를 각각 단과 베이트엘에 보내어 그것을 섬기게 했다. 이것이 바로 '여로보암의 죄'이다.

또한 신주를 만들어 제단 옆에 세웠다(14:15).(신주는 흔히 '아쉐라 목상'이라고 번역하는 것을 말한다.) 한편 유다 왕국의 륵하브암(르호보암)도 높은 언덕과 푸른 나무 아래 신당을 짓고 돌기둥과 신주를 세웠다(14:23). 여로보암의 재위 20년에 아사가 유다 왕이 되고 우상타파를 외쳤다. 사람들이 만들었던 우상들을 멀리하고 그의 할머니가 아쉐라 여신을 위해 만들었던 괴상을 꺾고 태웠다(15:9).

그런가 하면 아사 왕 제 38년에 북 왕국 이스라엘의 왕이 된 악흐압(아합)은 여전히 여로보암의 길을 걷고 아쉐라를 만들고 바알에게 가서 섬기고 절했다(16:31-3). 엘리야가 야웨의 예언자로 활동할 당시 바알의 예언자는 450명이고 아쉐라의 예언자는 400명이나 되었지만 야웨의 예언자는 엘리야 혼자뿐이라고 전한다(18:19).

예후가 야웨 예언자의 기름 부음을 받고 이스라엘의 왕이 되어 아합의 가문을 모두 처형하고 바알 신당들을 허물었으나 여로보암의 죄로부터는 돌아서지 못했다(왕하 10:26-27). 즉 바알 신상과 바알 신당을 부셨으나 야웨와 아쉐라를 형상으로 섬기는 무리를 어떻게 하지 못했다는 이야기이다. 유다왕 예호야다는 바알 신전을 부수었으나(11:17-8). 이스라엘의 왕 예호악하즈는 여로보암의 죄에서 돌아서지 못하고 사마리아에는 아쉐라 형상이 서 있었다(13:6).

앗시리아인들이 사마리아에 정착할 당시에 이스라엘에는 야웨의 계명을 지키지 않았으며 송아지 형상 두 개를 주조하고 아쉐라를 만들어 하늘의 군대와 함께 우상에 절하였으며 바알을 섬겼다(17:16). 이래서 이스라엘 자손들은 여로보암이 행했던 죄를 따라 걸었으며 그것에서 돌아서지 않았다(17:22). 유다 왕국에 예헤즈키야(히스기야)가 왕이 되어 우상을 철저히 파괴하고 신당을 허물고 돌기둥을 부수고 아쉐라 여신상을 꺾고 모세시대부터 있었던 구리로 만든 뱀상도 깨뜨려 버렸다(18:4). 히즈키야가 병에 들어 야웨에게 기도하는 대목에 야웨는 '홀로' 있으며 살아계신 하나님이고 다른 신들은 사람 손으로 만든 나무나 돌에 불과하여 사라진다고 역설한다. 그리고 야웨만이 홀로 하나님임을 확신한다(19:15-9)고 말한다.

그러나 히즈키야가 29년동안 유다 왕국을 다스리고 병으로 죽자 열두 살인 그의 아들 메나쉐(므낫세)가 왕위에 올랐다. 히즈키야의 종교개혁은 전시대 기득권층의 사제들에게 커다란 타격이었으나 그가 죽고 어린 나이에 등극한 므낫세는 아버지의 뜻을 따르지 못하고 기존 타성을 그대로 답습하여 신당을 짓고 바알을 위해 제단을 세우고 아합이 만들었던 아쉐라를 다시 만들고 하늘의 군대에게 절했다. 또한 야웨의 집에 아쉐라의 형상을 세웠다(21:3-7).

왕조실록 편찬가들은 야웨의 집(예루살렘 성전)에는 형상이 없고 오직 야웨의 이름만이 있었다고 통탄한다(21:7). 요시야가 왕이 되고 재위 18년 성전보수 공사 중에 옛날 율법책(하나님의 말씀: **ספר התורה**)이 발견되었다. 요시야 왕은 이 언약책에 기록된 규례에 따라 온 백성이 야웨 하나님을 섬길 것을 촉구하고 대대적인 종교개혁 정치가 전개된다.

야웨의 전에서 바알과 아쉐라와 하늘의 모든 군대를 위한 도구를 꺼내어 태웠으며 태양신, 달신 열두 별자리(왕도대)와 하늘의 모든 군대를 위한 분향을 금했다. 아쉐라를 야웨의 집에서 꺼내어 태웠으며 가루로 만들어 공동묘지에 뿌렸다.

아쉐라를 위한 천짜는 집에 있었던 남창들의 밀실을 허물어 버렸으며 신당을 허물고 몰래 없앴고 유다의 왕들이 태양신을 위해 주었던 말(형상)들과 야웨의 신전입구에 세웠던 태양신의 병거를 없앴다. 이방신들인 아쉬타로트와 크모쉬와 밀콤 등의 신당을 부수고 아쉐라를 꺾고 사람의 뼈로 그곳들을 채웠다.

이스라엘과 유다에서 무당과 점쟁이들과 트라핌과 우상들이나 괴상들을 다 몰아냈으며 예루살렘 성전에서 발견된 옛 율법책(하나님의 말씀)에 따라 관습을 지킬 것을 선포했다(23:4-24).

이스라엘과 유다 왕국의 백성들이 습관적으로 지켰던 종교 관습은 대부분 혼합종교의 양상이었다. 전국 도처에 신당을 짓고 신상을 만들어 신당에 들여놓고 제단에 형상을 올려놓고 절하며 제사를 드리는 것이 풍습이었으며 이 일로 먹고 사는 사제들의 수효도 상당히 많았음을 쉽게 짐작할 수 있다.

7. 헤브라이즘의 역사 · 169

열왕기 편찬가들이 왕조사를 기록 편집하며 역사를 비판하는 초점은 항상 형상을 거부하는 야웨의 신성을 송아지 형상으로 표출하여 신당에 세워놓고 섬겼다는 것이다. 또한 야웨의 송아지 형상과 더불어 아쉐라 여신상도 만들어 야웨의 성전에 들여와 그 옆에 놓았다는 과거의 죄를 신랄하게 파헤친다.

성서학계를 떠들썩하게 만든 한 논문이 지난 1976년 이스라엘의 한 학술지에 발표되었다. 그 이후 지금까지 논란과 시비는 가시지 않았으며 작금에도 그에 대한 여러 편의 논문과 단행본들이 발간되었다. 그 발단은 큰 항아리 표면에 새겨진 글의 내용과 그 밑에 그려진 두 형상의 그림이다.

이 큰 항아리는 시나이 반도 북쪽에 위치한 마을 카데쉬 바르네아에서 약 50킬로미터 남쪽에서 발굴된 것으로 이것들이 사용된 년도는 주전 850-750년경으로 추정된다. 히브리어로 기록된 이 글을 아래와 같이 번역한다.

주전 8세기

… 가 말했다. … 예할렐엘에게 말하라. 그리고 요아쉬에게.
나는 너희를 축복한다
야웨로 그리고 그의 아쉐라로.

즉 (누구)는 야웨(의 이름)과 그의 아쉐라(의 이름으)로 두 사람을 축복한다는 문구이다. 성서학자들의 논란의 대상은 "그의 아쉐라"라고 번역한 바로 이 부분이다. 일반적으로 아쉐라는 제단 옆에 세웠던 목상이라고 이해하며 아쉐라의 복수형 아쉐림을 '아쉐라 목상들'로 번역한다.

열왕기에 서술된 종교분쟁의 역사를 간략하게 설명하는 내용에서도 알 수 있듯이 아쉐라는 여신이며 그녀의 형상이 나무(목상)와 관련된 것이다. 아마도 흔히 볼 수 있는 신주나 장승같은 목상일 것이다. 학자들 사이에 논쟁의 근원은 이 글 밑에 그려진 두 형상의 해석이다. 남성과 여성인 두 형상들은 모두 소의 얼굴 모습이며 꼬리가 있다. 이와 관련하여 생각할 수 있는 결론은 여로보암의 죄라고 일컫는 송아지 형상을 들 수 있으며 그 당시 우상종교의 단적인 면을 시사하는 것이다. 즉 이스라엘 백성들이 예루살렘의 야웨의 성전에 가는 것을 막기 위해 북왕국의 여로보암이 예루살렘의 야웨를 대치하여 만들었다는 금송아지 형상이 바로 이러한 모습이었을 것이다. 그리고 우상타파를 단행했던 히즈키야의 정신을 이어받지 못한 그의 아들 메나쉐(므나세)가 우상숭배를 복원하며 아쉐라의 형상을 만들어 야웨의 성전에 세워 놓았다는 것들이 이러한 소 모습의 형상이었을 것이다.

"야웨와 그의 아쉐라"라는 문구가 세상에 알려진 것은 이미 1970년이었다. 유다 왕국의 남쪽 중심지였던 헤브론에서 서쪽으로 13킬로미터 떨어진 키르베트 엘 쿰이라는 곳에 위치한 무덤동굴의 벽에 새긴 글이다. 서기전 750년경으로 추정되는 이 히브리어 본문을 아래와 같이 번역한다(그림 참조).

    부자 우리야가 이것(즉 글)을 썼다.
    우리야는 야웨에게 축복받는다.
    그리고 그의 아쉐라에게,
    그의 적대자들로부터 그가 그를 구원하였다.
    오니야에게
    그리고 그의 아쉐라에게...

이 글도 윗글처럼 축복문이며, 이 동사구는 수동형으로 우리야는 야웨와 그의 아쉐라에 의해 축복받을 것이라는 내용이다. 다음 행에 이어지는 문장은 야웨가 우리야를 그의 적대자(원수)들로부터 구원했다는 것이다. 눈에 뜨이는 것은 이 글 밑에 그려진 "손바닥"의 그림이다. 오른손의 손바닥 모양이다. 손의 그림과 축복문을 함께 읽을 수 있다. 즉 '우리야는 야웨에게 축복받은 사람이기에 야웨는 (그의 손으로) 우리야의 적대자들로부터 그를 구원하였다.'

지난 35-30년 동안 성서학자들은 "야웨의 아쉐라"에 대하여 숨 가쁜 공방전을 벌여왔다. 서기전 9-8세기경의 유다 왕국 지역으로 확신할 수 있는 곳에서 발견된 위에서 인용한 두 토판 때문이었다. "야웨와 그의 아쉐라에게서 축복받는다"는 문장이 논쟁의 초점이다.

유다와 예루살렘의 종말을 앞둔 그 땅에 최후의 선지자 예레미야는 자기 민족과 국가의 죄악을 책망하면서 지적하기를 "히브리인 남종과 여종"(렘 34:8-9, 14)을 왕이 자유를 선포했으나 다 이끌어 들여 종삼움을 지적하면서 "히브리"라는 단어를 사용한다.

6) 회복과 재생기(에스라-느헤미야시대)[31]

위에서 언급한 하나님의 선지자 예레미야는 하나님의 말씀을 선포하되 그 유다 백성의 네 가지 큰 죄악은 여호와의 תורה를 떠난 것으로 ① 여호와를 배반하여 대적한 것이고, ② 그의 말씀을 불순종한 것이다 (신 28:1-끝). ③ 이방인들의 가증한 우상들을 섬긴 것이고(왕상 11:1-), ④ 그 이방인들의 가증하고 악한 죄악에 빠져서 죄악된 인간들이 된 것이다. 그러나 그들이 여호와의 진노의 채찍인 ① 천재지변의 재앙과 ② 질병과 ③ 전쟁인 칼에 망하는 것이고 ④ 그들이 이방 나라에 포로되어 가는 것이다.

---

31) "성경과고고학", 조철수교수의 "고대 이스라엘의 종교분쟁", PP.8-19 인용.

그러나 그 포로된 가운데서 하나님의 궁휼과 은혜로 70년 만에 고토로 돌아오는데(렘 25:11-12, 29:10, 대하 36:21-22, 사 23:15) 그 일이 바벨론이 주전 538년에 페르시야왕 고레스(Cyrus)에 의하여 이루어지고 나서 그 고레스에 의하여 ① 주전 538년에 제1차 귀환이 있었는데 스룹바벨과 예수아와 42,600여명이 예루살렘에 성전 건축하기 위하여 귀환했다. 그 일이 중단 되었다가 다시 시작되었는데, ② 주전 458년에 페르시야의 알타삭스다 Ⅰ세 왕시대에 תורה의 학자요 제사장인 에스라가 거느린 수백명의 제사장들과 레위인들이 귀환하여 하나님의 말씀으로 교육하고, 그 말씀에 따라서 예배하고 그 말씀에 따라 경성하고 개혁하여 나간다(스 7:-8:). ③ 주전 444년에 페르시야의 알타식스다 Ⅰ세 왕의 술 맡은 관원인 느헤미야에 의하여 유다인과 그의 군대를 거느리고 돌아와 50년 만에 예루살렘 성벽을 재건하고 총독으로 통치하되 행정적인 체계와 선한 통치만 아니라 철두철미하게 תורה로 돌아가 그 말씀 진리대로 다스리고 살게 한다(느 11:-끝장). 여러 파란이 있었으나 계속이 되다가 다시 그 시대가 지나서 쇠퇴한다.

7) 중간사시대(70인경, 엣센파, 사해사본)

그 페르시야 시대는 헬라시대에게 세계의 주도권을 몰려주는데 헬라의 유명한 알렉산더 대왕의 아버지 필립에 의하여 자기의 아들 알렉산더로 헬라군을 이끌고 페르시야의 해군을 대파했고 헬라 해군은 지중해를 장악하고 육군은 알렉산더로 소아시아를 지나 바벨론과 페르시아와 팔레스틴과 이집트를 정복하여 대제국을 세운다. 그 헬라는 세계에 헬라 문화와 헬라 종교를 부식시킨다. 그 일로 인하여 하나님의 말씀과 여호와의 종교가 세계화 되는데 헬라 문화인 Hellenism과 여호와의 종교와 그 문화인 Hebraim이 되는데 그때가 헬라의 후기이다.

① 70인경의 출현

젊은 나이에 헬라 제국의 대왕 알렉산더가 죽고 나서 그 세계가 3분

되었다가 다시 4분 되었을 때에 이집트왕 Ptolemy II Philadelphus가 다스릴 때에 이집트의 국제적 항구인 Alexandria에 있는 국제적인 Alexandria의 도서관에 도서관장인 Artarsis가 그 이집트 왕에게 자기의 도서관에 다른 종교의 경전들은 다 있으나 유다의 여호와 종교의 경전인 תורה가 없음을 보고하고 그 경전을 세계의 학자들과 문학도들에게 연구케 하기를 소원했다.

그래서 이집트의 왕 Ptolemy II Philadelphus는 자기의 사신에게 편지와 선물을 예루살렘 성전의 대제사장에게 보냈다. 그 편지를 받은 대제사장은 그 편지를 받아보고 기쁘게 여겨서 히브리어 תורה와 유다의 12지파에서 각각 6명씩 72명의 학자들을 보냈다. 그들은 모두 유다주의 신학에 정통하고 거기에 굳게 선 자들이다. 그들이 이집트 알렉산드리아에 도착했고 그 항구 밖에 있는 아름다운 섬에서 헬라어로 그 תורה를 번역했는데 그것이 헬라어 번역 70인경이다. 그것은 구약을 "율법"($νομός$)으로 보았고 구약 중에 이방인들에 자극을 주는 내용은 제거하거나 그것을 변질시킨 성경이다(신 4:2, 12:32, 민 22:18, 잠 30:6, 계 22:18-19). 그러나 그것이 당시의 헬라세계에 큰 영향을 주었고, 그 뒤를 이은 로마시대도 마찬 가지이다.

② 엣센파의 대두

그 70인경이 번역된 그 시대는 역사적으로 중간사시대인데 그 구약이 보급되던 시대에 유다에는 헬라정권과 그 뒤를 계승한 로마 정권에 아부하는 유다 종교지도자들이 있었는데 그들이 소위 사두개인들이고, 서기관들이다. 이에 반대하여 구약을 율법적으로 유대주의적으로 해석하며 가르치며 고집을 부리는 바리새파가 있었다. 이에 권태와 환멸을 느낀 영적이고 진리적인 이들이 있었는데 그들이 곧 엣센파(Essenes)이다. 그들은 예루살렘의 동남쪽의 한 모퉁이만 아니라 그 속화와 타락된 예루살렘을 떠나 사해의 북단 서북쪽인 쿰란(Qumran) 골짜기에 수도원을 세우고 "의의 선생"과 함께 영적이고 진리적인 생활을 하며 하나님이 약속하신 "메시야"를 기다렸다. 그곳이 주후 70년에 로마 군대에 의하여 망하였다가 주후 1951년부터 1956년까지 성서고고학자들에 의하여 그 수도원이 발굴되어 그 정체가 들어났다.

③ 사해사본

1947년 5월에 베드윈 목동 Muhamad Adidiph에 의하여 자기의 양을 이끌고 쿰란 골짜기에서 양을 치다가 자기 양을 잃은 그가 그 양을 찾아 헤매다가 절벽에 구멍을 발견하고 돌을 던진 결과로 그 돌이 구멍으로 들어가 떨어지는 순간에 이상한 무서운 소리를 듣고 도망하여 갔다가 다음 날에 친구와 같이 와서 그 구멍을 발굴한 결과로 사해 사본인 완전한 이사야 사본 2개, 하박국 주석, 창세기주석, 엣센 귀약, 선악의 전쟁기를 찾아서 매각한 것이 성서고고학자들의 손에 들어가서 그것이 주전 2세기에서 주전 1세기의 것인 것이 들어나고, 그 발견과 발굴 장소가 쿰란 지역인 것이 들어나서 주후 1951-1956년까지 세계의 500여 고고학자들이 모여 그 주변을 조사 발굴한 결과로 100여개의 동굴들과 성경 사본이 972개, 그 단편들이 10,000여개로 지금 예루살렘 사해 사본 박물관에 보존되어 있다. 물론 다른 문서들도 적지 않다.

그러나 중요한 것은 그 성경 사본이 창세기에서 말라기까지 에스더서를 제외한 사본들이 있고 그들이 손수 필사하여 읽고, 연구하고, 묵상하며 메시야의 오심을 대망하며 신령한 생활에 힘쓴 것이다.

그 시대는 신약시대의 기반이고 준비기간이다. 예수님의 선구자 세례 요한이 그 엣센파의 단원이라는 설이나, 예수님의 공생애 전에 세례 요한과의 관계나, 그의 40일 동안의 유대 광야의 금식기도는 그 엣센파의 영향이거나 그것의 계속이라는 것이다.

8) 예수님과 사도시대

신약시대에도 유대인과 예루살렘 사람들은 히브리어와 הרות를 사용했다. 그것이 경전이고, 그것이 법이고, 그리고 그것이 진리이기 때문이

7. 헤브라이즘의 역사 · 175

다. 그래서 그런지 이 시대에도 히브리어와 "히브리파"라는 이름을 사용했다(요 5:2, 19:17, 20, 행 6:1, 고후 11:22, 계 9:11, 16:16). 그러나 외형적이고, 인종적으로는 히브리어를 사용하는 히브리인이었으나 내용적이고 신앙과 진리 면에는 히브리인이나 헤브라이즘에 속한 것이 아니라 이방화 또는 이방인화 되었었다. 그 증거가 요한복음 8장 17절인데 한글역에

17절에 "너희 율법에도 두 사람의 증거가 참되다 기록하였으니". 헬라어 원문은

καὶ ἐν τῷ νόμῳ δὲ τῷ ὑμετέρῳ γέγραπται ὅτι δύο ἀνθρώπων ἡ μαρτυρία ἀληθής ἐστιν.로

그 뜻은 "또 그 법과 너희의 (법)에 기록되어 있는데 왜냐하면 두 사람의 그 증거가 진실하다". 또한 예수께서 그들에게 자신의 증거와 자기의 아버지의 증거가 완전히 일치가 되는데 그 이유는 첫째는 그 법(모세의 τῷ νόμῳ=토이 노우이)과 그 모세오경에 근거하여 만든 "그 너희의 법"(τῷ ὑμετέρῳ=토이 후메테로이)은 정확하고, 진실하게 기록되어 있다.

이 절에서 한글역에 "너희의 율법"에로, 영어역에도 "your Law"라고 했고, 또 라틴어 신약에도 Lege uestra(레게 우에스트라)라고 하였으나, 그것은 헬라어 원문과 모두 차이가 있다.

헬라어 원문에는 τῷ νόμῳ δὲ τῷ ὑμετέρῳ(토이 노모이 데 토이 후메테로이)로 그 뜻은 "그 법과 그 너희의 것(법)"을 의미한다. 예수께서 그 바리새인들에게 두 가지의 법이 있음을 말씀했는데 그것이 사실이다. 그 첫째가 하나님께서 모세를 통하여 주신 말씀을 포함한 구약인 הַתּוֹרָה(핫토랗)와 그 다음에 그것을 문자적이고, 표면적인 면으로 생각하고 유대주의 관습과 유대교의 신학을 첨가하여 만든 "너희의 유대법"(=토이 후메테로이)이 있다. 그 두 법에 귀중한 내용이 동일하게 "기록되어 있는데"(=게그랖타이) 그 내용은 "왜냐하면 두 사람의 증거

가 진실하기 때문이다"(=호티 두오 안드로폰 헤 말투리오 아레데스 에스틴)는 것이다. 이 말씀은 신명기 17장 6절과 19장 16-19절과 민수기 35장 30절 이하로 재판 때에 어떤 사건에 두 증인 이상이 있어야 하고, 어떤 사람을 그 범한 죄 때문에 사형판결을 할 때도 그 증인이 두.세 사람의 증언이 있어야 가능하다. 이 말씀은 신약 마태복음 18장 15-20절에서 예수께서도 말씀하신 것이다.

　그것은 예수님과 사도들의 증언과 서신에서 잘 찾아 볼 수 있다. 신약에서는 히브리인 또는 히브리어를 헬라어로 Ἑβραίος(헤브라이오스), Ἑβραιοκός(헤브라이오코스), Ἑβραιοστί(헤브라이오스티) 인데 이 여러 단어를 사용했다. 그 단어를 사용한 이들은 예수님의 사랑하는 제자였던 사도 요한만 아니라 히브리인이라고 자칭하며 그리스도와 그의 제자들과 그의 교회를 심히 핍박하던 사울이었던 사도 바울이다. 그들은 예수 그리스도와 3년간 따라다니며 그의 교훈과 그의 능력을 보고 체험했고 성령의 충만함을 받아 나아가서 복음을 전한 자이거나 다메섹 도상에서 주의 부름을 받아 회개하고 능력을 체험하고 아라비아 광야에서 3년 동안에 3층천과 말할 수 없는 체험을 한 자이다. 이들은 유대의 종교지도자들과 바리새인들과 서기관과 사두개인들이 거의 다 그 참된 헤브라이즘과 그 근거인 토랗에서 떠난 것을 분명히 보고 안 사람들이다. 그래서 그들을 깨우치려 했으나 그들이 깨닫지 못하고 회개하지 못하고 범죄하므로(눅 24:27, 44) 주후 70년에 그 유대와 예루살렘이 망하여 거의 2,000년 동안 세계에 흩어져서 모든 고난과 멸절 위기에 직면했었다(롬 1:-6:). 그 보다 더 중요한 것은 주의 재림과 심판과 영생과 영원한 멸망이다(고전 15:51-57, 살전 4:15-17, 계 20:-21:). 이 귀중한 진리와 생명과 복의 근원인 참된 헤브라이즘은 속사도들을 거쳐서 교부시대를 지나서 계속되는데 그것이 소위 사도신경과 우리의 신조이다.

9) 교회시대

교회시대는 예수님의 제자들이 성령의 충만함을 받아서 초대 교회를 세운 것에서 시작하여 속사도 시대를 지나 교부시대에서부터 현대에 이르기까지 역사인데 이 시대는 역사적으로나, 영적으로나 모든 면에 굴곡과 파란이 많았다. 그 이유는 정치적이고 군사적인 면만 아니라 종교적이고, 문화적이고, 그리고 과학적인 이유와 변천이 많았기 때문이다. 그것에 동화되거나, 그것에 영향을 받은 교회가 하나님과 예수 그리스도와 성령의 역사에 의하여 진리에 굳게 서는가 싶더니 다시 점차 그것에서 이탈하여 세속화되고 타락이 되어 무서운 죄악을 범하게 되었다. 이런 때에 여호와 하나님께서 그 교회를 "개혁"이라는 기치아래 선구자들과 주자들을 보내어 개혁케 했다. 그 때에 근거도 역시 "성경"이었다. 그 성경에 근거하여 여호와의 말씀인 진리로 돌아가서 하나님을 바로 섬기고, 예수 그리스도를 참 구세주로 받아들이고, 그리고 성령의 충만한 가운데서 세상을 변화시키고 새로운 하나님의 나라 또는 세계를 이루는 것 또는 "하나님의 나라" 건설이었다. 그 대표적인 인물로는 터틀리안과 어거스틴과 암브로시우스와 크리소스톰이고 종교 개혁기에는 그 선구자로 존허스와 틴달과 위크리후였다.

그러나 그들은 로마 카톨릭에 의하여 순교되었다. 그런데 실질적인 개혁자는 M. 루터와 J. 칼빈과 즈윙그리와 부처였다. 이 교회시대를 개괄적으로 연구하여 보자! 그것은 다음의 "6. 헤브라이즘의 그 영향(개혁주의 교회)"를 참고하라.

6. 헤브라이즘의 그 영향(개혁주의 교회)

헤브라이즘의 영향은 그 범위가 매우 넓다. 또 그것은 좋은 면도 있으나 반면에 나쁜 면도 있다. 그런가하면 세계적인 면도 있을 수 있고, 그와 반면에 지역적이고, 종교적인 면과 사회적이고 정치적인 면도 있을 수 있다. 여기서는 종교적인 면인데 그 종교적인 면에서도 유대교적인 면과 이스람교적인 면도 있을 수 있으나, 여기서는 그런 면을 배제하고 기독교적인 면에서 생각하겠다. 그 기독교적인 면에서도 로마카톨릭과 희랍정교와 성공회적인 면도 언급할 수 있으나 이런 면을 다 연구하면 그 범위가 너무도 넓어서 저자는 개혁주의적인 면, 또는 칼빈주의적인 면에서 그 헤브라이즘을 생각하고 그 영향을 생각하려고 한다.

그런데 여기서 언급하지 않을 수 없는 것은 기성교회였던 Roman Catholic의 부패와 헤브라이스트들의 건의와 그 여파에 의한 종교개혁이다. 그 개혁은 헤브라이즘에 근거한 것으로 하나님의 섭리와 능력에 의한 Sola Scriptura(오직 성경)인 "성경제일주의"였다.

1) 기성교회인 로마 카톨릭의 부패

그런 그 성경인 그 하나님의 말씀에 다른 것을 더하거나 그 말씀에서 빼서는 안된다(신 4:2, 12:32, 민 22:18, 잠 30:6, 렘 26:2, 계 22:18-19). 그 이유는 그 일은 사단의 장난이기 때문이다. 창세기 2장 16-절에 "여호와 하나님께서 사람인 아담에게 명령하시기를 그 동산의 나무에서 나는 모든 것을 자유롭게 네가 먹을 수 있으나, 선악을 알게 하는 나무의 열매는 먹지 말라. 네가 거기서 나는 것을 먹는 날에는 반드시 죽을 것이라"고 하셨다. 그러나 사단은 뱀을 동원하여 에덴동산에서 하와에게 "하나님께서 참으로 너희에게 동산 나무에서 나는 모든 것을 먹지 말라고 말씀하셨느냐?"라고 물었고, 그 여자는 그 뱀에게 "동산 나무 열매를 우리가 먹어도 되지만, 동산 중앙에 있는 나무의 열매에 대해서는 하나님께서 '너희가 죽지 않도록 그것을 먹지도 말고 만지지도 말라'고 말씀하셨다"(창 3:1-3)는 식으로 그 모든 대화에 하나님의 말씀이 가감이 되었다. 그래서 신명기 4장 2절을 위시하여 다른 곳에서 같은 말씀을 했다(신 12:32, 민 22:18, 잠 30:6). 신약의 요한 계시록에서는 그 말씀이 천국에 들어가느냐? 지옥에 가느냐?의 열쇠이기도 하다(22:18-19). 그런데 그 로마 카톨릭은 성경보다는 로마 카톨릭의 바티칸 회의의 결의를 높고 귀하게 여겨서 비성경적으로 나가면서 마침내 사단적이고 죄악된 것으로 나아가서 타락했다. 그 교회의 부패와 타락과 죄악은 마침내 중세시대에 이태리 로마시 중심에 있는 바티칸시에 있는 『베드로 성당』을 건축하기 위하여 "속죄표"를 판매하므로 극에 달하게 되었다. 그래서 하나님께서 그 로마 카톨릭을 외면하시고 존 헛수, 위크후를 보내어 순교로 경고했고 개혁의 주자 M. Luther와 J. Calvin을 통하여 "누구나 믿음으로 구원을 얻되 그것은 하나님의 은혜로 되는데 오직 그 길은 성경뿐이라"고 주장하게 되었다. 그 "성경뿐이라"는 라틴어 Sola Scriptura는 개신교의 기초이다. 즉 기독교의 근거이다. 이에 관하여 Alfred J. Drake 박자의 연구서를 인용하여 Matthew Arnold씨는 그의 "헤브라이즘과 헬레니즘" 연구에서

2) 중세시대의 종교개혁과 그 여파

앞에서 언급한 것과 같이 기성교회인 로마 카톨릭의 부패는 1,000여년동안 계속되었다. 그와 같은 부패와 타락의 이유는 그 교회가 그 동안의 세상정치와 이방 종교와의 야합도 있으나 그 로마 카톨릭의 교황들과 사제들의 교만과 비신앙과 비진리적인 영적인 죽음과 병듦에도 있으며, 더욱 큰 원인은 성경에 대한 무지와 무능에 있었다. 그 교회는 성경 위에 있어서 그 교회가 성경의 선택과 성경의 결정권이 자기들에게 있는 것으로 착각했으며, 성경의 해석과 그 진리의 선포권도 오직 그 교회의 주도자인 교황을 중심한 사제들의 회의에 있는 것으로 잘못 알았다.

그 교회와 사제들은 성경이 참 하나님의 말씀이요, 하나님의 성령의 조명이 필요하며, 그것이 영생과 구원의 길이요, 또 그 성경에 예수 그리스도의 구원의 도리인 복음인 것을 바로 알지 못하였다. 즉 그 교회의 지도자들은 직업인이었고, 종교적인 영적인 맹인과 폭도들이었다. 그들은 하나님께서 참으로 택하여 불러 세워서 성령 안에서 진리와 신앙으로 중생한 참 선지자적이고 영적이고 생활적인 지도자들을 곡해해 박해했고 그리고 죽이는 일을 행하였다. 그 순교자들을 예를 들면 John Huss와 Wyclipe와 Tyrdale 등이었다. 이들의 순교의 피는 잠자지 않았다. 그 피는 살아서 움직였는데 그들로부터 약 200년 후에 로마 카톨릭

(Roman Catholic)의 독일의 신부였던 Martin Luther에 의하여 시발이 되었다. 그의 전기에 의하면 그는 신부로 이태리 로마에서 수련 중에 당시의 전통에 따라서 St. Sancrament 성당의 대리석 284 계단을 맨무릎으로 기어오르던 중에 그의 마음과 영의 귀에 들리는 음성은 "인간의 노력과 공덕과 고난으로의 구원받는 것이 아니라 오직 의인은 믿음으로 구원이라"(롬 1:17) 음성이 들렸다. 그래서 그는 그 자리에서 일어나서 신약 로마서를 읽는 중에 "의신칭의"(sola fide)와 그 믿음의 의는 "오직 하나님의 은혜"로 되는 "하나님의 은혜"(sola gratia)를 깨닫고 로마 카톨릭의 잘못된 교리와 그것에 따라서 이루어지는 불의와 부정과 심지어는 그 성당과 교황청과 성직자들 사이에서 빚어지는 죄악을 본 그는 기도하고 성경을 읽는 중에 로마의 교회의 심의청에 질의와 토론을 요청하여 Wetenburgs 성당 대문에 95개조를 기록한 문서를 써서 붙였다.

루터의 종교개혁 95개조항

1. 우리 주 예수 그리스도께서 "회개하라"(마 4:17)고 하셨을 때, 이는 신자의 삶 전체가 회개하는 삶이어야 함을 말씀하신 것이다.
2. 이 말씀이 고해성사, 즉 사제에 의해 집도되는 고백과 속죄로 이해되어서는 안된다.
3. 하지만 이것이 단지 내적 회개만을 의미하는 것은 아니다. 그러한 내적 회개(innerrepeutance)는 육신의 다양한 외적 수행을 수반하지 않는 한, 무가치한 것이다.
4. 죄에 대한 벌은 자기 자신을 미워하여도, 즉 참된 내적 회개를 하여도 우리가 하나님 나라에 들어갈 때까지 계속된다.
5. 교황은 자기의 권위나 교회법의 권위에 부여된 것을 제외하고는 어떠한 벌도 가감할 수 없다.
6. 교황은 하나님이 용서하셨음을 선언하신 것과 같이 자신의 판결에 위임된 죄를 제외하고는 어떠한 죄도 용서할 수 없다. 교황의 권한을 넘는 죄는

교황의 용서로 사하여지지 않는다.
7. 하나님은 인간이 겸손해져서 그의 대목인 사제들에게 복종치 않는 한, 누구의 죄도 사하지 아니하신다.
8. 속죄의 법은 단지 살아있는 사람에게만 부과되는 것이다. 그 법에 따라, 죽은 자의 죄가 사하여질 수는 없다.
9. 그러므로 교황이 그의 교령에서 언제나 죽음과 필요의 항목을 제외한다면, 교황을 통해 역사 하는 성령은 우리에게 자애롭다.
10. 죽어서 가는 연옥을 교회법의 벌로 삼는 사제들은 무식하고 악한 이들이다.
11. 교회의 법의 벌을 연옥의 벌로 바꾸는 가라지가 감독들이 자는 동안에 분명히 뿌려졌다(마 13:25).
12. 이전에 교회법의 벌은 진정한 회개의 시금석으로서 사면 후가 아니라 그전에 가해졌다.
13. 죽은 사람은 죽으로써 모든 형벌로부터 벗어나고, 교회법에 관한 한 이미 죽었으며 그로부터 해방될 권리를 갖고 있다.
14. 죽어 가는 사람에 있어서 불완전한 경건이나 사랑은 반드시 커다란 불안을 수반한다. 사랑이 적으면 적을수록 두려움은 더욱 크다.
15. 이 두려움과 공포 그 자체가 바로 절망의 공포이므로 연옥의 형벌로써 충분한 것이다.
16. 지옥, 연옥 그리고 천국의 차이는 절망, 두려움 그리고 구원의 확신간의 차이가 같다.
17. 연옥에 있는 영혼들에게는 두려움이 감소하여야 하며, 사랑은 증가하여야 할 것 같다.
18. 또 연옥에 있는 영혼이 공과의 영역밖에 있는지, 즉 사랑을 더 입을 수 없는 지의 여부는 이성으로도, 성서를 통해서 만도 입증되지 않는 것 같다.
19. 또 연옥에 있는 영혼들 중 모두는 아니라 해도 얼마는 우리가 확신할 수 있는 것처럼 자신의 구원을 확신할 수 있을지의 여부도 입증되지 않을 것 같다.
20. 그러므로 교황이 "모든 형벌의 무조건적인 사면"이라는 용어를 사용할 때, 이는 실제로 모든 형벌을 의미하는 것이 아니라 자신이 가할 수 있는 형벌에 국한되는 것이다.
21. 그러므로 인간이 교황의 면죄부를 통해 모든 형벌을 면하고 구원을 받을 수

182 ・헤브라이즘과 그 생활

있다고 말하는 면죄부 설교자들은 잘못을 범하고 있다.
22. 사실상 교황이 교회법에 따라 이 세상에서 치러야 할 벌을 연옥에 있는 영혼들에게 사하여 줄 수는 없는 것이다.
23. 모든 벌의 사함이 가능하다할지라도 그것은 오로지 가장 완전한, 즉 극소수의 사람에게만 허락될 뿐일 것이다.
24. 때문에, 대부분의 사람들은 벌로부터 구원이라는 어마어마하고도 무분별한 약속에 의해 기만당하고 있는 것이다.
25. 교황이 연옥에 대하여 갖는 일반적 영향력은 주교나 사제가 자신의 교구에 대해 갖는 특별한 영향력에 상응하는 것이다.
26. 교황은 실제 자신이 갖지 못한 결정적인 열쇠에 의해서가 아니라 중보를 통해서만 연옥에 있는 영혼의 죄를 사할 수 있을 뿐이다.
27. 돈이 연보 궤에 짤랑하고 떨어지는 순간 영혼이 연옥으로부터 풀려난다고 말하는 이들은 단지 인간적인 교리를 가르치는 것이다.
28. 돈이 연보궤에 짤랑하고 떨어지면, 욕심과 탐욕도 분명히 증가한다. 그리고 교회의 중보 결과는 오직 하나님의 손에 달려 있다.
29. 성 세베리누스(St. Severinus)와 성 파샬(St. Paschal)에 관한 전설에서처럼, 연옥에 있는 모든 영혼이 구원받기를 원하는지의 여부를 누가 알겠는가?
30. 누구도 자신의 회개의 완전성 여부를 확실할 수 없다. 더군다나 속죄의 완전성 여부는 더욱 더 확신할 수 없다.
31. 실제로 면죄부를 사는 사람은 실제로 회개를 하는 사람만큼이나 드물다. 극히 소수에 불과하다.
32. 면죄부를 사므로 자신의 구원이 확실하다고 믿는 이들은 그들의 교사들과 더불어 영원한 저주를 받을 것이다.
33. 교황의 사면을 하나님과 인간을 화해케 할 수 있는 하나님의 무한한 선물이라고 말하는 이들은 특별히 경계하여야 한다.
34. 왜냐하면, 그 사면의 은혜는 오로지 인간이 설정한 성례의식에 대한 벌에만 한정되는 것이기 때문이다.
35. 연옥으로부터 영혼을 속량하거나 고해신부를 마음대로 선택할 수 있는 허가증을 사려는 이들에게는 회개가 필요하지 않다고 가르치는 사람들은 비기독교적 교리를 선포하는 것이다.
36. 진정으로 회개하는 그리스도인은 면죄부 없이도 죄와 벌로부터 완전한

사함을 받을 수 있다.
37. 진정한 그리스도인은 살았든 죽었든 모든 그리스도의 축복과 교회에 참여하게 된다. 이는 면죄부 없이도 하나님이 그에게 허락하신 것이다.
38. 그럼에도 불구하고 교황의 축복과 용서는 결코 무시되어서는 안 된다. 왜냐하면 [제6조]에서 언명했듯이, 이는 하나님의 용서의 선포이기 때문이다.
39. 아무리 박식한 신학자라 할지라도 사람들에게 면죄부와 동시에 진정한 회개의 필요성을 설복하는 것은 매우 어려운 일이다.
40. 진정으로 회개한 그리스도인은 자기 죄 값을 달게 받기를 원한다. 하지만 면죄부는 벌을 가볍게 하려는 것이며, 인간으로 하여금 벌 받기 싫어하게 하는 것이다. 적어도 이는 벌 받기를 싫어할 기회를 제공하는 것이다.
41. 교황의 면죄는 그것이 다른 사람의 행위들보다 더 낫다고 오해하지 않도록 신중하게 설명되어야 한다.
42. 교황은 면죄부를 사는 일이 자선사업과 같은 것이 아니라고 생각하고 있음을 그리스도인들은 알아야 한다.
43. 그리스도인 가난한 자에게 나누어주고, 꾸고자 하는 자에게 꾸어주는 것이 면죄부를 사는 것보다 선한 행위임을 알아야 한다.
44. 사랑은 행함으로써 더욱 커지고, 인간은 이를 통해서 더욱 선해지나, 면죄부를 통해서는 인간이 선해질 수 없고 단지 벌을 면할 뿐이기 때문이다.
45. 궁핍한 사람을 보고도 이를 지나치며 면죄부를 사는 사람은 교황의 면죄부가 아니라, 하나님의 진노를 사는 것임을 그리스도인들은 알아야 한다.
46. 그리스도인들은 생계의 충분한 여유를 갖고 있지 않는 한, 자신의 가족을 위해 충분히 저축하여야 하며, 결코 이를 면죄부에 낭비하여서는 안 된다는 것을 알아야 한다.
47. 그리스도인들 면죄부를 사는 것이 자유선택의 문제이지, 명령이 아님을 알아야 한다.
48. 그리스도인들은 교황이 면죄해주는 데 있어서는 돈보다 경건한 기도가 더 필요하다는 것을 알아야 한다.
49. 그리스도인들은 교황의 면죄부가 그리스도인들이 이에 절대적으로 의존하지 않을 때에만 유용한 것이며, 그리스도인들이 이로 인하여 하나님에 대한 두려움을 망각한다면 매우 해로운 것임을 알아야 한다.
50. 교황이 면죄부 교사들의 진상을 안다면, 그는 자기 양의 뼈와 살 그리고

그 가죽으로 성 베드로 사원을 세우기보다는 오히려 그 사원이 재로 화하기를 원했을 것임을 그리스도인들은 알아야 한다.
51. 교황은 면죄부 판매자들로부터 돈을 갈취 당한 많은 이들에게 성 베드로 사원을 팔아서라도 돈을 나누어주기를 원할 것이며 또 원해야 한다는 것을 그리스도인들은 알아야 한다.
52. 비록 면죄부 담당 주교나 교황이라 할지라도 자기 영혼의 안전을 위해 면죄부에 의한 구원을 믿는 것은 헛된 일이다.
53. 면죄부 판매를 위해서 교회에서 하나님의 말씀 전파를 금하는 교황은 그리스도의 적이다.
54. 설교에 있어서 하나님의 말씀보다 면죄부에 더 많은 시간을 할당하는 것은 하나님의 말씀을 훼손하는 것이다.
55. 극히 무의미한 것인 면죄부가 한 단어, 한 문장, 한 구문으로 표현된다면, 매우 중요한 것인 복음은 백 단어, 백 문장, 백 개의 구문으로 설교되어야 한다.
56. 교황이 면죄부를 파는 교회의 보물은 그리스도의 사람들 사이에 충분히 알려져 있지 않다.
57. 면죄부가 이 세상의 보물이 아니라는 것은 분명하다. 왜냐하면, 많은 면죄부 판매자들이 이를 마음대로 나누어주기보다는 이를 긁어모을 뿐이기 때문이다.
58. 이는 또 그리스도와 성자들의 공로도 아니다. 왜냐하면 교황 없이도 그리스도의 공로는 속사람에게는 은혜를, 겉 사람에게는 십자가와 죽음, 그리고 지옥을 주기 때문이다.
59. 성 라우렌티우스(St. Laurentius)는 교회의 가난한 자들이 교회의 보물이라고 말하였다. 하지만 이는 그 당시 말의 어법에 따른 것이다.
60. 그리스도의 공로로 주어진 교회의 열쇠가 바로 보물이라는 우리의 말은 충분히 숙고한 결과이다.
61. 왜냐하면 분명한 것은 교황의 권한이 자신에게 부여된 벌과 재판을 면해주기에 충분한 것에 불과하기 때문이다.
62. 교회의 진정한 보물은 하나님의 영광과 은혜의 증언인 가장 거룩한 복음이다.
63. 하지만 이 보물은 가장 싫게 여겨지는 것이기도 하다. 왜냐하면 이는

7. 헤브라이즘의 역사. 185

처음 된 자를 나중 된 자로 만들기 때문이다(마 20:16).
64. 한편, 면죄부의 보물은 가장 받아들이기 쉬운 것이다. 왜냐하면 이는 나중 된 자를 처음 된 자로 만들기 때문이다.
65. 그러므로 복음의 보물은 이전엔 사람을 위해 부를 낚았던 그물이었다.
66. 면죄부의 보물은 지금 부를 위해 사람을 낚고 있는 그물이다.
67. 선동가들이 최고의 은혜라고 주장하는 면죄부는 실제로는 면죄부가 이익을 증진시킬 때에만 그러한 것으로 이해되고 있다.
68. 하지만 이는 사실상 하나님의 은혜와 십자가 신앙에 비교해 볼 때 가장 무의미한 은혜에 불과하다.
69. 감독과 사제들은 교황 면죄부 사절들을 기꺼이 그리고 매우 경건하게 맞아들여야 한다.
70. 하지만 그들은 이 사절들이 교황으로부터 위임받은 것 대신에 자신들의 생각을 설교하지 않도록 보다 더 촉각을 곤두세워야 한다.
71. 교황의 면죄부에 관한 진리를 거슬리는 이는 파문되어야 한다.
72. 하지만, 면죄부 사절의 욕심과 방종을 경계하는 이들은 축복을 받을 것이다.
73. 교황은 여하튼 면죄부 판매에 해를 끼치는 이들을 혹독하게 꾸짖을 수 있다.
74. 하지만, 교황은 이보다는 더욱 더 거룩한 사랑과 진리에 해를 도모하기 위한 구실로 면죄부를 사용하는 이들을 꾸짖기를 원한다.
75. 면죄부를 과대평가하여 인간이 아무리 못할 짓을 하고, 심지어 하나님의 어머니를 범했다 할지라도 면죄부가 그 죄를 사할 수 있다고 생각하는 것은 미친 짓이다.
76. 우리의 주장은 정반대로 교황의 면죄부는 아무리 하찮은 죄라도 사할 수 없다는 것이다.
77. 성 베드로가 지금의 교황이라 할지라도 더 큰 은혜를 베풀지 못했을 것이라고 말하는 것은 성 베드로와 교황을 동시에 모독하는 것이다.
78. 우리의 주장은 반대로 지금의 교황, 또는 어떤 교황이라 할지라도 고린도전서 12장 28절에 씌어진 대로 복음과 영력 그리고 치유의 은사 등 훨씬 더 많은 은혜를 갖고 있다는 것이다.
79. 교황의 성의에 그려진 십자가와 면죄부 사절이 세운 십자가가 그리스도의 십자가와 같은 가치를 갖는다고 말하는 것은 모독이다.
80. 그러한 말을 퍼뜨리는 감독, 사제 그리고 신학자들은 다음에 답해야 할

81. 이 무분별한 면죄부의 강조 때문에 아무리 박식한 사람이라도 세인들의 중상 또는 날카로운 질문으로부터 교황의 권위를 지키는 것이 어렵게 되었다.
82. 예를 들면 "교황이 교회를 세우는데 드는 하찮은 돈을 확보하기 위해 수많은 영혼을 구속한다고 한다면, 그는 왜 연옥에 있는 영혼들의 절박한 필요를 들어주거나, 또는 거룩한 사랑을 실현하기 위해 연옥을 완전히 비우지 않는가? 후자는 가장 사소한 것이 아닌가?"
83. 또, "이미 구속받은 이를 위해 기도하는 것은 부당한 것인데, 왜 죽은 자의 장례 미사나 기념 미사는 계속되는가? 또, 왜 교황은 그러한 이유에서 바쳐진 기부금을 돌려주지도 않고, 이의 취소를 허락하지도 않는가?"
84. 또, "돈 때문에 불경건한 자와 적들로 하여금 연옥에서 하나님의 사랑을 받을 수 있는 경건한 영혼을 살 수 있도록 하면서, 오히려 경건하고 사랑스런 영혼을 위해서는, 즉 순수한 사랑의 목적으로는 이를 행치 않는다면 하나님에 대한 새로운 신앙이란 것이 도대체 무엇인가?"
85. 또, "이미 오래 전에 최소 되었고, 사실상 사문화 되었으며 폐지된 것이나 다름없는 회피총직이 왜 면죄부판매를 통해 아직도 살아있고 강력한 힘을 갖는 것처럼 통용되고 있는가?"
86. 또, "오늘날 최고의 부자였던 크라수스(Crassus)보다도 훨씬 부자인 교황이 가난한 신자들의 돈으로가 아니라, 자기 자신의 돈으로 이 성 베드로 사원을 짓지 않는 이유는 무엇인가?"
87. 또, "이미 전적인 회개를 통해 완전한 구속과 축복을 받은 이들에게 교황은 또 무엇을 용서하고 무엇을 축복하겠다는 것인가?"
88. 또, "교황이 지금 하루에 한 번 모든 신자들에게 베풀고 있는 사면과 축복을 하루에 백 번을 한다고 하여 얼마나 더 큰 축복이 교회에 임하겠는가?"
89. "교황이 면죄부를 통해 돈보다는 영혼의 구원을 구하고 있다면, 왜 그는 지금까지 행해 온 똑같은 효력을 갖는 사면과 특사를 중지하는가?"
90. 세인들의 날카로운 논박을 오직 힘으로만 억누르고, 이를 논리적으로 해소치 않는 것은 교회와 교황을 적들의 웃음거리고 만드는 것이며 그리스도인들을 슬프게 하는 것이다.
91. 그러므로, 면죄부가 교황의 마땅한 뜻과 생각에 따라 설교된 것이라면, 이 모든 의문들은 이미 해결되어야 했을 것이다. 이들은 이미 없어져야 했을

것이다.
92. 그리스도의 백성들을 향하여 평안하지도 않은데 "평안하라, 평안하라"하는 모든 선지자들은 다 물러가야 한다(레 6:14).
93. 그리스도의 백성들에게 십자가가 없는 곳에서 "십자가, 십자가"를 외치는 모든 선지자들에게 축복이 있을 것이다.
94. 그리스도인들은 머리이신 그리스도를 형벌, 죽음 그리고 지옥을 거치면서 부지런히 따르도록 교훈 되어야 한다.
95. 그러므로 하늘나라는 평화에 대한 잘못된 확신을 통해서가 아니라 많은 고난을 통해서 들어가게 된다는 것을 확신하여야 한다(행 14:22).[32]

이를 본 로마 카톨릭의 지도자들은 스스로 회개하고 하나님 앞에 바로 서는 것보다 오히려 무관심과 비웃음이었다. 그러나 그것이 독일만 아니라 불란서를 위시하여 다른 나라에 점차 확산이 되자. 그 장본인 Luther를 설득하려 하였으나 그가 듣지 않자 협박과 위협을 가하게 되었다. 그러나 하나님의 사람이요, 진리의 사람인 그와 그의 주변 사람들이 모여서 더욱 확대되자. 그와 토론하고 토론회의를 소집하였고, 심지어 그를 암살하려고 암살단을 매복시켰으나 오히려 Sackson 공의 협조와 공로로 더욱 확대되었다. Luther는 그의 보호와 도움으로 "독일어 성경"을 먼저 번역하여 성경교리서를 썼는데 그것이 그의 작품들이다.

그 소문과 로마 카톨릭의 만행을 구전과 지상을 통하여 듣고 가담한 Zwingly가 있었으나 불란서에서는 John Calvin이 일어나서 역시 개혁의 기치를 들었다. 그는 그 "칭의"와 "하나님의 은혜"의 근거는 "오직 성령"에 의하여 하나님의 사람들에게 주어진 하나님의 말씀이 근본이고 제1임을 주장하여 sola scriptura를 주장하였다. 그 역시 로마 카톨릭의 반대와 박해가 심하여 그는 그들을 피하여 덴마크의 Geneva에 가서 동지들을 규합하고 또 교회를 세우고 목회도 하면서 연구하며 저술

---

32) 안양대학교 신학연구소, 2002년 10월 29일(화), 제4회 춘계신학학술세미나, "종교개혁 485주년기념 학술세미나"의 팜푸렛 PP.28-33을 인용한 것임.

했는데 그 첫째가 "기독교 강요"(Justitute of Chrustian Religion)이었다. 그 유명한 세계 역사의 불휴의 작품 후에 그는 구약 창세기에서 신약 유다서까지 주석을 저술했다. 이것은 세계를 놀라게 했고, 또 그를 중심한 동조자와 조력자들이 모여 들었는데 그 대표적인 인물이 Buser 등이다. 이로 인하여 개신교회(Reformed Church) 또는 Protestant가 일어나게 되었다.

그 개신교회나 로마 카톨릭 교회의 특징은 ① 참 성경진리로 돌아가는 것이고, ② 그 성경에 근거한 신앙과 생활이다. ③ 그것은 만민의 구원의 도리이고 또 세계를 그 복음화하는 것이다. 그러나 그 개신교회도 세월이 지남에 따라 고질화와 세속화됨에 따라서 성령과 진리에 따라 다시 새로운 개혁과 영적이고 하나님의 말씀에 근거한 순수하고 정결한 신앙과 생활로 나아가며 그 운동을 일으켜 나아가야 한다는 한 운동이 일어났는데 그것이 소위 "청교도 운동"(Puritaimism)이다. 이에 관하여 아래에서 연구하겠다.

개혁자 루터의 신학사상 [33]

I. 중세말기의 상황

일반적으로 중세는 서로마 제국이 붕괴된 후 교회가 서로마제국의 새로운 맹주가 되는 과정에서 그레고리 대제가 로마 교구의 감독이 되면서 처음으로 명실공히 교황(Pope)이라 불리기 시작한 600년경에서 루터가 종교개혁의 기치를 들어올린 1500년까지의 약 1,000년간을 의미한다.

중세기는 봉건사회로써 토지 중심의 경제 체제였다. 따라서 중세의 체제하에 있던 교회도 이 봉건 사회의 토지 제도 하에 놓여 있었고 토

---

33) 김인수 박사(장신대 교수)의 일부를 전재함.

지를 소유한 교회는 필연적으로 세속화 될 수밖에 없었다. 수도원도 많은 토지를 소유하고, 경작함으로써 재물에 따르는 유혹에 노출되어 있기는 마찬가지였다.

중세의 성직자는 성례를 집행하는 사람으로써, 가장 보잘 것 없는 사제라도 가장 높은 황제보다 큰 자로 자처하였다. 황제는 지상의 평안을 제공하는 사람이지만 사제는 천상의 평화를 가져다주는 사람으로 간주되었다.

그러나 이러한 막강한 세력을 가졌던 교황청도 세속 군주와 결탁하여 제물과 권세에 물들면서 그 세력이 급속히 약화되어 드디어 교황청이 바티칸에서 불란서 영토인 아비뇽(Avignon)으로 옮겨가 약 70년 동안(1305-1378) 소위 교황청의 '바빌론 포로시대'를 지내게 되었고, 1378-1417년까지는 구라파에 교황이 세 사람이나 되는 기형상도 나타나 교황청의 권위가 땅에 떨어지는 결과를 가져왔다.

교황청의 수입을 얻기 위해 주교가 임명할 때마다 첫 해 수입은 교황청에 바쳐야 했고, 성직에 공석이 생기면 다른 주교를 임명하여 겸임케 함으로써 수입을 얻게 하고 매직을 했을 뿐만 아니라 특별 자리를 만들어 내어 팔기도 하였다.

사제들의 독신생활(Celibacy)은 오랜 전통이요 의무임에도 불구하고 대다수의 사제들이 정부를 데리고 살았고, 그 정부와의 사이에 사생아가 출생하고 공공연히 정부와 사생아를 데리고 사제관에서 사는 어처구니없는 형상이 일반화되어 있었다.

교황 중에는 사생아를 가진 이도 많았고, 재정 확보를 위해 교회의 직책을 팔았고, 새 직책을 만들어 계속 팔았으며 자기 형의 사생아를 추기경에 임명하기도 했고, 8살 된 세도가의 아들에게 수도원장 직을 부여하기도 했다.

고위 성직자들 대부분이 정부를 두었고, 사치, 사냥, 노름, 잔치에 시간 가는 줄 몰랐으며 교구의 여신자들과 난잡한 관계를 맺었고, 술집에 자주 드나들고, 상당수 사제들이 술집을 경영했고 고리대금업을 하였고, 미사, 영세식, 결혼식, 장례식에 명칭은 자발적이라 하지만 수수료를 징수하여 치부하였다.

이러한 교회의 타락에도 세상은 무섭게 변화하고 있었다. 지리상의 발견과 새 항로의 개발은 지구의 영역을 대폭 확대 시켰고, 이에 따른 상업과 무역업의 발전은 자본의 축척을 가져 왔으며, 상인 계급이라는 제3의 계급이 출현하였고, 은행의 발전과 이에 따른 자본주의 발전을 가져왔다.

또한 신성로마제국이 점차 힘을 잃어가면서 교황을 정점으로 한 기독교왕국(Christendom)은 붕괴되기 시작하였다. 서부 유럽의 대부분을 묶어 놓았던 공통어인 라틴어가 종교적, 학문적 언어에 국한하게 되었고, 대부분 지방어가 쓰이기 시작하면서 민족주의(Nationalism), 국가주의가 등장하기 시작하였다. 외국의 압제와 봉건제도에 시달리던 주민들은 더 이상 "한 목자 아래, 한 양떼"의 개념이 먹혀 들어가지 않게 되었다.

이제 지구가 평평하다는 생각이나 천동설이 설자리를 잃게 되었고, 의학, 수학, 물리학이 발전되면서 새로운 세계관과 과학의 발전이 기존의 교회의 가르침에 심각한 회의를 낳게 하였다. 여기에서 새로운 인간관이 형성되었고, 교회의 무지와 무식으로 대표되던 암흑시대(Dark Ages)가 사라져가고 있었다. 인쇄술의 발전, 비잔틴 출신 학자들의 유입, 고전 예술과 학문 유산의 재발견으로 대표되는 문예부흥은 종교개혁의 불길을 빠르게 지펴 나갔다. 그러므로 종교개혁은 루터 개인의 의지 때문이 아니라, 때가 찼으므로 이루어졌다고 평가되어야 한다.

II. 95개 조항과 면죄부

루터의 종교개혁은 면죄부에서 시작되었다. 초기 교회는 신자들이 자기 죄에 대하여 품은 내부의 슬픔의 외부적 표출 격으로 회개하는 신자에 대하여 주어진 고행을 다른 것으로 대체하거나, 이를 보다 용이한 방법으로 행할 수 있는 게 신자들이 허락하는 것을 인둘겐티아

(indulgentia), 즉 면죄라 하였다. 그러나 세월이 흐르면서 공개적 고행 대신 사적인 고해성사를 허락하는 권한이 점차 사제, 주교, 교황들의 손에 들어갔다. 신자들이 진심으로 회개함으로써 그리스도, 마리아, 성자들의 공로로 사함을 받은 후, 그 죄에 대한 이 세상에서의 처벌을 해체하는 권력을 갖기 시작한 것이다.

따라서 면죄부는 성자들의 공로저축설(theory of the treasury of the merits)에 근거한다. 면죄부의 근거는 그리스도와 성자들은 자신들의 구원을 위해 필요한 이상의 공로를 가지고 있다. 이것이 잉여공로(superflous credits)로서 하나님의 보물 창고에 저장되어 있다. 교황은 자기 죄 값을 다 치르지 못한 사람들을 위해 자유롭게 이 잉여공로를 전용할 수 있었다.

이 면죄부 제도는 11세기말부터 시작된 십자군 전쟁 기간에 시작되었다. 교황 우르반(Urban) II세는 성전에 참여하는 병사들이 그 대가로 고해제도가 요구하는 일체의 보속을 면제한다는 회칙에서 비롯되었다. 비록 전쟁에 나가지는 못했지만 이를 위해 금전을 기부한 이들에게도 특전으로 면죄가 주어졌다. 면죄부는 병원, 교량, 성당, 기타 모든 종류의 공공 건축물 건축을 위한 기금으로 모금이 시행되었다.

루터는 처음부터 이 면죄부 교리에 대해 의심을 품어왔다. 그런데 독일지역 면죄부 판매책인 도미니칸 수도사 테첼(John Tetzel)이 1517년 4월, 루터가 살고 있던 삭소니 지방에 와서 "죄인들을 세례보다도 더 깨끗하게 만들며, 타락 이전의 아담보다 더 순결하게 만들 뿐만 아니라, 면죄부를 판매하는 자의 십자가는 그리스도의 십자가만큼 효력이 있다"고 선전하였다. 1457년 교황 칼릭스투스(Calixtus)는 연옥(purgatory)에서 고통받는 자들의 영혼을 해방시키는 것도 면죄에 의해 할 수 있다고 선포한 것에 근거하여 그는 이미 사망한 사랑하는 친구들을 위한 면죄부를 사는 사람은 "헌금함 바닥에 동전이 짤랑하고 떨어지는 순간에 연옥에 갇혀 있던 영혼이 화살처럼 솟아오른다"라고 하면서 면죄부 구매를 독려하였고, 지옥의 고통에 겁먹은 독일 농민들이 앞 다투어 이것을 사는 모습을 보게 되었다.

 독일 국민들의 무지와 무식을 이용하여 판 면죄부 판매대금은 로마 교황청의 고위 성직자들의 사치와 방탕에 사용하였던 것이다. 루터는 성경에 전혀 근거가 없는 이 터무니없는 면죄부 판매를 더 이상 방관할 수 없어서 만성절(All Saints' Day) 전날인 1517년 10월 31일에 자기가 가르쳤던 비텐베르그 대학 캣슬교회(Catle Church) 예배당 북쪽문 게시판에 라틴어로 쓰여진 저 유명한 95개 조항을 게시하였다. 그는 누구든지 이에 대해 학문적 토론을 원하는 자는 나와 도전하라고 하였다. 95개 조항을 첫 조항은 "우리 주 예수 그리스도께서 '회개하라'(마 4:17)고 외치셨을 때 이는, 즉 신장의 전 생애가 회개하기가 되어야 함을 의미하신 것이다"라고 기록하였다.

 인쇄업자들은 라틴어 원문에 독일어 번역을 곁들여 독일 전역에 이것을 배포하였고 각국어로 번역 되었다. 95개 조항은 중세 카톨릭 교회의 병폐가 아니라 카톨릭교회 그 자체가 복음에 대한 병폐로서 그의 공격의 표적이었다. 루터의 반항과 분개는 금전적 착취에 있었던 것이 아니었다. 면죄부 판매 대금의 일부는 그가 속한 교회와 대학을 재정적으로 보조하는데 쓰였던 것이다.

 루터가 면죄부를 반대한 세 가지 이유는 다음과 같다. 첫째, 교황의 착취에 대한 독일인들이 민족적 분노에 근거했다. 만일 교황이 독일인들의 가난을 안다면 성 베드로의 무덤을 그 양 무리의 피를 짜내어 짓기보다는 차라리 폐허 속에 놓아두었을 것이다. 둘째, 연옥에 대한 교회의 재판권에 대해 의문을 표시했다. 만일 그가 영혼들을 해방시킬 수 있다면 왜 그곳을 아예 비워 버리지 않는 것일까. 교황은 지상에서 그에게 부여된 형벌만을 사해 줄 수 있을 뿐이지 면죄부는 연옥에 영향을 미칠 수 없고, 죄를 사해 줄 수 없다. 셋째, 면죄부는 그릇된 심리 상태를 유발한다. 죄인이 무엇보다 형벌을 회피하려면 소망이 없다. 만일 구원 받고자 한다면 그는 먼저 공포심에 사로잡혀야 한다. 하나님은 그를 살리시기 위해서 먼저 죽여야 한다. 이것이 곧 연옥의 고통이다.

따라서 인간이 이로부터 풀려나려고 노력해서는 안 된다. 이 같은 고통 속에서 구원이 시작되는 것이기 때문이다. 평화는 오직 그리스도의 말씀을 믿을 때 임하게 된다. 이 평화를 소유하지 못한 사람은 교황에게 일백만 번 사죄 받는다 해도 사실상 버림을 받은 사람이다.

결국 루터는 기독교의 위대한 법전인 교회법(canon law)의 권위를 부인하게 되었는데, 성자들의 공로저축설을 분명하게 밝히고 있는 면죄부에 관한 중세 교황의 칙령이 교회법이 포함되었기 때문이다. 루터는 자기를 파문하는 파문장을 불태울 때, 교회법도 같이 불 속에 던져 태워 버림으로써, 교황청의 권위를 수호하는 또 하나의 성벽을 무너뜨렸다.

1521년 보름스(Worms) 국회에서 자기변명을 한 후 그는 "나의 양심은 하나님의 말씀에 의해 사로잡힌바 되었습니다. 나는 아무 것도 철회할 수도 없으며, 철회하지도 않겠습니다. 왜냐하면 자기의 양심에 불복하는 것은 옳은 것도 안전한 것도 아니기 때문입니다. 저는 어떻게 다른 방도를 취할 도리가 없습니다. 제가 여기 섰으니, 하나님이여, 나를 도우소서, 아멘." 하고 외침으로 그는 카톨릭과 결별하고 말았다.

III. 오직 성경만이

루터는 하나님의 말씀을 신학의 출발점인 동시에 최종적 권위로 확신하였다. 그는 성서학 교수로써 성경이 그 어떤 것 보다 가장 중요하다고 생각했다. 하나님의 말씀이란 바로 하나님 자신이며, 성경의 최종적 권위의 원천이라고 보았다. 그런 의미에서 그가 야고보서를 지푸라기와 같이 무가치한 것으로 본 것도 거기에서 행동 규범은 있으나 복음이 없다고 보았기 때문이다.

카톨릭 교회는 정경을 결정한 것은 교회이기 때문에 교회가 성경보다 우선적인 권위를 가짐이 분명하다고 말한다. 그러나 루터는 교회가 성경을 만들 것도 아니고 성경이 교회를 만든 것도 아니고, 성경과 교회 모두를 존재하게 한 것은 복음인데 이 복음이 곧 예수 그리스도라고 하였다. 따라서 최종적 권위는 교회도 성경도 아닌 복음이며, 성육신하신 하나님의 말씀인 예수 그리스도의 메시지 속에 그 권위가 담겨 있다고 보았다. 성경은 교황이 영도하는 부패한 교회나 혹은 기독교 전통의 정수보다도 훨씬 더 믿음직한 복음의 증인이 되는 것이다. 그러므로 성경은 교회, 교황, 그리고 전통보다 더 높은 권위를 가진다.

루터는 1515년 "로마서 강해"를 시작하면서 1장 16-17절에서 "의인은 믿음으로 살리라. 복음 속에 하나님의 의가 나타났다"고 하는 것에서 기독교 구원의 원리를 발견한 것이다. 루터는 이 "하나님의 의"라는 용어를 능동적이고 보복적이며, 인간들에게 모든 율법을 다 지키도록 요구하는 본질적인 의(essential righteousness)로서 이해하고 있었다. 그러나 그는 이제 이 하나님의 의(justitia)가 수동적 의로움, 즉 하나님께서 그리스도를 통해 값없이 인간들에게 주신 덧입는 의(imputed grace)임을 깨닫게 되었다.

루터는 진정한 복음, 좋은 소식이라면 하나님께서는 공의롭지 않으셔야 한다. 하나님께서는 죄인들을 심판하시지 않아야 한다. 하나님의 의는 믿음으로 사는 자들에게 주어진 것이다. 하나님의 의는 인간들이 의롭다거나 혹은 신적 공의가 요구하는 사항을 만족시켰기 때문이 아니라 단지 하나님께서 주시기를 원하셨기 때문에 주어진 것이다. 이신득의(justification by faith alone)의 교리, 즉 믿음에 의한 의롭다 하심의 교리는 하나님께서 우리들에게 요구하시는 것이 믿음인데, 이것이 우리가 무언가 성취해야 하는 것으로써 그 후에 하나님께서 보상하신다는 의미가 아니다. 이는 오히려 믿음과 칭의 모두가 하나님의 사역으로 죄인들에게 값없이 주어지는 선물이라는 의미이다.

루터에게 던져진 끝없는 질문은 도대체 무슨 권위로 이 같은 일을 하는가? "너 혼자만 지혜로운가"(Bist du allein klug?)였다. 이러한 질문에 대해 그는 "성경의 권위를 의지하여 행하였다"고 단언하였다.

교회의 궁극적인 권위는 하나님의 말씀, 즉 그리스도 안에서 일어난 성육신, 십자가, 부활 사건을 통한 하나님의 자기 계시를 의미한다. 이 계시는 시간적으로 예수의 역사적 생애에 의해 제약받지 않았는데 왜 냐하면 그리스도는 영존 하시며 또한 인간들의 마음속에 항상 임재 해 계시기 때문이다.

　그러나 최고의 현현은 성육신을 통해서였다. 이 엄청난 사건에 대한 기록이 곧 성경이다. 그러나 영과 분리된 문자적 기록만으로 믿음은 생겨나지 않는다. 성령께서는 그 기록을 떠나거나 이를 초월하여 역사 하시지 않는다. 본질은 서기관들이 기록한 문자가 아니라 하나님의 입에서 나온 말씀이기 때문에 성서 속에서도 질적 수준의 차이를 찾아 볼 수 있게 된다.

　하나님의 말씀은 인간의 아무런 공로 없이도 우리 주 그리스도 예수를 통한 구원의 메시지가 되며 우리는 오직 이를 믿음으로 전폭적으로 받아들일 때에만 구원받는다는 분명한 결정적 원리가 있었다.

Ⅳ. 율법과 복음

　루터는 하나님을 알 수 있는 계시는 두 가지가 있는데, 첫째는 율법이요, 둘째는 복음이다. 율법이 먼저요, 복음은 나중이다. 하나님의 말씀은 심판의 말씀임과 동시에 은혜의 말씀이다. 이 두 가지는 항상 동행한다. 심판에 관해 들음 없이 은혜에 관해 들을 수 없다. 죄는 하나님은 거룩하시기에 그의 신적 거룩한 정면으로 대치되는 것이다. 하나님이 말씀 하실 때 우리들은 이런 거룩함과 우리들 자신의 죄 사이에 드러난 대조를 보고 경악하게 된다. 이것이 루터가 말한 율법으로써의 하나님의 말씀이라는 의미한다.

　하나님은 용서의 말씀도 하신다. 이 용서는 하나님의 신적 거룩하심과 너무나도 밀접하게 관계되어 있으므로 동일한 말씀이 경우에 따라 심판과 은혜를 의미하게 된다. 율법의 심판이 너무나도 가혹한 것이기에 복음의 용서는 더욱 더 감당할 수 없는 즐거움이 되는 것이다. 복음은 율법과 모순되거나 율법을 말소시키는 것이 아니다. 율법과 복음 사이의 긴장관계는 기독교 신자가 죄인인 동시에 의롭다 칭함을 받았음을 의미하는 것이다. 죄인이 칭의를 받았다 해서 죄인이 아닌 것이 아니다. 칭의란 죄의 부재가 아니라, 우리가 아직도 죄인이었을 때에 하나님께서 우리를 의롭다고 선언하심을 의미하는 것이다.

하나님은 정의의 하나님으로서 율법을 주신다. 인간들에게 "너희들은 온전하라", "주 너희 하나님을 너희 몸과 마음과 뜻을 다하여 사랑하라", "네 이웃을 네 몸과 같이 사랑하라" 등 인간들이 지키기 불가능한 율법들을 주신다. 그러나 복음은 인간들이 가슴속에 있는 그리스도 안에 있는 하나님의 말씀으로, 누구든지 이를 받아들이는 자마다 용서를 주실 것을 약속하고 있다.

루터는 율법과 복음과의 관계를 한마디로 "그리스도인들은 모든 사람 중 가장 자유로운 주인이며 누구에게도 예속 받지 않는다. 그리스도인은 모든 사람 중 가장 충실한 종이며, 누구에게든지 봉사한다". 이 말은 의롭다 함은 오로지 믿음에 의한 것이고 선행으로 얻을 수 없는 것이기에, 이와 같은 신앙을 가지고 있는 사람은 율법의 속박에서 자유로워졌고, 덕행으로 구원 얻으려는 것으로부터 자유로워졌다는 것이다.

루터는 그러므로 율법은 우리에게 죄를 알게 하고 회개하게 하는 기능을 하지만 회개나 선행이 구원을 이루는 것이 아니고, 오직 성육신하신 그의 아들, 고통을 받으시고, 부활하시고, 성결케 하시는 자이신 성령을 통해 영광 받으신 그의 아들에 대한 하나님의 복음으로 가능하다는 결론에 이르렀다.

V. 오직 믿음으로

법률학을 공부하던 중 방학을 맞아 귀가하던 길에서 겪었던 벼락 사건으로 어거스틴 수도원에 들어 간 루터는 수도사의 길에 충실했다. 당시 루터는 교회가 제시한 가장 확실한 구원의 방법은 이 세상에서 자기 자신을 부정하는 수도사의 생활이라는 확신을 갖게 되었다. 루터는 그가 감당할 수 있는 모든 고행, 즉 철야기도, 금식, 의복도 거의 입지 않고 지내는 혹독한 수도 생활을 계속함으로써, 후에 그의 건강을 영영

헤치는 결과를 초래하기도 하였다. 그러나 자신의 극단적인 노력과 고행도 하나님 앞에 당당히 설 수 있다는 확신을 가질 수 없었다. 그가 행하는 모든 고행에서 오는 최선의 일들은 마땅히 해야 되는 당위적인 일들이라는 생각을 지울 수 없었다. 고행이나 선행으로는 하나님 앞에 구원을 얻을 수 없다는 생각이 날이 갈수록, 고행을 하면 할수록 더욱 짙게 그를 억누르고 있었다.

1511년 루터가 로마로 여행을 했을 때 그는 그곳에서 성소를 방문하고, 성유물을 관람하고, 성자들의 공로를 자기 것으로 만들고자 했다. 예루살렘에서 로마로 운송한 빌라도 재판정의 성스런 계단을 무릎으로 기어오르면서 각 제단에 입맞춤하면서 꼭대기 부분까지 이르자 허리를 펴고 일어서서 "이게 과연 사실일까?"라고 부지중에 외쳤다.

중세 교회는 죄인들을 구원으로 이끄는 길은 성례전, 특히 통회(contrition), 고백(confession), 보속(satisfaction) 등의 요소를 갖는 고해 성사라고 가르쳤다. 그러나 루터는 이에 대해 불만을 표시했고, 인간이 지은 죄는 결코 적절한 보상을 해 낼 수 없다고 판단했다. 루터는 자신이 인지하지 못한 죄악은 어떻게 할 것인가 하는 문제로 고민하게 되었다. 여기서 루터는 진정한 구원의 길을 찾아 나서게 된 것이다.

성경만이 제일의 권위를 갖는다고 확신한 루터는 우리의 구원은 오직 믿음으로만이 가능하다는 확신을 가졌다. 심판하시는 하나님은 곧 자비의 하나님이시다. 폭풍 속에 나타나시는 주님이 곧 자기 자녀를 체휼하시는 아버지께서 이루시는 이 모든 것을 믿음으로 받아들여야 한다. 믿음과 신뢰, 오직 이것들이 필요하다. 왜냐하면 우리는 오직 믿음으로써 구원을 받기 때문이다.

구원의 문제에서 인문주의자 에라스무스(Erasmus)는 1524년 루터의 오류에 대해 논문을 발표하고 결별을 선언하였다. 인간은 선이나 악을 행할 능력이 없는 무기력한 목석과 같은 존재가 아니라 자유를 부여받고 자신의 구원에 직접 기여할 수 있는 피조물이라고 그는 주장하였다. 이에 대해 루터는 인간에게 어떤 일을 행할 능력이 있는지 여부에 대해 일단 긍정을 했다. 그러나 인간의 행위가 그의 운명에 영향을 미칠 수 있느냐 하는 문제에 있어서는 부정적 입장을 취했다. 왜냐하면 인간의 운명은 전적으로 하나님의 수중에 놓여있고, 구원은 오직 그분이 믿음의 은사를 주신 사람에게만 허락된다고 믿었다. 그러므로 모든 사람이 그런 은총을 받은 것이 아니다. 여기에 인문주의와 종교개혁의 갈림길이 있었다. 인문주의는 인간이 비록 버림받을지 모르나 인간을 높였고, 종교개혁은 하나님이 잔인하게 보일지 모르나 하나님을 높이는 편을 택했다고 보았다.34)

존 칼빈의 생애35)

1. 성장기

제랄드 칼빈(Gerard Calvin)과 그의 아내 즈앤 르 프랑(Jeanne Le Franc)은 슬하에 4남 2녀들 둔 복된 부부였다. 챨스(Charles)는 장남이었고 그 뒤를 이어 차남 존이 태어났다. 그 후 안토니(Anthony)와 후랜시스(Francis)가 태어났는데 이들은 어려서 세상을 떠났다. 마리와 이름을 알 수 없는 한 소녀는 이 집안의 딸들이다. 아버지 제랄드는 부모가 경영하는 통(barrels and casks)을 만드는 공장에서 도제 교육을 받았으나 시의회의 비서 임무와 교구의 서기 임무를 보았으며 목사의 고문이 되었고 또한 귀족 계급에 들게 되었다. 어머니 즈앤(Jeanne)은 노용 시 온건파 유지급 인사인 전직 음식점 주인의 딸이었다.

어린시절

---

34) 김인수 교수, "개혁자 루터의 신학사상", 안양대학교 신학연구소, 2002년 10월 29일 제4회 추계 신학학술 세미나(pp.4-10)
35) 시몬키스트메이커 지음, 칼빈주의(역사, 원리, 조망) 김정훈 역, 성광문화사, 1982년

존 칼빈은 1509년 7월 10일 파리에서 약 60마일 떨어진 프랑스 북부에 위치한 노용(Noyon) 시에서 태어났다. 칼빈은 이곳에서 14살 때까지 살았는데 그 때 그는 소년들만이 교육을 받을 수 있는 지방 학교에 다니고 있었다. 이 초등학교는 카피츠 스쿨(School of the Capettes)이라 불리웠으며 그 명칭은 소년들이 착용해야 했던 소형 코우트(coat)인 카파(cappa)에서 나온 것이었다.

찰스와 존 그리고 안토니 3형제가 이 학교에 다녔으나 유난히 존이 사람들의 관심을 끌었다. 그의 예리한 지성과 천부적인 파지력은 그로 하여금 학우들 사이에 뛰어난 인물이 되게 하였다. 곧 존과 귀족 루이스 드 행스트(Louis de Hangest) 가문의 아들들 사이에 우정이 싹텄다. 이 유력한 가문과 친교를 맺음으로써 칼빈은 예의범절과 사교술(finesse)을 익히게 되었으며 후일 그에게 무한히 유익한 영향을 준 것으로 판명된 사회적 훈련을 쌓게 되었던 것이다.

파리의 대학 생활

14세 때 존은 파리로 가서 라 마르셰 대학(College of La Marche)에 등록하였으며 거기서 그는 자물쇠 제조공이었던 그의 삼촌 리차드(Richard)와 함께 기숙하였다. 동 대학의 교수 중의 한 사람은 마두린 코디어(Mathurin Cordier)였는데 그는 매우 친절하고 점잖은 사람이었다. 이 교육자는 칼빈에게 라틴어 초보를 가르쳤는데 그의 교육 방식은 직접 그 언어를 사용하게 하는 것이었다. 불행히도 칼빈의 동 대학 체재는 단기간에 그치고 말았는데 뭔가 알 수 없는 이유로 그는 학교를 옮기고 말았던 것이다. 아마도 칼빈의 학업을 도와 재정 지원을 했던 사람들은 신학 이전(Preseminary) 교육은 수도원 학교에서 받는 것이 가장 바람직하다고 생각했던 모양이다. 그러나 존은 몽테규 대학(College of Montaigu)에 등록하였다. 이 대학은 라 마르셰(La Marche) 대학과 같이 파리 대학(Universiy of Paris)의 일부였다.

몽테규 대학은 금욕주의 즉 초달을 아끼지 않는 고된 노동과 음식

배급제 그리고 금식일 제도 등이 가장 큰 특징을 이루었다. 일과가 새벽 4시에 시작되었으며 강의는 5시부터 시작하여 오후 5시까지 계속되었고 중간에 식사와 미사 그리고 레크레이션 시간이 있었다. 겨울에는 8시, 여름에는 9시에 학생들은 취침 시간에 들어갔다. 회초리는 학생 교육에 일익을 담당하였는데 조금이라도 교칙을 위반한 자는 엄한 처벌을 받아야 했던 것이다. 음식 배급과 지정된 금식일은 동 대학의 엄격성을 역설해 주었다.

    그러나 칼빈은 이러한 분위기 속에서 많은 것을 채득하였다. 그는 엄한 교칙을 철저히 준수하였으며 미량의 음식을 섭취하였다. 장시간 동안 계속 공부하는 습관을 익혔으며 또한 논변술을 배웠다. 코디어(Cordier)가 쓰는 법을 가르쳐 주었던 데 반해 몽테규(Montaigue)에서 그는 논박법을 배웠던 것이다.

종교적 훈련

    14세 소년으로서 칼빈이 그의 사제(priesthood) 훈련을 시작하였을 때 그는 진정 로마 카톨릭 교회의 아들이었다. 그러나 그는 5년간의 대학생활을 통해 많은 친구들과 교제를 나누게 되었으며(그가 왕의 개인 의사였던 윌리엄 코프(William Cop)의 아들들과 나누었던 친밀한 교제와 같은) 또한 종교개혁의 새로운 사상과 접하게 되었던 것이다. 루터(Luther), 멜랑히톤(Melanchthon), 그리고 에타플즈(Etaples)의 르페브르(Le Fevre) 등의 이름은 그에게 있어서 생소한 것이었다.

    소 지방 출신인 쟈크 르 페브르(Jacques Le Fevre)라는 이름은 근세기에 비상한 관심을 모았다. 왜냐하면 1512년에 그는 "바울 서신"에 대한 주석을 썼고 공공연히 믿음으로 말미암는 칭의의 교리를 가르쳤기 때문이다. 개혁가로서 그는 처음으로 프로테스탄트(Protestant)적인 주석을 썼으며 오직 하나님의 말씀 권위만을 강조하는 원리를 제시하였던 것이다. 그리하여 이 주석은 많은 사람들의 관심을 끌었던 것이다. 생각건대 칼빈은 신학계에 일고 있는 변화들을 간파하고 있었던 것 같다. 파리 대학에서 5년간의 훈련을 마친 뒤 1528년에 칼빈은 사제 훈련을 위한 다음 단계로서 신학 연구 자격시험에 통과하였다. 그러나 계획에 변화가 있었다. 칼빈의 아버지는 18세의 아들에게 신학에서 법학으로 전향할 것을 권유했던 것이다. 왜냐하면 법조계의 직업은 부와 명성을 얻게 해 주는 확실한 보장이 되었기 때문이다. 칼빈은 자기 아버지의 권유를 받아들였다. 이 전환기에 사제직은 그에게 매력이 없는 것처럼 보였으며 더욱이 그는 자기 부친에게 순종하고자 했던 것이다.

그러나 칼빈은 순수한 종교에 대하여 약간의 맛을 볼 수 있는 기회가 있었다. 자기보다 3년 선배였던 학형 피터로버트 올리베단(Peter Robert Olivetan)은 원어 성경을 지방어(vernacular French)로 번역할 계획을 세우고 있었다. 이때 칼빈이 그의 학형과 얼마나 많은 접촉을 가졌는지는 말하기 어려우나 그로서는 성경을 깨닫는 결정적 계기가 되었던 것이다.

대학원 과정

칼빈은 오르레안 대학(University of Orleans)으로 가서 프랑스 최대의 법학자였던 에토일(Etoile)의 피터 타이잔(Peter Taisan) 문하에 법학을 공부하였다. 그러나 그는 전적으로 법학 공부에 몰두하지는 아니하였다. 왜냐하면 그는 그의 고린도후서 주석에서 멜케오어 볼마르(Melchior Wolmar) 교수가 자기에게 희랍어를 가르쳐 주었다고 말하고 있기 때문이다.

1529년 5월까지 그러니까 약 1년 동안 칼빈은 오르레안 대학에 남아 있었다. 그러나 당시 그는 이태리 법학자 안드레아 알키아티(Andrea Alciati)의 명성을 듣고 있었는데 그는 부르지 대학에서 강의를 시작했던 것이다. 그리하여 칼빈은 그 곳으로 갔다. 여기서 그는 부르지 대학 교수단의 일원이었던 볼마르 문하에서 그의 연구를 계속할 수 있었다. 동 대학에서 칼빈은 언어학, 문학, 그리고 고대 문화 연구에 대한 뜨거운 열정을 품게 되었다. 볼마르 교수의 지도 아래 칼빈은 희랍어 고전은 물론 신약 성경을 원문으로 읽기 시작하였다.

다시 파리(Paris)로

멜케오어 볼마르(Melchior Wolmar)는 열렬한 루터파 신자였다. 그의 집은 하나님을 경외하는 학생들과 교사들을 위해 항상 개방되었다. 그리고 그의 영향력은 희랍어 교육이라는 범위를 넘어서고 있었다. 칼빈의 후계자였던 데오도르 베자(Theodore Beza)는 칼빈이 브르지(Bourges)에 머무는 동안 성경 연구에 전념하였다고 진술하고 있다.

한편 후랜시스(Francis) 1세는 파리 대학에 왕립 고전어 대학(Royal College of Classical Languages)을 개설하였는데 여기서 교수들은 아무 제약을 받지 않고 강의를 할 수 있었다. 성경이 히브리어와 헬라어 원어로 연구되었다. 그리하여 칼빈은 파리로 가기를 희망하였다.

칼빈의 꿈은 이루어졌다. 왜냐하면 칼빈의 아버지가 1531년 3월에 발병하여 두 달 후에는 세상을 떠났기 때문이다. 당시 칼빈은 노용(Noyon)에 있었으나 후에는 파리의 왕립대학(Royal College)으로 옮겼다. 그는 부친의 권유에 순종하여 신학에서 법학으로 그의 학문의 길을 바꾸었으나 이제 무엇을 택할 것인지는 그의 자유로운 의사에 달려 있었다.

파리에서 칼빈은 피터 다네스(Peter Danes)의 문하에서 희랍어 연구를 계속하였으며 프란시스 바타블(Francis Vatable)의 히브리어 강의를 받았다. 여기서 그는 니콜라스 코프(Nicholas Cop)와의 우정을 새롭게 다졌으며 프로테스탄트(Protestant) 운동의 중심지였던 스테픈 드 라 포지(Stephen de la Forge)에 있는 친구들을 방문하였다. 또한 그는 세네카(Seneca)의 "관용론"(Concerning Clemency) 주해서를 출판하였는데 여기서 그는 자기의 인도주의적인 사상을 나타내었다.

개종(Conversion)

1532년 4월 그의 세네카(Seneca) 주해서가 출판되어 나온 뒤 그는 학업을 계속하기 위하여 오르레안(Orleans)으로 되돌아갔다. 그러나 이듬해 10월 그는 더 이상 인도주의자가 아닌 프로테스탄트(Protestant)로서 파리로 되돌아 왔다.

1553년 어간에 그는 프로테스탄트로 개종하였으며 종교개혁 운동에 합세하였다. 그는 자기의 개종에 대하여 침묵하고 있는 편이다. 왜냐하면 그는 그의 모든 저작을 통해 인생에의 전환점에 대하여 단 두 마디 말만을 언급하고 있기 때문이다. 그 중 하나는 그의 시편 주석 "서문"에 보이는데 거기서 그는 "뜻밖의 회심"(a sudden conversion)이라고 표현하고 있으며 다른 하나는 『사도레에게 보내는 서한』(Letter to Sadoleto) 가운데 나타난다. 그럼에도 불구하고 그는 자기의 확신에 대하여 침묵을 지킨다. 파리 대학 총장에 지목된 그의 친구 니콜라스 코프(Nicholas Cop)가 1533년 11월 1일 총장 취임 연설을 부탁받았을 때 칼빈은 코프를 위해 연설문을 작성해 주었다. "기독교 철학"이라는 제하의 연설은 어느 정도 루터의 산상수훈(the Beatitudes) 설교를 재생한 것이었다. 한 마디로 말해서 역사적인 그 날에 파리에서 하나님의 말씀이 증거 되었던 것이다.

기독교 강요(Institutes of the Christian Religion)

칼빈에게 있어서 파리는 더 이상 안전한 곳이 못되었다. 연설이 끝난 후에 비난과 힐책이 빗발치고 핍박이 가해지기 시작하였다. 니콜라스 코프(Nicholas Cop)는 피신하였으며 칼빈도 처음에는 노용(Noyon)에, 나중에는 파리 남서부 250마일 지점에 위치한 앙그렘(Angouleme)에 은신처를 정하였다. 칼빈은 그의 친구 루이스 두 틸레(Louis du Tillet)의 집에 거처를 정하였으며 또한 거기서 약 3,4천권의 장서를 발견하였다. 칼빈은 여기서 아무런 방해도 받지 않고 그의 집필 작업을 계속할 수 있었다.

그의 노력은 계속되었다. 그는 종교개혁가들이 가르치는 기독교 진리를 조직화 하기에 심혈을 기울였던 것이다. 칼빈은 그의 저작을 언젠가는 출판해 낼 의도를 가지고 있었다. 앙그렘(Angonleme)은 "기독교 강요"(Institutes)의 체계가 세워졌던 웍샵(Workshop)이 되었다.

생각해야 할 문제들
(1) 제네바 시민들로서 존 칼빈은 "프랑스인"이었다. 칼빈이 만약 제네바에서 태어났다면 그의 저작은 보다 더 성공적이 될 수 있었겠는가? 출생이나 가문이 소명의 장애 요소가 될 수 있는가?
(2) 부모는 자녀의 직업 선택에 대해 충고를 해야 하는가?
(3) 크리스챤 부모가 어떤 직업이 부와 명예를 가져다 줄 것으로 예상하여 자기의 자녀들로 하여금 장차 그러한 직업을 갖게 하기 위해 그에 적합한 과정을 밟게 해도 좋은 것인가?
(4) 모든 정직한 사업은 하나님 보시기에 영광스러운 일이다. 우리는 "천국 사업"이라는 말을 사용해도 좋은 것인가? 그리고 이 말은 얼마나 포괄적인 용어인가?
(5) 칼빈은 법학과 문학을 공부하였다. 사실 그는 정규 신학 과정을 밟은 것은 아니다. 그는 교회를 섬길 자격을 갖추고 있었는가?
(6) 칼빈은 자기의 회심(conversion)에 대해 침묵을 지켰다. 우리도 이러한 태도를 갖는 것이 좋은 것인가?
(7) 칼빈 시대의 로마 카톨릭 교회와 오늘날 우리가 알고 있는 카톨릭주의(Catholicism)와는 어떠한 차이가 있는가? 과연 양자 간에는 차이점이 있는가? 제2차 교황청 회의(Second Vatican Council)는 로마 카톨릭 교회의 이미지를 다소나마 쇄신하였는가?

기독교강요 36)

---

36) 이하는 문병호 교수의 "칼빈 500주년 기념특별기획" 기독신문 연제를 발췌한 것임.

1. 성경의 자증성(自證性)

하나님께서는 삼위로 계시므로 스스로 사랑이시며, 스스로 진리이시며, 스스로 계시이시다. 하나님께서는 진리를 계시하시므로 길이 되신다. 또한 사랑의 진리이시므로 생명이 되신다. 예수 그리스도께서는 육신으로 오신 하나님의 말씀으로서 '우리를 위한(pro nobis)' 길이요, 진리요, 생명이 되신다(요 14:6).

성경은 이러한 하나님의 말씀의 기록으로서 "신적인 그 무엇을(divinum quiddam) 호흡하고 있다". 워필드(B. B. Warfield)는 이를 설명하면서 모든 성경이 하나님의 감동으로 되었다 함(딤후 3:16)은 하나님께서 그들의 입에 진리 자체를 불어넣어 주셨다는 사실까지 포함한다고 지적한다. 그것은 마치 하나님께서 호흡으로 생기를 불어넣어 주셔서 사람을 생령으로 지으신 창조의 사역(창 2:7)과 흡사하다는 것이다.

이렇듯 성경에는 신적인 그 무엇이 숨 쉬고 있기 때문에 단지 말의 기교를 넘어서는 '진리의 힘'이 있다. 그곳에는 '천국의 장엄한 비밀'이 지극히 평범하고 단순한 문체로 기록되어 있다. 그러므로 하나님의 특별한 섭리가 없이는 성경 말씀의 올바른 이해에 이를 수 없다. 하나님의 말씀은 오직 믿음으로 수납된다. 이 "믿음이 사람의 지혜에 있지 아니하고 다만 하나님의 능력에" 있다(고전 2:5). 믿음은 들음에서 나는 바(롬 10:17), 그 들음은 '설득력 있는 지혜의 말'이 아니라 '다만 성령의 나타나심과 능력으로' 된다(고전 2:4). 성경을 읽을 때 우리는 그곳에서 친히 말씀하시는 하나님의 음성을 듣게 되니, 하나님의 생명의 진리가 우리 자신도 모르는 사이에 우리 마음에 스며들며 우리 골수에 새겨진다(1.8.1). 성경은 특별한 섭리로 기록되었으며 특별한 섭리로 작용한다. 그리하여서 그것이 진리임을 스스로 증거 한다.

"성경은 외부적인 버팀목들로 지지(支持)되는 것이 아니라 스스로 자신을 지탱하며 서 있다"(1.8.1).

성경에는 천지를 지으시고, 지키시고, 운행하시는 하나님의 말씀이 기록되어 있다. 그러므로 그곳에는 지음을 받은 인간으로서는 다 이해할 수 없는 가르침들이 가득 차 있다(1.8.2). 모든 성경의 교리는 본질상 비밀(mysterium)이다. 왜냐하면 삼위일체 하나님 자신이 비밀이시며, 성경은 그 분의 존재와 경륜의 계시를 전체적으로 담고 있기 때문이다. 하나님께서 스스로 계셔서 처음이자 나중이 되시듯이, 그 분의 말씀도 스스로 존재하시며 스스로 증거 하신다.

첫째로, 성경은 '고전성(vetustas, antiquity)'에 있어서 자증한다 (1.8.3). 시간에 속한 것은 영원에 속한 것에 대한 증거가 될 수 없다. 하나님께서는 무로부터 세상을 지으셨다. 하나님께서는 시간 속에서(in tempore, in time)가 아니라 시간과 함께(cum tempore, with time) 모든 것을 창조하셨다. 시간조차도 무로부터의 창조(creatio ex nihilo)의 대상이 되었다. 그러므로 창조주이신 하나님께서는 피조물인 시간 안에서 규정되실 수 없으시다. 하나님의 말씀의 기록인 성경도 그 기원이 시간 가운데 있지 아니하다. 하나님과 그 분의 말씀은 시간 너머로부터 존재하시며 그렇게 계시되신다. 따라서 하나님의 말씀은 시간에 갇혀 있는 피조물에 의해서 증거되는 것이 아니라 스스로 증거 하신다.

둘째로, 성경은 그것을 기록한 인간 저자의 어떠함을 통하여서 자증한다. 모세의 경우에서 보듯이 성경의 기록자들은 단순히 하나님의 이적들을 전달하는데 머문 것이 아니라 실제로 자신들이 그것들을 체험한 바대로 기록했다. 모세가 하나님의 율법(말씀)을 받을 때 그의 얼굴에는 광채가 났다. 그리고 그는 하늘 나팔 소리를 들을 수 있었다. 그가 막대기로 치자 물이 솟았으며 기도를 하자 하늘로부터 만나가 내렸다(1.8.5). 하나님께서는 선지자들과 사도들을 감동시켜 성경의 기록자로 사용하심으로써 기록된 말씀이 스스로 진리임을 증거하게 하셨다 (1.8.6).

셋째로, 성경의 저자들이 예언의 영을 받아서 이미 된 일 뿐만 아니라 앞으로 될 일도 기록하였음은 성경의 자증성을 확증한다(1.8.7-8). 사람은 이미 된 것으로만 증거를 삼으나 하나님께서는 미래에 될 것으로도 증거를 삼으신다. 예컨대 하나님께서는 미래에 될 부활로 현재의 성도의 삶에 대한 증거를 삼으신다. 오직 성경은 자증하므로, 그곳에는 미래의 일이 현재의 일에 대한 보증으로 합당하게 기록된다.

"보라 전에 예언한 일이 이미 이루어졌느니라 이제 내가 새 일을 알리노라 그 일이 시작되기 전에라도 너희에게 이르노라"(사 42:9).

넷째로, 성경은 자체의 감화력으로 어떤 핍박 가운데서도 순수하게 보존되어 왔으며 땅 끝까지 확장되어 가고 있다는 측면에서 가증한다. 성경은 마치 가지를 치면 더 자라서 급기야는 손이 닿을 수 없을 만큼 성장하는 '종려나무'와 같다. 만약 성경이 절대적 진리로서 경건한 사람들의 '등불'이 되지 못했다면 그것은 겨와 같이 태풍에도 날리어 가고 말았을 것이다(1.8.2). 역사상 그토록 많은 순교자들이 피를 뿌린 것은 성경의 '내적 감화로 말미암아 확신에 이른 성도들이 그 진리의 확실성'을 굳게 신뢰했기 때문이다. 성경이 진리임을 확신하게 됨은 사람의 권함이나 지혜로부터가 아니라 오직 스스로 말씀하시는 말씀의 증거로 말미암는다. 그러므로 성경이 진리임을 확증함에는 이성적인 추론이 아니라 '마음의 경건과 평강'이 선행되어야 한다는 어거스틴의 말이 합당하다(1.8.13).

경건은 하나님께 내리받은 대로 올려드림이다. 우리 몸의 신진대사가 원활할 때 건강하듯이 하나님께 받은 것을 마땅히 올려드릴 때 우리의 영혼이 복되다. 평강(pax, peace)은 하나님께서는 하나님의 자리에 우리는 우리 자리에 옳게 매김하고 있는 상태를 뜻한다. 성경의 자증에 만족하지 아니하고 그것을 넘어서고자 함은 아담과 하와가 사탄의 유혹에 빠져서 범했던 지적 교만의 죄를 짓는 것이다.

2. 그리스도, 말씀과 성령의 고리

우리가 받은 '진리의 성경'은 예수 그리스도께서 위에서 부어주시는 영으로써 오직 그 분께서 가르치시고 말하신 것을 생각나게 하시며 알게 하신다. 성령께서 '오직 들은 것'을 말씀하심으로써 장래의 일을 알리신다(요 14:26, 15:13). 그러므로 바울은 '셋째 하늘'에 이끌려 간 경험을 한 후(고후 12:2)에도 여전히 자신이 들은 말씀에 착념하였다. 바울은 그리스도께서 자신 안에서 말씀하시는 증거는 곧 그 분의 영이 모든 성도들에게 능력으로 역사함에 있다고 역설하였다(고후 13:3-4). 실로 성도가 받은 보혜사 성령은 말씀 자신이신 예수 그리스도의 영이시다(롬 8:9).

"그러므로 우리에게 약속된 성령은 새롭고 듣지 못한 계시들을 만들어 내거나 새로운 종류의 교리를 조작하여 우리가 우리 자신이 받아들인 복음의 교리로부터 멀어지도록 하는 것이 아니라 복음이 우리에게 권한 바로 그 교리를 우리 마음에 인치는 데 있다"(1.9.1).

어느 시대이건 말씀을 통하지 않고 중보자 없이(im-rnediator), 직접(immediately), 하나님을 만나고자 하는 신비주의자들이 있다. 그들은 예수 그리스도의 중보를 무시할 뿐만 아니라 성경을 최종적 계시로서 여기지도 않는다. 칼빈은 동시대 신비주의자들을 자유주의자들이라고 불렀다. 왜냐하면 그들이 말씀이 없는 성령의 역사만을 강조하였기 때문이다.

말씀을 떠나서 성령의 능력만을 추구하는 사람들은 스스로 허망하고 거짓된 것들에 매인다. 사도들이 전한 것 외에 '다른 복음'은 없다(갈 1:6-9). 오직 성경의 모든 예언은 보혜사 성령을 받은 우리에게 더욱 확실하여 어두운 데를 비추는 등불과 같으니 일점일획이라도 사사로이 풀 것이 아니다(벧후 1:19-20).

"성령께서 성경의 저자(autor, author)시다. 그 분께서는 변화하실 수도 자신과 다르실 수도 없으시다. 그러므로 그 분께서는 성경에 한번 자신을 보이신 그대로 영원히 계심이 마땅하다"(1.9.2).

성령께서는 신적인 그 무엇을 호흡하셔서 우리에게 진리를 불어 넣어주신다. 우리에게 임하신 성령은 하나님의 자녀의 영이요 그리스도와 함께 후사가 되는 영이다(롬 8:15-17). 그리스도의 영을 받은 자마다 그 분과 "다 한 근원에서 난지라"(히 2:11) 그 분을 앎으로 하나님을 아는 영생의 지식을 얻는다(요 17:3, 마 11:27). 하나님의 말씀과 하나님의 영이(사 59:21) 영원한 언약 가운데 그리스도에 의해서 하나로 묶인다. 그러므로 '그리스도의 영'으로 조명되지 않으면 '그리스도의 말씀'을 받을 수 없다. 성령이 가르치는 것은 "그리스도 자신의 입에서 나오는(ex ore ipsius Chrish)" 말씀이기 때문이다(요 16:25, 주석).

하나님께서는 말씀을 도구로 사용하셔서 그리스도의 영을 받은 사람들이 그리스도께서 행하시고 말씀하신 것들을 심중에 듣게 하셨다. 사도들과 마찬가지로 우리도 끊임없이 하나님의 말씀을 듣도록 부름을 받았다. 오직 그리스도의 영을 받은 자녀에게 있어서, 성경의 문자는 단지 문자에 그치는 것이 아니라 영혼을 소성시키며 우둔한 자를 지혜롭게 한다(시 19:7). 그리고 말씀으로 지혜를 깨달은 바대로 그들이 전하고 가르치는 '영의 직분'을 감당하는 자리에서 서게 한다(고후 3:8). 그리스도의 영의 역사로 말씀을 수납함으로써 성도는 확실한 '경건의 경험(certa experientia pietatis)'을 하게 된다(1.13.14). 하나님께서 주시는 이러한 경험은 신비주의적인 체험과는 다르다. 이러한 경험은 성도에게 '교사(magistra)'가 된다(1.10.2). 그리하여서 우리 안에 그리스도께서 계심을 확증하게끔 가르친다(고후 13:5). 오직 그리스도의 영의 역사로 말씀께서 친히 말씀하심으로써 성도는 하나님의 음성(vox Dei)을 듣고 확신에 이르게 된다.

"왜냐하면 주님께서는 어떠한 고리를 사용하셔서 자신 안에서 말씀의 확실성과 성령의 확실성을 연결시키시기 때문이다"(1.9.3).

3. 신구약의 유사점(similitudo)

신약과 구약은 '그 자체'(re ipsa) 혹은 '실체'(substantia)에 있어서는 동일하나 '경륜'(administratio, oecomonia, dispensatio)에 있어서는 다양하다. 실체에 있어서 동일함은 신구약 공히 '중보자의 은총'(mediatoris gratia)에 의해서 하나님의 언약 백성이 하나님의 자녀로서 영생의 복을 누리게 됨을 뜻한다. 다만 구약의 조상들은 그리스도를 중보자로 믿되 아직 육체로 오신 그 분을 직접 마주보지는 못하였다. 그러나 그들에게 있어서도 중보자가 없는 언약의 은총은 기대할 수 없는 것이었다.

신구약의 유사점은 다음과 같다. 첫째로, 어느 시대에 속하였건 하나님의 백성들은 영생의 소망 가운데 그 분의 자녀로서의 삶을 추구했다. 둘째로, 그들을 하나님께 묶어 놓은 언약은 자신들의 공로가 아니라 그 분의 자비에 자리 잡고 있었다. 셋째로, 그들은 모두 그리스도를 '중보자'(mediator)로 알고 있었고 '그분을 통하여서'(per quem) 하나님의 약속에 참여하리라고 믿었다(2.10.1-2).

옛 언약(testamentum vetum) 곧 구약도 하나님께서 그저 주시는 은총에 기초를 두었으며 그리스도의 '중재'(intercessio)에 의해서 확립되었다. 복음은 아들 안에서 다 이루신 아버지의 사랑을 증언한다.

구약의 '목적'(finis)도 항상 '그리스도와 영생에' 있었다(2.10.4). 신약과 구약의 백성이 누린 언약(foedus, pactum, testamentum)의 은혜는 실체에 있어서 동일했다. 이는 그들이 '성례들의 의미'(sacramentorum significatio)를 공유했다는 측면에서도 파악된다. 구약 백성들에게도 신약의 세례와 성찬에 해당하는 '상징들'(symbola)이 부여되었다. 유대인들은 바다를 건넘으로써, 뜨거운 태양을 가리는 구름 속에서 세례를 받았다. 그들도 또한 '다 같은 신령한 음식'과 '다 같은 신령한 음료'를 먹고 마셨다(고전 10:1-4). 이로써 유대인들은 광야 생활 가운데서 그리스도의 은총을 받았다(2.10.5). 주님께서 만나를 주심은 단지 그들의 배를 불리려고 하신 것이 아니라 그들에게 신령한 은혜를 끼치기 위함이었다. 주님의 살을 먹지 아니하면 어떤 육적인 만나로도 영생에 이를 수 없다(요 6:54). 광야의 백성들이 만나를 먹었으나 죽은 것은(요 6:49) 그들이 그것의 진정한 의미를 모르고 먹었기 때문이다(2.10.6).

구약의 믿음의 조상들도 모두 '말씀의 조명'(illuminatio verbi)으로 하나님과 굳게 결합되어서 영생의 복을 누렸다. 그들에게도 '영적인 언약'(spinifuale foedus)이 역사하였다.

베드로는 성도들이 거듭난 것은 '썩지 아니할 씨'로 된 것이며 그것은 '살아 있고 항상 있는 하나님의 말씀으로' 되었다고 전하였다(벧전 1:23). 은혜의 언약의 말씀은 항상 동일하여 마르지도 시들지도 않는다(2.10.7).

하나님께서는 '지상의 생명'(vita terrena)이 아니라 '더 좋은 생명'(melior vita)인 '영적인 생명'(vita spiritualis)을 아브라함, 이삭, 야곱 등과 맺으신 언약들 가운데서 반복하여 약속하셨다.

하나님의 백성이 됨이 곧 영생을 의미하였다(출 6:7). 여호와를 하나님으로 섬기는 사람마다 그 분께서 구원하시리니(합 1:12, 사 33:22, 신 33:29), "여호와를 자기 하나님으로 삼은 나라 곧 하나님의 기업으로 선택된 백성은 복이 있도다"(시 33:12). 여호와께서 자신을 "아브라함과 이삭과 야곱의 하나님"으로 부르심으로써(출 3:6) "죽은 자의 하나님이 아니요 살아 있는 자의 하나님"이심을(마 22:32) 친히 선포하셨다.

구약의 백성들도 지상의 삶을 마지막으로 여기지 아니하고 그들의 '본향'인 하나님께서 '계획하시고 지으실 터가 있는 성'을 바랐다(히 11:9-10, 13-16). 하나님께서는 '경건한 자들의 죽음'을 '귀중한 것'으로 보시니(시 116:15), 그들이 '다 믿음을 따라' 죽었다(히 11:13). 그들은 성도들의 죽음을 생명에 이르는 문으로 여겼다(2.10.13-14). 그들은 마음을 성소로 들어 올려 '현세의 그림자'(in praesentis vitae umbra)에 숨겨져 있는 보이지 않는 것을 찾았다(2.10.17). 구약의 백성들도 그리스도를 '언약의 보증'(pignus foederis)으로 여겼으며 미래의 복이 전적으로 그 분께 있음을 믿었다. 그들은 역사 가운데 부여하신 언약이 단지 지상의 복에 머물지 않고 '영원한 영적 생명'에 대한 약속을 확신했다. 다만 그들은 아직 육체로 오신 그리스도를 친히 목도하고 만지지 못했다(2.10.23).

4. 신구약의 차이(differentia)

신약과 구약의 차이점은 일치점에 근거해서 논의되어야 한다. 신구약의 약속의 실체는 동일하다. 다만 구약은 언약의 약속을 땅에 붙은 은총들로써 더욱 빈번히 드러낸다. 하나님께서는 새로운 시대에 맞추어 복을 주시면서 구약의 '낮은 훈련 방식'을 버리셨다. 하나님께서는 고대 백성들에게 목적으로 지상의 약속을 베푸시면서 '후견인'과 '교사' 아래에서 단련시키셨다. 그들은 아직 '초등학문'의 수준에 머물러 있었다(갈 4:1-3).

구약의 언약들은 그리스도에 의해서 완성되었으며 그 분께서는 '더 좋은 언약의 보증'이 되셨다. '옛 언약이 그리스도의 피로 거하게 구별되어 수립된 이후에야 비로서 영원한 언약이 되었다'. 주님께서는 아들에게 주신 자신의 잔을 '내 피로는 새 언약'이라고 명명하셨다(눅 2:). 구약은 '현재하는 실재'가 아니라 그것의 '모양', '모형', '그림자'를 계시하였다. 그러나 신약은 이러한 예표에 대해서 '자체'를 계시하였다.

구약시대에는 율법이 자체로 '초등교사'의 역할을 감당한다. 그런데 이제는 율법의 약속은 그리스도의 복음 가운데서 완성되었다. 세례 요한 이후로는 오직 복음이 선포되었다(눅 16:16; 마 11:13). 이제 그리스도의 예표로서 율법이 증거되는 것이니라 율법의 완성으로서 그리스도를 증거된다. 그 분 안에 '지혜와 지식의 보화'가 감추어져 있다(골 2:3). 새로운 시대에 역사하는 복음의 의는 그리스도께서 하나님의 아들로 믿어서 그 분의 한 분량이 충만한 데까지 이르는데(엡 4:13), 비록 구약시대의 아브라함은 하나님의 사람들도 그리스도는 믿음으로 구원에 이르렀지만 그들은 '어린이들'로 인정되었다. 그들은 우리가 보고 듣는 것을 아직 보지도 못했고 듣지 못했다(눅 10:24). 새 언약은 그 자체로 영적인 교훈을 이기고 영생을 전파하나(고후 3:6-11) 옛 언약은 아직 지상의 것, 문자적인 것에 더욱 붙들려 있었다(2.11.5-8).

그러나 새로운 시대에는 새로운 영을 내려 주심으로써(롬 8:15; 갈 4:6) 복음의 굴레를 벗고 자유의 복음으로 살게 하셨다(갈 4:22-31). 새로운 시대의 성도들은 자유자로서 하나님의 명령에 기꺼이(libenter) 순종하는 자리에 선다. 그들은 '사랑으로써 역사하는 믿음으로'(갈 5:6) 주님의 멍에를 메고 주님께 배운다(마 11:29). 그들은 이제 죄의 멍에를 벗고 의에 매여 사는 의의 종들이 되었다(롬 8:12-23). 그들은 새로운 시대에 합당한 '약속의 자녀'가 (롬 9:8) 되었다(2.11.9-10). 이제 그리스도 안에서 모든 담이 허물어졌다(엡 2:14). 평안의 복음이 택함 받은 모든 백성들에게 임하였다(엡 2:16-17). 열방이 그 분의 소유가 되었으며(시 2:8) 그 분께서 바다에서부터 바다까지와 땅에서부터 땅까지를 간단없이 다스리신다(시 72:8, 슥 9:10).

만세 전의 비밀이 여기에 있으니(골 1:26, 엡 3:9), 그리스도께서 때가 찬 경륜을(엡 1:9) 다 이루시고 자신의 의를 다 전가해 주심으로써 '여호와의 분깃'인 그 분의 백성들이(신 32:9) 오직 그 분의 은혜로 살게 하셨다(2.9.11-12).

하나님께서는 자신의 경륜대로 각 시대에 역사하신다. 청년에 대한 치료법과 노년에 대한 치료법이 다르듯이 하나님의 구원 경륜도 구약과 신약에 따라서 다양하다. 하나님의 맞추심(accommodatio)의 은혜가 시대에 따라서 다양하게 역사한다. 그러나 그 실체는 언제나 동일하다(2.11.13-14).

5. 복음과 율법

칼빈은 "요한복음 주석" 서문에서 다음과 같이 복음(euvaggelion)을 정의하고 있다.

"복음은 그리스도 안에서 계시된 은혜의 엄숙한 선포이다(solenne de patefacta in Christo gratia praeconium). 이런 이유로 복음은 모든 믿는 사람들이 구원에 이르는 하나님의 능력(Dei potentia in salutem omni credenti)이라고 불린다. 왜냐하면 그 가운데 하나님께서는 자신의 의를 드러내시기 때문이다. 그것은 또한 사절의 직분(legatio)으로 불린다. 왜냐하면 그 분으로 말미암아 하나님께서는 사람들을 자신과 화목케 하시기 때문이다. 더욱이, 그리스도께서는 우리를 향한 하나님의 자비와 부성적인 사랑의 보증이 되신다. 그러므로 그리스도께서 복음의 주제가 됨이 마땅하다. 따라서 그리스도께서 육체로 나타나셨고, 죽으셨고, 죽은 자들로부터 일으키심을 받으셨고, 마침내 하늘로 취해지셨다고 전하는 기사들이 복음이라는 이름을 특별히 받게 되었다."

복음은 '그리스도의 신비를 분명히 나타내는 것'이며 '그리스도에게서 계시된 은총을 선포하는 것'이다. 예수 그리스도께서 '복음의 시작'이시다(막 1:1). 그 분께서 오셔서 '복음으로써 생명과 썩지 아니할 것 드러내신지라'(딤후 1:10) 하나님의 약속은 오직 그 분 안에서 '예'가 된다(고후 1:20). 그러므로 복음은 예수의, 예수에 관한, 예수로부터의 복된 소식이다(2.9.2).

옛적에 선지자들은 오직 예수 그리스도만을 부지런히 연구하고 살폈으며(벧전 1:10) 그 분을 보고 기뻐하였다(요 8:56). 하나님의 영광을 아는 빛은 오직 주 예수 그리스도의 얼굴에 있는 그 분을 아는 빛으로 말미암는다(고후 4:6). 따라서 아들께서 나타내지 아니하시면 아무도 아버지를 알 자가 없다(요 1:18). 아들은 아버지의 말씀으로서 대속의 주가 되시니 복음을 들음으로써 영생의 지식에 이르게 된다(2.9.1).

율법과 복음을 구별하는 것은 바람직하나 양자를 분리시키는 것은 합당하지 않다. 복음은 '모든 믿는 자에게 구원을 주시는 하나님의 능력'이 되지만(롬 1:16), 그것은 '율법과 선지자들에게 증거를 받은 것'이다(롬 3:21). 복음은 율법을 폐지한 것이 아니라 율법의 약속을 확인하고 실현했으며 '그림자'(umbra)에 '몸'(corpus)을 부여했다(2.9.4). 이 복음은 이전에 율법과 선지자를 통해서 믿음의 백성들이 들었던 것이다(골 1:4-5). 율법에는 복음의 약속이 포함되어 있었다(2.10.3). 율법에 계시된 언약의 약속이 복음에 의해서 계시되었다. 율법은 '장차 올 좋은 일의 그림자'요 복음의 더 좋은 소망으로 인도하는 길이었다(히 7:19, 시 110:4, 히 7:11, 19, 9:9, 10:1). 복음은 그리스도의 인격과 사역에 관한 복된 소식으로서 율법을 통한 언약의 약속을 실현하며, 확인하며, 인준한다(2.11.4).

여기서 꼭 연구하고 언급하여야 할 것은 종교개혁과 칼빈의 교육인데 이에 관하여 안양대학교 신현광 박사의 논문을 인용하면 아래와 같은데

Ⅰ. 목회를 통한 교육 활동으로

1. 설교를 통해 본 칼빈의 교육 활동이다.

1536년 제1차 제네바 목회를 시작할 때 칼빈은 단지 화렐(Farel)의 조수로서, 그리고 성경 교사로 초빙을 받았다. 화렐의 강권에 의하여 제네바 개혁운동에 참여하게 된 칼빈은 성경을 가르치는 직분을 감당하면서 자기의 직책에 충실하였다. 그는 시민들에게 성경을 가르치면서 다만 제네바 시의 교육 문제에만 관계하였다. 그리고 정식으로 목사가 된 칼빈은 성경을 가르치는 일을 계속하였다. 성경의 계속된 강해가 곧 그의 설교였다.

칼빈에 의하면 설교는 항상 성경에 적합하게 결부되어 있어야 하며, 밀접한 연관을 맺고 있어서 성경의 주해이어야 한다. 그는 많은 초대 교부들의 예를 따라 매주일, 혹은 매일 성경의 전권을 한 권씩 차례로 설교해 나갔다. 1541년 제네바로 다시 돌아와 성 뻬에르 교회에서 첫 주일을 맞이할 때, 칼빈은 지난 1538년 제네바에서 추방당할 때 멈추었

던 그곳에서부터 다시 "강해 설교"를 차분히 시작하였다. 이 사실로부터 우리는 칼빈이 그의 설교 원칙을 얼마나 철저하게 지키는가를 알 수 있다.

칼빈은 주로 성 삐에르 교회에서 설교를 하였는데 주일 아침과 오후, 평일에는 월, 수, 금요일에 설교하고, 주일 낮에는 신앙교육서로 가르쳤다. 주일 아침에는 신약을, 주일 오후에는 시편을, 월, 수, 금요일에는 구약을 강해했다. 이렇게 매일 설교로 '교훈받고, 훈계받고, 권면받고, 책망받은' 제네바 시민들은 초대 교부 시대 이후로 유럽의 어느 회중도 받지 못했던 기독교의 훈련을 받게 되었다.

2. 목회 지침서들을 통해 본 칼빈의 교육 활동

제네바 교회에서 의회 문서들은 교육의 중요성과 필요성에 대한 칼빈의 태도를 보여주고 있다. 이 문서들에는 대체로 [제네바의 교회 조직과 그 예배에 관한 조례](Articles on the Organization of the Church and its Worship at Geneva, 1537), [신앙고백서](The Confession of Fairh, 1536), [교회 헌법](Ecclesiastical Ordinances, 1541), [순회 규칙](Order of Visitation of the Country Churches, 1546), 그리고 [교회의 감독을 위한 법률](Ordinances for the Supervision of Church in the Country, 1547) 등이 있다. 여기서 중요한 몇 가지만 살펴보기로 하겠다.

1) 제네바의 교회 조직과 그 예배에 관한 조례
(Articles on the Organization of the Church and its Worship at Geneva, 1537)

제네바시 목사회의 정식 회원이 된 칼빈은 화렐과 함께 제네바시의 개혁 사업에 전적으로 참여하였다. 당시의 제네바는 비록 헌법상으로는 복음주의 도시가 되었지만 복음주의적 신앙이 제네바시에서 설교되기 시작한지 얼마 안되었고, 아직도 많은 로마 카톨릭이 남아 있었다. 한 마디로 당시의 제네바는 무질서의 상태에서 개혁을 맞게 되었다. 이런 상황에서 칼빈은 복음의 권위를 세우고, 하나님께만 영광을 돌리기 위하여 교회 생활에 있어서 질서를 확립하고 신자의 훈련을 엄격히 해야 하는 필요성을 느끼고 1537년 1월 16일에 화렐과 함께 시의회에 「제네바의 교회 조직과 그 예배에 관한 조례」(Articles on the Organization of the Church and its Worship at Geneva, 1537)를 제출하여 통과시켰다.

이 조례는 크게 권징을 통한 훈련, 시편의 찬송, 자녀의 교육 문제, 혼인 등 네 가지 문제를 다루었다. 이 문서는 칼빈의 개혁운동의 방향을 제시하는 것으로 하나님 중심 사상이 강하게 제시되어 있다. 먼저 권징을 통한 훈련에서, 칼빈은 제네바 시민들의 교회생활 질서를 확립하고 그들을 복음적으로 훈련시키기 위해 매주 한 번씩 성찬식을 거행하고, 성찬에 참여할 수 있는 자격을 엄격히 규정하며, 신앙고백을 제출하여 제네바의 모든 시민들과 거주자들이 지키겠다고 서명하도록 할 것과 거부하는 자들은 출교시킬 것을 요구하였다.

특히 하나님의 말씀이 너무 무시되어 왔고, 부모들이 아이들을 올바르게 가르치지 못한 그 당시의 상황에서 교육의 필요성을 느낀 칼빈은 세 번째 조례에서 자녀의 교육 문제를 다루었다. 칼빈은 어린이들도 역시 교회에 대해 그들의 신앙을 고백하여야 한다고 보았다.

성경은 신앙과 고백을 결부시키고 있으며, 만약 우리가 마음으로 참되게 믿는다면 우리가 믿는 그 구원에 이르기 위하여 입으로 고백하는 것이 옳다고 말한다. 만일 이 규례가 언제나 적절하고 타당한 것이라고 하면 이것은 역사상 그 어느 때보다도 당시 제네바 사회에 더 필요하다고 칼빈은 생각하였다. 왜냐하면 대부분의 사람들이 하나님의 말씀을 등한히 하고 하나님의 교회 속에서는 전연 용납되어 질 수 없는 미개성과 무지를 보여주었기 때문이다.

그래서 칼빈은 기독교 신앙의 간결하고도 단순한 요약을 작성하여 모든 어린이에게 가르치고 일 년의 일정한 절기에 목시 앞에 나와 문답을 하고 시험을 받으므로 자기의 능력에 따라 충분히 가르침을 받았다고 인정받아야 하는 제도를 시행해야 한다고 믿었다. 그래서 칼빈은 말하기를 "여러분들은 부모들을 명하여 인내와 권면으로 저들의 자녀들로 하여금 이 요약들을 배우게 하며 지정된 시기에 목사들 앞에 나오도록 하는 것으로 기쁨이 되기를 바란다"고 하였다. 여기서 말하는 기독교 신앙의 간결하고도 단순한 요약이 곧 「기독교 신앙의 간략한 요약」(A Brief and Simple Summary of the Christion Faith)이다.

2) 신앙고백서(The Confession of Faith, 1536)

21개조로 구성된 이 고백서는 제네바의 모든 시민과 거주자들이 지킬 것을 서약하도록 만들어진 것으로서, 1536년 11월 10일에 의회에 제출되었다. 당시의 제네바시는 비록 헌법상으로는 복음주의 도시가 되었지만 아직도 로마 카톨릭의 영향이 많이 남아 있었고, 복음주의 신앙은 아직 많은 시민들에게 생소한 것이었다. 이런 상황에서 칼빈은 시민들을 신앙으로 교육시켜야 하는 필요성을 느끼고 복음주의적인 신앙고백서를 작성하여 의회의 회원들로부터 시작하여 모든 시민들이 이 고백서를 지킬 것을 서명하도록 요구하였고, 서명을 거부하는 자들은 출교시키기로 하였다.

이 문서는 또한 어린이들도 교회의 동등한 회원으로 보았고, 신실한 하나님의 말씀의 종은 예수 그리스도의 양떼들을 교육과 훈계로서 지도해야 하며, 신자들 사이의 거룩을 보존하기 위하여 강력한 권징을 실시할 것을 강조하였다. 이 고백서는 올바른 신앙고백의 기초 위에 교회를 세우고, 순수한 복음만을 전파하려는 칼빈의 노력과, 시민들을 신앙으로 교육시키고 통일시킴으로써 정치적인 통일을 가져오려는 그의 의지를 잘 보여주고 있다.

3) 교회 헌법(Ecclesiastical Ordinances, 1541)

1541년 9월 제네바로 다시 돌아온 칼빈은 새로운 기분으로 개혁을 실시하였다. 제네바에서의 그의 표어는 '자유, 질서, 훈련'이었다. 질서 있는 교회의 건설을 위해 칼빈은 제네바로 돌아온지 얼마 안되어 교회 헌법을 작성하여 의회에 제출하였고, 11월 20일에 「교회 헌법」이 법으로 통과되었다. 교회에서는 삶 전체를 위하여 만들어진 이 법은 비록 목회적 기능으로 위주로 작성되었지만 교육과 관련된 중요한 것들도 포함되어 있다. 헌법에서 가장 중요한 부분은 교회의 직분에 관한 언급이었다. 질서 정연한 교회에는 목사(Pasteurs), 교사(Docteurs), 장로(Anciens), 집사(Diacres) 등 네 가지 직분이 있다.

　첫째로, 이 헌법은 목사의 우선적인 직무가 "공적으로나 사적으로 하나님의 말씀을 선포하고, 가르치고, 훈계하고, 권면하고, 책망하는 일"이라고 규정하고 있다. 칼빈 자신이 목사로서의 직책을 충실히 행하였으며, 그의 가르침을 듣고자 날마다 찾아오는 모든 사람들에게 가르치는 복음의 교사의 직무를 수행하였다. 그의 가르침은 일상생활에 있어서 복음에 합당한 생활이 무엇인지를 옳게 이해시키고자 함에 있었다. 목사는 목사들의 모임에서의 선거와 회의의 비준에 의해 성직에 취임한다. 목사들은 또 성경연구를 위해 일주일에 한 번씩 모여야 하며 서로 상대방의 실수를 지적해 주기 위해 일년에 네 번씩 모여야 한다. 신자들을 건전한 교리로 교육시키기 위해 칼빈은 교회의 직분에 교사의 직분을 포함시켰다. 신학을 위해서는 기초적인 언어학과 인문학이 필요했기에 이 학문은 가르치기 위해 남학교와 별도의 여학교에 학교 선생과 보조 교사들이 임명되어야 했다. 이 교사와 보조 교사들은 상당한 교육을 거친 자라야 했고, 가르치는 자질을 갖고 있어야 하며, 교회 훈련과 교육의 주체로서, 엄밀한 시험을 통과한 후 목사의 재가를 받아야 임명되었다. 교사의 직분에 대해 율리히(Robert Ulich)는 다음과 같이 말하고 있다. "칼빈은 교육을 영적인 질서의 한 부분으로 생각하였다. 따라서 교사의 임명에는 목사의 동의가 따라야 했다. 학교는 무지함이나 거짓된 교리에 의하여 복음의 순수함과 교리이 건전함이 더럽혀지지 않도록 해야 하기 때문이다. 칼빈에게 있어서 학교는 배움만을 위해 있는 것이 아니라 그리스도의 통치를 실현하는 수단이 된다".

둘째로, 이 헌법은 학교 건립의 필요성을 강조하였다. 칼빈은 다가오는 미래를 위해서 후손을 기르는 것이 필요하며 교회가 우리들의 자녀들을 외면하지 않기 위해서 교회가 세워져야 하는데 이는 우리의 가르침을 통해서 그들을 목사와 시민으로 준비시키기 위함이라고 주장하였다. 즉 학교의 건립은 성직자의 양성과 건전한 시민의 교육에 필요하다는 것이다.

셋째로, 이 헌법은 자녀들에게 신앙교육서를 통해 요리문답을 교육시켜야 할 것을 주장하였다. 모든 시민들과 거주자들은 그들의 자녀들을 매 주일 정오에 교회에 데리고 와서 요리문답 교육을 받게 하고, 이런 교육을 통해 어린이들이 자신의 신앙을 교회 앞에서 엄숙히 고백해야 성찬에 참여할 수 있다고 규정하였다.

위의 문서들을 통해서 우리는 칼빈이 어린이 교육을 포함한 시민 교육의 중요성과 필요성을 깨닫고 그것을 직접 실천하였던 신본주의적 교육실천가였음을 알 수 있다.

II. 저술을 통한 교육 활동

칼빈은 일생 동안 많은 저술 활동을 하였다. 여기서는 그의 가장 훌륭한 저서이자 개혁주의 프로테스탄트의 대전인 「기독교강요」(Institutes of the Christian Religion) 및 「제네바 교회의 신앙교육서」(Catechism of the Church of Geneva)를 살펴보고자 한다.

1. 기독교강요(Institutes of the Christian Religion)

칼빈은 콥(Nicholas Cop)의 파리대학교 총장 취임 연설문 사건으로 인해 파리에서부터 망명의 길을 떠나 칼빈은 바젤에 도착하였다. 여기서 그는 복음주의자들이 잔인한 박해를 받고 있다는 소식을 끊임없이

들어왔다. 유혹자라고 부당하게 비난받고 고난당하는 복음전도자들의 참된 교리를 알게 하고, 그들을 위해 변호하기 위해 칼빈은 「기독교강요」를 쓰기 시작했다. 「기독교강요」의 초판은 1536년 3월에 바젤의 출판사에서 라틴어로 출판되었다. 내용은 제1장 율법, 제2장 신조, 제3장 주기도, 제4장 성례, 제5장 거짓된 성례, 제6장 기독자의 자유 등 6장으로 되었다. 제2판도 라틴어로 쓰여 1539년에 스트라스부르그에서 출판되었다. 내용은 초판의 제1장을 1장과 2장으로 나누고, 제2장은 회개, 신앙, 칭의, 예정, 섭리의 각 장으로 나눔으로서 11장으로 확대하였다. 2판은 1541년에 불어로 번역 출판되었다. 내용은 제2판에 맹세, 인간의 전망, 교회 권한, 교회 조직 등 4장을 증보하여 합 21장이 되었다. 제4판 라틴어 판은 1550년, 불어 번역판은 1551년에 출판되었다. 성경과 성경의 권위에 대하여, 그리고 성자 숭배, 형상 숭배에 관한 것을 논박하고 인간 양심을 해설한 것이 증보되었다. 제5판 라틴어 판은 1559년, 불어 번역판은 1560년에 출판되었는데 그의 필생의 결정판이다. 결정판은 전 4권, 전 80장이다. 제1권, 창조주 하나님의 지식과 우리 인간의 지식, 제2권 그리스도 안에서의 구속주로서의 신지식, 제3권, 그리스도 안에서 구원을 유효하게 하는 성령의 역사, 제4권, 교회, 은혜의 방편, 국가 정부 등이다. 이 결정판은 영원한 기념판으로서 개혁주의 프로테스탄트의 신학적 대전이라 할 수 있다.

이처럼 방대한 저서를 칼빈이 저술한 목적은 이 저서의 첫 머리에 칼빈이 기록한 "프랑스 왕 프란시스 1세에게 드리는 헌사"에서 잘 나타나고 있다. "폐하시여! 내가 이 책을 처음 쓰기 시작하였을 때에는 후에 폐하께 드릴 수 있는 책을 쓰겠다는 생각까지는 미처 가지지 못하였나이다. 나의 의도한 바는 다만 기초적인 원리들을 약간 기술하여 종교를 탐구하는 사람들로 하여금 참된 경건의 특질이 무엇인가 함을 배우게 하려는 데 있었나이다. 그리고 이 책은 주로 나의 동포 프랑스 사람들을 위하여 썼사온데, 그들 중에는 주리고 목마른 것처럼 그리스도를 사모하는 자가 심히 많사오나 그리스도를 참으로 아는 지식을 소유한 자는 극히 적은 것을 알았나이다. 바로 이것이 나의 붓을 든 의도라는 것은 이 책 자체가 증명하는 대로, 그 내용이 단순한 방법과 아무 수식이 없는 문장으로 되어 있는 것으로 알 수 있나이다. 그러나 폐하의 나라에서 어떤 사악한 자들의 광포함이 극도에 달하여, 이 나라에서는 건전한 교리가 존재할 여지가 없다는 것을 알게 되었나이다. 따라서 나는 이 책에서 그리스도교에 대한 나의 지식을 저들에게 가르쳐 주며, 나의 신앙 고백을 폐하께 보여 드릴 수 있다면, 이것으로 나의 노력은 유용하게 바쳐질 수 있을 것이라 생각하였나이다. 이 신앙 고백을 통하여 폐하께서는 현재 불과 검으로 나라를 소란케 하고 있는 그 광인들에게 광적 분노의 대상이 되고 있는 바, 이 교리의 성질이 무엇임을 알게 되리라고 생각하나이다".

　여기서 칼빈의 저술 목적이 두 가지임을 볼 수 있다. 그 첫째는, 기독교의 교리를 가능한 한 단순하면서도 조직적으로 해석하여 기독교를 탐구하는 사람들이 쉽게 이해하도록 도움을 주기 위함이고 그 둘째는, 복음주의자들을 변호하기 위해서인데 전자가 후자보다 훨씬 중요함을 볼 수 있다. 이 첫째 목적은 역시 이 저술의 첫 머리에 있는 '독자에게 드리는 글, 존 칼빈'에서 다시 한 번 강조된다. "본서에서 내가 목적한 것은 신학을 공부하는 사람들로 하여금 하나님의 말씀을 읽을 수 있도록 준비시키고 가르쳐서 그들이 하나님의 말씀에 쉽게 접근하며 아무 장애없이 그 말씀 안에서 생의 걸음을 걸어나갈 수 있게 하려는 것이다. 나는 이 책의 모든 부분에서 기독교의 개요를 개진하였고 또 그리한 순서대로 그것을 배열하였으므로 누구든지 그것을 바르게 파악하기만 하면 성경 연구의 기본적인 목적이 무엇이며, 성경에 포함한 내용을 어떤 목표에 귀착시켜야 하는가를 결정짓는데 어떠한 곤란도 당하지 않을 것이라고 생각한다". 이상에서 우리는 칼빈이 기독교를 탐구하려는 모든 사람들에게 도움을 주기 위한 교육적 목적을 가지고 본서를 저술하였음을 알 수 있다.

2. 제네바 교회의 신앙교육서
   (Catechism of the Church of Geneva)

어린이 교육을 위해 칼빈은 제네바로 돌아온 후 며칠만에 「제네바 교회의 신앙교육서」를 작성하여 1541년 11월말에 발간하였고, 헌정사를 포함한 라틴어 판을 1545년에 발간하였다. 제네바 교회의 신앙교육서의 전신은 1537년 칼빈이 작성한 「기독교 신앙의 간략한 요약」이라는 소책자였다. 칼빈은 제1차 제네바 목회시기에 어린이들의 교육을 위해 이 책자를 작성하고 아이들이 이것을 공부해서 정기적으로 목사에게 검사를 받아야 한다고 규정하였다. 1537년의 것은 문답식이 아닌 발제의 형식으로 되었고, 율법, 신앙, 기도, 세례, 성만찬의 순서로 되어 있었다. 1541년의 것은 목사가 묻고 어린이가 대답하는 대화식으로 되었고, 그 순서도 신앙, 율법, 기도, 성례전의 순서로 바뀌었다.

이 신앙교육서는 55단원으로 나뉘어져 55주일로 구분하여 교육시킬 수 있게 되어 있고, 총 373개의 질문과 대답으로 되어 있다. 이 문답서는 어린이들의 발달 수준에 비추어 볼 때 어린이들이 이해하기에 어려운 내용들이 있기는 하지만, 신앙을 뛰어나게 설명하는 하나의 해설서이고 교리서이며, 또한 어린이보다는 청년들의 지적 수준에 적용된 하나의 교육적 저술이라는 평가도 받고 있다.

이 신앙교육서의 서두에서 칼빈은 인간의 제일되는 목적은 하나님을 아는 것이라고 가르치고 있다. 여기서 '안다'는 것은 단순한 지식으로서의 앎이 아니라, 인간의 모든 삶의 행위를 포함한 경건의 앎이다. 경건이 없는 곳에는 하나님에 대한 지식이 없다는 것이 칼빈의 주장이다. 그렇기 때문에 칼빈은 하나님을 바로 알고, 모든 삶에 있어서 오직 하나님께 영광을 돌리도록 인간을 인도하는 것이 곧 교육의 목적이라고 보고 있다.

이상에서 우리는 저술 활동을 통해서 칼빈이 보여준 아동교육에 대한 관심과 어린이들의 교육을 위한 그의 노력, 그리고 목사와 아동 간의 효과적인 교육을 촉진시키기 위한 대화식 교육 방법과 그 교육 목적 등을 살펴보면서 저술 활동을 통한 칼빈의 교육적 관심을 살펴보았다.

Ⅲ. 학교 건립을 통한 교육

제1차 제네바 목회 시기부터 칼빈은 교육의 중요성과 필요성을 느끼고 학교 건립에 대한 관심을 보여 왔다. 칼빈이 제네바에서 선교사업을 시작할 때, 그는 성직자 층의 조력자들의 부재와, 대체적으로 교육의 초보적인 것들은 물론 기독교 사상도 모르는 일반 대중에 직면하게 되었다. 칼빈은 기독교 교리를 아는 것이 효과적인 신앙과 생활의 기초가 된다고 여겼고, 그런 지식을 나누어 주는데는 교육받은 성직자의 역할이 결정적임을 깨달았다. 1536년 5월 21일, 제네바 시민에게 칼빈은, 가난한 이들은 수업료를 내지 않고 모든 어린이가 다녀야 할 학교에 대한 계획이 포함된 헌법을 제안했다. 그 결과 College de la Rive가 설립되었다. 읽기, 쓰기, 산수, 문법, 그리고 종교를 가르치는 것에 덧붙여, 그 학교 교장인 기욤 화렐(Guillaume Farel), 그리고 칼빈은 각각 구약과 신약에 관하여 날마다 강의해야 했다.

1538년 1월 12일에 칼빈은 코디에(Cordier)와 사우니에(Saunier)와 함께 제네바의 공립학교와 관련된 중요한 문서 「제네바 학교를 위한 시안」(Plan for the School of Geneva: Genevae Ordo et Ratio Docendi in Gymnasio)를 발표하였다. 이 문서의 요점은 첫째로, 하나님의 말씀은 모든 배움의 토대가 되고, 인문학과는 하나님의 말씀에 대한 지식에 도움을 주기 때문에 인문학과를 경시해서는 안된다는 점이고, 둘째로, 제네바의 학교는 성직자를 위한 준비와 바른 시민이 되기 위한 준비를 위해 조직되어야 한다는 것이다. 칼빈은 비단 교직자의 양성 뿐 아니라 시민 교육을 중시하였다.

스트라스부르그에 있는 동안에 칼빈은 스트룸(Strum)으로부터 학교 건립에 필요한 많은 것을 배웠다. 1556년이 스트라스부르그 방문 중에서도 학교 건립에 관한 많은 영감과 예증을 얻었다. 1541년 제네바에 돌아오자마자 칼빈은 학교 건립에 많은 관심을 보였고 「교회 헌법」에서도 학교 건립의 필요성을 강조하였다. 그러나 학교 건립의 계획은 계속 지연되다가 1553년 1월에야 동의를 받게 되었고, 1559년 6월 5일에 제네바 아카데미를 설립하였다. 개원식에서 베자는, 학원에 근무하는 것은 "단지 가르치는 것만을 위해서라거나, 더욱이 옛 희랍인들이 자기들의 김나지움에서 그랬었듯이 덧없는 이득을 보기 위한 것이 아니고,…하나님의 영광을 위해 일하며 자신의 본분을 위해 자신의 사명에 합당한 병정들이 되는 것입니다"라고 청중에게 연설하였다. 순서 중에 칼빈은 그가 작성한 학원에 관한 법령과 교칙을 낭독하였다.

그 아카데미는 교회의 통제를 받았다. 각 교사는 엄격한 교회규율의 규제를 받았으며 각자 성직자들에 의해 임명되었다. 교사들은 신앙고백에 서명해야 했고 그들은 자기 학생들의 신앙과 생활을 면밀히 감독했다. 주요 교직원으로 베자(Theodorus Beza)는 총장, 안트완 쉐발리어(Chevalier)는 히브리어 교수, 프랑소와 베로(Francois Bereaud)는 희랍어 교수, 그리고 쟝 타강(Jean Tagant)은 교양과목 교수였다.

제네바 아카데미는 Schola privata와 Schola publica로 나누어져 있는데, 전자는 대학 준비 과정에 해당하는 것으로 아동으로부터 16세까지를 위한 과정이며, 이 과정에는 불어, 라틴어, 그리스어, 철학 등 7개 교과과정을 설치하였다. 그리고 후자는 대학교에 해당되는데 신학, 히브리어, 헬라 시와 철학, 변증법과 수사학, 물리학, 수학 등의 교과과정을 설치하였다. 의학 강의도 몇 개 있었고, 후에는 시민법 강의도 있었다. 이 아카데미의 설립 목적에 대해 칼빈은 정부 관리를 양성하는 것뿐 아니라 목회 사역을 준비하는 학생들을 가르치는데 있다고 강조하였다. 학원 전체는 총장에 의해 운영되었는데, 그 임기는 2년이었고 학생들의 입학과 학위수여의 책임을 맡았다. 칼빈은 개인적으로 Schola publica를 감독했으며 그의 조수가 Schola privata의 교장이었다.

제네바 아카데미에서 주목할 점은 첫째로, 학생들의 진급이 종합 성적의 평가로 이루어졌다는 점인데, 이는 사상 처음으로 학년제에 의한 교육을 실시함으로써 교육사에 학급편성이라는 새로운 제도를 물려주었다. 다음으로 이 아카데미는 처음부터 국제성을 띠고 있다는 것이 주목된다. 제네바 아카데미가 건립된 이래로 프랑스 전역과 전 유럽에서 많은 학생들이 와서 교육과 훈련을 받고 개혁주의 교회의 역군으로 파송되었는데 그 중에서도 중요한 인물들은 하이델베르그 신앙교육서 저자 중의 한 사람인 올레비아누스(Olevianus), 네델란드 종교개혁의 지도자인 생트 알데공드(Sainte Aldegonde)와 마르닉스(Marnix), 옥스퍼드 브둘레엔느 도서관을 설립한 토마스 보들리(Thomas Bodley), 제2세대 칼빈주의 신학자인 랑베르 다노(Lambert Daneau), 스코틀랜드 종교개혁자인 존 닉스(John Knox)등이 있다.

이상에서 우리는 종교개혁의 완성을 위해 노력하였던 칼빈의 교육활동을 살펴보았다. 그는 설교를 통해, 목회지침서들의 작성을 통해, 저술을 통해, 그리고 학교건립을 통해 그는 꾸준하게 개혁에 박차를 가하였음을 본다. 그는 상황의 변화에 좌절하지 않고 일관되게 교육적인 목회 활동을 통해 자신의 개혁사역을 감당하였다. 칼빈은 자신이 이해한 진정한 기독교 교리와 실천에 대하여 증거하는 일에 행동적으로 힘쓴 위대한 인물임을 다시 한 번 생각해보게 된다. 그렇다. 종교개혁 484주년을 맞이하는 이 시점에서 우리가 개혁해 나가야 할 일들은 무엇인지를 살펴보면서 그 개혁의 작업에 있어 칼빈의 전례를 되새겨 보면서 교육적 활동에 더욱 매진할 수 있었으면 한다.37)

1) 청교도주의38)

어느 때나 어느 교회나 성령과 성경에 따라서 반성하고 회개하고 개선, 개혁하여 나가야 한다. 그렇지 않으면 다시 속회되고 부패하고 타

---

37) 신현광 교수, 안양대학교 신학연구소, 제3회 추계신학 학술세미나 종교개혁 484주년 기념 학술세미나, pp.26-35
38) 윤종훈 교수(총신대학교), English Puritanism, "정의와 그 근거적 배경에 관한 역사적 고찰", 2005년 제45호, PP.56-68

7. 헤브라이즘의 역사· 227

락하고 무용지물만 아니라 오히려 세상의 거치고 죄악의 표본과 그 촉진제가 되어 멸망의 열쇠가 된다. 그래서 일어난 것이 청교도주의인데 그 근거가 영국, 미국이다.

(1) 영.미국의 근거

사실, 퓨리탄들은 영국 성공회(Church of England)의 구성원들로서, 로만 카톨릭의 모든 체제와 영국 성공회의 카톨릭주의의 잔재들을 일소하고 정화시키고자 부단하게 노력한 인물들이었으며, 특히 인간의 신조나 대대로 물려받은 교회전통들 보다는 성경적 진리를 추구하고자 노력하였던 자들이었다. 특히, 윌리엄 틴데일(William Tyndale), 토마스 카트라이트(Thomas Cartwright) 그리고 존 후퍼(John Hooper)와 같은 퓨리탄들의 저술을 통해 살펴볼 때, 퓨리탄들은 정치적인 경향을 지녔다기보다는 교회와 국가와의 긴장관계 속에서 진정한 교회의 위상을 정립하되, 특히 중세 카톨릭적인 예배의식(Liturgy)과 공중기도서(Prayer Book)의 비성경적인 요소들에 대한 개혁과 혁신을 외쳤던 인물들이었다. 한편으로 퓨리탄들은 튜더왕조 말기와 스튜아트 왕조 시대에 국가-교회의 구도를 구약 이스라엘의 유비적 관계로 형성시키고자 하였다. 즉, 이들은 구약에 등장하는 이스라엘을 잉글란드에 그대로 적용시키고자 하였다.

이에 대하여 몰간(Morgan)교수는 퓨리탄들의 정체성에 대하여 분명하게 제시해주고 있다. 즉, 퓨리탄을 이해하는데 있어서 가장 본질적인 것은 그들이 어떤 부류의 인물이기 이전에 이미 교회에서 복음의 순수성을 외치던 설교가들(Preachers)이되, 그들의 말씀을 듣는 이들이 다른 부류의 설교가들과는 판이하게 다르다는 사실을 알 수 있을 정도로 특별한 강조점(Particular emphasis)을 지닌 설교가들 이었던 것이다. 그들이 다른 부류의 사람들과 다르게 교회를 통한 세상의 개혁을 부르짖을 수 있었고, 이를 위해 수많은 박해 속에서도 목숨을 걸고 끊임없이 투쟁할 수 있었던 근본적인 원인은 다름아닌 하나님의 복음을 선포

할 자들로 부르심을 입었다는 그들만의 목회적 소명의식의 결과에 기인하는 것이다.39)

특히 진정한 퓨리탄주의를 명확히 이해하기 위해선 우리는 무엇보다도 그들의 종교성(Religiosity)이 당대에 살고 있던 모든 사람들의 삶 속에 만연해 있었다는 점을 간과해서는 안될 것이다. 당시 잉글란드에 발생한 시민전쟁(Civil War)에 참전하였던 모든 사람들은 다름아닌 하나님의 이름과 아멘(in the name of God, Amen)이라는 미명하에 이를 논의하였고 전투에 임하게 되었다. 게다가 전투에 임하기 위해 항구를 출발하는 모든 잉글란드 군사들 가운데에는 항상 군종목사들(Chaplains)이 동반하였고, 항해 중의 무사함과 전투의 승리를 위하여 말씀과 기도를 통하여 십자가의 정예의 군병적 자세로 완전히 무장한 상태로 전투에 임하게 되었다.40) 잉글란드의 해양권의 확장은 하나님의 정의와 명령에 기인하고 있을 확실히 믿고 있었던 것이다.41)

① 퓨리탄주의의 사상적 근원

퓨리탄니즘의 기원을 추적해볼 때, 당대에 있어서 '퓨리탄 또는 퓨리탄주의' 라는 용어는 '모욕' 또는 '비꼬는 듯한 의미'(Insult or tongue-in-cheek)42)가 내포되어 있었으며, 사실상 비난조의 별명(Reproachful Nickname)으로 불리워졌다.43) 이러한 경향은 1580년경 당시 잉글란드의 국교회의 추밀원(Privy Council)에 제출된 한 청원서에서 발견할 수 있다. 이 대적자들은 매우 교활하여서 퓨리탄니즘이라

---

39) Irvonwy Morgan, The Godly Preachers of the Elizabethan Church, 11.
40) Darrett B. Rutman, American Puritanism - faith and practice, 4. 이에 대한 구체적인 내용은 다음을 참조할 것. Perry Miller, Errand into the Wildemess (Mass: Cambridge, 1958), 119.
41) Darrett B. Rutman, American Puritanism - faith and practice, 4.
42) Ibid., 5.
43) Hastings MSS, British Museum, Additional Manuscripts (Historical Manuscripts Commission), IV, 330, quoted in C. Hill, Society and Puritanism in Pre-Revolutionary England, 14.

는 혐오스러운 이름아래 우리들에게 새로운 세례를 베풀고 있다. 우리는 이러한 그들의 이름과 이 이단을 매우 싫어한다.44)

그러나, 16세기와 17세기의 잉글란드에서 사용된 퓨리탄 또는 퓨리탄주의라는 용어의 이와 같은 경멸적이자 모욕적인 표현은45) 다름 아닌 로마 카톨릭의 교리들과 신조들 그리고 교회전통을 사수하고자 하던 교황주의자들(Papists)과 잉글란드 사회의 변혁을 달가워하지 않던 무신론자들(atheists)에 의해 고안된 결과라는 사실에 대하여 모든 퓨리탄 역사가들은 공감하고 있다. 이와 같이 교황주의자들이 퓨리탄이라는 용어를 비방하는 의미로 사용하게 된 근본적인 원인은 1588년에 출간한 존 유달(John Udall)의 고백에서 찾아 볼 수 있다. 나는 복음의 사역자들인 우리를 교황주의자들이 퓨리탄 곧 다시 말하자면 사탄(Puritan but Satan)이라고 칭하는 이 사실을 알고 있다.46)

이와 같은 퓨리탄니즘은 갑자기 순간적으로 잉글란드에 발생한 운동은 결코 아니다. 그러므로 퓨리탄의 사상이 태동하기 까지 영향을 미친

---

44) [Anon.], A parte of a Register (Middelburg, 1593), 129; 1574년 퓨리탄니즘을 공박한 한 목회자는, 노팅함의 대성당참사보(Archdeacon of Nottingham)가 자신의 늙은 말보다 더 퓨리탄에 대한 지식을 가지고 있지 않다고 할 정도로 당대 퓨리탄이라는 이름은 매우 혐오스런 자들로 인식될 정도였으며, 무시를 당하던 위치에 있었던 자들로 보여진다. R. Marchant, The Puritans and the Church Courts in the Diocese of York, 1560-1642 (1960), 135, quoted in C. Hill, Society and Puritanism in Pre-Revolutionary England, 14.
45) 마틴 마프렛이트(M. Marprelate)는 이르길, 교황주의자들은 흔히 말하길, 수많은 퓨리탄들이 살아가는 이 세상, 게다가 지금처럼 계속 행해지는 그들의 설교가 존재하는 이 세상은 결코 즐거운 세상이 될 수 없다고 하였다. M. Marprelate, A Dialogue wherein is plainly layd open the Tyrannicall Dealing of the Lord Bishops over Gods Church (London, 1640), Sig. Chap.4. This reprint includes the poem, The Interpreter, quoted in C. Hill, Society and Puritanism in Pre-Revolutionary England. 15.
46) J. Udall, Diotrephes (ed. E. Arber, London: [s.n.], 1879), 9, quoted in C. Hill. Ibid., 14.

사상적 근원에 대한 역사적 고찰은 이 운동의 성격을 파악하는데 매우 의미 있는 일이라 할 수 있겠다. 창조주 하나님은 모든 천지만물을 창조하시던 당시 모든 날들 중 제7일을 다른 날과 구별하여 '거룩'하게 하셨으며(창 2:7), 지으신 동물들 중에서도 정결한 짐승과 부정한 짐승을 구분하셨다(창 7:2). 하나님은 출애굽한 이스라엘 백성들에게 '정결의 법을 제정하셔서 거룩하신 하나님 앞에 항상 성결을 유지하도록 명령하셨으며, 성결을 상실한 이스라엘 백성들은 항상 이웃대적의 손에 붙이시므로 다시금 성결의 중요성을 상기시키셨다. 신약성경시대 당시 바울 사도는 여러 서신들을 통하여 당시 교회의 분열의 위기와 비도덕적 행위 그리고 이에 대한 정결(Purity)의 필요성을 강조하였다.47) 앞서 살핀 바와 같이, 퓨리탄들이 제시한 그리스도인의 중요한 요소중 하나는 가장 의롭고도 신실하고도 청결한 삶을 살아가는 것이었다.

퓨리탄들이 고대 어거스틴의 신학적 구도아래 머물러 있었다는 사실은 의심할 여지가 없다. 페리 밀러(Perry Miller)는 퓨리탄니즘을 경건에 대한 어거스틴 성향의 현현으로 이해하였으며, 퓨리탄운동은 어거스틴의 신학적 정치이론의 뼈대에 근거하고 있음을 천명하였다.48) 어거스틴의 신학은 무엇보다도 철저한 인간의 죄악성과 하나님의 절대적인 은총의 수단을 통한 구원의 경험이라는 입장을 고수하고 있었다.49) 이와 같은 신학적 성향은 퓨리탄의 영성과 신학의 골격을 형성하는데 매

---

47) 사도바울이 '청결'(Purity)과 '정화'(Cleansing)에 대한 강조한 점은 그의 서신들 가운데 특히, 딛 3:5; 고후 7:1; 딤후 2:21; 골 2:11; 엡 5:25, 26; 고전 6:18; 살전 4:3. 참조할 것.
John Owen, The Works of John Owen, Ed. William H. Goold, 23 vols (Edinburgh: The Banner of the Truth Trust, 1981), III: 422-436.
48) Perry Miller, The New England Mind: The Seventeenth Century (Boston, Mass.: Beacon Press, 1961), 4.
49) 성 어거스틴은 고대 이단 중 하나였던 펠라기우스(Pelagius)의 신학적 논쟁에 많은 시간을 할애하였으되, 특히 인간의 전적 타락과 하나님의 은총과 인간의 전적 무능력함 그리고 성령의 능력을 통한 중생의 필요성에 대하여 강하게 주장하였다. Cf. J.C, 니브, O.W.헤이크, 서남동 옮김. 기독교 교리사(서울: 대한 기독교서회, 1992). 282-301.

우 영향력을 발휘하게 되었다.50) 어거스틴이 당시 펠라기우스의 성경에 대한 잘못된 해석과 그에 기인한 그릇된 교리에 대하여 심각하게 논쟁하며 싸워왔듯이, 당시 퓨리탄들은 로마 카톨릭과 영국 성공회의 비본질적이고도 비성경적인 예배의식들과 요소들에 대하여 목숨을 내걸고 투쟁해왔던 것이다.

퓨리탄들의 성향은 이미 12세기에 활동해왔던 왈도파들의 모습에서 찾아 볼 수 있다.51) 왈도파(Waldenses)의 창설자인 상인출신 피터 발데스(Peter Valdes)은 그가 소유하고 있던 모든 재산들을 팔아서 가난한 자들에게 나누어주었고 성경의 가르침에 따라 순수하고도 정결한 인생을 살아가고자 헌신적인 노력을 기울였다. 특히, 이들은 마태복음 10장에 제시된 말씀에 의거하여 완전한 청빈의 삶(A life of complete poverty)인 청결한 삶(purified life)을 살고자 노력하였다. 이들은 로마 카톨릭의 연옥설과 성인(Saints)의 기적과 성인에게 간구하는 기도(invocation), 금식, 체휼, 금욕, 맹세하는 행위, 십자가 사용, 상징들과 성인초상화 등에 대하여 강하게 거부권을 행사하였다.52) 비록, 왈도파의 신학사상이 퓨리탄들과 정확히 일치하지는 않았지만, 그들이 로마 카톨릭의 전통과 예전등과 같은 입장들과 왜곡된 성경해석에 대하여 강하게 반대하면서 교회의 순수성과 거룩성을 추구하였던 자세는 퓨리탄들과 거의 같은 입장에 서 있었던 것이다.

이러한 그들의 태도는 탁발수도회의 태동의 근원이 되었으며, 당시 가장 대표적인 수도회로서 도미닉파와 프란시스파로 구성되어진다.53)

---

50) Perry Miller, The New England Mind, 4-5.
51) 12세기에 있어서 왈덴시안파(Waldensians)들은 로마 카톨릭에 의해 이단으로 간주되었다. 당시 카톨릭 교회의 문서에 의하면 12세기의 교회는 다양한 이단들에 의하여 혼란을 겪고 있었으며, 이들 중 가장 위험한 이단들은 다름아닌 알비겐파(Albigensians)들과 왈덴시안파였다고 주장되었다. See Henry Bettenson, Documents of the Christian Church (London: Oxford University Press, 1963), 185.
52) Justo L. Golzalez, A History of Christianity Thought, Vol.II (Nashville and New York: Abingdon Press, 1971), 184-192.

이들 가운데 프란시스파는 성 어거스틴의 규칙적인 규범들(cannons)로 알려진 성 어거스틴의 규칙(Rule of Saint Augustine)을 자기의 기본적인 규약으로 받아드렸으며, 그 규칙들을 성취하기 위한 노력을 강조하였다.54) 게다가 프란시스칸들이 도미닉칸들과 독특하게 다른 점은 전자는 청빈의 방식에 따라 타인들을 권유하여 복음을 함께 나누는 삶을 살도록 노력하며 살아갔다는 점이다. 프란시스칸의 주요사상은 그리스도에 대한 명상과 자기비하 그리고 청빈의 삶을 통한 가장 단순한 삶을 살아가는 것이었다.55)

한편, 인문주의 운동(Renaissance Movement)은 신율적 사고방식에 대한 인율적 사고체계로의 전환을 시도한 부정적인 측면도 간과할 수 없지만, 대체적으로 이 운동은 중세의 교황중심의 교조주의적이고도 예전중심주의적인 기독교형태에 대한 문제점을 인식하고 구체제의 모순과 배타적인 카톨릭 사제중심의 소명의식과 교회의 세속화에 대한 문제의식을 고취시키기에 충분한 운동 중 하나였다. 데니스 헤이(Denys Hay)박사는 지적하길, A.D. 1400년 이후 기념할 만한 운동의 표지들 중의 하나는 활동성에 대한 새로운 자극제(New Zest for Activity)이며, 1450년대를 기점으로 하여 가족원들과 하급판사들, 군인들은 자신들의 머리를 들 수 있게 되었으며, 오직 수도승들만이 독점해왔던 선행과 공적은 더 이상 이들의 독점물이 될 수 없게 되었으며, 지금까지 공식적으로 초월적 종교를 포기한 점에 대하여 강한 거부반응을 불러일으키게 되었다고 하였다. 즉 세속적 성공, 세속적 지혜, 세속적 미덕은 신자의 죄를 억제하여 죽이는 방법들(the way of mortification)에 대한 대적으로 출원하게 되었다.56)

---

53) See further Hubert Cunliffe-Jones, A History of Christian Doctrine (Edinburgh: T.&T. Clark LTD, 1978), 263-265.
54) Paul Johnson, A History of Christianity (London: Weidenfeld and Nicolson, 1976), 234-235.
55) Ibid, 234-235.
56) Denys Hay, The Italian Renaissance in its historical background

14세기에 역사 선상에 등장했던 두 인물, 존 위클리프(John Wycliff, 1324-1384) 그리고 존 후스(John Huss, 1369-1415)는 교회가 신약시대와 초대교회 교부 당시의 전형적인 모습으로 돌아가야 할 것을 주장하였다. 특히, 위클리프는 교회와 그 전통들은 성경해석에 있어서 진정한 안내자의 역할을 수행할 수 없음을 강하게 천명하였다.[57] 성경의 권위는 다른 교회의 전통 또는 교직제도 위에 위치해야만 한다고 주장하였다. 왜냐하면, 성경은 부패한 성직자가 아닌 오직 신실한 하나님께서 자신의 백성들에게 부여해 주신 것이기 때문인 것이다. 따라서, 위클리프는 당시 라틴어로 기록되어 일반 백성들은 읽고 깨달을 수 없음을 직감하고 영어로 번역된 성경의 필요성을 절감하였고, 그 결과 그의 추종자들을 통하여 이를 현실화 시키게 되었다.[58]

이처럼 14세기 당시에도 퓨리탄들의 성향을 지닌 자들이 프로테스탄트 개혁정신을 향유하고 있었으며, 그들의 주요 목적은 교회전통이나 예식이 아닌 오직 성경에 입각한 교회의 개혁과 초대교회로의 회귀적 갱신에 있었다. 이러한 이들의 청교도적 태도는 교회의 역동성에 있어서의 시금석(Milestone)이 되었던 것이다.

퓨리탄니즘에 있어서 가장 주요한 원동력은 다름아닌 종교개혁의 결과였다. 이 종교개혁은 중세 카톨릭 교회의 성직자중심의 구조와 교리체제에 대한 반발에서 비롯되었다.[59] 마르틴 루터와 쯔빙글리 그리고

(Cambridge: Cambridge University Press, 1977), 126, 131.
57) 위클리프의 교회와 전통에 대한 구체적이고도 상세한 입장에 대해서는 다음의 그의 논문을 참조할 것. On Divine Lordship; On Civil Lordship. 이 논문들을 통하여 위클리프는 오직 하나님만이 모든 주권을 소유하며 다스릴 수 있음을 강조하고 있다.
58) Justo L. Gonzalez, A History of Christian Thought (Abingdon Press, 1971), II, 324-327: 참조할 것. Kurt Aland, A History of Christianity (trans. by James L. Schaaf), (Philadelphia: Fortress Press, 1980), I, 359-372; Williston Walker, A History of the Christian Church (Edinburgh: T.&T. Clark LTD, 1970), 267-274.
59) R. Buick Knox, Puritanism Past & Present, 293-294.

존 칼빈이 종교개혁자로 활동하기 이전부터 이미 존 위클리프와 존 후스라는 선구자들의 노력을 통하여 개혁과 갱신에 대한 새로운 운동이 이미 무르익고 있었다. 루터와 칼빈은 성경의 권위와 초대교부들 그리고 어거스틴 신학이라는 기본적으로 같은 토대 위에 개혁운동을 전개하였다.

이들 중 특히 칼빈의 신학은 교황주의자들과 국교회의 미온적 태도에 반기를 들었던 잉글랜드 퓨리탄신학의 토대를 마련하였다. 퓨리탄들은 칼빈의 기독교 강요에 제시된 교회체제와 그의 제자인 테오도르 베자(Theodore Beza)가 성경에 입각하여 참신하고도 새롭게 만든 제네바 교회의 예배의식을 받아들여 영국교회 안에 정착시키고자 하였다.60)

② 프리탄니즘의 출발점과 그 성격

잉글랜드 퓨리탄의 진정한 효시에 대해선 아직 다양한 학설들이 제시되고 있다. 일부 역사가들은 잉글랜드 퓨리탄의 출발점을 헨리 8세와 에드워드 6세 또는 메리여왕 당시 망명자들을 중심으로 찾고 있는데 반하여, 폴 크리스챤슨(Paul Christianson) 교수는 엘리자베드 1세가 통치하던 당시에서 그 근원을 찾고자 하였다.61) 비록 레오나르드 트린테루드(Leonard J. Trinterud)는 크리스챤슨의 견해를 부분적으로 인정함과 동시에 그는 튜더왕조시대의 윌리엄 틴데일, 존 푸릿(John Frith), 존 베일(John Bale), 존 후퍼(John Hooper), 존 프레드포드(John Bradford)와 같은 당대의 퓨리탄으로써 국가와 교회에 큰 영향력을 행사하였던 인물들에 대한 고찰을 통하여 퓨리탄의 근원을 찾고자 노력

---

60) Paul Christianson, Reformers and the Church of England under Elizabeth I and the Early Stuarts, 472-3.
61) Ibid, 472. W.H. Frere, The English Church in the Reigns of Elizabeth and James I, 1558-1625 (London: 1911); G. R. Cragg, Freedom and Authority: a study of English Thought in the Early Seventeenth Century (Philadelphia: Westminster Press, 1975); W.M. Lamont, Godly Rule: Politics and Religion 1603-60 (London, 1969).

하였다. 트린테루드 교수는 잉글란드 퓨리탄들이 최초로 출발한 시점을 1559년 초기부터 시작하여 1567년까지 진행되었던 성직자 의복논쟁(Vestianrian Controversy) 사건에서 찾았다. 그 당시 퓨리탄들은 이러한 카톨릭의 전통에 입각한 형식만을 강조하는 예배의식에 반기를 들고 이러한 비성경적인 전통을 제거하고자 하였던 것이다.62)

이러한 사실들을 고찰해 볼 때, 알렌(Allen)의 주장, 즉, 퓨리탄니즘이란 후기사상과 연구를 통해서나 발견되어지는 것이며, 퓨리탄이라 불리울 수 있는 자들은 장기의회(Long Parliament)에 가서는 '거의 발견할 수 없었다' 라는 평가는 너무 지나친 독단이 아닐 수 없다.63) 게다가 조오지 교수(C. H and K. George)는 분리주의적인 퓨리탄의 경향의 실체뿐만 아니라, 교회 목회자로서 사역하던 자들까지도 퓨리탄적 부류에서 제외시키면서까지, 오직 정치적인 입장에 서있던 자들만을 인정하고자 하였던 주장은 너무 경솔한 판단에서 나온 결론이 아닐 수 없다.64) 제랄드 브라우어(Jerald C. Brauer) 교수는 퓨리탄들은 영국 종교개혁의 열정과 그 범위에 대하여 매우 불만을 가지고 있던 자들로서 16세기 잉글란드에 처음으로 등장하게 되었으며, 이들은 주로 성직자와 평신도로 구성되어 있었다고 주장하였다.65)

비록 잉글란드 퓨리탄운동은 의복논쟁이 활발하게 전개되었던 1560년대에 표면으로 부상하였지만, 진정한 퓨리탄운동의 효시는 헨리 8세가 통치하던 당시에 큰 영향력을 행사하였던 윌리암 틴데일로 보는 것이 가장 무리가 없는 해석으로 보인다.

청교도운동에 대한 학자중의 한 사람인 마틴 로이즈 존즈 박사(D.M. Lloyd Jones)는 퓨리탄니즘의 뚜렷한 특징을 1524년에 잉글란드에서

---

62) Leonard J. Trinterud, The Origins of Puritanism, 37.
63) J.W. Allen, English Political Thought, 1603-1644, 255-62, 302.
64) C.H. and K. George, the Protestant Mind of the English Reformation, 1570-1640 (New Jersey: Princeton University Press, 1961), 6-8, 399-407, C. Hill, The Definition of a Puritan, 13에서 인용함.
65) Jerald C. Brauer, Types of Puritan Piety, 42-43.

독일로 망명하였던 윌리엄 틴데일에서 찾았다.66) 로이드 존즈는 크게 두 가지 점을 지적하였다. 첫째, 틴데일은 일반 모든 백성들이 모국어로 성경을 읽고 이해할 수 있는 기회를 부여하고자 매우 열정적으로 이를 진행하였기 때문이다. 둘째, 틴데일은 자국의 국왕의 동의없이 성경을 영어로 번역하기 위한 목적으로 망명하게 되었기 때문이다.

그는 대륙에 머무는 동안에 쯔윙글리(Zwingli)와 그의 제자였던 불링거(Bullinger) 그리고 존 칼빈(John Calvin)과 함께 사역하면서 상당한 영향을 받게 되었다. 특히, 그는 성직자의 성의(Surplice)문제와 성경 위에 교리와 전통을 부여하는 로마 카톨릭의 예전(Ceremonies) 중심의 신학적 구도에 대하여 매우 심각하게 문제시하였다. 잉글란드에 돌아온 틴데일은 퓨리탄적 입장에 서서 당대의 교회와 국가의 비성경적인 부분에 대한 자신의 굳은 의지를 굽히지 않고 1536년 화형대에 서는 최후의 순간까지 퓨리탄적 영향력을 행사하였다.67)

틴데일을 위시하여 에드워드왕 당시에 활약하였던 존 후퍼(John Hooper, d.1555), 토마스 크랜머(Thomas Oranmer, 1489-1556) 그리고 니콜라스 리들리(Nicholas Ridley, c. 1500-1555)는 퓨리탄들 가운데 매우 중심적인 인물들이었다. 존 후퍼는 아마도 처음으로 성직자 의복문제에 관한 논쟁을 불러일으킨 인물이었으며, 리들리는 교회의 예배의식

---

66) M.M. Knappen 박사는 주장하길, 잉글란드 퓨리탄니즘의 이야기는 1524년에 최초로 시작되었다. 그 해 봄 글로스터주 출신의 윌리암 틴데일(William Tyndale)이라고 불리우는 한 젊은이는 런던을 떠나 독일로 망명하여 성경의 영역을 준비하고자 하였다라고 하였다.
M.M. Knappen, Tudor Puritanism, a chapter in the History of Idealism (Chicago & London, Phoenix Books, 1965), 3.
67) D. M. Lloyd-Jones, Pruitanism and its Origins, Westminster Conference Papers (1971), 73-75. 마틴 로이드 존스 박사는 청교도의 효시에 대한 내픈 교수의 견해에 동조하였다. 윌리엄 틴데일은 1536년 화형식을 당하던 장작더미 위에서 내던진 그의 외마디의 비명은 참으로 기념할 만하다. '오! 주여! 잉글란드의 왕의 눈을 여소서!', John Adair, Founding Fathers the Puritans in England and America (London: J.M. Dent & Sons Ltd, 1982), 64.

과 관련하여 성직자 의복 착용에 대하여 매우 비판적인 자세를 취하였 던 사람이었다.68) 이러한 퓨리탄 운동이 매우 활발하게 전개되어진 시기는 1558년에 등극한 엘리자베드 1세의 통치기간 중이었다.

바실 홀교수는 진정한 퓨리탄들은 영국국교회를 떠나지 않고 퓨리탄의 사상과 원리를 고수하였던 부류의 사람들이라고 주장함으로써, 그는 비국교도-장로교파 인들과 분리주의자들(Separatists)을 제외시켜 버리는 극단적인 입장에 서게 되었다.69) 따라서, 그는 개혁자들로서 교회 밖에서 살면서 사역하던 부류의 사람들에 대하여 퓨리탄이라는 신분적 호칭을 사용하길 꺼려하였다. 또한 그는 '퓨리탄'이라는 용어가 최초로 역사 가운데 사용되기 시작한 시점을 1563년으로 이해하였다. 그러나, 17세기에 활동하던 다양한 퓨리탄들은 제네바 형태를 다양한 방식으로 잉글란드에 실현시키고자 하였다. 이에 대하여 헥스터(Hexter)를 말하기를, '장로교주의'(Presbyterian)와 독립파(Independent)들의 입장들은 수많은 혼란을 초래시켰다고 주장하였다.70)

대부분 퓨리탄들의 신학적 사상적 배경은 주로 칼빈주의라는 큰 울타리 안에 놓여 있었다.71) 앞서 고찰한 바와 같이 메리여왕 당시 국회로 망명하였던 자들은 라인지방(Rhineland)의 종교개혁자들뿐만 아니라, 제네바의 존 칼빈의 영향을 상당히 받게 되었다. 비록 당시의 잉글란드 퓨리탄들의 신학사조는 제네바의 영향을 비교적 늦게 받게 되었

---

68) D. M. Lloyd-Jones, Puritanism And Its Origins, 1971, 77.
69) Ibid, 73. 바실 홀은 주장하길, 1570-1640년 동안 퓨리탄들의 위치는 분명하였다. 즉, 퓨리탄이라는 용어는 교회내에 장로교주의 정치를 추구하는 부류의 사람들과 노골적인 감당하기 힘든 자들에 대하여 상당히 고분고분히 다루는 태도를 갖춘 영국국교회에 속한 성직자들과 평신도들을 지칭하는 말이다라고 하였다. Basil Hall, Puritanism: the Problem of Definition. 293-294.
70) J.I L. Hexter, Reappraisals in history (London: Longmens, 1961), 163-84.
71) Basil Hall, Calvin against the Calvinists, Proceedings of the Huguenot Society of London, xx, no.3 (1962), 284-301.

지만, 칼빈주의는 퓨리탄 신학과 사상의 근원적 배경에 주요한 요소가 되었던 것이다. 이 점에 대하여, 토마스 풀러는 비국교도들로서의 퓨리탄들의 출발점과 종착점을 다음과 같이 요약하고 있다.

에드워드 6세 왕 당대에는 비국교도들이 잉글란드의 태중에 임신하게 되었고, 그 후에 가서 메리여왕 당시에는 프랑크프르트(Fankfort)를 넘어서 이들은 탄생하게 되었고, 엘리자베드 여왕의 집권 기간에는 이들이 유모의 손에 의하여 이유식을 행하게 되었고 제임스 왕의 통치하에 이들은 씩씩한 젊은이 또는 키가 훤칠한 청년으로 성장하게 되었으며, 찰스 왕의 집권 말기에는 성직계급과 그들의 적수들에 대한 타협과 정복활동을 민활하게 펼칠 수 있을 정도로 충분한 세력과 완전한 성숙성을 지닌 사람으로서 나타나게 되었다.72)

비록, 이러한 퓨리탄 신학과 그 개혁의지에 기인한 사상들은 계속적으로 유럽과 뉴잉글란드를 통하여 계속적으로 성장 발전하게 되어 수많은 부흥운동과 경건주의운동의 불씨를 불러일으키기에 충분하였다.

그러나, 이러한 역사적 퓨리탄니즘은 찰스 2세 시대의 말기를 깃점으로 해서 퓨리탄들 가운데 유그노들에게 처절한 학살을 자행하였던 성 바돌로매 대학살 사건을 추모하는 날을 깃점으로 해서 역사적 종말을 고하게 되었다. 유럽과 뉴잉글란드의 16-17세기를 뜨겁게 달구었던 퓨리탄니즘이 역사의 뒤안길로 사라지게 된 가장 큰 원인은 다름 아닌 교회정치형태와 교파적 차이점에 대한 합일점을 찾지 못한데 기인한다. 이 점은 참으로 슬프고도 안타까운 역사의 아이러니한 모습이 아닐 수 없다. 즉, 카톨릭의 비성경적인 예전, 전통, 의식 중심적인 모습과 앙글리칸적인 덜 정화된 모습에 반기를 들고 진정한 하나님 나라를 이루어 가겠다는 이들의 외침은 교파적 갈등과 이해관계의 차이로 인하여 퓨리탄 운동은 종말을 고하게 되었던 것이다.

---

72) Thomas Fuller, The Church History of Britain From The Birth of Jesus Christ Until The Year MDCXLVIII (London, 1837), II, 329.

결론

지금까지 고찰한 바와 같이, 비록 많은 퓨리탄 연구가들이 퓨리탄니즘의 명제를 정확하게 규명하고자 각각 정치적 경제적 또는 사회문화적, 문학적 접근법을 통하여 시도하여 왔으나, 실패한 근본적인 원인은 퓨리탄들의 정체성에 대한 인식의 실패에 기인하고 있는 것이다. 16-17세기 잉글란드에 새로운 삶의 개혁운동이자 국가교회의 대혁신을 불러일으켰던 퓨리탄니즘은 다음과 같은 특징들을 지니고 있다.

무엇보다도 잉글란드 퓨리탄니즘은 사도적 교회로의 복귀를 선언함으로써 순수한 영성의 회복을 시도하였던 진정한 영성 회복운동(Restoration Movement)이었다. 퓨리탄들은 어거스틴과 칼빈의 신학적 영향 하에 확고부동한 신학적 구도를 형성하고 있었다. 특히, 이러한 어거스틴의 신학적 성향성은 틴데일과 프릿츠(Tyndale, Frith)에서 발견되어 진다. 퓨리탄들은 구원은 오직 하나님의 은혜의 결과라는 구원에 대한 신적 주권설을 철저하게 강조하였다. 또한 그리스도인의 마음은 오직 그리스도에 고정시켜야만 하며, 그리스도는 다름아닌 천국의 모든 영광의 출원지[73]이기 때문에 존 오웬(John Owen, 1616-1683)은 뛰어난 퓨리탄의 영성의 특징을 천국적 마음을 소유한 사람으로 이해하였다.[74]

퓨리탄들은 개인적 신앙체험과 신자의 내주하는 죄(Indwelling sins)의 잔존성(Remnants)과 지속성(continuity)이라는 요소를 매우 강조하였다.[75] 퓨리탄들은 로마 카톨릭 교회의 예전, 신앙에 대한 잘못된 이

---

73) John Owen, Works, VII: 344.
74) John Owen, Works, VII, especially, Grace and Duty of Being Spirituality Minded, 267-497.
75) 퓨리탄들은 이점에 대하여 매우 세밀하고도 구체적으로 이를 다루었다. 특히, 설교의 황제였던 스펄존과 J.I. 패커박사를 통하여 청교도 중의 청교도이자 퓨리탄의 왕자라고 불리워진 존 오웬(John Owen, 1616-1683)은 Oxford, Christ Church 대학에서 학장으로 활동하면서 학생들에게 행한 강론집인 On the Mortifcation of Sin in Believers라는 그의 엄청난 저작을 통하여 신자일지라도 이 세상을 마치는 그 순간까지 죄의 통치와 죄죽임의

해, 성직자 성복문제 그리고 예배의식과 프로테스탄트 종교개혁의 앙글리칸적인 표현들에 대하여 매우 강하게 거부하였다. 퓨리탄들은 성경과 언약-계약신학(Covenant-Contract Theology)에 따라 삶을 추구하였던 인물들이었다. 즉, 이들은 언약신학 즉 연합신학(Federal Theology or Covenant Theology)에 입각하여 교회를 중심으로 국가 그리고 사회를 개혁함으로써 성경에 제시된 진정한 초대교회의 모습으로 복원시키고자 하되, 특히 잉글란드 퓨리탄들의 초기 인물들은 구약성경에 의거하여 이스라엘의 유비론적 국가-교회(State-Church)도식에 의한 하나님 왕국을 잉글란드에 건설코자 노력하였다.76) 이들의 언약사상(Covenant Idea)은 퓨리탄운동의 강한 정신적 대들보역할을 감당하였다. 따라서, 이들은 오직 성경의 권위에 의존하였으며, 매일 그리스도인의 삶에 있어서 성령의 주권적인 역사하심에 절대의존하는 인생을 삶의 목표로 삼았던 자들이었다.77)

요약하자면, 진정 퓨리탄들이란 헨리 8세의 치세 하에 살았던 윌리암 틴데일을 출발점으로 하여 정치, 경제 사회 문화의 여러 영역에 대한 국가적인 개혁과 갱신을 먼저 추구하기 보다는, 무엇보다도 교회의 예전(Liturgy), 전통(Traditions), 의식(Ritual)을 기독교의 가장 근본적 교리이자 교회적 사명으로 이해하였던 당시의 로마 카톨릭의 비성경적이

긴장적 구도는 계속될 것이기에, 어떻게 이를 극복해 나갈 수 있을 것인가를 구체적인 대안을 통하여 제시하였다. 또한, 장로교 목사인 토마스 만톤은 이를 통렬하게 관찰하되, 비록 신자들이 칭의를 이룬다 할지라도, 내주하는 죄 비참하고도 슬픈 동반자(this woful and sad companion)는 계속 살아남아서 역사할 것이므로 육신의 썩어질 장막을 벗는 그 순간까지 이 저주스런 가족(this cursed inmate)을 제거할 수 없을 것이다라고 주장하였다. Thomas Manton, Works, XII: 62-3.
76) M. Lloyd-Jones는 이르길, 당대의 잉글란드 퓨리탄들이 구약성경과 이스라엘의 유비적 관계를 통하여 잉글란드에 적용코자 한 시도는 너무 무리한 시도가 되지 않았는가? 내가 보기에는, 이러한 그들의 태도에 상당한 문제의 요지가 있었던 것이다. D.M. Lloyd-Jones, Puritan Perplexities: Some Lessons from 1640-1662, Westminster Conference Papers (1962), 73.
77) Owen, Works, VIII: 502, 504.

자 비신학적인 교회의 모습에 대한 반기를 들고 영국교회와 국가에 성경에 입각한 진정한 위상을 정립하고자 노력한 인물들을 지칭하는 용어인 것이다. 특히, 퓨리탄들은 로마 카톨릭의 고행을 통한 성화 거친 의복(rough garments), 맹세(Vows), 규칙서(Orders), 금식(Fastings), 고행(Penances), 은둔생활(Monastical Life) 등78)은 그리스도와 성령의 사역이 배제된 단순한 인간의 헛된 율법적 의무조항에 불과한 것으로서 이러한 성화의 수단과 방식은 하나님의 목적하신 바에 결코 도달할 수 없음을 천명하였다.79) 또한 종교개혁의 유산을 물려받은 영국국교회가 로마 카톨릭적인 교회정치와 체계에 대하여 미온적이고도 답습적인 자세로 일관하고 있음에 염증을 느낀 자들을 중심으로 기존 교회의 성향에 대하여 반기를 들고 성경과 교회신조(Creeds)에서 제시하는 진정한 그리스도인의 삶 즉, 정결한 순례자의 인생(Purified Pilgrim Life)을 추구함에 그 근원적 기반을 둔 프로테스탄트 크리스챤들을 지칭하는 인물들을 말하는 것이다. 게다가 이들의 사상적 근원은 칼빈주의를 위시한 쯔빙글리주의와 위클리프와 후스의 정결한 삶을 추구하였던 옛 전통과 고대의 어거스틴 그리고 신구약성경에 배경을 두고 있으며,80) 이들의 청교도 유산은 곧 바로 경건주의와 복음주의적 부흥운동의 발판을 마련하였으며, 18-20세기에 이르기까지 유럽과 뉴잉글란드를 위시한 전 세계에 널리 확산되어 교회와 국가와 사회에 신앙과 국가적 활동의 근본 지침을 마련해주었다는데 큰 역사적 의미를 지니고 있는 것이다.81)

이에 관한 더 보충적이고 구체적인 것은 이하의 것을 참고하라.

---

78) Jeremy Taylor, The Works of the Right Jeremy Taylor (London: Longman, 1855), VI: 252.
79) Owen, Works, VI: 17.
80) David Zaret, The Heavenly Contract, Ideology and Organization in Pre-Revolutionary Puritanism, 19.
81) 윤종훈 교수, "English Puritanis게 정의와 그 근원적 배경에 관한 연구자적 고찰", 성경과 고고학, 2005년 제45호, pp.56-68 인용.

American Brethren: Hebrews and Puritans, Jim Sleeper (Yale 대학교 정치학과 강사, N.Y.에 있는 민족과 정책지도자)

(2) 그리스와 소련의 희랍정교회의 속화와 부패는 공산주의 온상이 됐다. 본래는 로마 카톨릭과 이 희랍 정교회가 하나였으나 주후 6-8세기에서 그 회의 주도권과 사소한 성경해석과 교리에 의하여 이태리 로마를 중심한 라틴계의 사제들과 그리스 또는 희랍을 중심한 희랍 또는 헬라계의 사제들이 분열하여 마침내 오늘날과 같은 세계적인 양교회가 되었다. 이 희랍정교회는 지금의 그리스를 중심하여 동쪽으로 구 소련을 중심한 헬라계가 이 교회를 가지고 있다. 그 의식과 교회는 대동소이(大同小異)하다. 그런데 그 참교회들은 영적이고 신령한 면에서 신앙과 진리에 굳게 서서 신도들을 인도하고, 양육하고, 훈련하고, 하나님의 일꾼으로 하나님의 일에 충성하고 사역케하여야 한다. 그렇지 못할 때에 사단이 크게 장난하는데 Karl Marx를 붙잡아 신자요, 신학도 였던 그로 "공산주의 자본론"을 저술케하고 그 동조자들을 규합하여 공산주의 혁명을 주도하게 하되 소련과 그 부럭을 신학도 였던 레닌(Lenin)으로 소련 공산혁명을 일으키게 했고, 신자였던 스탈린(Stalin)으로 포학하고 혹독하고 살인적인 공산세계를 이루었고 그 희랍정교회도 수난을 겪게 했었다. 그들은 자기들의 그 부패하고 속화되고 죄악된 것을 아는지!

(3) 영국의 성공회의 부패와 타락은 청교도를 산출하여 미합중국으로 이주시켜서 신흥국가를 이루었다. 영국의 성공회도 영국의 정치적인 지도자들과 야합하여 국교로 만들고 성공회가 세력을 얻었을 때에 왕과 그 정치적 지도자들을, 또 정치적인 왕과 지도자들이 세력을 장악했을 때에 성공회의 모든 종교적 지도자들을 임명하고 교회와 그 신자들을 주관했다. 이로 인하여 교회가 속화되고, 신자들이 죄악을 행하게 되었는데 성령 안에서 신앙과 진리 안에서 경건하고 신실하고 충성된 하나

님의 자녀들을 박해하게 되었다. 이에 항의하고 항거하던 칼빈주의자들인 장로교인들과 경건주의자인 청교들을 무섭게 박해하게 되었다.

이와 때를 같이 하여, 인문학의 발흥과 왕좌를 찾이하게 되었고 America의 신대륙 발견으로 그 청교도들과 칼빈주의자들이 목숨을 걸고 탈출하여 신대륙으로 오게 되었는데 그들이 소위 청교들이다. 그들은 신대륙에서 ① 인디안들과 화친하려했으나, 어떤 때는 전쟁도 했다. ② 남북전쟁도 벌여 마침내 북미국이 승리하여 합중국을 세웠고, ③ 신앙과 진리 안에서 미국을 세웠다. 그래 미국의 돈에서 "In God We trust"라고 되어 있다. 그러나 근래에 와서 초.중.고등학교에서 성경을 필수교재로 삼았으나 John F. Kennedy에 의하여 그것이 폐지된 미국은 참 기독교국가가 아니다.

(4) 중세 종교개혁

위와 같이 로마 카톨릭의 부패와 희랍정교회의 속화와 타락, 그리고 영국 성공회의 세속화는 그 지역마다에서 반발과 영적인 각성과 참 신앙과 진리의 사람들을 일으켜서 종교개혁의 불길이 솟기 시작했는데 John Huss나 위크립후 같은 종교 개혁전의 종교개혁자는 순교의 피를 흘렸다. 그 하나님과 하나님의 진리를 위한 하나님의 사람들의 순교의 피는 헛되지 아니하여 1518년에 종교개혁의 활화산은

ⓐ M. Luther

이 불길을 끄려는 부패 타락한 로마 카톨릭교회에 경종과 회개를 촉구하는 화산은 그 교회의 신부인 Martin Luther이였다. 그 Martin Luther는 Wetenbergs 성당에 95개조의 토의와 시정문을 붙였으나 오히려 로마 카톨릭의 집권자들은 더욱 완고하고 Luther에게 위협을 가했다. 이에 굴할 수 없는 그는 Sola fide(오직 믿음으로 만 구원)과 Sola Gratia(오직 하나님의 은혜로만 영생과 천국의 기업)를 주창하면서 저항하다가 Sactson 공에 의하여 보호와 독일어 성경번역과 독일의

종교개혁을 단행했다. 그의 공적 중에 가장 크고 중요한 것은 성경을 독일어로 번역한 것이다. 그 일은 당시만 아니라 여러 나라와 종교개혁에 근거가 되었으며, 어느 나라의 종교와 국가 개혁에 성경이 근거가 되었다.

ⓑ John Calvin

Calvin은 그 M. Luther보다 더 한 걸음 나아가서 Sola Scriptura(오직 성경으로 돌아가) 성경에 굳게 선 신앙과 진리의 생활로 세상의 빛과 소금되어 예수 그리스도의 선포자가 되어야 할 것을 주창했다. 그래서 그의 "기독교 강요"나 "그의 신구약주석"은 그 산 증거이다.

ⓒ Bucer와 Zwingli는 종교개혁의 봉화를 받아서 계주한 계주자들이다. 이들은 앞의 M. 루터와 주윙글리의 그 종교개혁을 체계화하고 더욱 불을 붙였고 위 두 종교개혁자들이 성경을 기초로한 신학을 수정 보완하여 개혁교회의 보배롭고 참된 진리를 선포하고 수리 완성하여 세계적인 개혁교회를 세우는데 크게 기여하였다. 그래서 위의 두 사람은 개혁교회의 보완자들이라고 한다.

(5) 그 여파와 반대되는 혼탁한 신학

위의 종교개혁과 때를 맞추어 문예부흥 또는 Renessanec(루네쌍스)가 시작되었다. 그 부흥은 철저한 인본주의(人本主義)로 인간의 권리와 자유를 주장하고 보장하려는 사상으로 타락한 영적 사망자인 인간에게 그 방종이 자유가 되고 그 인권이 되다 보니 혼란한 사상과 혼탁한 신학이 일어나게 되었다. 그 대표적인 것이 Charles Dawin의 "진화론"(進化論)이고, 철학자들의 "무신론주의"(無神論)이고 인간의 철학과 이성에 근거한 거짓된 신학이 나오게 되었는데 그것이 신신학 또는 자유주의 신학이 우후죽순격으로 일어나게 되었다. 오늘은 그것의 변명이 "진보주의" 신학이다.

그 여파는 세월이 지나고 과학이 발달될수록 더욱 극성을 부리고 있다. 그것은 성경의 진리성을 파괴하고, 예수 그리스도의 신성을 부인하고, 성령과 그의 사역을 부인하고 내세의 상벌을 부인하고, 이방 문화와 종교의 영향과 변천을 주장하게 되었다. 앞으로 또 어떤 인본주의의 패역한 신학이 일어날는지 종잡을 수가 없게 되었다.

이하의 그 "혼란된 신학들"의 32가지는 본인이 안양대학교에서 재중에 "구약신학"을 강의하던 중에 학생들에게 숙제를 내어 준 그 논문중에 출중한 논문을 참고한 것인데 신학과 김병만 군의 것으로 1995년 4월 30일의 것을 전재한다.

혼란된 신학들 32가지

1) 신정통주의

주창자: 칼 바르트(Karl Barth 1886-1968)
연대 : 1921년 이후 발전

내 용

신정통주의의 주제 중 하나는 계시의 개념이다. 바르트에 의하면 계시는 "위로부터 수직적이다". 그리고 인간의 최선의 통찰력도 미치지 못한다. 그것은 하나님이 주도권을 가지는 사건이다. 동시에 계시는 성경과도 동일시 할 수 없다고 한다. 성경과 그 안의 진술들은 계시의 증거요 표요 지시 표다. 하나님의 말씀은 성경 자체가 아니요 성경의 진술들은 계시들 자체도 아니다. 성경을 하나님의 말씀과 일치시키는 것은 "계시를 객관화하는 것이요. 물질화 함이다"고 바르트는 말한다.

또 계시 곧 하나님의 말씀의 중심은 예수 그리스도다. 사실상 바르트는 이 점에 강력히 주장한 나머지 그리스도를 떠나서는 아무 계시도 존재한다고 인정하지 않는다. 계시의 역사와 구원의 역사는 동일한 역사가 된다. 바르트는 그리스도의 낮아지심과 높이 우심의 두 상태가 시간적으로 앞서고 뒤따른다는 전통적인 견해를 인정하려 하지 않는다. 참 하나님으로서의 예수께서 자신을 낮추셨고, 참 사람으로서의 예수께서 높이 우셨다. 바르트에게는 하나님이 높이 우셨다고 말한다는 것은 또한 무의미한 중복이다. 하나님은 원래 높고 귀하시다. "그리스도 안에서 인류는 높이운 인류며 하나님은 수욕된 하나님이시다. 그리고 인류는 하나님의 욕됨으로 높이 운다"고 바르트는 말한다. 보편 구원의 가능성에 대한 애매한 태도는 신정통주의 가운데 가장 논쟁을 일으키는 바다. "예정 교리를 가장 단순하고 가장 포괄적인 형식으로 진술한다면... 하나님의 예정은 예수 그리스도를 선택한 것이다"고 바르트는 말한다. 예수는 선택하시는 분 일 뿐 아니라, 또한 택함을 받은 자이다. 예수는 사실 유일한 택함을 받은 자다.

그리고 그리스도 안에서 모든 사람이 선택되었고, 또한 모든 사람이 버림받았다. 바르트는 이중 선택이란 고전적인 개념 곧 각 개인을 두고 말하는 선택 개념을 부인한다. 그는 모든 사람이 택함 받은 사람으로 살지 않으며 실혹 어떤 사람이 그렇게 산다 할지라도 부분적으로밖에 그러지 못함을 인정한다. 그러나 교회의 책임은 그러한 사람들에게 그들이 모두 그리스도 안에서 택함을 받았고 그러므로 택함 받은 자로서 살아야 함을 선언하는 것이라 한다. 복음에 대한 반대가 절대적일 수는 없다. 선택은 우리가 그리스도 안에서 얻은 신분이 아니다. 선택은 행위며 하나님을 위한 봉사다. 고로 버림받은 데서 선택으로 건너가는 경계선은 없다. 있다면 선택에 대한 몰인식과 그에 대한 인식만이 있다.

비 판

먼저 신정통주의는 인간이 주관적 경험을 진리의 표준으로 삼는 것을 핵심으로 하고 있다. 그래서 신정통주의에서는 계시가 단순히 사람에게 향한 하나님의 선언이 아니다. 계시는 만남이요, 대면이요, 대화라 한다. 성경이 우리에게 오기까지는 계시가 아니라 한다. 바로 이점이 신정통주의가 소위 실존주의 철학에 의존함을 볼 수 있다.

또한 성경을 계시나 하나님의 말씀과 동일시하려 들지 않는 정신으로 신정통주의는, 정통신학의 언어는 그대로 보존하면서 그것을 재해석한다. 이러한 재해석은 우유 속에 독과 같은 결과를 초래한다. 원죄, 아담의 타락, 그리스도 안에 있는 구속, 부활, 재림 등을 부룬너는 신화(myth), 바르트는 사화(saga)라 부른다. 이러한 교리들은 일찍이 일어났던 역사적인 사건이나 상태들이 아니라고 한다. 오직 만민이 환상하고 있는 역사적인 상황일 뿐이라는 것이다. 신정통주의의 이 개념은 "좋은 소식"의 세계에 들어오신 사실의 선포로서의 복음의 중심의 의를 말살시킨다.

바르트는 예수 그리스도가 계시의 중심됨을 강하게 주장한 나머지 그리스도와 별도로 자연에 나타난 하나님의 어느 계시도 인정하지 아니한다. 이 견해는 일반 계시의 실재성을 훼손함에 그치지 않는다. 자연 계시를 희생시켜서 특별 계시를 강조할 뿐만이 아니고 모든 형태의 계시에 대한 완전한 재해석을 가져오며 따라서 계시의 성경적 성격 자체의 파괴를 초래한다.

바르트가 예수의 참 사람으로서의 수욕을 얘기하려 하지 않는 것을 신수고설(神受苦設)이라는 질책을 받게 하며 성서적 신학에 서 멀리 떠나는 것이다. 그는 그리스도의 품위와 사역을 어느 존재론적 의미에서 주의 깊게 구별하려 하지 않으며 이처럼 칼세돈 신조를 저버림으로써 그리스도의 사역을 취급하노라 하다가 그리스도의 품위를 파괴해 버렸다.

바르트가 보편구원설을 주장하지도 부인하지도 않지만 그의 보편 선택의 사상은 분명히 일종의 "신보편구원설"을 의미하는 듯하다. 실은 천당과 지옥의 실재성을 부인하는 것 또한 성경에 제시된 바와는 완전히 다른 구원의 개념을 가지고 있음을 가리킨다. 예수는 만인을 위한 구원사라고 바르트는 말하며 구원의 원은 너무도 커서 불교도나 유교도나 신도 교도들을 포함하며, 선택과 유기간의 분계선은 자유로이 왕래할 수 있다고 한다. 그러한 그의 입장은 불신이 죄의 심각성을 파괴하게 된다. 이러한 방법으로 신정통주의는 배교에 대한 성경의 경고나 회개와 신앙에 대한 요구를 또한 무의미하게 한다.

바르트 신학이 주장하는 바를 총체적으로 볼 때 성경에 기술돼 죄인의 입장이 처참함을 약화시킨다. 그의 견해는 단지 사람들이 그리스도께서 하신 일에 전 세계적으로 관여되었음을 알려주는 것에 그친다. 그러므로 전도의 화급한 느낌은 없어지고 회개와 신앙을 촉구하는 성경의 취지는 무의미하게 된다.

2) 양식비평 - 불트만의 방법

주창자 : 불트만
연 대 : 1921년 이후

내 용
양식 비평은 성경을 그리스도와 사도들의 생애와 교훈의 신빙성 있는 기사로 믿을 수 없다고 전제하고 출발한다. 현금의 양식 비평가의 말을 빌리면 "공관 복음에서 우리에게 주어진 예수의 메시지는 대부분 진정한 것이 못되고 원시 기독교 사회의 여러 시대를 거치는 동안에 신앙으로 윤색되었다는 것을 보이는 것이 양식 비평가의 작업이다". 불트만에게는 성경은 객관적인 의미로 영감된 하나님의 말씀이 아니다. 하나님께서 성경을 통하여 사람에게 말씀하시기는 하나, "객관적으로 성경은 고대의 역사적 종교적 영향의 산물이요 따라서 다른 고대 종교 서적과 꼭 같이 평가해야 한다한다".

복음서들은 무엇보다도 초대 교회의 편집의 산물이라는 것이 양식 비평의 기본적인 가정이다. 복음 기자들은 신약서가 쓰여지기 전에 교회 내에 돌아다니던 여러 가지 독립적이며 서로 상충되는 구전을 합쳐 연결짓기를 꾀하였다. 이 구전들 자체가 완전히 믿을 만하지 못하였다. 이 구전들은 예수와 그의 제자들의 개별적인 교훈들과 행적들로 구성

7. 헤브라이즘의 역사 · 249

되었다. 교회는 그것들을 취하여 장소와 시간을 고안하고 그 독립적인 구전들을 한데 묶는 고리들을 만들어 사건 형식으로 그것들을 합하였다. "배에서", "즉시", "다음날", "길 가실 때에" 등 복음서에 나오는 구절들은 모두 복음서 편집자들이 예수의 모든 독립된 교훈과 그에 관한 이야기들을 한데 합하기 위하여 사용한 문화적 수단일 뿐이라 한다. 이 방법의 개척자인 칼 엘 슈밑이 말한 대로, "우리는 예수께서 직접 주신 이야기를 접하는 것이 아니고 다만 예수께 곤한 이야기만을 접할 뿐이다".

양식 비평의 목적은 기록된 복음서들 배후에 있는 구전들의 역사를 분석하는 것이다. 복음서들은 "복음서들 전의 복음"을 찾으려는 우리의 연구를 위하여 사용하는 원 자료일 뿐이다. 초대 교회가 그 변증 적이며 복음 전파의 목적에 따라 복음서의 자료를 하나의 조화있는 기사로 인위적으로 구성하였다고 가정하기 때문에 양식 비평가가 된 자는 이 인위적인 조화를 부수고 이 기록에 들어 있는 구전의 원 형태를 찾아 최대한도로 최초의 전승을 재구성해야 한다.

이 수법의 첫 단계는 복음서 안에 있는 문서, 시간, 장소 등의 표시는 비역사적이며 믿을 수 없음을 인정하는 것이다. 그 이야기의 구조를 떼어내 버리고서 시초의 뼈대 곧 초대 교회가 인위적으로 꿰어 매기 전의 낱낱의 삽화와 교훈들을 찾아야 한다.

이 작업이 끝나면 각각의 구절들은 이적 이야기, 변론 적인 교훈, 예언, 명언 등으로 분류된다. 이 각각은 특유한 고정된 형식이 있다. 그래서 이 고정된 형식에 가까운 어느 전승을 발견하면 그것이 정통 전승인지 이차적인 전승인지, 초기의 사료인지 후기의 것인지, 믿을만한 전승인지 판단할 수 있다는 것이다. 한 작가가 말했듯이, "말 거래꾼이 말의 나이는 그 이를 들여다보고서 알아내듯이 양식 비평가는 복음의 이야기와 교훈의 연대를 그 형식을 보아서 알아낸다". 어느 기사가 오래 일수록 사료로서는 그것이 믿을 만한 것이다.

이런 방법론의 결과는 최소한의 매우 회의적이다. 불트만에게는 역사적인 근거는 주로 예수의 가르치심에 있고 그의 하신 일의 기록에는 없고 더구나 그의 품위의 묘사에는 없다. 예수께서 사시고, 또 분석한 끝에 그가 하셨다고 판정되는 여러 일들을 하셨다는 것은 그가 의심치는 않는다. 그러나 그 외는 모두 의심한다. 그는 이렇게 기록하고 있다. "초대 기독교 문헌은 예수의 생애와 인격에 대하여 관심을 표하지 않으며, 거기다 단편적이고 전실적이며, 또 예수에 대한 다른 자료는 존재치 않기 때문에 우리는 예수의 생애와 인격에 대하여는 거의 아무것도 알 수 없다고 생각 한다".

비 판

복음서가 항상 계속적인 사건의 연대기를 수록한 것이 아닌 것은 사실이나 그렇다고 양식 비평이 주장하듯이 그리스도의 생애에 대한 아무 믿을 만한 역사적인 개략이 없다고는 할 수 없다. 넓은 역사적인 개략의 범위 내에서 각 복음서 기자들은 자기 목적에 맞게 자료를 배열하였다. 복음서 기자들에게서 그들이 의도한 것이 역사적이 아니요 믿을 수 없다고 주장함도 빈약한 비평이다. 누가의 서문(눅 1:1-4)은 분명히 복음서 기자들이 그들의 이야기를 역사에 근거시키려는 관심을 가졌던 것을 보여준다. 그래서 복음서들은 기쁜 소식이다.

양식 비평은 복음서 저자들을 불공평하게 취급한다. 마태, 마가, 누가 등 겨우 문서 편집자로 전락시키고 복음서를 자가무순적인 기록으로 만든다. 복음서들은 그리스도에 대한 믿을 만한 증거들로서 기본적인 통일성을 가지고 있다. 실제로 여러 복음서가 예수의 생애에 대한 상이한 구조를 제시하는 것이 아니다. 오히려 각 복음서는 완전히 보존되지 못한 그리스도의 생애의 단일한 역사적 구조의 어떤 국민들에 대한 증거라 함이 옳다. 양식 비평은 복음 기록들의 통일성 내에서 구전의 다양성을 인정하지 않는다.

양식 비평은 기독교를 그리스도에게서 분리시킨다. 복음서들을 산출하는데 있어서 가장 창조적인 역할은 그리스도가 하지 않고 기독교계가 하였다는 것이 이 연구 방법의 일대 가설이다. 그러나 신약의 메시지는 사회에 중심한 것이 아니라 그리스도에게 하였다(고후 4:5). 교회는 바울이나 그의 동류 사도들과 같이 증인이요 창조자가 아니었다(고전 4:1-2). 그들의 주요 책임은 새 전승의 창조가 아니요 옛 전승의 보존과 선포였다.

양식 비평은 기독교를 사람들로부터 분리시킨다. 불트만과 그 아류는 초대 교회 안에서 예수에 대한 정확한 전승의 수호자로서의 사도들의 존재를 완전히 무시한다. 사도들은 기독교와 그리스도의 사실 및 교리들에 관한 권위 있는 보도의 출처였다. 사도행전 1장 21,22절은 사도들이 이 구전이 시행되던 기간에 복음전파상 행사했던 요령 있는 통제력을 두드러지게 들어낸다. 그들이 있으므로 양식 비평이 묘사하는 바로 그런 상황이 일어나는 것을 방지하려 하였었다. 사도들은 역사적 기독교 신앙의 지속성과 순수성을 위한 하나님의 보장이었다.

양식 비평은 역사적인 사실과 기록된 문서간의 시간적 간격이 얼마 안된다는 사실을 믿는 듯하다. 마가복음은 50년대가 아니면 60년대에 쓰여졌다. 바울은 30년대 중간에(갈 1:18) 그 전승의 이야기를 받았다. 복음서가 쓰여질 때 사도들과 목격자 중 다수가 생존하고 있었다. 믿는 사회의 사화나 신화의 수집, 창안, 순회의 시간이 어디 있단 말인가? 예수의 생애의 사건들은 공중의 눈에 숨기우지 아니하였었다(행 26:26). 기독교에 대하여 변호하거나 공격할 만한 증인들이 모두 있었다. 복음은 확인된 역사 가운데로 터져 나왔던 것이다. 양식 비평은 이것을 도무지 설명해 내지 못한다.

3) 비신화화 - 불트만의 메시지

주창자 : 불트만
연 대 : 1941년 이후

내 용

이 작업의 중심은 신약에서 두 가지 곧 ① 기독교 복음화 ② 신화적인 성격을 지닌 제1세기 세계관이 있다는 불트만의 주장이다. 불트만이 케뤼그마라 불리는 ("전파된 내용"이란 뜻을 가진 희랍어의 음역) 복음의 진수란 우리 현대인이 부딪혀 봐야 하며 더 축소할 수 없는 핵심이다. "그래서 현대인은 복음의 진수를 둘러싼 신화적인 얼개를 벗기고 케뤼그마를 찾아내는 일을 착수해야 한다". 불트만은 이 "신화적 얼개"는 아무래도 기독교적인 점이 없다고 한다.

"신화"란 과학 이전 시대의 특수화되지 않은 강화라고 불트만은 말한다. 세계의 됨됨을 객관적으로 제시하려는 것이 아니요, 인간이 스스로에 대한 인식을 표형 하려는데 신화의 목적이 있다. 신화는 인간의 이 자이해의 확신을 표현하기 위하여 이 세계로부터 취한 이미지와 용어를 사용한다. 그래서 제1세기에서 유대인은 세상을 하나님과 초자연적인 세력들에 열려진 것으로 이해하였다. 우주는 윗 하늘, 땅 그리고 땅 아래 지옥의 삼층으로 되었다고 알았다. 이것이 성경에 담겨진 세계관이라고 불트만은 주장한다. 자연 질서는 종종 초자연적 간섭을 받는 것으로 여겼다.

불트만은 신약에 있는 예수께 대한 이와 같은 표현은 모두 역사가 아니요 신화 곧 자신들을 더 잘 이해키 위하여 이런 신화를 창작한 사람들의 사고 형태일 뿐이라고 주장함을 기억해야 한다. 고로 이적이 아니요 병원을, 기도가 아니요 페니실린을 믿는 20세기인에게는 아무 효력이 없는 신화일 뿐이라는 것이다. 복음을 현대인에게 효과 있게 전하려면 우리는 신약에서 이 신화를 벗겨 내고 그 뒤에 있는 원래의 목적을 발견해 내도록 해야 한다. 이 발견해 내는 과정이 "비신화화"이다. 이 과정은 그 신화를 부인함이 아니라고 불트만은 말한다. 그것은 신화를 실존적으로 풀이하는 것, 곧 인간이 자기 존재를 이해하는 식으로, 현대인 자신이 이해할 수 있는 식으로 풀이하는 것을 뜻한다. 불트만은 이것을 독일 실존주의 철학자 마틴 하이데거의 개념을 사용하여 행한다. 그래서, 예컨대, 그리스도의 동정녀 탄생 신화는 신앙을 위한 예수의 의미를 표현하려는 시도라 한다. "그리스도는 하나님의 행동으로서, 우리에게 오신다는 것을 말한다". 그리스도의 십자가는 예수께서 타인을 위하여 대신 죄를 지은 것에 관하여 아무 의미도 없다. 오직 사람이 우리의 세속적인 안전을 모두 포기하고 초월적인 것에 의지하여 사는 새 삶, 새 실존을 취하는 상징으로써만 의미가 있다.

  마지막으로 신약신학의 기본적인 특징은 두 종류의 자이해를 주축으로 한다고 불트만은 말한다. 하나는 신앙밖의 생명이요, 또 하나는 신앙 안의 생명이다. 죄, 육, 공포 및 죽음 등의 술어는 신앙 밖의 생명에 대한 신화적 설명이다. 실존적인 용어를 쓰자면 이들은 감각적이요 가시적인 멸망할 현실들에 종된 생명을 뜻한다는 것이다. 반면에, 신앙 내의 생명은 가지적이요, 감각적인 현실에의 이 집착을 포기함을 의미한다. 그것은 또한 사람이 자신의 과거에서 헤어나와 하나님의 미래를 환영하는 것이다. 이것이 종말론의 유일한 진리라고 말한다. 진실된 종말론 생애는 결단과 순종을 통하여 계속적인 개과천선 중에 사는 것이라 한다.

비 판

  "비신화화"는 신정통주의와 같이 신약 자체와는 완전히 상충되는 실존주의라는 철학의 일파에 힘입은 바 크다. 후자가 그 자세에 있어서 철저히 하나님 중심이라면, 전자는 철저히 인간 중심이다. 신약이 인간 실존에 관하여 뭔가 말하도록 하려는 가운데 기거한 인간 중심의 범주를 사용함으로 하나님을 중심한 기독교의 성격을 왜곡시킬 뿐 아니라 인간을 본연의 모습 그대로 정확하게 이해시킬 유일한 중심을 잃고 말았다. 신약의 참 목적은 주권적인 하나님이 오셨음을 선포하는 것이며 그가 그리스도 안에서 오사 하나님의 형상으로서의 인간의 본연의 성질을 회복시켰다는 것을 선포하는 일이다. 신약의 중심은 하나님이지 사람이 아니다.

  "비신화화"는 역사에 근거한 기독교의 기초를 파괴한다. 성경의 종교가 신화에 기초한 종교가 된다. 페르만 리델보스는 평하되 불트만에 의하면 예수는 "성신으로 잉태치 아니 하사 동정녀 마리아에게 나시지 않고 본디오 빌라도에게 고난을 받으시고 십자가에 못 박혀 죽으시고 지옥에 내려가지 않으시고 제삼 일에 죽은 자 가운데서 살아나지 않으시고 하늘에 오르지 않으시고 하나님 우편에 앉아 계시지 않으시다가 산 자와 죽은 자를 심판하러 오시지 않으시리라"고 하였다. 불트만에 의하면 이런 말들은 그 말이 가리키는 자연스러운 뜻이 없다. 그들은 신화적이며 아무런 역사적이나 객관적인 실재성을 뜻하지 않는다. 삼위일체, 대속, 칭의, 및 성령의 일 등도 마찬가지라 한다.

원시 기독교는 그리스도의 인격과 사업의 영향으로 날인되었다. 교회와 그 신학의 발생에 대하여 달리는 설명할 도리가 없다. 그러나 불트만은 예수의 영향력을 무로 돌린다. 예수께 대한 확실한 회상이 그의 지상 생애와 복음 전파간의 짧은 기간 내에 실제적으로 말살되었거나 진압되었다고 가정한다. 그러한 회의주의는 지탱되기 어렵다. 선생인 예수는 그가 가르치신 제자의 집단보다 위대하였음을 기억해야 한다.

"비신화화"는 고전적인 자유주의와 같이 신약의 초자연주의에 관하여 과대한 회의주의에 이른다. 바로 이 이유로 그것은 종종 "신자유주의"라 불린다. 불트만의 작업은, 고전적인 기독교의 초자연주의의 완전 배제를 요구한다. 불트만의 작업은, 고전적인 기독교의 초자연주의의 완전 배제를 요구한다. 불트만이 신화라 부르는 모든 교리를 신약은 사실이라 부른다. 이 모든 소위는 불트만의 인간 중심적 사상과 일치한다. 오직 신약의 하나님 중심적 성격과 정반대이다.

복음의 적응성이 현대인에게 명백히 되리라는 불트만의 가상은 인간성의 부패를 간과한 것이다. 불신의 흑암을 몰아내고 죄인으로 복음을 보게 하는 것은 성령이요 "비신화화"가 아니다. 복음을 (좋은 소식이든 나쁜 소식이든) 자연인에게 적응하려고 아무리 애를 써도 "성령의 일은 미련하게 보일 것이다"(고전 2:14).

4) 구속사

주창자 : 오스카 쿨만
연　대 : 1959년 이후

내　용

이 파의 가장 강조하는 점은 역사 안에서의 하나님의 계시다. 시간은 사람의 구원을 그리스도 안에서 이루기 위하여 하나님께서 행하시는 투기장이다. 하나님의 계시와 구속은 역사적인 사실에 기초하였고 불트만이 주장하듯이 교회가 산출한 신화에 기초하지 않았다.

그러나 역사를 계시의 매개로 강조함은 성경이 기독교의 궁극적인 근거 자료가 아님을 뜻한다. 성경은 궁극적인 근거 자료의 기록일 뿐이요 그 실제 자체는 아니라고 한다. 동일한 학파에 속하는 구약 학자 죠지 어네스트 라이트의 말처럼, 계시는 역사적인 행위로 주어졌고 말로서 하지 아니하였다. 신약은 하나님의 행위 계시의 행동들에 대한 증거로서 이해할 것이다.

이 구속사의 중심 행위는 예수 그리스도가 구주로서 오신 초림이다. 모든 역사와 모든 시간은 세계적인 드라마요 예수 그리스도는 이 연극의 중심인물이다. 신약 시대의 유대인들은 메시아-구주의 오심을 세상의 임박한 종말의 선고로 바라보았으며 그 뒤에는 "오는 세대"의 영광이 도입될 역사의 중심으로 바라보았었다. 성경은 메시아는 나사렛 예수요 그 안에서 새 세대가 실제로 시작되었다고 확언한다.

이는 종말론에 대한 새로운 전망을 뜻한다. 클만에게는 종말론은 성육신으로부터 시작하여 재림으로 종결짓는 모든 구속 사건을 모두 총괄한다. 오는 세대의 축복들은 이미 그리스도의 일과 증거로 도입되었고 다만 그 완전 성취는 재림의 때 곧 하나님의 나라가 그 모든 권세와 영광중에 충만히 나타날 때를 기다리는 것뿐이다. 교회는 하나님의 구원 계획의 마지막 국면에 들어섰다. 최후 승리를 결정하는 싸움은 이미 일어났다. 이와 같이 모든 역사는 세계적인 드라마요 성경 역사의 좁은 선은 그 출연의 열쇠다. 복음의 거리끼는 바는 우리가 이 가냘픈 선의 거룩한 역사를 모든 역사의 실마리로 삼아야 한다는 주장이라고 쿨만은 말한다.

역사의 해석자는 그 역사가 하나가 되어야만 이 역사를 알 수 있다 한다. 구속사 학파가 신정통의 전제를 소유하였음이 여기서 특별히 보인다. 만일 이 역사의 탐구자가 이 역사에 신앙으로 참여치 않으면 역사는 역사로 남고 계시가 아니다. 성경 역사에 대하여 강조하는 데도 불구하고 이들은 여전히 "구원의 의미를 객관적으로 주어졌고 접근할 수 있는 것으로 보기를 주저한다. 그들은 여전히 종교적인 경험이나 결단을 계시의 지렛대로 여긴다".

비 판

비록 쿨만이 불트만이 양식비평의 회의적인 결과에 대하여 비판적이고 자기 스스로는 이 방법이 "우리를 역사적 예수께 가까이 이르게 한다"고 느끼지만, 동시에 그는 양식비평의 기술이 "초대 기독교 공동체가 그 표적이었던 예수에게서 일탈되었던 것을 확립한다"고 양보하여 버린다. 간단히 말하여 양식 비평은 성경이 초대 기독교 공동체의 산물이고 예수의 생애와 교훈에 대한 전적으로 믿을 만한 기사가 아님을 들어낸다. 불트만의 양식 비평의 활용에 대한 쿨만 자신의 비평에도 불구하고 궁극적으로는 자기도 가끔 이 방법을 사용하다가 성경과 하나님의 말씀을 분리시킨다. 예컨대, 그는 창조와 재밀의 성경 기사를 "신화들"이라 부른다. 그는 기록된 무오한 진리로서의 계시의 실재성을 완전히 인정하려 하지 않는다.

쿨만의 계시관과 관련하여, 그가 아직도 신정통의 주관주의에 강하게 의존함을 우리는 또한 주의해야 하겠다. 고전적인 개혁신학은 성령의 조명하는 일이 사람으로 하나님의 계시를 이해하는데 필요함을 주장해 왔다. 구속사 학자는 사람이 믿지 아니하면 그것은 계시도 아니라고 믿는다. 칼 에푸 에이취 헨리가 말했듯이 "그들은 계시의 의미에 대한 지식 가능성을 주관적인 결단에 걸어 두며 영감된 성경에 객관적으로 권위 있게 주어진 하나님의 진리와 교훈에서 계시를 분리시킨다".

하나님의 행위에만 계시의 매개를 국한시킴은 몇 가지 중요한 사실을 무시한다. ① 행위는 그 의미에 관하여 언어 계시가 동반치 않는 한 우리에게 잠잠할 뿐이다. ② 언어 계시의 무시는 진리의 전달이 구속사상 차지하는 위치를 간과한다. 존 머레이 교수가 지적 한 대로 구원은 전인의 구원이다. 이는 마음의 깨우침도 포함한다. "전달된 진리로 바르게 함이 없이, 생각과 마음에 두루 비취는 진리의 조명이 없이, 구원이 어떻게 생명의 전 영역에 효과를 미칠 것인가?" 성경은 이 수요에 충실하다. 구속사학파는 그렇지 못하다.

쿨만은 시간과 역사 철학을 그리스도 안에 건설한다. 그러나 그는 "그리스도의 일"을 너무 강조한 나머지 그리스도의 존재론적인 신성을 부주의하여 부인하며 따라서 성경의 그리스도를 부인한다. 그는 되풀이하여 신약이 그리스도의 존재론적 품위에 관하여 거의 아무 관심이 없다고 주장한다. 그렇다면 궁극적으로, 쿨만의 그리스도는 바르트의 그리스도와 마찬가지로 성경의 그리스도가 아니다.

이런 이유로 그는 기독교를 거의 극단적인 기독론적으로 만들어 그리스도 일원론으로 되게하며 (칼 바르트와 동일한 결함에 빠져) 부주의로 인하여 역사적인 기독교의 삼위일체 교리를 저버리는 위험에 직면한다. 초대교회의 신학이 기독론으로 짙게 물들어 있음이 사실이다(고후 13:13). 그러나 그것은 근본적으로 삼위일체 신학이었다(롬 8:31-39, 요 1:18, 고전 15:28,29).

5) 세속화신학
주장자 : 존 로빈슨
연　대 : 1963년 이후

내　용

세속화 신학자들은 이 세상의 문제들이 그리스도인들의 주된 관심사이어야 한다고 일치한다. 그들은 교회가 사회적 정치적 악을 제거하려 하지 못한 것을 합리화하려는 여러 가지 소위들을 통탕한다.

세속화 신학자들은 우리의 신학도 이 세속화 정신을 표현해야 한다고 대체적으로 일치한다. 하비 콕스는 이 이상 구식으로 존재론(본질이나 실체 같은 사상 등) 논하기를 그치고 기능에 대하여 능력적인 행동주의를 논하기 시작해야 한다고 주장한다.

세속화 신학자들은 교회와 세계의 구별은 철폐되어야 한다고 한다. 교회는 정치와 혁명에 활발히 참여해야 한다. 그곳이 바로 오늘날 하나님이 활동하시고 계신 곳이기 때문이라 한다. 이 의욕에 맞춰서 복음 전파도 새로운 의미를 띠게 된다. 사람을 부러 죄를 회개하고 그리스도를 믿으라 할 것이 아니다. 새 복음운동은 정치적인 활동이요 가난한 자를 위한 사회사업이다.

세속화 신학에는 초자연주의를 최소한으로 감축시키려는 노력이 있다. 예수를 하나님께 가까이 살았던 완전한 사람이라 하는 구식의 자유주의 견해가 소생하였다.

비 판

세속화 신학자들은 하나님과 세상과 사람에게 대한 성서적 증언을 심각하게 다루려 하지 않는다. 예를 들면, 로빈슨의 사상들은 성경의 신론에 대한 풍자만화일 뿐이다. 콜스의 책, 세속 도시는 성경 주석을 매우 어설프게 하고 있다.

세속화 신학자들은, 다소의 차이는 있으나 모두 현대 공학의 업적과 세속인의 사고방식을 무비판적으로 흠모한다. 세속화 신학은 현대의 죄의 실재를 간과함으로, 원자력을 개발하여서는 그 지식을 포탄을 만드는데 사용하며 매스콤의 기술을 습득하여 그 기술을 수천의 유대인을 나치 독가스 방에서 능률적으로 죽이는데 사용하는, 이 세상이 무서우리만큼 비뚤어진 사실을 지나치고 있다.

세속화 신학자들은 칸트 이래의 형이상학과 존재론에 대한 혐오심의 추세에 따라 독특한 교회의 "표지"를 사라지게 한다.

세속화 신학자들은 기독교를 재해석하면서 장차 오실 나라에 뿌리박고 있는 성경의 종말론을 일관되게 거절한다. 이들이 인정하는 유일한 실재의 나라는 현재 있는 나라다. 하늘나라는 현 세대의 마지막에 선과 악이 갈라질 때까지는 완전히 이뤄지지 않을 것이다.

이 모든 재해석의 배후에는 바르트와 불트만 및 쿨만같은 사람을 만들어 내는 계몽주의 사상 체계에 강하게 의존하는 근본적으로 인간 중심의 신약연구 태도가 있다. 그러므로 이 사상체계는 하나님의 중심이요, 그리스도 중심인 성경의 교훈을 잘 이해할 수 없는 체계다. 세속화 신학은 자율적인 인간의 사업과 미래를 중심한 나라를 논한다. 성경이 인정하는 나라는 오직 그리스도의 인격과 사업에 중심하고 결코 사람에게 하지 아니한다(마 11:11이하, 12:22이하). 마찬가지로 성경이 인정하는 그 나라의 일은 오직 하나님에 의하여 되고 사람에 의하여 되지 않는다(막 4:26-29).

6) 상황윤리

주창자 : 존 로빈슨
연　대 : 1963년 이후

내　용

상황윤리는 자체를 여러 면에서 "종래의 윤리"와 대조시킨다. 행위의 지침으로서 옛 도덕적 규율과 원칙에 대한 반작용으로 자처하고 나선다. 로빈슨은 옛 도덕은 연역적이어서 영원히 지켜야 하는 변치 않고 항상 있는 절대적인 표준으로부터 시작한다고 말한다.

새 도덕은 그 이름이 표현하듯이 "상황" 곧 현금의 철학자들이 "실존적인 실재"라 부르는 것을 강조한다. 행위가 원칙에 의해서가 아니고, 상황에 의하여 그릇된다고 한다. 이 견해에 의하면 기독교 윤리는 일정한 불변의 교훈의 체계가 아니다. 그런 체계로 보는 것은 계율주의적이요, 비인격적이라고 한다.

행위의 궁극적이고 유일한 표준은 윤리적인 준칙이 아니고 자아가 없는 희생적인 아가페의 사랑이라 한다. 이 사랑은 로빈슨이 (본훼퍼의 말을 빌어) "타인을 위한 사람"이라 부르고 예수의 모범을 따른 것이다. 로빈슨과 플레쳐에게는 본질적인 악은 사랑의 결여뿐이다. 본질적인 선은 사랑뿐이고 "그 외의 아무것도 아니다".

이 아가페 사랑은 좋아하든지 않든지 상관없이 이웃의 선을 원하는 것이다. 사랑은 감정적이거나 감상적인 윤리가 아니다. 그것은 태도나 의지의 윤리이므로 명할 수 있는 윤리다.

고전적인 기독교 윤리는 목적이 수단을 정당화하지 않는다고 선언한다. 대조적으로는 플레쳐 박사는 "목적만이 수단을 정당화한다"고 말한다. 어떤 목적이 있어 정당화 해주지 않으면 아무 행위도 의미 없다. 어떤 악한 방법이 좋은 목적을 무효케 하느냐? 상황윤리는 아니라 한다. 역시 그것은 모두 이 상대적인 세계에서 상황에 따른다. 예를 들면, "만일 어떤 가정에서 부모와 자녀의 정서적이고 영적인 복지상 이혼이 필요하다면 사랑의 원리는 그것을 요구한다".

비 판

도덕적인 판단을 하나님의 계명의 권위와 객관적인 도덕적 법칙에서 해방시키므로 이 새 도덕은 계속적으로 아가페를 에로스로 전락시키려 한다. 사랑의 내용은 율법이요, 그 내용과 분리되면 즉시 사랑으로서의 바로 그 성격까지 파괴된다. 바울이 가르친대로, 이웃에 대한 사랑은 율법에 의하여 알게 된다.

윤리적 의무를 순간순간의 직면과 반응으로 좁힘으로, 새 도덕은 일관되고 예측할 수 있는 형식의 생활을 기독교가 요구하는 것을 좌절시킨다.

전 도덕적 의무를 아가페 사랑으로 축소시킴으로 새 도덕은 사회정의에 대한 개인의 책임감을 반영하는데 실패하며 따라서 사회윤리에 대해 매우 주관적인 태도를 조장한다.

성경의 전 교훈은 우주의 주권적 도덕적인 주의 계시에서 분리시킴으로 그래서 그 교훈을 수정할 수 있는 지침의 위치로 전락시킴으로써, 그리고 또한 아가페 사랑만을 윤리생활의 고정된 내용이라 봄으로, 그것이 부분적으로 제한된 범위 내에서 성경에 의존함으로, 새 도덕은 의견상 공경한다는 성경 자체의 판단을 받게 된다.

새 도덕은 윤리이론을 초자연적인 창조주와 성경의 구속주로부터 분리시킨다. 하나님은 이제는 시비를 가리는 주권자가 아니요 단순히 "모든 존재의 근원"일 뿐이다. 이 상황윤리의 하나님은 너무 작고 제한되어 그의 사랑윤리에 대한 충분한 능력을 제공치 못한다. 그래서 새 도덕은 사랑에 대한 변론을 신화에 의존하여 하며 윤리를 위한 아무 견고한 근거를 제공치 못한다.

새 도덕은 성경의 예수를 재구성하며 예수께서 그의 제자들에게 계명을 주시고 이 계명에 대한 순종을 그들의 그에 대한 사랑의 시험으로 보신 복음서의 증거를(요 15:8-10, 14) 분명하게 배격한다. 이로써 새 도덕은 기독교 윤리를 본연의 모습대로 설명할 권리를 상실한다.

7) 소망의 신학

주창자 : 유르겐 몰트만
연　대 : 1965년 이후

내　용

몰트만의 "미래파 신학"을 이해하는 열쇠는 하나님이 시간의 과정에 굴복한다는 사상이다. 이 과정중에서, 하나님은 미래로 나아가는 시간의 일부이기 때문에 완전히 하나님이 아니다. 전통적인 기독교에서는 하나님과 예수 그리스도는, 무엇보다도, 시간밖에 서 계시다. 몰트만에 의하면, 성경의 하나님은 "미래를 그의 본질로서 가지는" 하나님이시다.

몰트만에 의하면 소망의 하나님께 대하여는 오직 기능적인 진술밖에 할 수 없다. 우리 하나님은 그의 약속을 이루시고 그러므로써 그의 통치를 수립할 때 하나님이 될 것이다. 하나님은 절대적이 아니다. 그는 미래에 대하여 약속하시는 신실하신 하나님이요, 자신이 미래에 의하여 결정된다.

몰트만에 의하면 모든 기독교 신학은 종말론에 의하여 형성되어야 한다. 그것은 전통적인 그리스도의 재림에 대한 대망이 아니라 한다. 몰트만은 해석하기를 미래에 대하여 열려진 것이요, 미래의 자유라 한다. 하나님이 이미 영원 가운데 존재하시는 초자연적인 영역이란 없다. 시간이 종국에 이르는 일정한 순간은 없다. 미래의 분량은 사람과 하나님에 다 같이 알려지지 않았다.

몰트만에 의하면 세상에는 하나님이 창조시에 주신 일정한 형식이나 구조가 없다. 전통적인 기독교 입장과는 정반대로 하나님께서 미래를 실현키 위하여 사용될 권위적인 형식을 설정하지 않으셨다고 몰트만은 주장한다. 미래는 자유를 말하며 자유는 상대성을 의미한다.

교회의 목적은 하나님이 우주적이고 사회적인 화목을 이루는 도구가 되는 것이다.

비 판

몰트만이 여러 신정통주의의 개념들을 비판하면서도 "말씀의 신학"만이 변증법적 신학에 대한 "적당한" 명칭이라는 전제로부터 출발한다. 실은 부라아텐이 논증하듯이 그는 바르트주의의 원칙들을 더욱 극심하게 적용한다. 바르트는 Historie-Geschichte의 변증법을 사용하여 종말론을 초연화하였다. 몰트만은 이 객관적인 역사의 영역에 대한 논쟁을 한 단계 더 추진하여 Historie의 "이미"를 부정하고 "아직"에 의하여 삼켜지는 역사관을 내세운다. 바르트의 전제들이 역사와 신앙간의 진정한 상관성을 파괴하여 버린다면 몰트만의 것은 역사 자체의 가능성까지 파괴하여 버렸다. 몰트만이 바르트에게 있다고 반대하는 칸트의 변증법이 스스로에게 덮친 것이다.

몰트만이 그의 신학을 "종말론"이니, "부활"이니, "완성"이니 하는 성경적 용어로 장식하지만 그의 체계는 그리스도에게 보다 마르크스주의에 더 힘입은 바 크다. 마르크스주의의 심장이 되는 변증법의 사상과 통하는 점이 신정통주의에 몰트만의 특생을 가미한 변증법적 진리 개념과 접촉점을 발견할만한 것이다.

몰트만의 종말관은 성경적 중심을 잃었다. 이 중심은 하나님이 자기 백성을 구하러 그리스도 안에서 오시는 것이다. 몰트만의 종말론의 중심에서는 예수 그리스도를 발견치 못한다. 그것은 인간이 미래를 내다보는 인간중심의 체계다. 그런 의미에서 몰트만의 사상을 종말론이라 하기보다 미래톤이라 보는 것이다.

8) 역사의 신학

주창자 : 올프하르트 판넨베르그
연　대 : 1964년 이후

내　용

몰트만과 같이 판넨베르그는 역사와 신앙의 기본적인 문제로 돌아가기를 주장한다. 불트만이 역사를 개인의 실존으로 용해시켜 버리는 것을 판넬베르그는 비평학적이요 역사적인 홍수에서 안전하리라고 생각되는 어떤 조역사적 항구로 도피하려는 것이라고 공격한다. 이뿐 아니라 바르트까지도 자기 신학을 전역사의 항구에 숨긴다고 비평을 받는다. "신앙은 그 역사적인 기초와 내용에서 분리된 케뤼그마로는 살 수 없다". 판넨베르그에 의하면 이런 일이 바로 바르트와 불트만이 하고 있는 짓이다. 케뤼그마에서 역사를 분리시킴으로, 그들은 신앙이 진리로 이르는 생명선을 제거한다.

판넨베르그는 하나님의 계시가 사람에게 이를 때에 직접으로 오는 것이 아니고 항상 역사적 사건을 통하여 간접적으로 온다고 주장한다.

그리고 계시가 일어나는 이 역사는 신앙으로만 알 수 있는 특별한 구속의 계시가 아니라 한다.(Heilsgeschichte 학파는 그렇다고 주장한다) 하나님의 현현 같은 하나님의 직접적이요 특별한 계시도 없고 오직 역사적인 행동을 통한 간접적 계시만 있다고 판넨베르그는 말한다.

그리하여 보편적인 역사만이 계시의 매개체가 된다. 역사의 어느 특별한 부분이나 줄기가 아니라 역사 전체가 하나님의 교사다.

역사의 의미는 (쿨만이 가르친 대로) 그 중심에서가 아니요, 그 종국에 가서야 만 발견케 된다. 그 종국은 그리스도의 부활에서 미리 앞당겨 일어났다. 판넨베르그에 의하면 그리스도의 부활은 세계 종국에 일어날 사건들의 선행적 계시였으므로, 부활은 역사 전체를 파악하도록 한다. 그것은 역사상 모든 것을 이해하는 열쇠다. 이 강조로 인하여 판넨베르그의 사상을 "부활의 신학"이라 부르게 했다.

몰트만과는 달리 판넬베르그는 대체로 부활을 비신화화하려 하지 않는다고 말한다. 그래서 그것을 역사적인 사건이라 부르기를 주저치 않는다. 그는 교회의 부활신앙이 (불트만이 가르치는 대로) 조직된 신화가 아닐 뿐 아니라 부활은(Heilsgeschichte파와 반대로) 역사적으로 증명할 수 있음을 확신한다고 한다. 복음의 부활 이야기들을 순전히 사도들의 상상의 산물이라 설명하기를 거절한다.

비 판

비록 판넨베르그가 신앙과 역사의 관계에 대한 바르트와 불트만의 입장을 공격하지만, 여러 면에서 판넨베르그는 여전히 신정통주의의 상속자요 그 적수와는 멀다. 신정통과 한가지로, 그는 실재에 대한 견해를 "칸트의 실천이성의 우위 사상에서 나오는 것과 실질적으로 동일한 견해를 가진다. 그것은 문예부흥가의 견해다. 판넨베르그의 신학에 의하면 역사상에 진노에서 은혜로의 인정이 없다". 비록 그가 계시에 있어서 바르트의 변증법을 단되하며 계시는 역사적인 사건의 형식으로 객관적이라 주장하나 계시가 역사적인 사건의 형식으로 객관적이요, 개념에 있어서는 아니라고 말함으로 그는 여전히 변증법적인 분리를 보존하고 있다.

　이 변증법으로 인하여, 판넨베르그의 전 성경을 계시와 동일시하기를 거부하는 이론이 나온다. 그래서 그는 신정통주의와 보조를 맞춰서 많은 부정적인 역사적 비평의 결과를 받아들인다. 그는 동정녀 탄생은 신화라고 거듭거듭 주장한다. 예수의 신성을 표현하는 명칭들은 초대 교회의 창작으로 거슬러 올라가 예수의 입에 담겨준 것이라는 불트만의 주장과 일치한다.

　그의 부활론 역시 몇 가지 중대한 흠을 지닌다. 부활기사들을 완전히 신뢰할 만한 것으로 받아들이지 않는다. 여기서도 역시 복음서의 부정확한 것, 전설적인 자료 등을 찾을 수 있다고 주장한다. 판넨베르그의 이 입장은, 모처럼 오른 손으로 쌓아올린 것을 왼 손으로 부시는 격이다. 그것은 예수의 부활에 관한 성경기사들 간에 모순이 내재함을 가정한다. 더욱 나쁜 것은, 예수께서 자신과 자신의 부활에 관하여 잘못 생각했다고 생각해야만 되는 것이다. 그것은 또한 복음서와 바울의 서신 중에는 그리스도의 부활과 그의 심판을 위한 재림간에 지체하는 긴 기간이 있다는 여러 증인들이 있음을 지나친다(참고, 마 24:42, 50, 25:1-14, 막 8:38, 고전 1:7, 4:5).

　판넨베르그는 신앙을 역사적 탐구를 통하여 알 수 있는 역사에만 의존시킴으로 보통 사람은 스스로는 믿을 수 없고 오직 역사가의 권위에 승복하는 때만 믿을 수 있다는 생각을 따르게 된다. 이렇게 해서 판넨베르그는 신앙의 최종적인 단계를 순박한 신자의 손에 두지 않고 수집한 자료의 신빙성을 입증하는 신학자의 손에 두고 만다.

9) 진화론의 신학
　주창자 : 떼이야르
　연　대 : 1950년대 후기에서 1960년대 중기까지

내 용

떼이야르 사상의 출발점은 그가 "모든 사실을 조명하는 빛이요, 모든 선이 좇아 갈 곡곡"이라 부르는 진화다. 지구는 최소한 오십억년 이전에 형성되었고 아마도 100억년은 넘지 않으리라 한다. 그때 이래 그 진화 과정은 계속되었을 것이다.

이 진화 과정은 그가 "복잡한 성향의 법칙"이라 부르는 법칙을 따라 진행된다. 물질은 원소의 미립자가 원자로, 원자가 미분자로, 미분자가 산세포로, 세포가 다세포 유기체로 점점 복잡하게 되어 가려는 성질이 있다는 것이다. 떼이야르는 1920년에 "정신권"이란 새 말을 발명하였다. 그는 진화의 다음 단계 곧 지상에 "마음의 층"의 형성을 가르치는데 그 말을 썼다. 그는 이 단계가 세계 역사상 가장 중요한 단계라고 한다. 그는 이를 "인간화"라고도 부른다. 이 단계에서 진화 과정은 스스로를 의식하게 되고, 사람은 선두에 서게 되었다.

진화론의 이 단계에서 떼이야르는 신학을 끌어들여 진화의 미래 과정을 예고한다. 그는 전 진화 과정을 원소의 미립자에서 시작하여 하나님 안에서 만물이 초인격적으로 통일되는, 그가 오메가 포인트라 부르는 데로 합치는 것을 보았다. 이 견해로는 하나님은 만유의 동인이라기보다 만물은 자기 안에서 완성으로 이끄는 목적인 밖에 되지 않는다. 이 단계가 하나님이 "만유 안에 계시"게 되는 때요(고전 15:28), "고등한 형태의 범신론", "완전한 통일의 기대요, 각 원소가 우주와 동시에 그 완성에 이르는 놀라운 차원의 종말"의 때라 한다.

이 진화 과정의 중심이요 그 내적 원리는 그리스도라 한다. 어느 주석가가 말했듯이 그리스도는 "진화 과정의 끝에 서 있는 오메가 포인트를 과정의 중심에 투영한 것이다. 그리스도는 그것을 우리 가운데 실현시킴으로 우리에게 그 실재를 확신시킨다". 성찬 배수와 봉헌의 항구적인 집행으로 그리스도는 지상의 전 생명체를 자기에게 모은다. 우주는 연합의 법칙을 준봉하여 그리스도 안에서의 중심들의 종합으로 자체를 실현한다.

중심인 그리스도, 오메가 포인트에로의 이 운동은 사랑의 과정이다. 사랑은 사람에게만 독특한 것이 아니고 모든 생명체의 일반적인 속성 곧 존재와 존재간의 친화력이라고 떼이야르는 말한다. 사랑은 세력에 끌려서 세계의 파편들은 서로를 찾아서 마침내 세계가 존재하게 된다.

비 판

떼이야르의 설계의 근본적 오류는 토마스의 사상에 일반적으로 흐르며, 자기 자신의 것의 특징인 자연과 은총으로서의 양분이다. 각 분야마다 계시의 근원이 다르다. 이는 한 중심에서 출발하는 동인들을 주장하는 기독교 신앙과는 맞지 않는다.

다른 진화론들과 같이, 그의 진화론의 변호는, 여전히, 생명의 기원을 하나님의 명령 창조로 돌리는 성경의 묘사(창 1장)와 분명히 상치된다. 창조된 생물의 "종류"(창 1:21, 24, 25)에서 여러 갈래의 종의 발달 가능성을 인정한다. 그러나 이러한 인정은 결코 창조에 대한 성경적 제시를 약화시킨다고 느껴지지 않는다.

다른 진화론들과 같이, 떼이야르의 사상도 역시 인간이 진화의 과정을 통하여 그의 참 위엄과 영적 완성에 이른다고 가상한다. 이것은 은혜의 계시에 정반대다.

우주가 형성도상에 있는 그리스도의 유기적 몸이라는 떼이야르의 견해는 적어도 두 가지 큰 결함을 나타낸다. 곧 기능적이요, 유기체적인 창조물의 신격화와 성경의 그리스도를 어떤 신비적인 우주적 그리스도로 만드는 신화같은 변형이다. 결국, 우리는 세상과 예수 그리스도를 모두 잃게 된다.

10) 과정 신학

주창자 : 챨스 하트쇼온
연　대 : 1950년 후반에서 1960년 후반

내 용

떼이야르와 같이, 과정 신학자들도 그들의 종말을 가져올 출발점을 택한다. 현대인의 존재들 곧 자율적이며 독립적인 자연과 그 세상을 자신의 범주에 예속시키는 인간의 자유의 종합, 자멸적인 이 종합이 그들의 출발점인 것이다. 이 경우 이 인간적 범주들은 신학적이다. 그러나 이 신학적인 범주들이 형이상학을 반대하는 칸트의 선입주견으로 형성되어 신학적인 범주도 하나님이 주신 것 그대로가 아니요 자율적인 인간이 요리할 수 있는 범주로 격하시키고 만다. 이런 정신으로 과정 신학자들은 우주위에 초월하신 존재라는 성경적인 신관을 거부한다. 그대신 그들은 만사가 "하나님 안에서" 일어난다고 한다. 어떤 작가가 말했듯이, "하나님은 존재라기보다 진화의 배후에 있는 동력이다. 항상 역사와 자연의 모든 것 가운데 나타난다". 바로 이 기본적인 개념에서 이 새 경향에 대한 이름인 "과정" 신학이 나왔다.

과정 신학자들은 하나님의 주권을 약화시킨다. 하나님은 "우주의 공동 창조자"라고 화이트해드는 말한다. 하나님의 창조는 계속적인 진화 과정이요, 질서와 인간이 그 미래를 결정하는 자유의 공존이라 한다.

비 판

그들 과정 신학은 인격적인 존재로서의 하나님이란 생각을 말소시키려 한다. 하나님은 사물 총체의 주된 국면으로 되어 버린다. 하나님이 "실재물"이라 인정해 주며, 그리고 하트 쇼온은 하나님을 선선히 "살아 있는 인격체"라 정의하지만 곧 이어서 덧붙이기를, "인격체라 할 때는 화이트 해드가 '인격적으로 정리된' 연속적인 경험들이라 한 것 이상을 뜻 할 수 있을까?" 한다. 성경의 인격적인 하나님은 자신을 계시하시고 자시의 능력으로 말씀하시고 행하시며 자기 목적들을 조리 있게 선포하신다. 과정 신학의 하나님은, "인격적으로 정리된 연속적인 경험들..." 이며 인간경험에서 얻은 유추에 근거하여 요청된 지적 개념일 뿐이다.

과정 신학이 그 신론에 성경적 색체를 나타내려 애쓰지만 이것은 그

체계의 기초가 되지 못하고 겉치레 밖에 못된다. 칼 헨리는 이렇게 평한다. "그러나, 창조는 진화가 되며, 구속은 관련이, 부활은 개선이 된다. 초자연적인 것은 저버리고 이적은 사라지며 성경의 살아 계신 하나님은 내재적인 동인들 속에 묻혀 버린다". 이런 배경에서 볼 때 그리스도는 세계 내에서의 하나님의 활동의 상징에 불과하게 보이고 "뚫고 들어온 간섭"(그들의 말을 써서)이 아니라 그는 사람이요, 하나님이 그 안에서 일을 하신(역사 하신) 분이고, 성육신하신 하나님은 아니시다. 그리스도의 육신의 부활 교리는 주장할 수 없다고 과정 신학자는 말한다. 왜냐하면 그리스도의 부활은 "하나님이 강제하신 것이 될 것이다. 인간의 자유의 지나 자연의 정상적인 과정들은 하나님의 강제에 복속하거나 간섭을 받지 않는다"고 한다.

　과정 신학은 하나님의 초월성을 인정한다는 말을 그의 초자연성과 절대적인 초월성을 부임함으로 스스로 부인한다. 하나님은 모든 실재의 한 국면에 불과하다. 하트쇼온이 말하듯이, "하나님은 말 그대로 우주를 포함한다". 여러 지도적인 신학자들이 하나님과 세상을 동일시하는 범신론을 반대하나 세상은 하나님께 필수적인 것이라고 항상 하나님의 활동을 제한한다. 이 사상을 표현키 위하여 그들은 범신내주의란 새말(만사가 "하나님 안에서" 일어난다는 뜻으로)을 지어냈다.

　과정 신학은 하나님의 사랑을 택한 자인 예수를 통하여 온 인류에게 퍼지는 우주의 법칙으로 변질시킨다(널리 퍼진 신정통주의의 주제다). 뉴욕 유니온 신학교 교수 윌리암스는 하나님의 사랑에 대한 성경 교훈을 부인하면서 특별히 이 점을 강조했다. 그는 또한 보편적 구원교리를 다시 연구해야 할 것이라 비치기도 했다. 이와 관련하여 피텐거는 인간이 하나님께 영원히 가치 있으며 혹시 불가결하기까지 할 것이라 생각한다. 그렇다면 칼 헨리와 함께, 하나님께서 인간이 창조되기 전에는 어떻게 그처럼 잘 지내셨는지 물어 보고 싶어지는 것이다.

11) 존재의 신학

주창자 : 폴 틸리히
연　대 : 1955년 이후

내　용
　무엇이 우리의 궁극적인 관심사가 돼야 할 것인가? "우리의 궁극적인 관심은 우리로 존재나 비존재가 되도록 결정하는 것이다". 우리는 우리가 우리 존재 자체, 전인간 실재, 실존의 구조, 의미 및 목적 등을 멸하거나 구할 힘이 있다고 믿는 것에 궁극적으로 관심을 가지는 것이다. 이 궁극적인 것은 존재 자체이며 우리가 전통적으로 하나님이라 불러오던 것이다.
　틸리히에게는, 하나님은 어떤 사물도 아니고 어느 존재자도 아니다. 하나님은 존재 이상이며 사물들 이상이다. 하나님은 존재 자체요 존재의 능력이며 존재의 근거다. 하나님을 최고의 존재로 간주하는 것까지도 그를 피조물의 차원으로 떨어뜨리는 일이 된다. 같은 모양으로, 하나님의 존재를 긍정하는 것은 그것을 부정하는 것이나 똑같이 무신론적이라고 틸리히는 말한다. 왜냐하면 존재(Being) 자체는 존재(existence)를 초월하기 때문이라고 한다. 동일한 이해에서 틸리히는 죄를 존재와 존재로부터 멀어지는 것이란 기준에서 재정을 한다. 고전적인 죄의 개념은 현대의 생활에 긴장을 초래했을 뿐이다. 죄의 참 정의는 우리 존재의 근거에서 멀어지는 것이라 해야 하리라 한다.
　틸리히에 의하면, 그리스도는 멀어진 것이 극복된 상징이요, 하나님과의 연합을 파괴하려는 모든 소외의 세력이 그 안에서 소멸된 "새 존재"(The New Being)의 상징이다.
　사람은 어떻게 이 존재로부터의 소외의 극복에 참례하는가? 전통적인 해답인 중생, 칭의 및 성화는 재해석된다. 중생은 새 존재를 가져오는 자로서 "예수 안에 나타난 새로운 현실속으로 끌려 들어온 상태"가 된다. 칭의는 인격적인 하나님의 주권적인 행위가 아니요, 인간이 자신의 여러 불리한 점에도 불구하고 용납되었다는 것을 표시하는 상징이다. 성화도 새 존재의 능력이 교회의 내외부를 막론하고, 인격과 공동체를 변화시키는 과정으로 모든 존재의 근거에 대한 추구의 해답이 된다고 한다. 인간은 그의 실존적인 갈등을 치료하며 자신과 타인과 존재의 근거에서의 소외를 극복하는 자기 이상의 힘에 의하여 찾은바 되었다.

비 판

성경이 계시된 하나님의 말씀임을 거부하는, 이 세대에 공통된, 과오가 틸리히의 실패에 기본적이다. 현대인의 깊은 실존적 문제들을 분석하려는 노력 중에 틸리히는 철학으로 성경을 대치하였다. 틸리히의 근본적인 오류는, 비평가 케네스 해밀톤이 책한 것처럼 신학을 철학으로 대치시킨 것이 아니다. 그의 오류는 하나님의 말씀을 사람의 말로 대치시킨 것이다.

틸리히의 "상관관계의 원칙"은 철학이 인간 상황을 정확히 분석할 수 있다고 변론하나 "구원받은" 이성만이 상황에 대한 해결을 밝히 볼 수 있다. 틸리히는 인간 이성의 중립성을 너무나 쉽게 가상한다. 어떻게 기독교 신앙에 부딪히지 않은 철학적 이성이 인간 실존의 구조와 의미를 정확히 들어낸단 말인가? 바울은 그리스도 없는 이성은 닦아야 할 더러운 유리창임을 깨우쳐 준다. 더러운 유리창은, 틸리히의 이론과는 달리, 빛을 들여보내지 않는 법이다.

틸리히의 신론은 성경교리와 거의 아무 관계가 없다. 그가 어떻게 "하나님"이란 말을 기독교적인 의미로 쓸 수 있는지 의문이다. "그의 하나님은 삼위일체 하나님이라 하기 어렵다. 그것은 우리가 알고 있는 전통적인 의미에서 인격적이 아니다. 전역에 미치는 이성적인 능력일지언정 의사를 전달하며 또 사람이 사귈 수 있는 인격이 아니다. 틸리히의 존재에 대한 사상은 이 세상의 한 국면일지언정 세상을 초월하며 독립하여 있는 하나님은 아니다". 창조주와 피조물 간에 있는 성경적 구별이 틸리히의 체계에서는 사라진다.

틸리히의 기독론은 예수를 하나의 상징으로 떨어뜨린다. 예수는 스스로는 아무것도 아니다. 중요한 것은 단지 "그는 그의 죽음까지 신비에 대하여 투명하였다. 그리고 그의 죽음은 그의 명료성의 최종적 현시였다는 것뿐이다". 결국 그의 기독론은 "힌두교인이나 불교도인에게 받아들여질 만한 물탄 맛 잃은 기독론이다. 그들은 예수 자신만이 그리스도였고 지금도 그리스도며 영원히 그러리라는 사실만을 제외하고는 그들이 틸리히의 이론 중 모두를 받아들일 수 있을 것이다".

틸리히의 구원론은 살아계신 하나님과 아무 관계가 없는 실존주의 상황 묘사하는 또 하나의 상징이란 것 외에는 아무 구체적인 의미가 없다. 그리스도의 죽음 및 부활이란 "상징들"을 "묵상"함으로 새로운 자아로 깨우쳐 준다는 것을 말하는 셈이다. 기독교 신앙에 투신하지 않는 자들도 틸리히의 방법을 부처나 공자를 묵상하는데 적용하여 동일한 구원의 능력을 발견할 수 있다. 틸리히는 껍질은 취하고 알맹이는 버린다.

12) 신비주의

내 용

그 중심 되는 특징은 성경 이외의 특별 계시를 받는 것이다. 신비주의자는 이르기를 성경은 단지 계시의 증거로서 하나님의 임재가 나타나서 죄인과의 대화중에서 특별 계시가 되도록 하기를 기다리고 있는 것이라 하리라.

객관적인 표준을 잃고서 신비주의는 주관주의와 정서주의를 고조한다. 신비주의는 보통 기성 교회를 헐며 한 지도자 중심이다.

신비주의는 종종 신기한 것을 강조한다. 성령의 은사 중에서도 평범한 것이 아니고 특별한 은사를 강조한다. 부흥사는 외친다. "은혜! 환상! 기사! 방언!"하고, 기사가 강조되고 때로는 소위 방언의 은사도 강조된다. 아프리카의 새 "그리스도 혼합주의 종교들"의 역사에서는 병고치는 사람은 이적 행하는 자들임을 발견한다.

　신비주의는 종말론을 제한된 의미로 강조한다. 성경의 권위를 인정하는 편에 기우는 신비주의자들은 그리스도의 재림의 사건들에 극히 제한된 종말론을 주장하는데 흔히 이 사건을 둘러싼 세부적인 사실을 면밀히 연구하는데 몰두하며 구원보다는 심판을 주로 강조한다.

　성경권위의 규제들에서 훨씬 먼 신비주의자들은 그리스도의 재림에 대한 언급이 다 떨어져 나간 종말론을 붙들고 있다.

비　판

　신비주의가 성경을 떠나서 특별 계시를 강조함은 "하나님의 말씀은 어떻게 우리가 그를 영화롭게 하고 즐거워 할 것을 지시하는 유일한 규칙"인 것을 잊고 있다. 성경이 우리가 살아가는데 꼭 알아야만 할 하나님의 뜻 밖에 더 알려주지 못할지 모른다. 그러나 하나님의 뜻을 우리는 성경에서 밖에 찾지 못한다.

　신비주의는 우리가 정서를 사용할 때는 균형을 유지해야 함을 잊는다. 신비주의는 감정이 우리의 신앙을 좌우하게 한다. 반대로 신앙이 우리의 감정을 좌우해야 한다.

　신비주의가 성경의 종말론의 어떤 특징만을 강조함은 성경의 균형을 왜곡시킨다. 성서적 종말론의 중심은 죄인의 심판도 하나님의 백성의 구원도 아니요, 몰트만이나 불트만 식으로, 성경의 전망을 현재의 관심사에 국한시키는 어느 과정표도 아니다. 종말론의 중심은 하나님이 그리스도 안에서 능력과 영광으로 오심이다.

13) 경건주의

　주창자 : 빌립 스페너
　연　대 : 1675년 이후

내　용

경건주의는 생명 없고 비인격적인 종교에 대한 산 신앙의 항의로서 일어났다. 스페너의 책을 통하여 당대의 약점들이 분석되었다. 부패한 학습, 세상적인 교직자, 형식주의, 선교열의 결여 등, 다섯가지 시정책이 제출되었다. ① 하나님의 말씀의 광범한 사용 ② 영적 제사장직의 부지런한 시행 ③ 믿음을 전파할 것 ④ 토론에서 사랑의 정신을 나타낼 것 ⑤ 신학도들의 경건훈련과 목자가 되는 훈련

비 판

그 체험에 대한 강조는 쉽사리 주관주의와 때로는 신비주의에까지 전락할 위험이 있다. 감정이 경건주의에서는 강조된 나머지 지성의 역할은 막대한 타격을 받았다. 경건주의는 영력과 지력을 균형 있게 유지하지를 못했다. 그 결과로, 경건주의는 신학적인 세력으로서는 그 때나 지금이나 비교적 메마른 채 남아 있다.

그것은 정치, 사회 혹은 노동의 분야에서의 기독교 신앙의 광범위한 의무를 보지 못한다. 경건주의는 종종 교리를 무시하고 실제적인 것을 너무 강조한다. 이 교리적 무관심이 WCC에 나타난 에큐메니칼 운동의 발달에 한몫 하였다.

경건주의는 역사적으로 "교회내의 작은 교회"를 배출하는 경향이 있어 왔으며, 소란과 영적인 교만에 빠질 위험성이 있다.

경건주의는 성경 읽기와 기도와 교회출석을 충분한 그리스도인의 생활의 실행인 것처럼, 그 내용으로 삼도록 하려는 경향이 있다. 기독교인 생활의 정의를 교회 건물의 네 벽과 일정한 학습을 금하는 것에 한정하려는 경향은 "신령한 생활"에 대한 추상적인 견해를 낳게 된다.

14) 세대주의

주창자 : 존 넬슨
연 대 : 19세기

내 용

세대주의자들은 (역사적 전천년실주의자들과는 달리) 항상 그 성경의 문자적 해석을 고집한다. 그들은 그들이 하는 것과 똑같은 정도의 여자적 성경해석을 하지 않는 자들을 "영적 해석자" 또는 "비유적 해석자"라고 책한다. 이와 관련하여 그들은 모든 예언의 약속의 무조건적인 여자적 성취를 고집한다.

뭐든 구약 예언은 여자적으로 풀이해야 되므로 세대주의는 (역사적으로 전천년설과 달리) 구약의 이스라엘과 신약의 교회간에 아무 관계도 인정치 않는다.

세대주의는 (역사적 전천녀설과는 달리) 인간을 다스리는 하나님의 역사는 일곱의 다른 세대들의 역사라고 한다. 각 세대마다 하나님은 인간을 다른 책임 하에 두시며, 각 세대마다, 사단을 다른 방법으로 취급하신다. 우리는 지금 은혜 세대 중에 있으며 이 기간은 마지막 세계, 그 나라(천년왕국)까지 미치리라 한다.

이와같이 신약의 은혜세대에서는 신약의 하나님의 백성을 매는 율법에 대한 계시는 없다고 변론한다. 그러므로 은혜의 세대에 있는 우리는 십계명을 삶과 신앙의 준칙으로 순복할 의무가 없다. 은혜세대에서는, 사람들은 다만 회개하고 믿음으로 그리스도께 돌아가기만 하면 된다. 율법의 세대에서는 그들은 다만 율법을 순종하기만 하면 되었다.

비 판

성경의 여자적 해석을 맹렬히 강조한 나머지 그들은 성경 자체가 때로는 다른 부분의 성경을 여자적이 아니요, 영적으로 해석함을 잊고 있다.

세대주의자들은, 신약에 의하면, 교회는 "새이스라엘"이요(롬 9:6, 갈 6:16), 유대인이요(롬 2:28-29), "아브라함의 씨"요(갈 3:29), 시온(벧전 2:6, 히 12:22)임을 잊고 있다. 그리스도의 피에 씻은 자들은 새로운 "열두지파"(약 1:1)와 만국 중에 "흩어진 나그네"(벧전 1:1)가 되었다.

세대주의는 율법과 은혜를 예리하게 구분하여 은혜의 영원성과 율법의 양구성을 무너뜨린다. 성경을 일곱세대로 나눔은 은혜로 말미암아 믿음을 통하여(히 11:1 이하)라는 하나님의 구원방식의 통일성을 크게 무시하는 경향이 있다.

세대주의는 하나님의 나라가 순전히 미래라는 사상을 지나치게 강조하고 하나님의 나라가 그리스도 안에서 지금도 현존하는 사실(마 12:28, 눅 17:21)을 무시한다.

교회가, 불신자에게는 알려짐 없이, 비밀히 끌어 올린다는 세대주의 사상은 데살로니가전서 4장 16-17절의 가르침과는 완전히 반대된다. 성경이 말하는 바, "호령", "천사장 소리", "하나님의 나팔" 등이 있을 때는 비밀이 있을 수 없다.

15) 근본주의

내 용

19세기 계몽주의와 이성주의 과학주의를 배경으로 발생한 자유주의 비평가들에 대하여 근본주의는 다시금 주장하기 위하여 일어났다. 그러므로 어떤 의미에서 항의의 운동이지만 그 항의들은 자유주의 비평의 부정주의와 파괴성에 대한 것이었다. 반작용이라 함은 그 초기의 분발을 지칭하기에는 더 적절한 표현이리라.

미국 신학교들과 기독교 출판사들, 표라들의 지도층들이 자유주의에 넘어가고 있음을 알고서, 근본주의는 연례 사경회, 대중전도집회, 보수주의적인 성경학교와 신학교의 수립, 외지 선교부 및 전도와 선교의 새로운 강조등을 통하여 맞서고 나섰다. 1909년에는 The Fundamentals(근본 요소들)이란 제목으로 12권의 총서가 나와서 초자연적 기독교의 옹호자들의 광범위한 관심을 반영하였다. 총 90편의 논문이 이 총서에 들어있는데 그중 29편은 성경의 권위 문제에 대한 것이었다. 이 저작의 정신은 초기 근본주의 정신을 잘 대표하여 침착하고 결의에 찼으며 단순히 근본적인 진리들을 재천명하려는 것이었다. 교리 적으로 수다한 요소들이 이 초기 근본주의에 있었다. 이 운동은 칼빈주의자와 알마니안 주의자, 침례교도와 장로교도들을 망라하였다. 제대주의자들도 이 운동의 강한 지도자들이었다. 최근 한 작가가 이 총서에 든 90편의 논문중 31의 저자들이 세대주의의 추종자들로 규명했다. 신학적 배경의 다양성은 놀랄 만하다. 공동의 자유주의 적이 그들을 19세기와 20세기 초까지 단합하여 가도록 했다.

비 판

근본주의가 신학적으로 광범위하게 다양한 견해의 융합이었기 때문에 그것은 정세한 기독교 교리의 작성에 대한 무관심을 오히려 권장했고 "교리 차이를 논의하는데 대한 일종의 의도적인 기간유예"를 선포한 셈이었다. "그 결과 신학 연구에 깊이 몰두하는 일이 결여되었다".

경건주의와 세대주의의 영향으로, 근본주의 운동은 "하나님의 뜻 전체"를 축소시키고 기독교 계시를 문화와 사회생활에 연관시키려 하지 않는 경향이었다. 근본주의가 기독교를 세계 및 인생관으로 내세우려는 관심이 없었다는 말이 아니다. 그러나 기독교 신앙을 개인적인 경건에만 국한시키려는 위험은 여실하였으며 칼빈주의 권내에서 살던 초기 지도자들은 이것을 예리하게 느꼈다.

근본주의가 주장하는 교회내의 불신에 대한 성경적인 징계의 요구 및 교회의 순결성에 대한 성경적 호소는 비성경적인 부정주의와 독고주의로 악화될 위험성이 있었다. 불행하게도 이 위험이 비록 분립하라는 외침에 내재하여 있지는 아니하였으나 1930년대가 지난 후 근본주의의 어떤 영역에서는 현실로 되었다.

16) 신 근본주의

주창자 : 웨스터민스터 신학교의 메이천 후계자들을 중심으로
연　대 : 1930년대 이후

내 용

20세기 초두 미국에서 일어난 근본주의라 부르는 운동은 성경적 기독교의 선포와 변호를 위하여 연합된 무리였다. 그러나 그것은 매우 다양한 요소들로 구성된 연합이었다. 경건주의와 세대주의, 칼빈주의와 알미니안주의, 감독교회와 독립교회가 연합군을 이루었다. 특별히 2차 대전 직전 십여년 간에 이 폭발적인 요소들이 그들의 적에 대한 투쟁 중 잠잠하다가, 이제는 끓어오르고 상호간 마찰이 일기 시작했다. 탈퇴하는 일, 입장을 바꾸는 일 등이 있었다. 이 모든 일로부터 새로운 혼합 혹은 옛 요소들의 배합상의 변화로 인하여 "보수" 신학내에 새로운 경향이 생겼다. 이 변천을 우리는 신 근본주의라 부른다.

비 판

초기 근본주의와 같이 신 근본주의는 복음을 전파하고 옹호하기를 도모한다. 그러나 옹호하려는 면이 점점 더 전파하려는 면보다 우세하다. 적극적-부정적 자세에서 과도히 부정적인 자세로, 당당한 싸움에서 사사로운 다툼으로, 은혜로움과 예의에서 질책의 언어로, 운동에서 인물로 그 대체적인 기운이 돌아간다.

신 근본주의는 교회의 불가지적 통이성을 강조한 나머지 실질적으로는 교회의 가시적 통일성을 경시하여 하나는 가시적, 다른 하나는 불가시적인 두 개의 교회를 만들어 낸다. 신 근본주의자에게는 성경의 특이성을 순전히 영적이요, 불가시적인 통일성이어서, 교회 통일에 과한 모든 의무는 불가견적 통일성의 관념에 대하여 단순히 고개를 끄덕이는 것으로 수행케 된다.

신 근본주의는 초기 근본주의를 따라 개인적 및 사회적 윤리문제는 궁극적으로 성령의 사역을 통하여 개개인이 초자연적 중생을 경험함으로만(요 3:35) 해결된다고 정당하게 주장하였다. 그리고 이 운동은 금주운동, 구조작업, 병원, 고아원, 세계의 가난한 자들 구제운동 등에 그 사회적 관심을 표시한다. 그러나 흔히 개인윤리 문제를 윤리적으로 지탄을 받을지도 모를 의견적인 일을 금하는 것에 국한시키며 가정, 직업, 여가 등 기독교적 행위 양식에 대하여 좀더 깊은 연구를 하지 않는다. 그것의 현금 사회 문제에 대한 해답은 간단한 구호나 부정위주의 문제 회피에 전락하곤 한다.

17) 신 복음주의
주창자 : 칼 헨리
연　대 : 1948년 이후

내　용

근본주의와 같이 신 복음주의도 항의에 근원을 둔다. 그러나 이 경우에는, 항의가 자유주의 신학과 아울러 복음주의 신학에도 똑같이 강하게 향하였다. 크리스치애니티 투데이의 전 편집자요 이 운동의 창시자인 칼 헨리는 신학으로서의 고전적인 근본주의가 부정적이고 반동적인 정신(우리가 신 근본주의라 부른)으로 미묘하게 변천하였다고 느꼈다. 이 후기 단계, 이 신 근본주의가 근본주의로 하여금 정당한 신학의 위치에서 실격시켰다고 한다. 헨리와 그 외 사람들은 근본주의가 고전적인 기독교의 충실한 표현으로서 포기할 수 없는 것임을 알았다. 그들이 버리고자 한 것은 근본주의의 참 뜻을 정당하게 반영하지 않는 특징들이었다. "신학적 역사적 전망의 결여, 교리 표현의 모호성, 학자적 자질의 결여, 적절한 문서 운동의 결여, 반 교파주의, 세대주의의 입장에서는 일, 문화나 사회와의 관련 결여, 반도적인 부정주의 및 쟁투, 복음을 개인적인 종교체험으로 축소시킴" 등등이었다.

동시에 이러한 새로운 강조점 중에서도 많은 점에 있어서 신 정통주의가 더 좋은 해답을 줄 수 없었음을 알고 있었다. 현재 메사추세츠주의 골든-콘웰 신학교의 교장인 오켕가 박사가 1958년에 언급한 것과 같이 "신 복음주의가 성경의 권위를 받아드린다고 선언하므로 신 정통주의는 현대주의자들이 받아드린 교리 체계에 반대하여 전적으로 정통적인 교리 체계를 수락하므로 자유주의자와의 관계를 단절하고 있다".

비 판

신 복음주의는 자증하시는 그리스도와 완전히 일치하는 변증을 하지 않는다. 로날드 내쉬는 이 운동의 주요 인물들, 칼 헨리, 에드워드 카넬, 고오든 클라크, 버나드 램 등이 말하는 바에 공동의 의취가 있음을 잘 보았다. 그러나 이것이 "전제주의"라고 불러져야 할 것인지, 코넬리우스 밴틸리 이름을 이들과 함께 관련시킬 수 있는지 그리고 마지막으로 그들이 "18세기와 19세기의 버틀러, 페일리 및 기타 인물들의 변증의 방법의 기초와 다른 기초위에 선" 기독교의 변증을 하고 있는가를 입증키 어려운 가상들이다.

반면에, 이 모두는 하나님에게서 출발함의 중요성을 주장하며, 신 토마스주의의 "자연신학"의 가상들을 거절하려 하며, 신앙이 현대과학의 자연주의 가운데서까지 행사하는 역할을 강조하려 한다. 그런데도 불구하고 밴틸이 자기 입장과 이 사람들 사이에 거리를 두면서 누누이 천명한대로 이들은 이상의 원칙들과 아울러 "비 모순의 법칙"이나 "진리를 시험하는 이성의 작용으로서의 논리"(고든 클라크)나 "희랍 유신론"(칼 헨리)을 그들이 사용하는 범주로 혹은 전제들로 강조한다. 그래서 바로 이 점에 인류의 변증학의 기본적인 약점이 있다. "그것은 저급한 형의 비기독교 사상을 반대키 위하여 고급한 형의 비기독교와 손을 잡고 그리고서는 나아가 최고급형의 비기독교 사상도 제공치 못하는 더 높고 더 독특한 것에 이르려는 시도다. 이 방법의 난점은 최고 형식의 비기독교 사상도 최저급의 비기독교 사상과 동일한 기초 위에 서 있는 사실이다. 이 기초는 자존인체, 스스로 해석이 가능한 체하는 인간이다. 최저급의 비기독교 사상 못지않게 최고급의 형식도 세계와 인간이 하나님에 의하여 창조되지 않고, 우연에 의하여 전재한다고 가상한다. 만일 이것이 참이라면 사람이 신의 존재를 위한 변론을 구성하는데 사용하겠다고 생각하는 논리적 추리의 법칙들 자체도 우연의 소산이다. '조직적인 연관성'이란 관념이 모두 무의미할 뿐이다".

18) 개혁주의 신학
주창자 : 존 칼빈 - 프린스턴 신학을 중심으로
연   대 : 16세기 이후

내 용

개혁주의 신학은 존 칼빈에 의하여 16세기에 제네바에서 시작되어 크게 두 가지의 지류를 형성 발전하였다. 유럽 대륙으로 확산되어 발전한 개혁주의 신학은 주로 그 신학적 주도권을 화란이 개혁 교회가 관장하여 아브라함 카이퍼와 헤르만 바빙크에 의하여 그 신학적 절정을 이루었다. 이들의 신학적 전통은 미국 이민자들에 의하여 미시칸 주에 있는 칼빈신학교에 의하여 계승되었다.

또 한편으로는 영국으로 건너 간 개혁주의 신학은 웨스턴민스터 신앙고백으로 널리 확산 되었고, 미국 이민자들을 통하여 1706년에 미국 장로교회 첫 노회를 설립한 이래 이민 신학의 주류를 형성하여 왔다. 회중 교회나 독립노선을 따르는 자, 침례교회, 청교도를 모두가 개혁주의 신학의 동조자들이었다.

장로교회는 1812년에 프린스턴 신학을 설립하여 꾸준히 목회자 배출 면에서 뿐만 아니라 신학적 공헌은 단연 주도적 역할을 계속하였다.

프린스턴 신학의 영향은 신학적인 면에서뿐만 아니라 사회적인 면에서도 지대하였다. No11은 프린스턴 신학이 미국 사회에 끼친 영향을 노함에 있어서 19세기 문화 형성에 프린스턴 신학자들의 공헌을 분명하게 지적하고 있다. 프린스턴 신학은 첫 교수 Archbald Alexamder에 의하여 시작된 이래 1세기가 넘도록 변함없이 개혁주의 신학을 공식적인 신학체계로 삼아 단일성을 유지하여 왔다.

프린스턴 신학이라고 불리는 신학 체계는 19세기 초엽에서 20세기

초반기까지 한 세기 동안 유지되었다. 이 신학의 특색은 그 단일성에 있었다.

"이 신학교에서는 절대로 새로운 사상이 나온 적이 없다는 것을 나는 두려워하지 않는다"고 핫지는 자신의 교수직 50주기 기념회에서 단언하였다. 이러한 단일성이 그토록 오랫동안 유지된 이유는 이 학교의 신학자들이 보여 준 계대적 전통 계승이란 내면적 충성심에서도 찾을 수 있겠으나 그 보다도 그들이 믿었던 객관적 교리관의 일치에서 찾아야 할 것이다. 프린스턴은 처음부터 개혁주의 교리 체계를 신학의 기초로 하였다. 1904년에 워필드는 그 교리적 기반을 이렇게 공언하였다.

"칼빈주의는 교리적으로 순수한 고백 종교다. 우리는 교회적 순수성을 강조하며 오직 그것은 칼빈주의이다."

"칼빈주의적인 것을 배제하고 지상에 참 종교는 없다. 본질상으로나 의미상으로 칼빈주의 적일 때만이 참 종교라 할 수 있다."

흔히들 프린스턴 신학을 성경의 권위를 높인 계시관과 스코틀랜드의 상식 철학으로만 규정지으려 하는 것은 프린스턴의 심자의 고동을 다 듣지 못하는 원거리 측정 때문이리라. 신학의 특색은 개혁주의 신학에서 발산하는 보다 광범한 세계관이었다. 19세기 미국 문화 전반에 그토록 깊이, 그리고 널리 영향을 끼친 프린스턴 신학은 오늘의 미국 복음주의 교계뿐만 아니라 한국을 비롯한 전세계 교계에도 지울 수 없는 영향을 함께 끼치고도 남았다.

프린스턴 신학의 단일성에서 학문적 발전을 이룰 수 없다는 일반적 오해를 깨뜨린 적성이다. 개혁주의 자체가 성경의 기본적 교리의 토대 위에서 항상 주어진 콘텍스트(Context)를 분성하고 텍스트를 적용함에 있어서 개혁과 발전이 있어야 함을 주장하고 있다. 그 점에서 존 칼빈은 훌륭한 개혁주의자였고 프린스턴의 교수들도 그 뒤를 따른 셈이다.

비 판

메이첸, 루이스 뺄콥, 워필드 등으로 일컬어지는 프린스턴 신학은 그들의 순수성과 단일성에도 불구하고 몇 가지 오류들을 남기고 말았다. 그것은 기독교의 논리적 진리를 변호하는데 급급해 믿음에 있어서 성령의 사역의 우의성 강조에 미흡했다는 것과 순결을 사모하고 사랑하는 신학적 의지가 결국 교회의 분리로 연결되는 불행을 초래하고 말았다는 것이다.

또한 개혁주의의 전통을 중시한 나머지 개혁주의가 내포하는 개혁적 암시를 외면하였다. 반드시 칼빈이나 카이퍼나 바벵크만이 신학의 최고봉에 오른 신학자일 수는 없다. 개혁주의 신학은 단순한 기존 신학의 변호와 보수에 그 사명을 다하는 것이 아니라 성경에 비추어 창의적인 발전을 거듭하는데 그 특색이 있는 것이다.

19) 흑인 해방 신학

주창자 : 제임스 H. 콘
연　대 : 1960년대

내　용
1) 해방신학 개요

새로운 해방 신학은 세계 곳곳에서 증가하는 세속적 해방운동들의 물결로부터 나타난다. 이 운동들은 인종, 성, 사회경제적 관심을 포함하는 넓은 영역에 걸쳐 있다. 유색(흑색, 갈색, 적색) 인종의 세력을 위한 운동들은 그 자신의 인종의 온전한 존엄성과 기회 보장을 주장하고 있다. 동등한 봉급 문제로부터 낙태의 권리에 이르기까지 제반 문제들을 다투는 다방면의 영성운동들은 문화 제도와 남성 정신의 기초까지 흔들고 있다. 라틴 아메리카, 아시아 그리고 아프리카에 사는 제3세계 국민들은 식민지적 통치와 자본주의의 지배하에서 벗어나려고 투쟁하고 있다. 비록 그들의 특별한 투쟁들이 서로 다르지만, 이 해방 운동들은 근본적으로 공통된 목적을 가지고 있다. 그들은 완전히 구체화된 실존의 자유를 추구하고 있다. 특히 이것은 뼈에 사무치는 빈곤, 고질적인 질병, 암담한 무지 그리고 경제적 착취의 속박에 대항하는 제3세계의 투쟁 가운데 명백히 나타난다. 그러나 신체적 혁명은 단지 인종운동과 여성운동에 구심점을 두고 있다. 흑인, 멕시코계, 미국인 그리고 인디언의 반란처럼, 여성 해방론자들의 반발은 자기 신분의 추구로 간주되어야 하며 뿐만 아니라 육체적 생활의 다른 방식들에 대한 온전한 용납을 지향하는 육체 의식의 표현으로 평가되어야 한다. 즐거운 해방에서 어두운 해방에 이르기까지, 이러한 핵심적 혁명으로부터 새로이 생겨난 덜 유명한 많은 운동들에 대해서도 같은 말을 할 수 있다. 압박당하는 각 집단의 일원들은 그들 자신의 몸과 세상을 충분히 소유하기 위해 투쟁하고 있다.

2) 흑인 해방 신학

60년대에 시민권 운동은 백인과 흑인 모두에게 종교적 관심의 문제였다. 마틴 루터 킹(Martin Luther King, Jr)가 남주 기독교 지도자 협의회에 속한 다른 흑인 목사들은 남부의 인종 차별을 몰아내기 위한 소극적 저항 전략의 선봉들이었다. 많은 백인 목사와 평신도가 양 인종 단결의 극적인 법률 제정을 위한 그들의 투쟁에 참가하였다. 그러나 60년대가 지나가자 검은 색에 대한 새로운 이미지가 생기기 시작했다. 말콤 엑스(Malcolm X)는 흑인 모슬렘으로 개종하고 있었고, 스토클리 카미첼은 블랙 파우어를 선포하고 있었다. 랩 브라운은 억압당하는 흑인을 위해 백인 교회로부터 보상을 요구하고 있었으며, 알버트 클리그 목사는 블랙경제, 종교적 열기로부터, 신학적 체제를 흔들고 기독교회를 자극시킨 새로운 신학이 나왔다. 뉴욕시에 있는 유니온 신학교 교수 제임스 콘은 "예수와 흑인혁명"이라는 책을 발간하였다. 이 저서에서 그는 블랙파우어의 가장 과격한 표현도 기독교에 반대되는 것이 아니며 오히려 "20세기의 미국에 대한 그리스도의 중심적 메시지"라고 주장하였다. 5년 내에 흑인 신학은 중요하고도 영향력 있는 신학 운동을 자리잡았다.

"흑인 해방 신학"에서 조직적으로 상술되고, "피압박자의 하나님"에서 역사적 전망으로 설명된 콘의 신학은 확실히 혁명을 요구하는 격렬하고도 열정적인 호소이다. 백인들로 충분히 들을 수 있는 만큼 큰 목소리로 흑인들에게 말하면서, 콘은 이미 진행되고 있는 흑인 혁명에 대해 기독교적 사상이 행동에 전적으로 헌신할 것을 요청하고 있다. 그에게 있어서 해방은 "흑인들이 필요하다고 생각하는 어떤 것"을 의미하기 때문에 이러한 헌신이 폭력을 수반할 수도 있다는 사실에 대해 그는 의문의 여지를 남겨 놓지 않는다. 더욱이 모든 그릇된 타계주의와 영성에 대항하여, 콘은 흑인 혁명이 경제, 사회, 정치적으로 노예화된 흑인을 해방시키는데 헌신하는 육체적 혁명이라는 사실을 분명히 하고 있다. "흑인 신학은 현세의 신학이다".

콘의 혁명 요청은 두 가지 근본적 전제에 의존하고 있다. - 하나는 기독교가 언제나 해방의 종교였다는 것이요, 다른 하나는 신학이 항상 정의를 위한 피압박 집단의 투쟁의 관점에서 복음을 해석해야 한다는 것이다. 피압박자를 해방시키는 일에 관심이 없는 신앙은 그리스도의 신앙이 아니다. 이러한 전제들에 비추어 볼 때, 북미의 기독교 신앙과 신학은 - 억압과 해방이 없다. 콘의 말대로, "흑인 신학은 기독교 신학이요, 아마도 미국의 기독교 신학의 유일한 표현일 것이다".

20) 여성 해방 신학
주창자 : 메리 댈리(Mary Daly)
연　대 : 1960년대

내　용
60년대의 혁명적 격동 중에는 성적(性的) 차원도 있었다. 이 혁명이 지닌 가장 분명하고도 주목할 만한 형태는 본래 성관계의 영역에 있었다. 그 "반항하는 육체들"은 공적인 정숙함으로 방책을 공격했으며 은밀한 죄는 좀처럼 놀라운 것이 아니었다. 그 공격이 오랫동안 진행되었지만 그러나 어느 누구도 그것이 60년대에 닦아 놓은 길로 뛰어든 "성혁명"을 위해 준비되어 있지 않았다. 매체와 예술에 있어서의 새로운 성 개방과 대화와 교제에서의 새로운 성적 자유는 - 성적 관습은 아닐지라도 - 성에 대한 인식을 깊이 변화시켰다. 성에 대한 새로운 관용성에 제동을 걸고자 했던 사람들에게도 성은 인간에게 선한 것으로 여겨지게 되었다.

그러나 동시에 깊은 차원에서, 남녀 양성 간의 관계에 대해 훨씬 더 급진적이고 영향력이 강한 혁명이 진행되고 있었다. 동일한 사회학적 기술적 변화들(도시화와 기동성, 교육과 풍요, 알약과 페니실린)로부터 싹텄지만, 이 "여성의 반항"은 매우 다른 종류의 성혁명이었다. 베티 프리댄의 "여성의 신비"는 미국 여성에 대한 "행복한 가정 주부"라는 상투적 문구를 비신화화하면서, 그것은 남성의 이익을 위해 유지된 경제적, 심리적 함정이라고 언급했다. 케이트 밀메트의 "성의 정치학"은 성적 혁명의 문화와 문학에 대한 비평적 연구를 통해서 모든 관계 가운데 있는 여성을 억누르는 남성의 은밀한 힘과 지배를 폭로시켰다. 시몬느 드 보봐르의 방대한 저서 "제2의 성"은 역사, 인류학, 생물학, 심리학, 철학, 신학의 문헌에 대한 상세한 연구를 통하여 여자를 싫어하는 원인과 그 결과를 자세하게 분류하였다. 이 여성들과 그들의 작품들은 종교를 포함해서 현대 세계에서의 여성의 개인적이고 사회적인 실종에 그 초점과 슬로우건을 두고 있다. 교회는 주저하지 않고 여권주의 저서 "교회와 제2의 성"에서 기독교의 성차별주의적 태도와 관습을 연구함으로써, 1968년 대중의 주목을 끌었다. 그 이후 댈리는 여성해방신학의 가장 뚜렷하고도 급진적인 옹호자의 한 사람으로 여성해방 신학의 중심에 있어 왔다.

댈리는 뛰어난 효과와 완숙한 기술로 여성해방론자 혁명의 논리와 언어를 사용한다. 세상은 범주적으로 피압박자(여성)와 압박자(남성)로 나뉘어진다. 궁극적으로 남성은 "성적 계급제도 저편"의 그녀가 계획한 인간 공동체에 동참하지만, 댈리는 "영성의 생명을 단축시키고 짓눌러 온" 사회질서와 상직체계에 대해 남성이 책임을 져야 마땅하다고 본다. 전체적인 개인의 신분과 사회적 실재를 결정하는 성적 계급제도의 가해자와 은인으로서 남성은 문제점을 발견하거나 해결할 능력이 없다. 해방은 여성들이 "적그리스도, 반교회, 반세계"적인 자매관계 의식으로 "결속"할 때만이, 시작될 수 있는 것이다. 해방은 인간의 삶과 세계가 가부장 제도의 "약탈"로부터 단번에 벗어날 때만 달성될 것이다.

21) 라틴 아메리카의 해방신학
주창자 : 구스타보 구티에레즈(Gustavo Gutierrez)
연　대 : 1970년대

내　용
　금세기의 중반기가 다 되도록 광대한 인구와 영토를 가진 소위 저개발 국가들은 볼직적으로 이 혁명의 현대화된 영향을 받지 못한 채로 남아 있었다. 그러나 지난 20-30년 동안에 정치적, 경제적 혁명이 재개발국 내에서도 상당히 일어나게 되었다. 때로는 일치단결하여 행동하기도 하고 대부분은 단독으로 행동하기도 하는 소위 "제3세계"(Third Wold)라고 불리게 된 나라들은 점점 더 서구 유럽과 북부의 "제1세계" 자본주의 국가들에게 대항하여 점차 투쟁적인 자세를 취하게 되었다. 그들은 종종 사회주의 체제인 "제2세계"의 부추김을 받아 투쟁하기도 했다. 지난 10년 동안 이러한 충돌은 세계적 계급투쟁의 정도를 나타내었다. 라틴 아메리카에서는 이러한 혁명적 활동이 어느 곳에서 보다도 활발하게 전개되었다. 현대화되고 산업화된 자본주의 국가의 신민들에 의하여 더욱 더 명백하게 드러나게 된 라틴 아메리카 빈민들의 극심한 곤경은 수많은 혁명적 폭동을 일으키고 또한 혁명을 수출할 수 있는 "상품"으로 만들 정도로 폭 넓은 민중의 지지를 받아 활기를 띠게 되었다.
　이러한 격동으로부터 해방신학운동에 속하는 것이 분명한 새로운 신학이 등장하였다. 흑인신학과 마찬가지로 그 신학은 억압이라는 특별한 배경으로부터 발생하고 있다. 여성해방신학과 마찬가지로 새로 발생한 그 신학은 이러한 억압적 조건들의 역전은 기독교 신앙과 행위의 의미 심장한 수정을 요구할 것이라고 주장하고 있다. 흑인신학과 여성 해방신학과 마찬가지로, 새로 발생한 그 신학은 한가지 특별한 형태의 억압으로부터 해방시킴으로써 육체적으로 압박당하는 모든 자들에게 자유를 약속하고 있다. 그러나 이 경우에 있어서 계급적 억압은 다른 모든 형태의 인간 속박의 본보기요 근원적 원인으로 간주된다. 더욱이 그 신학은 라틴 아메리카의 경제적, 정치적 해방을 위한 투쟁에서 발생하기 때문에, 그 신학은 특수한 역사로 특정 지워지며 그러한 투쟁을 필요로 한다. 그럼에도 불구하고 이 "라틴 아메리카의 해방신학"은 국내에서처럼 국외에서 상당한 관심과 논쟁을 불러 일으켰다. 이 운동의 중심인물은 페루의 목사인 구수타보 구티에레즈이다. 그의 저서 "해방 신학"은 라틴 아메리카의 해방운동에 가장 큰 영향력을 끼쳤다.

구티에레즈의 신학은, 대부분의 라틴 아메리카 해방신학들과 마찬가지로, 신학적인 내용의 문제들에 있어서 새로운 입장을 거의 벗어나지 않는다. 그의 성서 주해와 신학적 체계화는 최근의 유럽 학문을 되풀이하여 반영하고 있다. 그러나 구티에레즈는 신학이 그동안 취해왔던 방법을 근본적으로 변경시키고 있다. 그는 이러한 새로운 방법을 신조어인 "정통관계"라는 용어로 약술하고 있다. "정통관례"로서의 신학은 신앙의 기본적인 축을 올바른 지식(정통-교리)에서 올바른 행동(정통-관례)으로 전이시키고 있다. 구티에레즈는 신학이 진리를 체계화(공식화)하는데는 관심을 써왔으면서도 너무 오랫동안 생활의 변화에 대해서 무관심해 왔다고 생각한다. 그는 신학을 인류학으로 격하시키거나 교리를 윤리학으로 위축시키는 것이 아니라, 신학의 관심을 "해방의 역사적 관례"에 기울이고 있다. 이는 라틴 아메리카 대륙에서 진행되고 있는 정치적, 경제적 혁명을 위한 특별한 신학적 승인과 지침을 제공한다는 것을 의미한다. 이는 모든 형태의 계급적 억압에 신앙의 "말씀"과 혁명의 "행위"를 전하는 것을 의미한다.

구티에레즈는 라틴 아메리카의 경우에서 신학이 해방의 과정으로부터 유기적으로 자라나는 것을 본다. 그는 이러한 라틴 아메리카의 해방신학이 아직도 많은 발전과정을 필요로한다는 사실을 인정한다. 라틴 아메리카의 상황에서 사회질서에 대한 보다 더 완전한 과학적 분석과 인간의 미래에 대한 더욱 더 과감한 역사적 통찰력과 기독교적 상징에 대한 보다 더 분명한 종교적 이해가 요구되고 있다. 한층 더 중요한 것은 억압받는 자들 스스로가 이 신학이 라틴 아메리카의 상황을 향해 진실하게 울려 퍼지는 것을 그들 자신의 언어로 들어야만 한다. 그러나 이 모든 한계에도 불구하고 그티에레즈는 라틴 아메리카의 해방신학이 진리의 말씀을 지역 교회와 우주적 교회에 전하고 있다고 믿고 있다. 라틴 아메리카는 사회적 불평등과 혁명적 봉기에 의해 분열된 세계와 교회의 축소판이다. 그런 까닭에 기독교의 의미와 교회의 선교에 대한 문제는 라틴 아메리카에서나 세계에서나 동일한 것이다. 그러나 그 질문을 제기할 용기는 만약 대답할 권리가 없다면 고난과 폭동이 만연하고 있는 대륙의 교회에서만 발견될 수 있는지도 모른다. 그러므로 라틴 아메리카의, 라틴 아메리카를 위한 해방신학은 세계의, 세계를 위한 신학인 것이다.

비 판

해방신학은 노골적인 비판을 받고 있다. - 종종 해방신학 자체와 같이 귀에 거슬리고 단어적인 목소리로 비판을 받았다. 앞에서도 지적했듯이 해방신학의 혼돈 비평가들은 해방신학을 그 자체가 공격했던 바, 인종이나 성별 혹은 계급의 편견을 똑같이 범한 신학으로 간단히 간주해 버리고 있다. 그러나 덜 변호적이고 철저한 비판들은 또한 이 세운 신학자들에서도 상당한 단점을 발견하고 있다. 해방신학이 몰두했던바 사회적 자유와 육체적 삶이 문제시되었던 것처럼 해방신학이 주장한 대결과 폭언의 방법도 통상 의문시되고 있다. 해방신학이 특정한 중요

주제에 대하여 강조했던 점도 자주 비판을 받고 있는데, 해방신학이 강조했던 주제는 죄의 사회적 근원, 해방의 정치적 차원, 관련의 상황구조, 자유의 유토피아적 이상, 교리의 윤리적 사용, 예배의 사회적 관련성, 폭력의 도덕적 정당화, 성서의 발전적 지도법에 의한 사용이다. 그러나 가장 중점적으로 비판을 받고 있는 문제는 해방신학이 억압받는 자와 억압하는 자를 너무 명확하게 구분했다는 점이다. 비평가들은 이러한 이분법을 위험하다고 보는 점에 있어서 거의 일치하고 있다. 만일 해방신학이 인종이나 성별 또는 계급의 억압보다 더 보편적인 토대 위에 그 자체가 매우 엄하게 비판했던 바와 같이 이러한 이데올로기적 얼룩과 사회적 편협성들로부터 벗어날 수 없을 것이다. 해방신학이 인종적 견지이건 여성 해방론적 견지이건 아니면 제3세계적 견지에서건 그 어느 것에서건 그 어느 것에서 기인했든지, 만일 억압하는 자들과 억압받는 자들을 자유케 하겠다는 해방신학의 약속이 실현되려고 한다면, 해방신학은 전 인류의 해방을 위해 논의하는 관점을 세워야 할 것이다.

22) 놀이의 신학

주창자 : 휴고 라너(Hugo Rahner), 하비 코스(Harvey Cox),
　　　　로버트 니일(Robert Nieale)
연　대 : 1969년 이후

내 용
원시인과 원시 집단에 있어서 놀이와 종교의 원래적 관계는 종교와 문화역사가들 사이에는 평범한 것이 되었다. 운동, 게임, 연극 이 모든 것은 고대 신화와 의식에 그 기원을 가지고 있다. 이러한 초기의 관계들은 물론 수세기가 지나면서 융합되어 버렸고, 그러한 놀이가 이젠 더 이상 명백한 종교적 기능과 내용을 갖느지 않게 되었다. 그러한 오해를 인정한다 하더라도, 수많은 현대의 종교 사상가들은 놀이는 은연중에 종교적 구조와 의미를 가지고 있다고 확신한다. 놀이꾼은 항상 한 세계에서 나와서 다른 세계로 나아간다. 놀이 세계가 원칙상 삶의 일상절인 규칙과 역할에서 자유롭게 해줄 뿐만 아니라, 공간과 시간의 한계 자체까지도 지연될 수 있다. 그러한 모든 놀이 속에 은연중에 들어 있는 것이 종교인에 의하여 묘사되고 경험되는 것과 다르지 않은 "초월적 우주"의 경험이다. 놀이 속에 경험된 세계가, 어떤 의미에서, 종교적 세계인가, 또는 단지 종교적 세계와 같은 것인가 하는 것은 이러한 사상을 탐구하는 종교적 사상가들 가운데 상당한 견해 차이를 보이고 있다. 어떤 사람은 놀이 자체는 전통적 사상가들 가운데 상당한 견해 차이를 보이고 있다. 어떤 사람은 놀이 자체는 전통적 경건과 단지 정도차이만 있는 초월의 종교적 경험이라고 주장하고, 다른 사람은 놀이를 신학적으로 주장하는 것을 다소 삼가기도 한다. 비록 일작적인 놀이와 본래적 신앙이 삶과 사상의 다른 영역에 있기는 하지만, 놀이는 초월을 기독교적으로 경험하는 데에 새로운 가능성과 새로운 모험을 준다고 주장한다. 기독교적 놀이의 신학은 후자를 말하는 것이다.

 기독교적 놀이의 신학도 통상적 전략에 의하여 같은 구속력 하에 있다. 그들은 모두 기독교 신앙은 놀이 현상으로서 재해석한다. 그들은 모드 놀이의 익숙한 구조와 놀이의 역동성에서 이끌어 낸 통찰력을 괴롭고 애매한 신학에 적용한다. 그들은 물론, 이 계획을 실현하는 방법에 있어서 상당히 다르다. 한 가지 예를 들면 놀이를 본뜬 이치에 맞는 신학적 진술을 염려만큼 전개할 것이냐에 있어서 서로 다르다. 노동의 대리부분의 감정적이고 미완성적인 것으로, 단지 놀이 신학을 투영하는 바탕일 따름이다. 또 다른 차이는 이론적인 관심이 우세한가, 실천적인 관심이 우세하느냐의 문제이다. 어떤 놀이신학자는 주로 언어상의 신앙의 놀이에 관심이 있다. - 즉 그들은 신학적 대화에 있어서 하나님께 적용할 수 있으며, 인간이 어떻게 신앙의 새로운 방법을 명랑하게 개발시킬 수 있을까를 추구한다. 다른 놀이 신학자들은 행동에 있어서 신앙의 놀이에 더 관심을 갖는다. - 즉 그들은 기독교적 생활에 놀이의 의미와 동기를 적용하는 실천적 결과를 시험한다. 그들은 예배의식과 삶에 적용되는 놀이의 경험이 어떻게 현대를 사는 기독교인으로서 행동하는 새로운 방법을 가리키는 가를 보여준다. 종교적 신화화 의식에 놀이의 기원이 있음을 유의하는 다른 학자들은 신앙의 "말놀이"와 "몸놀이"가 어떻게 함께 보존 될 수 있는가를 보여준다.

비 판

대부분의 비평 등은 두 가지 중요한 쟁점에 대한 공격이다. 즉 "놀이-노동"과 "놀이-실재"의 문제이다. 비평가들은 노동이 불가피하게 보일 때에라도 모든 종류의 노동에 대한 놀이 신학의 계속적인 부정적 견해에 나처해진다. 만약 본래적으로 인간적으로 종교적인 모든 것이 놀이로 이해된다면, 그 어떤 것도 놀이와 같은 것은 더 이상 없게 될 것이다. 노동과 놀이는 신학자들이 발견한 것만큼 서로 대립됨이 없이도 전혀 다를 수 있다. 해설가들도 놀이신학에 있어서 "놀이세상"의 실재에 관한 문제점과 "놀이다운 것"의 진리에 관한 문제점에 마찬가지로 난처해진다. 이러한 식으로 종교를 놀이와 동화시키는 것이 신앙이 사실적 과학자들과 회의적 철학자들에게서 받은 난폭한 대접을 피할 수는 있으나, 그것은 또한 유치한 마술과 비현실적인 것을 갈망하는 환상의 손아귀에 신앙을 넘겨줄 수도 있다. 놀이 신학은 너무 쉽게 실재와 상상 사이의 관계에 대한 방법론적인 문제를 다루고 있다. 놀이적인 종교가 진지함이 결여되지 않을는지는 모르지만, 실재와 진리가 결여될 수도 있고, 그것이 많은 신학자들에게는 웃지 못할 문제일 수도 있다.

23) 이야기 신학

주창자 : 존 던(John S. Dunne), 셀리 맥페이그(Sallie Mcfage),
　　　　제임스 맥클랜던 2세(James Wm. Mcdlendon Jr.),
연　대 : 60년대 초기

내 용

 광범위한 신학적 범위를 통달한 기독교 사상가들은 상당히 문학을 신학적으로 사용하였다. 실존주의 철학자들 가운데에서 문학을 사용하는 것을 계기로 해서 이 해설가들은 최근의, 그리고 현대의 소설가, 극작가, 시인들에게 신앙의 귀중한 동지와 교훈적인 적수를 발견하였다. 그들과 문학적 예술과의 대화는 "신학과 문학"이라는 완전히 특수한 분야를 만들어냈다. 이 분야에서 일하는 것은 두 가지 반향 중의 하나를 취하는 것이었다. 하나의 움직임이 현대문학을 기독교 신앙에 대한 부정적인 증인으로 하는 것이다. 여기에서 세상의 문학은 시대의 징표(즉 인류의 절망의 노출과 초월의 요청)로 이해된다. 또 다른 움직임은 현대문학을 기독교 신앙의 적극적인 표현이라고 강조하는 것이다. 여기에서 기독교적 예술가의 문학이 신학적 통찰력을 발굴하였다. 다시 말하면 문학을 우리 시대를 위한 새로운 비유적 표현법과 초월의 감각을 위한 출처로 사용하게 된 것이다.

 문학이라는 방법을 가진 이러한 새로운 신학의 목적은 다같이 오늘날에도 매우 활발하다. 그러나 그 어느 것도 문학으로서 신학에 대한 전혀 다른 연구의 관심을 반영하는 것은 아니다. 후자에 있어서 신학적 담화와 존재의 설화적 성격이 관심의 중심이 되었다. 여기서 또다시 두 가지의 개괄적으로 다른 관심들이 문학에 반영되었다. 한편으로는 성서의 설화적 특성을 탐구하는 성서학자들이 있다. "이야기"가 성서연구에 있어서 미해결된 문제들에 대한 전 영역을 재고하는 중요한 범주가 되었다. 다시 말하면, 신앙의 의미, 예수의 메시지, 복음서의 독특성, 설교의 내용, 복음서의 연대신구약의 관계, 본문의 역사성, 정경의 형성, 주석의 해석학에 관한 것들이다. 이러한 여러 측면의 논란은 물론 성서에 관한 역사적 비평적 연구가 시작한 역사와 신화에 관한 전반적인 문제의 연속이다. 이야기라는 범주는 상당히 혁신적인 방법으로 그 논란을 개시하였다.

 다른 한편으로는 신학의 설화적 성격을 탐구하는 기독교 신학자들이 있다. 이러한 학자들은 신학은 너무나 오랫동안 질문과 표현에 있어서 철학적 또는 과학적으로 표현될 수 있고, 설립될 수 있는 것에만 조직적으로 적용시킴으로써 기독교 이야기의 내용과 그 능력을 텅비게 하였다. 복음서를 이야기로서만 표현할 수 있는 이야기로 이해한다면 신앙과 과학과 철학사이의 모든 신학적 문제들이 재조명된다.

물론 이야기에 근거한 성서적이고 신학적인 문학사이에 상당한 중복이 있다. 비록 창조적 작업이 두 분야에서 행해지고 있지만, 우리의 목적은 이 움트는 논란에 대한 신학적 부분에 집중하는 것이 가장 도움이 될 것이다. 이러한 "이야기의 신학" 또는 때때로 "설화적 신학"이라고 불리는 신학은 대체적으로 신화적 갱신의 길도 놀이로써의 신학의 재구성에 있다는데 동의한다.

비 판

이야기 신학은 비판과 문제점을 야기시키고 있다. 대부분의 설화신학의 지속적인 자서전적 특성이 많은 비평가들을 난처하게 한다. 우리 자신의 연구에 의하면 세 가지의 매우 다른 이야기의 종류들은 최종적으로 분석해 보면 바로 그 개인의 숙고에 따른 것이다. 이러한 고백과 연설의 언어에 난처해진 사람들은 이야기 신학에서 우리 시대의 과도한 종교적 사유화와 심리 주위에 대항하는 어떠한 수단도 발견하지 못한다. 이 움직임의 안팎과 관계된 문제들이 어떠한 진리를 신학적 이야기를 통하여 전달할 것이냐에 관한 것과 어떻게 이 진리가 성립될 것이냐 하는 문제이다. 기독교적 확신이 고립된 사실에 관한 것은 아니요, 실제적 고찰과 분리될 수 없음을 가정할 때, 신학적 이야기들은 신앙에 대한 보고인가? 현실의 묘사인가? 역사의 회고인가? 사건의 설명인가? 행동에의 개입인가? 설화신학자들은 이 모든 방법에 이야기를 사용할 것을 주장한다. 그러나 어떻게 "이야기로 이루어진" 세상이 그 세상에 대한 역사적, 과학적, 철학적 묘사와 관련이 있는가를 설명하는 데는 분명하지 못하거나 확실히 부족하다.

24) 사신 신학

주창자 : 토마스 알티져, 폴 반 브렌
연　대 : 1960년 이후

내　용

비록 "God is dead" 란 표현은 이미 Friedrich Niezsche에 의하여 한 세기 전에 사용되어 왔으나 하나의 신학 운동으로 사신 신학이 대두된 것은 Altizer의 「The Gopel of Christian Altheism」의 출판에서부터이다.

그는 이 책을 통하여 분명하게 "신의 죽음"을 선언하고 창조적 부정을 통하여 생명적 긍정을 찾을 수 있는 '오늘에 사는 신학'을 대단하게 제창하였다.

그는 양극 일치론을 내세워 신의 부정은 곧 긍정과 통하는 점을 강조한다. 그러므로 신의 죽음을 받아들이는 것은 곧 새로운 자유를 얻는 사실을 말한다. 그러므로 '신의 죽음'에 대한 신앙 고백은 이 시대의 크리스챤으로서 마땅히 하여야 할 의무라고 한다.

Altizer의 전통적 의미에서의 '신학의 불가능'을 선언하고 과거의 신 개념을 청산하여 버릴 것을 호소한다. 오늘의 살이 전적으로 긍정되기 위하여 전통적인 신관은 배제되어야 하며 초월적인 신은 죽어야 한다. 그 자리에 '말씀'이 나타나야 한다는 것이다.

비　판

Altizer의 이와 같은 이 세상과 천국 동일론은 Cusa의 Nicholas가 일찍 말한 양극 일치론을 연상시키며 신플라톤주의의 신비설과 불가지론과 다를 바 없다.

Altizer는 이 시대에 알맞은 새로운 신학 수립을 위해 당하는 난산을 돕기 위해 불교의 열반이라는 지름길을 택하여 가야 한다고 주장하며 더듬어 가다 결국 불교의 허무주의의 구렁에 빠지고 만 것이다. Altizer 는 그의 저서의 결론에서 "신의 죽음 후에 허무의 부활이 따르고 말았다"고 이 사실을 고백하고 있다.

그는 말하기를 "크리스챤은 이 허무를 신의 심판으로 보기보다는 신의 자아 표현의 일단으로 받아야 한다"고 한다. 빛 되신 하나님을 부인하는 곳에 허무라는 어두움이 따르기 마련인 것이다.

25) 박형룡 신학
주창자 : 박형룡
연　대 : 1920년 이후

내　용

박형룡은 한국 신학사상 처음으로 「교의신학(敎義神學)」을 7권으로 엮어 낸 신학적 업적을 남긴 학자이다. 그는 「교의신학」 맨 서두에서 "정통주의 개혁주의의 입장에서 기독교 교의 신학 혹은 교의학을 논술"하려 한다고 먼저 신학적 입장을 밝힌다.

그리고 그 정통적인 신학 사상에 있어서 "가장 근본적인 것은 하나님의 영광과 주권과 그 자신의 계시의 무오한 기록인 성경의 권위를 확인"하기 위하여 쓰게 된 것이라고 저술의 목적을 계시한다.

이러한 목적을 달성하기 위하여 그는 미국 Calvin 신학교의 Louis Berkhof의 「조직 신학」을 근간으로 하여 그의 교의 신학의 구조를 이루고 제1권 서론으로부터 시작해서 제7권 말세론으로 전개한다.

그는 먼저 교의 신학을 이렇게 정의한다. "조직 신학 또는 교의 신학은 신의 신학과 역사 신학이 제공한 자료들을 취하여 그것들을 신학 연구의 대제목들 아래 논리적 순서로 배열한다. 조직 신학은 엄밀히 말하면 교회의 신조들에 표현된 체계화된 변호이다".

이러한 신학 작업에 있어서 신학적 지식의 삼대 원리로서 하나님, 계시, 신앙과 이성을 말하고 이 원리들을 상성함에 있어서 순서를 바꾸어 먼저 내적 원리인 신앙과 이성의 관계에 관하여 논술한다.

비 판

박형룡의 이러한 부수주의 신학은 그 후에 계속하여 비판의 대상이 되어 왔다. 이중성은 "박형룡과 한국 장로교회"란 논문에서 박형룡의 신학적 취약점을 지적하여 보수 신학의 전수성 고집에 있다고 했다.

"여기에 박형룡 신학의 대표적 취약점이 드러나고 있다. 그는 70년전 또는 80년 전에 선교사들로부터 배운 신학에 대하여 70-80년 후에 와서도 그 신학이 어떠한 신학이었던가 검토하거나 평가하는 일 없이 그대로 받아 그것을 영구히 보존하고 새 세대에 전달하는 것이 신학자로서의 그의 사명이라고 한다. 이러한 태도는 결과적으로 신학의 동결 또는 고사를 의미한다".

26) 성(誠) 신학

주창자 : 윤성범
연 대 : 1970년 이후

내 용

한국의 독특한 도착화 신학자 윤성범은 "성(誠)" 개념을 그 신학의 근본 계기로 삼고 그의 신학 작업을 출발한다.

신학의 과제로서 성의 현대적 이해를 촉구하고 성신학의 방법론적 전제를 제시한다. 그의 방법론적 전제를 간추리면 다음과 같다.

서구 신학의 계시 개념을 이해하는 데 있어서 동양인에게 성 개념의 도임은 필수적이다. 우리의 골수에 들어 있는 계시 개념에 대등하는 것은 성 개념 밖에 없다. 가장 가까운 예로 성 개념의 초월적이며 동시에 내재적인 성격은 Karl Barth의 객관적 계시와 주관적 계시관과 같기 때문이라고 한다.

성 신학은 종래의 모든 독단적인 철학의 입장을 지양하고 조화를 전제한 종합적 입장을 목표로 삼는다. 성 신학의 조화성은 율곡과 충무공이 각각 이론화 작업 및 실제화 작업에서 모범을 보였기 때문에 그 두 사람이 유성범 신학의 '전이해'로 삼아지고 있음을 밝힌다.

성 신학은 에큐메니칼적인 신학을 지향한다. 그러나 신학은 수학이나 기술학과 같은 보편학은 될 수 없다. 그것은 모든 개인이 각기 자기의 고유한 특이성을 가지고 있기 때문이다. 자기를 상실한 보편인 또는 세계인이란 인류의 종말을 의미한다. 그러므로 한국적 신학은 한국적인 성이란 특이성 가운데 기독교 진리를 이해함으로 세계 교회 신학에 기여해야 한다.

성의 신학은 종합적인 방법을 시도한다. 서구적 전통과 한국적 고유의 전통을 본질 직관할 수 있는 현상학적 방법을 시도한다. 동양적 사고방식, 특히 한국적 사고방식에는 성의 신학은 기독교 진리를 올바로 이해시키는데 가장 적절한 신학이다. 성의 신학은 한국의 신화를 비롯해서 유,불,선 삼교를 깊이 이해하는 것을 원칙으로 삼는다.

윤성범은 방법론적인 전제를 제시하고 그의 성 개념과 기독교의 성 개념의 일치성을 주장한다.

우리말의 '하나님'이란 어원은 tengri라는 몽고 계통의 말에서 유래한다고 볼 수 있는데 이것은 '하늘' 또는 '하늘에 계신 분'의 뜻이 있다. 하늘은 훤하다는 뜻에서 환(桓)이라고 표음한 것으로 본다. 몽고어의 tengri라는 말에서 '단군'이란 말이 나왔고 이것은 우리말로 '단골'이란 말의 한자 표기가 된다고 한다. 여기서 윤성범은 '단골'이란 말이 tengri라는 말의 우리말 발음이라고 주장한다.

이런 단골 관념에다가 기독교적 삼위일체 개념이 첨가된 것은 당나라의 문화를 수입한 우리 조상들이 그때 Nestorius 선교사들에 의하여 중국에 전래된 경교의 사상을 수입하여 단군 설화를 창출하였을 것이라고 한다. 유명한 '대태경교중국류행비'에는 기독교의 삼위일체 교리가 나타나 있었으며 여기에 영향을 입어 삼위일체적인 환인, 환웅, 환검의 관념이 발생한 것으로 본다. 그리고 웅녀의 개념 투입도 마리아 성모를 대신한 것으로 본다.
　이렇게 삼위일체적 신 개념이 토착화되는데 있어서 가장 적절한 유비개념을 윤성범은 성 개념이라고 단정한다.

　비　판
　윤성범의 '한국적 신학'에는 종교와 문화의 분리가 전제되어 있다. 윤성범은 문화와 종교의 가분성의 전제 아래 서구문화 속에서 기독교라는 알맹이를 빼서 한국 문화의 옷을 입혀 보자는 주장을 하고 있다.
　우리는 기독교 진리의 수납 과정에 있어서 토착화를 위하여 이미 지나가 버린 한국의 문화적 잔재나 오늘날 아무도 믿지 않는 미신적 신화를 되살려 복음 진리와의 무리한 혼합을 통한 한국적 신학의 수립에 동의할 수 없다. 왜냐하면 우리가 믿는 기독교 진리는 상대적인 정치 이론이나 철학이 아니라 절대적인 불변성과 동일성을 갖고 있기 때문에 한국적인 상황따라 변질되는 한국적 복음이란 불가능한 것이다.
　복음의 역사화 작업을 위하여 성 개념을 해석 매개로 삼고 있다. 유교적 형이상학의 골자를 성으로 보고 성이란 관점에서 모든 재래에 사용하던 서구 신학적 과제를 새롭게 규정하고 있다.
　성 개념이 기독교와 유교와의 사이에 가교적인 개념이 될 수 있다는 사실을 입증하기에 앞서 성 개념자체의 유교적 위치를 바로 파악하는 일을 선행했어야 할 것이다. 가령 성의 개념이 유교의 중심 사상이라고 가정할지라도 유교의 종교성이 기독교의 종교성과 동질적인 것인가의 전제적 질문이 선행된 후에 성의 가교적 실용성과 가치성을 논했어야 할 것이다. 이질적인 두 종교 사이에서 성을 매개로 한 동질적 해석은 불가한 것이다.

27) 민중신학
　주창자 : 서남동
　연　대 : 1974년 이후

내 용

민중 신학은 1970년대 박정희 정권하에서 일어난 독재 정치 및 산업화 현상에서 파생된 인권 운동과 민주화 운동의 부산물이다. 이것은 미국의 흑인 신학이나 남미의 해방 신학의 경우와 같이 한국의 역사적 상황에서 생겨진 문화 신학으로 보아서 무방할 것이다.

민중 신학은 민중을 신학의 중심 체제로 삼고 있기 때문에 신학의 대중화를 손쉽게 피할 수 있을 뿐만 아니라 긴박한 현실 정치와 담담한 사회적, 경제적 상황을 배경으로 생긴 신학이기 때문에 호소력이 강하다. 독재 정권들의 몰락과 함께 갑자기 민중의 자각이 "민중의 소리", "민중의 요구", "민중의 해방" 등 민중과 결부된 많은 어휘들을 생기게 했고 이러한 정신적 기류에 편승하여 민중 신학은 새로운 '인기 신학'으로 등장하게 되었다.

민중 신학은 신학의 주제를 '민중'으로 삼아 출발하기 때문에 '민중 신학'이라고 부른다. 서남동을 위시한 민중 신학자들이 고난의 현장에서 살아가는 민중들에 눈을 뜨게 되면서 민중에 대한 신학적 성찰을 시도한 것이다.

독재자에 시달리는 민중을 거리와 교도소와 판자촌에서 만난 신학자들이 그 민중의 눈을 통하여 성경을 읽게 되면서 성경이 바로 '민중의 책'이라는 사실을 발견하였다.

서남동은 스바냐 2장 3절, 3장 12절과 누가복음 14장 15-24절을 설명하면서 이 본문에 나타난 '고생하는 백성', '기를 못 펴는 가난한 사람들', 절름발이, 소경, 병신들이야말로 '한맺힌 자들'로서 하나님 나라에 초대받은 '민중'들이라고 한다.

민중 신학의 기독론은 "예수는 곧 민중이다"라는 공식에서 출발한다. 예수가 죽은 것도 속죄를 위해 죽은 것이 아니라 "갈릴리 민중에게 인권 회복을 위한 의식화 작업을 계속하고 율법에 도전하고 하니까 자신들의 체제 유지를 위해 예수를 죽일 수밖에 없었던" 정치적 처형이었

비 판

민중 신학은 복음에 대한 새로운 정치적 해석학의 산물이요 일부 한국 신학자들의 정치 사회적 자서전이다. 민중 신학은 민중의 삶을 역사적 배경 속에서 신학화 하려는 한 시도이다. 그러나 민중 신학은 민중운동의 요구에 부응하여 전통적 기독교를 수정하여 재해석하려는 노력 속에서 완전히 탈기독교적 인본주의 신학으로 전락하고 말았다.

민중 신학은 비신학화를 주장하여 모든 신학적 전제를 부인한다. 민중 신학은 성경 해석에 있어서 성경의 신학적 규범성을 부인하고 오히려 역사적 전거들을 신학의 규범으로 삼기를 주저하지 않는다. 그런 결과로 성경 안의 문서 활용에 있어 등차 평가를 함부로 한다.

민중 신학은 그리스도의 자리에 민중을, 구원의 자리에 인간 해방을, 교회의 자리에 민중사회를, 재림의 자리에 계급투쟁의 승리를 대치시킴으로써 기독교의 이름을 빌린 하나의 신기독교적 사회 정치 운동에 불과하다는 비판을 면하기 어렵다고 할 것이다.

28) 하나님 아픔의 신학

주창자 : 기다무라가죠
연 대 : 1945년

내 용

일본의 신학자 기다무라가죠는 '고난'이라는 민족적 체험을 주제로 하여 일본적 사상 배경으로 복음에 대한 현대적 이해를 하려고 시도한 토착화 신학자이다. 기다무라가 1945년에 「하나님의 아픔의 신학」을 출간한 이래 제6판이 나오고 영역, 한역을 비롯하여 일곱나라 말로 번역, 출판된 것으로 보아 그의 신학이 신학계에서 상당한 관심의 대상으로 부상된 것은 부인할 수 없다.

기다무라는 기독교 신앙의 핵심적인 요소를 하나님의 아픔에서 발견하고 일본인들의 '아픔의 체험'과 결부시켜 신학적 해석의 원리로서 '하나님의 아픔'을 제시한다. 헤겔의 변증법적 종합의 방법론을 적용시켜 종합적 해석을 시도하므로 그의 신학은 더러 '보자기 신학'이라고도 불린다.

하나님의 아픔이 하나님의 사랑과 하나님의 노하심에서 십자가를 통하여 함께 이루어지는 것으로 그의 종합의 논리는 전개된다.

십자가 사건에서 하나님의 아픔의 절정을 찾는 기다무라의 신학은 루터 신학에서 연유한다. 루터 교회에서 개종하고 루터교 신학교에서 수학하여 루터교 전통에 젖어 십자가 신학을 형성하였다.

<u>비 판</u>

그는 그의 신학의 성격적 근거로서 몇 개의 성구를 제시한다(렘 31:20, 사 63:15, 고전 1:18, 벧전 2:24 등). 그러나 문제는 이런 성구들의 의미 이해에 있어서 문맥적으로 성경저자의 보의와 기다무라의 이해와 상합되느냐에 있다. 그는 성경 해석학적 문제를 전혀 도외시한 감이 없지 않다. 신학은 성경신학의 뒷받침이 없을 때 건전한 신학으로 설 수가 없다. 성경을 바로 읽고 이해하고 신학을 하려 하기보다 일본의 쓰라린 경험에서 얻은 고통 개념을 가지고 거기에 알맞은 성구를 찾아내어 신학을 세워 보려는 안전인수적인 무리가 있었던 것 같다.

기다무라는 요한복음의 도움을 입어 예수의 역사성 속에서 하나님의 아픔을 설명하려고 시도하였다. 그러나 하나님의 아픔 자체를 하나님의 본질로 보고 그 아픔의 결국이 십자가로 나타남이 필연적이란 논리에서 하나님의 아픔과 예수의 십자가의 동일시를 피하기 어렵다. 예수의 십자가는 하나님의 아픔에서 강조한 십자가 신학의 영향으로 하나님의 아픔의 신학이 창출되었다면 기다무라는 그리스도의 죽으심과 이기심을 함께 강조한 루터의 신학에 소홀하였다는 비판을 면하기 어렵다.

(김성수, 현대신학, 1995년 5월 4일, pp.1-31)

한국의 신학

29) 토착화신학

한국의 토착화 신학은 감리교의 윤성범, 유동식을 통해서 1960년대 초반에 등장한다. 이들은 영원한 복음의 진리를 어떻게 우리 민족의 삶의 자리에 수용하게 할 것인가를 모색하는 소박한 동기에서 나온 것이다. 즉 '한국의 종교문화에 어떻게 기독교 복음이 뿌리 내릴 수 있겠는가?'라는 선교적 차원에서 시도한 신학적 모색이다. 그러나 최근에 와서는 종교다원주의와 혼합하며 복음을 상실한 토착화로 전개됨에 따라 '토착화'라는 것이 자유주의의 대명사가 되고 있다. 하지만 토착화라는 말은 최소한 모든 교회가 선교의 과정에서 꼭 거쳐야하는 당면의 과제이므로 토착화에 대한 충분한 이해가 필요하다.

즉 선교의 역사는 토착화의 역사를 제외하고는 결코 이해될 수 없다는 사실이다. 그러나 지나친 토착화의 경향이 앞에서 말한 복음 그리고 성경과 교회 전통을 상실하고 있다는 점에서 토착화의 적용과 실천적 방안에서 우리는 더욱 고심을 해야 할 것이다.

(1) 성의 신학 (윤성범신학)

윤성범은 1961년에 서론격인 "한국신학방법서설"을 발표하고 1972년에 「한국적신학:성의 해석학」을 완성하였는데 그것이 곧 성의 신학이다. 성의 신학이란, "성이 신학을 하는 신학"이라는 모호한 답을 하게된다. 윤성범의 「한국적 신학:성의 신학」을 보면 자신도 잘 이해하지 못하고 있는 것처럼 정의를 내리기 보다는 줄기찬 "의식의 흐름"을 전개하고만 있다. 즉 "성"을 궁극적 경지에서 하나님 말씀과도 같은 것이며, 중보자와, 계시에 동등한 성격을 가진 것, 삼위일체론적인 집약 개념등으로 설명하는데 결론적으로 "성은 곧 하나님"이라고 귀결하고자 했다. 따라서 신학을 "하나님의 학문이다"라고 할 때 성의 신학은 "성이신학을 하는 신학"이라는 결론을 낼 수 있다. 윤성범은 복음을 이해하는데 있어서 유교적인 한국인에게는 성으로 이해된다고 한다. 즉 중국의 격의 불교가 인도의 불교사상을 자신들의 개념으로 바꾸어 인지했던 것처럼 기독교도 새로운 개념으로 인식되어야 한다고 했다. 그래서 그는 예수를 군자, 부활을 도교의 불로장생으로, 본훼퍼를 한국의 조광조로 이해해야 한다고 했다. 그러나 윤성범의 이런 비교종교학적인 관심은 그리스도의 죽음과 무당들이 무력을 얻기 위해 어린아이를 항아리에 넣어 죽이는 것과 비교한다. 즉 "무죄한 자의 죽음이 복된 소식을 가져온다"는 것을 "어린아이가 무죄히 죽어 한을 품을 때 그 혼이 점치는 무당에게 내린다는 것"이다. 그러나 윤성범의 이런 비교와 추측은 진지한 신학적 태도에서 멀어져 신학의 주체적의식은 실종되고, 토착화도 사라지고 오직 비교만 남음으로서 성의 신학은 단순한 "의식의 흐름"으로 남는다. 결국 성의 신학은 바르트, 불트만, 율곡, 퇴계, 단군, 공자, 하이데거, 그리스도 예수, 국적도 가리지 않고 방언도 가르지 않는 종합과 광대함만을 자랑하게 되었다.

(2) 한의 신학 (서남동신학)

성의 신학이 유교적 관점에서 자양분을 공급받았다면, 한의 신학은 주로 민초(民草)들의 서러움이 담겨있는 노래, 민담, 소설, 판소리 등에서 신학적 사고의 젖줄을 삼는다. 성의 신학이 다양한 내용을 요구한다면, 한의 신학은 오로지 콩나물줄기와도 같이 가냘프고, 콩나물처럼 서민들에게 친숙한 감정을 주는 한만을 내어 놓는 신학이다.

즉, 한은 대중적 기반을 가지고 있으며, 민중신학과 친숙한 관계에 있었다. 이 한은 우리민족 역사 전체에 관통하여 흐르는 것이지만 한의 신학을 내어 놓는 직접적인 힘은 60, 70년대 그리고 80년대 우리 사회가 이른바 근대화와 산업화속에서 당한 희생에 대한 신학적 적용인 것이다.

한의 신학을 주장한 서남동과, 민중신학을 주장한 안병무는 이른바

명동사건에 연루되어 감옥동기생이 되었던 것을 계기로 "민중의 한"을 각기 다른 이름의 신학으로 출감을 맞이하였다.

한의 신학은

첫째, 한국인의 기본정서에 깊이 공감대를 준다는 점

둘째, 성경을 근거하여 신학을 전개한다는 점에서 매우 큰 의의가 있다. 특히 한의 신학의 기초를 제공해주는 함석헌의 「성서적 입장에서 본 조선역사」(1950), 「뜻으로 본 한국역사」(1965)는 이미 한의 신학적 고찰과 함께 철저히 구속사적 문맥에서 발견하는 고난의 의미를 성경을 통해 신학적으로 접근하고 있었다.

그러나 한의 신학이 우리 민족이 당하는 고난의 의미를 성경적으로 잘 설명해주고도 있지만 고난을 극복하는 것에 대해서는 해답을 주지 못했기에 더 이상의 발전을 포기해야 했다. 서남동 교수는 "선한 사마리아인의 비유"에서 그리스도를 강도만난 사람이라고 비유하여 주님의 고통과 민족의 고통을 연결하는데는 성공했으나 기쁜 소식을 전해 줄 복음의 문제로 실종된 것이다. 따라서, 고난을 극복한 능력이 없는 한 이 신학은 계속 원한과 증오의 분풀이 같은 한의 악순환만을 만들었다는 점에서 비판되고 있다. 그리고 민속학자들이 지적하는 바처럼 한국의 한의식은 원한의식과 원시종교와 무속에서 유례한다는 점을 잊어서는 안된다.

(3) 풍류신학 (유동식)

한국의 문화와 종교의식에 맞는 기독교를 위한 토착화 신학이 전개되면서 몇단계의 변화가 있었다. 윤성범의 토착화 신학은 '종자'와 '토양'이라는 모형에서 박복배의 '누룩의 비유'로 나타나는 변혁주의 모델 그리고 박종천의 '성령의 역사'를 통한 토착화 모형이 있었다. 그리고 최근에는 선교적 성취론에서 물러선 종교다원주의적 종교신학으로 이전하고 있으나, 이것은 오히려 토착화 신학을 뒤로 후퇴시키는 것이라는 평가를 받고 있다.

그러나 다른 한편으로 유동식은 선교적 성취론은 부정하지 않으면서도 토착화 신학이 가능하다는 입장의 '풍류신학'을 제시하였다. 그의 논제의 핵심은 신라의 최치원에 의해 언급된 풍류도가 그리스도교의 삼위일체적 신학을 가장 잘 표현해 주는 한국적 신학이라는 것이다. 그에게 있어서 풍류신학이란 한국의 전통적인 눈(영생)과 논리를 가지고 복음을 해석하자는 신학적 노력으로 여겨진다. 그는 분명히 "풍류신학은 풍류도의 눈으로 삼위일체 신을 신앙하고 신학화하는 것"이라고 주장한다.

유동신은 "한국의 기독교가 한국인을 복음화하기 위해서는 한국인의 종교의식 구조를 알아야 할 것이며, 이를 위해서는 한국인의 영성과 각종 종교들을 이해해야 한다는 필연적인 과제"를 안고 있다고 말한다. 즉 풍류도에 의해 기독교 신학을 재정립해야 한국인에게 잘 적용된다는 것이다. 그러나 실상은 '풍류신학'은 종교다원주의의 종교신학으로 옮겨가고 있음을 볼 수 있다. 그는 한국 역사에 나타난 종교집단의 멸망과 성쇠는 진화론적 우주관에 의해 설명된다고 본다. 이 말은 곧 기독교 역시 멸망할 수 있는 종교라는 점이다. 따라서 기독교가 한국인 전체에 계속 구원의 가능성을 보여주기 위해서는 한국의 대표적 영생인 풍류도와 결합하여야 한다고 한다. 그리고 그는 유대인에게 있었던 계시는 이 시대의 여러 종교들 속에 나타난 것으로 보고 있다. 그래서 "유대민족 문화에 있어서 영생의 분명한 성취가 그리스도에게 이루어진 것처럼, 동양인에게는 노자와 석가여래를 통해 계시 되었다"는 입장에 있다. 이러한 유동식의 견해는 철저히 기독교의 절대성을 부인하여 상대화 하는 것이며, 기독교를 하나의 종교적 현상으로 보는 것이다.

유동식의 '풍류신학'에서 비판점은 ① 성서의 무지와 기독교교의에 대한 단편적 지식이 나타나고 있다. ② 한국역사와 교회사를 검증없이 임으로 사용하고 있다. ③ 기독론을 단순한 비유와 비교로 취급해버린다. ④ 종교혼합주의 경향으로 흘러들어가 반기독교적임을 분명히 보여준다.

(4) 세계신학 (홍정수 신학)

　감리교신학대학의 교수인 홍정수는 포스트모더니즘을 프랑스 해체주의와 영미의 과정사상의 충돌에서 만들어진 '90년대 지구촌에 부는 새 사유의 바람'이라고 표현한다. 그는 이 Post-modernism 시대의 특징이 하나의 '지배세력'을 인정하지 않는 것이라고 주장하여 한국적 다원주의 시대에 맞는 세계정신을 내 놓아야 한다고 하였다. 그것이 '상생'이다. '상생'이란 상극의 논리에 의해 지배받은 시대를 종료하고 모든 것이 자기 몫을 내어 놓는 공동참여와 용서로써 세계신학을 가능케하는 근본원리라고 한다. 홍정수는 과거 한국의 역사가 다원성을 가지고 있었으나, 충성이라는 시대 이념에 의해 통시적인 다원주의를 이루었다고 한다. 그러나 지금은 서로 다른 종교와 이념을 공시적으로 활동하고 있으므로 한국의 다원주의도 이제 공시적이여야 한다고 한다. 이것이 "포스트모던적 다원성"이다. 따라서 "하나의 종교, 하나의 이념으로 한국사회를 지배하려는 것은 꿈"이며, "자기 절대화"요, 포스트모더니즘 시대의 적인 "상극의 논리"이므로 배타적인 태도를 버릴 것을 요구하고 상대를 인정하라고 한다. 그래서 그는 이 '상생의 논리'를 오리알까지도 포용하여 부화시키는 암탉에 비유하여 "암닭의 영생"이라고 하여 세계의 모든 것을 포함한 세계신학의 기초로서 '상생'을 말하였다. 다원주의 시대에서는 절대성을 부정하는 시대이므로 기독교의 절대성과 유일성이 포기되어야 한다. 따라서 기독교는 세계를 하나로 품을 수 있는 '상생의 길'을 찾아야 할 것이라고 했다. 그러나 홍정수의 세계신학은 기독교 신앙의 보편적 지평의 해명을 하지 못했으며, 다원성이 가지는 상대주의적 접근이 통일성을 가져다주지 못하는 점을 놓치고 있다. 그리고, 자신의 신학을 성경에서 근거하기 보다는 한국의 범신론적 사고에서 찾으려 했고 동한의 후천개벽사상을 하나님 나라의 도래와 용서에 적용시키려하고 있다. 특히 그가 제시하는 한국적 영생의 핵이 "지성이며 감천이다"라고 정의하는데 그것은 엄연히 한국의 무속신앙적인 것이다.

(5) 상생의 신학 (이정배, 박종천)

상생에 대한 문제는 감신대의 이정배교수와 박종천교수의 최근에 다룬 신학적 주제이다. 이 상생신학의 특징은 한 마디로 광장히 폭이 넓다는 점이다. 박종천교수는 토착화 신학, 민중신학, 이데올로기 비판, 창조론, 노동운동, 마르크스, 단군신화까지 취급하고 있으며, 이정배교수는 성리학과 신학, 이데올로기, 민족통일 문제, 토착화신학, 종교다원주의, 창조론과 생명문화까지 다루고 있다. 이는 윤성범교수의 폭넓은 학문적 열정을 종합적 탐구정신으로 이어받았기 때문일 것이다.

상생이란 개념은 상극에 대항하는 개념으로써 지금까지 대립되어왔던 모든 신학이론들을 화해시키자는 것이 그 근본 취지이다. 따라서 상생신학은 옛날 원효대사의 유명한 통불교 이상과 같은 통기독교, 통교회를 지향한다고 한다. 그런 까닭에 다양한 신학에 관심을 쏟는 것이다. 그러나 이 상생신학은 아직 분명한 정세를 드러내지 않았다고 본다. 그 이유는, 이 신학의 특징이 광대한 것이기에 아직도 연구할 과제가 무한이 있다는 점과, 그 일이 진행됨에 따라 "상생"의 과정에 의하여 계속 조화를 이루어 가야하는 것이기 때문이다. 그러므로 "상생신학"이라는 명사형보다 "상생하는 신학"이라는 동사형 표현이 옳을 것이다.

(6) 민중신학

"민중신학은 1970년대 한국에서 기독 학생, 노동자, 농민, 언론인, 교수, 문인과 지식인, 그리고 신학자들이 겪은 정치적 사회적 체험을 신학적으로 성찰하여 체계화한 정치적 성향의 한국 토착화 신학의 하나이다. 이 신학은 한국의 정치적 상황에서 눌린 자들의 신학이며, 억압에 대한 신학적 반응이요, 한국교회와 그 사명에 대한 눌린 자들의 반응이다".(서광선, "한국에서의 민중과 신학", 「민중신학」, C.C.A, 1981, p.18)

민중신학은 서남동 박사가 처음으로 "민중을 위한 민중의 교회"라는 말을 자신의 글 "예수, 교회사, 한국교회"에서, 그리고 "민중신학"이라는 용어는 "민중의 신학"이란 글을 통하여 「기독교 사상」에 1975년 발표함으로써 사용되기 시작하였다. 그리고 그 뒤를 따라 민중신학의 대변인인 안병무 박사가 사용하였다.

그러나 1979년까지 민중신학은 지하운동에 불과했다. 그러나 1979년 10월 22일, 박정희 대통령 시해 직전에 일본에서 열린 "아시아 기독교 협의회"에서 김용복 박사는 「민중신학」을 영역하여 「Minjung Theology」라는 이름으로 세상에 나타났고, 그 뒤를 이어 K.N.C.C.에서 민중신학에 대한 다양한 서적을 발간함으로써 민중신학은 한국의 자유주의 신학의 대명사가 되었다.

민중신학은 앞에서 말한 바 1970년대 한국의 정치적 상황을 신학적으로 접근한 것이다. 따라서 민중신학은 기독교의 전체적인 입장을 반영하기보다는 억압된 상태의 반향에 국한된 것이라고 할 수 있다.

민중신학은 기본적으로 성경의 일부분 해석을 기초로 하여 형성하고 있지만, 독일, 남미, 일본 등의 혁명적 신학을 바탕하고 있으며, 공산주의의 막스주의 사상에 근거로 한다는 점도 놓쳐서는 안될 사상이다. 특히 민중신학은 동학사상을 기독교적으로 접목시키려는 시도를 강하게 한다. 이런 사상적 바탕과 함께 교회의 궁극적인 관심을 복음에 두는 것이 아니라 억압받는 자들의 해방이 최고의 목적이 되므로, 이 목적을 이루기 위해서는 폭력까지도 불사한 것으로 이해되고 있다.

민중신학은 한국 정치적 상황과 복음주의 교회의 지나친 타계주의와 신령주의에 대한 새로운 각성에 자극을 주었다. 그리하여 교회는 소극적인 복음수용의 자세를 극복하고 삶의 전 영역에 그리스도의 주되심을 인정하여 복음에 합당한 삶을 살아가도록 촉구하였다. 또 교회가 신앙전파만이 아니라 정의롭고 자유롭게 그리고 인간의 존엄성에 관심을 가지도록 유익한 영향을 끼쳤다.

그럼에도 불구하고 민중신학은 그 출발점이 성경이 아니 사회역사학적인 패러다임에서 시작되었다는 점에서 비판을 받고 있다. 민중신학의 출발은 새로운 것이라기 보다는 샤머니즘적인 불교와 유교와 동학사상, 탈춤 등에서 혼합적으로 형성하고 있으며, 공중의 목표를 위하여 개인의 도덕적 윤리적인 면을 외면한다는 점, 복음보다는 상황에 더 치중하여 복음의 본질을 왜곡시키고 있다는 점은 비판해야 한다. 특별히 민중신학이 보는 기독론은 철저한 사회복음적 입장에서 이해함으로 성경 전체적인 균형을 깨트리고 있다는 것을 주의해야 할 것이다.

30) 종교다원주의 신학

종교다원주의 신학은 WCC운동의 핵심이다. 종교다원주의는 하나님의 구원계시가 기독교뿐만 아니라 타종교에도 있으며, 기독교만이 구원의 유일한 길이 아니라 타종교에도 구원의 길이 있다는 것을 주장한다. 이러한 종교 다원주의는 성경의 권위를 부정하고 기독교의 전통적 교리에 반기를 들어 이것을 현대의 합리성에 입각해 해석하고자 하는 자유주의 신학의 계열에 있다.

근세나 현대의 자유주의 신학은 주로 전통적 기독교의 주된 교리인 삼위일체론, 그리스도의 신성, 동정녀 탄생, 대속의 죽음, 부활과 육체적 재림, 성경의 영감성등을 부인하는 특징이 있다. 전통교리의 축소 또는 감소가 특징이라고 할 수 있다.

그러나 종교 다원주의 신학이 자유주의와 구별되는 특징이 있다면 전통적 기독교 교리에 다 타종교의 구원을 더 보태는 데 있다. 물론 그들이 성경, 그리스도, 부활등을 정통교회처럼 믿지는 않지만, 이들 나름대로 타종교와 기독교를 인정하는 양시론의 입장을 견지한다는 것이다. 하지만 이 양시론은 기독교 신앙의 중요한 부분인 십계명의 제1계명과 예수 그리스도만을 통한 유일한 구원개념을 부정하는 인본주의 사상에 불과한 것이다.

종교다원주의의 선구자들을 살펴보면 19C 종교사학자인 트뢸취, 20

세기 최고의 신학자 가운데 한 사람인 Tillich, 그리고 최근에는 세계 종교의 전문가요 하버드 대학교의 비교종교학 교수의 스미스 등이 있다.

트뢸취는 기독교 계시의 유일성과 절대성을 부정했고, 틸리히는 하나님을 비인격적인 존재자체로 보았으며, 십자가를 종교적 상징으로 보았으며, 대화를 통한 만남을 강조했다. 그리고 스미스는 기독교를 헬라주의의 산물로 보고서 신중한 보편주의적 다원주의를 주창했다. 그리고 WCC로 주도되는 종교다원주의는 최근 인도의 사마르타, 파니카, 토마스 등의 힌두교의 범신론사상에 기독교를 혼합하는 형식을 취하였다. 즉 "그리스도 중심적인 혼합주의"를 통해 개종으로서 선교는 인간권리를 침해하는 것으로 다원주의 세계를 선포하였다.

특히 Thomas는 기독교가 근본적으로 타종교까지도 역사하시는 하나님에 의해 세워진 것이라면 오늘날에도 고주주의적 배타주의를 버리고 다른 문화속에서 다른 이름으로 부르고 있는 예수를 인정하고, 구원의 방법도 인정해야 한다고 했다.

그러나 미국 루터교 신학자 브라텐은 기독교는 예수님과 바울때부터서 그 복음의 독특성 때문에 타종교로부터 배타를 받아왔으며 주변세계로부터 적대감을 불러 일으켰음을 지적하여 기독교가 가지는 비타협적 배타주의가 결코 다른 문화속에 있는 모든 종교와 혼합될 수 없다는 것을 분명히 밝혔다.

31) 종교신학 (변선환의 힌두교적 종교신학)

변석환은 1983년 "동양종교의 부흥과 토착과 신학"이란 논문에서 "우주적 그리스도론"을 토대로 하여 기독교와 힌두교의 결합을 주장하였다. 즉, 변선환은 인도의 파니카의 사상을 인용하여 "…자기 자신의 종교를 살아가는 사람은 누구나 그리스도께 귀의하는 것"이라고 말함으로서 모든 종교의 보편 구원론을 주장하였다. 그에 의하면 아프리카 우상숭배에서 드리는 기도를 그리스도가 듣는다고 한다. 변선환은 파니카가 배단타철학의 불이일원론(advaita) 빛에서 해석한 힌두교화된 삼위일체론을 받아들인다.

"성부이신 하나님은 '존재의 근원'이고, 성자이신 하나님은 '존재'이고, 성령이신 하나님은 '존재의 근거에로의 귀환'이다". 여기서 변선환은 성부를 순수침묵이요 브라만 또는 공으로 설명하고 성자도 추상적인 개념인 힌두교의 이슈바라(Isvara)이며 성령은 비인격적이고 독립적인 불교의 무아내지 비아 또는 열반으로 표현한다. 이러한 변선화의 종교신학은 힌두교와 기독교의 결합의 차원에다가 불교적인 요소와 한국의 무속신앙에서 나타나는 현상들을 연결시키고자 했다. 즉 기독교의 종교성을 부인하는 대신에 타 종교의 현상들을 기독교적으로 해석, 적용하여 타종교에도 구원이 있음을 증명하고자 한다. 결국 모든 종교에 구원이 있으므로 선교적 성취를 위한 노력을 포기하게 함으로써 기독교를 철저히 희석시키는 것이 그들의 작업이었다. 그러나 변석환의 힌두교적 종교신학은 기독교의 인격적인 신관을 포기하고 있으며, 그것은 본질적인 것이 아닌 피상적인 것에 불고한 것이다.

32) 통일·평화신학

통일신학이란 최근에 나온 말이다. 통일이 민족의 문제였음에도 불구하고 섣불리 접근하기 어려웠다. 그동안 정부의 독점과 정치적 악용 그리고 좌정화와 레드 콤플렉스 때문에 이 문제를 쉽게 다루지 못하였다. 60년대에 민주화 물결이 일어날 때 무분별한 통일 철학이 일어났지만 군사 독재 정권에 그 일을 빼앗기게 되었다. 70년대에는 "7.4 공동성명서"의 발표로 통일에 대한 긍정적 반응이 있었으나 실재에 있어서 우리의 희망과는 너무 큰 괴리가 있었다. 드디어 80년대의 광주 민주화 항쟁 이후 경제적으로 안정되면서 신학자들 사이에서 통일과 평화에 대한 문제가 거론되기 시작했고, 90년대부터 남북 인사들이 교류하면서부터 WCC를 통해 "통일신학"이라는 이름이 생기게 되었다.

특히 세계의 질서가 냉전체제에서 자국이익주의로 흐르면서 그동안

이데올로기에 근거한 신학적 문제가 이제는 경제적 협력과 궁극적 평화의 문제로 바뀌게 되었다. 따라서 통일신학에서는 하나님은 평화의 원천이고 또 평화를 원하시고 계시다는 신학적 과제로부터 연구를 시작하게 되었다. 그러나 우리가 최우선 과제이고 이산가족의 한 맺힌 절규라는 이유로 많은 사항들을 간과할 수 없다. 즉 민족의 지고선이 통일이라고 생각해 모든 것을 희생해도 통일만 되면 된다는 사고는 금물이다. 통일의 방식과 통일 이후의 문제를 면밀히 검토해야 할 것이다.

(김병만, 혼란된 현대신학, 1995년 4월 30일, PP.32-38)

314 . 헤브라이즘과 그 생활

신학의 분류(分類)

	신 학	주창자	연 대
유럽신학	19세기신학	Friedrich Schleiermacher Ritschö Adolf Vanlkrache	
	Karl Barth Rudolf Bultman Dietrich Bonheiffer Jurgen Moltmann		
미국신학	개혁주의 신학 Princeton 신학 J Gresham Lewis Berkhof Conelus Van Til 존재신학 　　　　세속신학 급진신학　사신신학 　　　　과정신학 신복음주의신학 근본주의신학		
(비반미신학) 비-구미신학	해방신학	구티에레즈	
윤성범(한국신 학화 신학)	성(誠)신학 박형룡신학 민중신학		
	흑인해방신학 이야기신학		
	여성해방신학		
	환경신학		

7. 그 결과와 한국교회(성경형성의 역사)

과학과 교통의 발달로 세계가 하나가 되어 자기 집 같이 드나드는 시대에 예수 그리스도의 복음인 성경이 그냥 앉아 있을 수 없다. 그래서 한국어 성경도 번역되어 한국에 전파되었다.

(1) 성경보급의 초기

단 12:4 "다니엘아! 마지막 때까지 이글을 간수하고 이글을 봉합하라 많은 사람이 빨리 왕래하며 지식이 더 하리라…".

10절에 "많은 사람이 연단에 발아 스스로 정결하게 할 것이나 악한 사람을 악을 행하리니…"

한국에 제일 처음 성경이 전래되기는 영어 성경이었다. 빠실.홀 (Basil Hall)의 "한국항해기"(1816[순조16년])와 맥레오드의 "한국항해기"(1817)에 의하면 영국의 군인 빠실.홀과 막쓰윌대위(Murray Maxwell)는 1816년 9월에 군산만에서 비인현감이었던 이숭렬에게 영어 성경을 선물로 주었다. 그가 그 성경을 받아 읽고 깨닫고 믿었는지는 알 수 없으나, 한 가지 특기할 일은 한국에 처음 그 성경이 전래된 것이다. 이것은 하나님께서 한국에 진리를 주시기 위한 마음의 문을 두드리는 첫 번 작업이었다.

그뿐만 아니라 중국에서는 "신청성서"라는 최초의 한문성경이 출간되었는데, 이 성서는 중국에 선교한 선교의 최초 선교사인 모리슨 (Morrison) 목사와 1832년 7월 17일에 암헤르스트호를 타고 우리나라 원산도 앞 바다에 왔던 네덜란드 선교회 소속 독일인 꾸쯔라프(Karl F. A. Gü tzlaff(1803-1849) 목사 등의 공역이었다. 이 한문성경은 1818-1823년에 발간된 것으로 여겨지는데, 모리슨의 한문구약성서 (1859)가 현재 한국기독교 박물관에 보관되어 있다.

1832년에 기록한 꾸쯔라프 목사의 문정기에 의하면 중국 주재 독일인 선교사 꾸쯔라프 목사는 빠실홀과 맥스웰대위 이후 16년 만에 군산만 고대도에 상륙하여 40일간 전도하면서 다량의 한문성서를 전하였다.

그는 특히 순조대왕에게 성서 두 책을 헌상하였다. 그러므로 이때는 우리나라에 한문성서가 전해진 가장 귀한 시기였다.

1절. 1832년 독일의사

서해의 외로운 섬 원산도. 이곳은 우리나라 개신교사에 새롭게 조명될 명사를 간직하고 있다.

통상을 시도하며 기독교 복음을 싣고 대동강을 거슬러 오르다 타버린 미국 상선 제너럴 셔만호 보다 앞서, 유럽의 기독교를 전하려던 암헤르스트호가 머물렀던 곳이다. 우리 역사에 신미양요를 유발한 제너럴 셔만호 사건(1866년)은 이 배로 함께 온 로버트 제르메인 토머스 선교사를 한국 개신교 첫 순교자로 만들었다. 하지만 암헤르스트호는 이 사건이 일어나기 26년 전인 1832년 7월 17일 원산도 앞바다에 정박, 한자성경과 감자를 전했다. 이 배에는 네덜란드 선교회에 소속됐던 독일의 의료선교사 칼 꾸츨라프(Carl Gutzlaff, 1803-1849년)가 있었다.

꾸츨라프는 암헤르스트호 선장 린제이와 함께 지방관헌들을 통해 조선국왕에게 예물과 통상청원서를 보냈다.

그리고 배위에 야소 기독교라는 큰 한문명자기를 걸었다. 이 기를 보고 당시 지방주민들이 배에 접근했고, 꾸츨라프는 이들에게 한자성경과 전도문서를 나눠주고 감자를 심어보도록 권유했다고 한다. 꾸츨라프는 주기도문을 써주고 읽으면서 한글로 받아쓰게 하며, 한글자모도 써 받은 것으로 전해진다.

순조실록에 기록

암헤르스트호는 한자성경을 싣고 산동해안을 돌며 전도문서를 반포한 후 황해도 장산곶 근해의 백령도에 정박, 지방관헌을 통해 조선정부와 접촉을 시도하다 실패했다. 뱃머리를 남쪽으로 돌린 암헤르스트호는 홍주만(현 홍성)근처를 배회하다가, 안면도를 선장의 이름을 따린제이도로 명명하고 원산도 앞에 정박했던 것으로 풀이된다.

7. 헤브라이즘의 역사·317

꾸츨라프는 조선정부의 회답을 기다리는 동안 완산도민들에게 성경을 이야기하며 한국인들이 한자성경을 이해하는 것을 보고 놀랐던 것으로 기록하고 있다. 한주민은 「자꾸 목을 베는 시늉을 하며 관헌들에게 발각되면 위험하다고 암시했다」고 린제이의 항해일지와 조선의 당시정세를 밝힌 이들의 보고서들에 기록되어 있다. 이같은 사실의 일단은 우리 기록에도 남아 순조실록(33년 임진 7월조)이 전한다.

꾸츨라프의 한국선교시도는 조선정부의 거절로 결국 실패했다. 그는 이같은 회답을 받기까지 한달동안 원산도에서 한국개신교사상 첫 복음 전파 기록을 남기고 퇴거했다. 꼭 1백50년 전의 일이다.

꾸츨라프의 한국선교시도 기록은 해외에서 공부하고 돌아온 백낙준 박사(연세대명예총장)을 비롯, 민경배교수(연세대)등 한국교회 사가들의 저서에서도 확인되고 있다.

이때부터 약30년이 지나서 1865년-1866년에 다시 한문성경을 가진 영국 선교사 한분이 한국 해안에 발을 들여 놓고 복음을 전하게 되었는데 그가 바로 토마스(Robert Jermain Thomas) 목사였다. 그는 북중국 주재 영국 선교사였는데, 첫 번은 김자평의 안내를 받으며, 황해도 백령도에 상륙하여 두달 동안 있으면서 선교했는데, 복음서 16권과 역서 1권이었다. 두 번째는 평양 대동강 위에서 40일간 전도하다가 그 대동강상에서 순교하게 되었다. 그 때 그가 타고온 배는 셔만(General Sherman)호로 미국인 프레스톤(Preston)의 배였다.

"토마스 목사가 순교했던 장사포에서 토마스 목사가 전해준 성서를 받은 사람들은 홍신길 소년, 석호정에서 성서를 받은 김영섭과 김종권, 만경대에서 성서를 받은 최치량이었는데 후일에 그들은 강서와 평양교회의 창설자가 되었고, 토마스 목사를 죽이려던 박춘권은 안주교회의 영수가 되었다. 그리고 그 성서를 벽지로 사용했던 영문주사 박영식의 집은 평양 최초의 교회인 마펫 목사 창건의 "널다리골 교회"가 되었다.

그 다음 해인 1867년에 역시 북중국 주재 영국인 선교사인 윌리암슨 목사가 남만주 고려문에서 우리나라 사람에게 다량의 한문성서를 전하였고, 같은 해 북중국, 주재 미국인 선교사 콜벨 목사는 황해도 장연포에서 1주일간 전도하였다. 1868년에는 북중국 주재 미국인 선교사 마티어 목사는 대동강하류 연안에서 약 40일간 전도하면서 다량의 성서를 전하였다.

그래서 이상과 같이 초기는 선교와 성서 반포를 위한 기초기간으로 앞으로 있을 한글성서 번역의 기반기를 닦았다고 하겠다.

(2) 한글성경 번역의 초기 역사

성경이 한글로 번역된 것은 한국문화와 역사에 획기적인 변혁을 가져왔다. 만약 성경이 한글로 번역이 되지 않았다면 한국의 역사는 과저기의 암흑기가 계속되고 구습의 수면이 계속되었을 것이다. 그 성경은 한국 자국내에서 번역이 된 것이 아니라 중국에서 선교사들이 한국인의 협조를 받아 번역했고, 한국인으로 생명을 걸고 본국에 들어와 전하게 하였다.

한글성경이 최초로 번역되기는 1875년이었으며, 그 주동인물은 영국 선교사와 한국인등 혼성팀이었다. 먼저 로스 목사는 1872년에 만주 우장에 여장을 풀고 만주 선교를 개시했다. 로스(John Ross) 목사는 다음 해 가을에 제1회 전도여행을 떠났다. 그는 여러 곳을 거쳐서 압록강 상류 임강 부근에 이르렀을 때에 그는 우연히 한국인들이 살고 있는 한 촌락을 발견하였다. 그곳은 바로 고구려의 옛 수도였던 즙안현이양자였는데 약3,000가구의 한국인이 살고 있었다. 그는 이미 토마스 목사의 한국 대동강에서 순교의 이야기를 들은 터이라 이들에게 관심을 가지고 전도했다. 1874년에 자기의 서기를 동반하고 다시 그곳에 가서 한글과 말을 가르쳐 줄 선생을 찾게 되었다. 이때에 압록강에서 파선을 당하여 알거지가 되어 온 의주 청년 이응찬을 만나서 그의 허락을 받아 어학 선생으로 삼았다. 그를 인연으로 하여 그이 친구 백홍준, 이성하, 김진기들이 우장으로 들어가서 로스 목사의 동료 선교사인 맥킨타이어(John McIntyre) 목사와 병원장의 어학선생이 되었다. 그들은 1876년에 기독교로 개종했고, 그 이전인 1875년에 벌써 「예수성교문답」과 「예수성교요령」이라는 전도 문서를 한글로 편찬하였고, 이어서 성서를 한글로 번역하기 시작했다.

1878년에 서상윤이라는 다른 한 의주 청년이 우장으로 들어가 로스 목사에게 세례를 받았고, 성서번역사업에 가담하였다.

스코틀랜드 성서공회의 1879년도 보고서에 의하면 「누가복음」, 「요한복음」은 1878년에 로스 목사와 한국인 서기들에 의하여 번역이 완료되었는데 이 해에 로스 목사가 안식년으로 귀국케 되었으므로 맥킨타이어 목사가 그 업무를 맡아 한국인 서기들과 함께 다시 수정을 더하였다.

그런데 존 로스 목사의 성경 중 제일 중요한 것은 어려운 상태를 직면했을 때의 인내와 관용이었다.

그는 1842년 8월 9일 휴 로스와 캐더린 서더런드의 맏아들로 태어났다. 그가 태어나던 시절의 크로마티 하구의 어구에 있는 인버네스의 북쪽 닉 마을은 갈릭어를 사용하는 지방이었고, 후에 성장하여 학교에 입학하여서는 영어를 배우게 되었다. 이와 같은 영어와 갈릭어에 대한 경험은 후에 중국과 한국의 선교에 있어서 중국어와 한국어를 유창하게 할 수 있는데 큰 도움이 되었다.

또한 그의 마을은 농업, 어업 및 바다 무역으로 국제적인 분위기를 갖고 있으면서 활기를 띠고 있어서 성장 후에 해외로 나가고자 하는 생각에 영향을 미쳤으리라 생각된다.

그의 성장에 영향을 주었던 또 하나의 요소는 연합장로 교회였다. 이러한 성장배경을 가지고 자라난 로스는 1860년대 중반 에딘버러에 있는 연합 장로교의 신학대학에서 신학을 공부했고 졸업 후에는 인버네스에 있는 조오지 브라운 목사의 전도사, 포오트리, 스토너웨이에서 봉사를 하였고, 1872년 2월 27일 해외선교부로부터 중국선교사로 선택되었다. 그해 3월에 M.A.스튜아트와 결혼을 하고 중국으로 떠났다.

중국에 처음 도착한 곳은 영구란 항구였지만 로스는 당시 청나라의 중심지인 만주에서 선교하기를 희망했다. 영구에서 첫겨울을 보낸 1868년 그의 아내는 맏아들 드러몬드를 낳고 악화된 건강으로 사망하였다.

  1873년 말 영구지방을 순회전도하면서 얻은 그의 선교관은 이러했다. 하나는 그 나라의 가치관이나 신앙을 버릴 필요없이, 그 문화를 바탕으로 그리스도 안에서 설립하도록 보여주는 것이 필요하다는 것과, 둘째는 비기독교 지역에 있는 교회는 외국인선교사의 활동을 통해서가 아니라 자국 기독교인들의 생활과 전도활동을 통해서 된다는 것이다.

  그래서 그는 사서삼경을 통독했고 설교시에는 이 윤리적 가치관을 중국인에게 그리스도를 믿게 하는 방법으로 사용했다. 이러한 그의 설교는 중국인에게 좋은 반응을 얻게 되었다. 또한 많은 사람들에게 세례를 주지 않고 6개월이나 그 이상된 사람 중 기독교의 본질을 파악한 사람에 한하여 세례를 주었다.

  만주에서 선교해야겠다는 그의 꿈은 차츰 실현이 되었고, 그러자 자연히 조선에 대한 관심이 커지게 되어 고려문(청과 조선 사이에 있는 세관이 위치한 작은 마을)을 방문하게 되었다.

  그가 고려문을 찾은 이유는 자기를 가르쳐 줄 조선어 교사를 찾고, 신약성서를 조선어로 번역하도록 도울 수 있는 사람을 찾으려는데 있었다. 그래서 한약장사를 하던 이응찬을 만났고 그에게 조선말을 배우기 시작했다.

  성경의 번역은 처음엔 중국성경을 보고 그 다음엔 헬라어 성경을 보고 다시 수정을 했다. 로스 목사가 신약을 번역할 때에 현재 교회가 사용하고 있는 하나님, 성령, 천사 등의 용어 선택이 제일 어려웠다고 하는데, 현재 교회가 사용하는 대부분의 용어는 로스 목사가 택하고 만들었던 것이다.

  성경의 번역은 누가복음, 요한복음의 순으로 되었고 이 번역사업에 많은 시간을 보내느라 선교사업 보고서가 본부에 늦게 도착하는 것으로 인하여 질책을 받기도 했다.

  신약성경의 조선어 번역에 많은 시간을 보낸 것은 조선이 기독교 복음을 받아들이는 아시아의 첫 나라가 될 수 있다는 그의 신념에 의한 것인 듯하다. 그는 불교가 민중에게서 멀어졌고, 또 조선인은 고등 신 (Supreme Being)에 대한 신앙을 가졌다는 생각을 가지고 있었기 때문이다.

개화의 물결 속에서 당황하고 있던 중국엔 열강들의 압력이 쉬지 않고 밀려왔다. 그때 로스는 "중국에서 작은 어떤 문제들을 간섭키 위해 세속적인 힘을 빌린다면 복음이 중국에 전파되지 않을 것이다"고 하여 힘을 사용하려는 열강들에게 진정할 것을 건의하였다. 열강들의 침입에 대하여 분노를 느낀 중국인의 화살은 중국인 기독교인과 선교사들에게 향했고 1894년에 있는 청.일 전쟁으로 인하여 그 감정은 더욱 극대화되어 선교에 많은 타격을 주었다.

1896년 초 일반교회의 활동은 정상을 되찾았으나, 또 얼마 있지 않아서 터진 북청사변으로 만주의 선교사는 선교지를 떠나야만 했다.

많은 어려움 속에서도 이민족에게 복음 전파하기를 애썼고, 그 복음은 서양적인 것이 아닌 자국적인 복음을 전하고자 했던 로스는 1915년 8월 11일 에딘버러의 뉴웡턴 묘지에 묻혔다.

로스는 서양언어로 한국의 첫 역사책을 썼고, 영어로 된 한글문법책을 썼고, 한글로 처음 신약성서를 번역했고, 최초의 만주민족사, 중국고대종교 및 만주족의 기원을 쓰는 등 중요한 저술을 남겼다. 또한 초교파적인 생각을 다른 사람보다 먼저 했고 중국에서 단독교회를 창설했다.

로스 목사는 중국에 머무르기 전 복음의 바탕을 위한 유가경전인 사서삼경을 공부하고자 했고, 선교지에 대한 적극적인 관심은 그 나라의 문화를 이해하게 했다. 그는 중국인과 잘 융합되었고 매우 근면하였다. 존 로스 목사는 다른 선교사들이 하지 못할 만큼 넓은 지역을 여행하였고, 그의 전도에 대한 열정은 기독교 선교사에서 길이 빛날 것이다.

1882년에 드디어 「누가복음」과 「요한복음」이 간행되었다. 이것은 실로 우리나라 최초의 한글성서였다. 1883년에는 교정된 「누가복음」

과 「사도행전」이 간행되어 합본되어 나왔고 재 교정된 「요한복음」이 재간되었다.

1884년에 「마가복음」, 「마태복음」이 간행되었고, 1885년에는 「로마서」, 「고린도 전.후서」, 「갈라디아서」, 「에베소서」가 간행되었고, 1887년에 「예수 성교 전서」라는 신약전서 전권이 간행되었다. 이것을 「로스번역」(Ross Version)이라고 흔히 말한다.

그들은 성경 번역만 한 것이 아니라, 그 성경을 가지고 한국에 복음을 전하게 되었다. 그래서 로스 목사는 "성경이 던져진 강물을 마시는 한국 사람들은 생명수를 얻게 될 것이며, 불에 탄 성경의 재는 한국교회를 자라게 하는 거름이 될 것이다"고 했다. 1883년에 중국에서 의주로 10년만에 돌아온 백홍준은 성경을 뜯어 노끈으로 만들어 가지고 와서 다시 펴서 책을 만들어 전도하다가 최초의 순교자가 되었다. 일설에 의하면 그는 짐의 포장으로 위장하여서 들여다가 전도했다고도 한다. 그는 성경말씀대로 때를 얻든지 못얻든지 복음 선포했다. 1884년에는 6천권의 복음서를 전파하여 13인이 개종했고, 다음해에 세례 지원자가 79명이었으며, 1887년에는 개종을 표시한 사람들이 300명을 넘었다고 한다.

그런가하면 바다 건너편에 있는 일본에서도 일본성서공회 총무였던 루미쓰(Henry Loomis) 목사는 한국인 학자인 이수정과 함께 성서를 번역했는데, 그 결과로 1883년 말까지 현토 한한신약전서의 번역이 완료되었고, 한글역 4복음서와 사도행전의 초고가 완료되었고 로마서의 한글역이 진행되고 있었다. 이때에 이미 재일 한국인들이 전도를 받아 회개하고 예수를 믿고 있었으며, 더욱이 김옥균이 크게 활약하고 있었다.

(3) 한글성경의 중기 역사

이 한글성경의 중기는 위에 논한 기간과는 달리 외국선교사들의 발이 이 땅에 디디게 되었고, 또 그들이 복음을 이 땅에 전할 뿐만 아니

7. 헤브라이즘의 역사 · 323

라 복음 선포와 신자의 필요에 따라서 성경을 번역하게 된 기간이었다.

　물론 이보다 이전에 성경번역이 있었는데 그것은 천주교에 의하여 이루어졌다. 천주교성서를 보면 1795-1800년에 이가환, 정약종 등에 의하여 번역된 것으로 사복음이 있었다. 1832년에는 "주기도문"이 한글로 번역 되었는데, 그것은 꾸쯔라프 목사가 홍주 고대도에서 한국인의 도움을 받아서 우리말로 번역한 것이었다. 그러나 이렇다 할 큰 사업은 없었다. 19세기말에 접어들면서 한국에 큰 변혁이 일어나게 되었는데, 1882년에 한미조약이 체결되었고, 폐쇄국가였던 우리나라가 개방의 문을 넓게 열게 되었다. 그때에 제일 처음으로 한국에 발을 들여 놓은 이가 알렌(H.G. Allen) 박사인데, 그는 최초의 의료선교사였다. 그는 1884년 9월 20일에 한국에 선교의 주초를 놓자, 다음해인 1885년 4월 5일에 부활절과 때를 같이하여 장로교선교사 언더우드(Underwood)와 미국 북감리교 목회선교사 아펜셀러(H.G. Appenzeller)가 왔으며, 동년 5월 1일에 미국 북감리교 의료 및 목회선교사 스크랜톤(W.B. Scranton) 의사와 그의 모친 메리 스크랜톤(Mary F. Scranton) 부인이 왔으며, 동년 6월 21일에 미국 북 장로교 의료 선교사 헤론(J.W. Heron)이 교육 사업을 개시했다. 그래서 1886년에 배재학당, 이화학당, 그리고 예수교 학당(경신학교)이 설립되었고, 1887년에 "한국성서위원회"가 조직되었는데 그 위원은 언더우드, 아펜셀라, 스크랜톤, 헤론이었다. 그해(1887)에 「마가복음」이 간행되었으며, 같은 해에 한국최초의 교회인 새문안 교회가 설립되었다. 한편 한인최초의 전도사들이 임명 되었다. 그들은 다름아닌 백홍준, 서상윤, 최명오 등이었다.

　그로부터 3년이 지난 1890년에는 언더우드목사의 번역으로 「누가복음」이 나왔고, 스크랜톤 번역으로 「로마서」가 나왔다. 그뿐만 아니라 선교사들의 한글 학습의 필요를 느껴서 언더우드에 의하여 「한영문법」, 「한영사전」이 나왔다. 이런 여러 문서의 출판을 효율적으로 하기 위하여 「예수교서회」가 창립이 되었다. 다음 해인 1891년에는 그리스도교회의 선교사인 펜윅에 의하여 「요안내 복음」이 번역되어 나왔다. 이것은 로스역에 한문전서한 것이었다.

　1892년에는 최초의 성서 번역 위원회의 번역으로 「마태복음」과 「성경직해」 9권이 나왔으며, 같은 해에 「찬미가」를 위시한 「구세론」이 언더우드에 의하여 햇빛을 보게 되었다.

　1893년에는 영국, 미국, 그리고 스코틀랜드 성서공회 등 합동 사업을 개시하게 되었는데, 이에 따라서 성서번역 위원회도 재조직하게 되었다. 그 위원을 보면 언더우드, 께일, 아펜셀라, 스크랜톤, 트롤높, 리놀드 등이었다.

　그래서 1895년에는 대영 성서공회 한국 지부가 서울에 설립이 되었고, 캠무어 박사가 제1대 총무에 피임되었다. 그리고 그는 그 위원회역으로 「4복음」과 「사도행전」이 간행되었고, 그것을 합본하여 「신약전서」를 내게 되었다. 여기서 잠깐 부언할 것은 1894년에 마펠 박사에 의하여 평양에 최초의 교회인 「널다리골 교회」가 설립되었고, 황해도에는 「송천교회」가 설립되었으며, 많은 신학과 교리서들이 출간되었다.

　1897년에는 「성서번역위원회」의 번역으로 「골로새」, 「베드로전후서」가 출간 되었으며, 기독교학교(숭실대학)가 설립이 되는가 하면 신문들이 간행되었다(그리스도신문(장로교), 죠선 그리스도인 회보(감리교)), 1898년에는 「고린도 전.후서」, 「빌립보」, 「데살로니가 전.후서」, 「디모데 전.후서」, 「디도서」, 「히브리인서」, 「야고보의 편지」, 「요한1.2.3서」, 「유다서」, 「시편촬요」등이 출간되었다. 그러나 「요한계시록」은 아직 출간되지 못했다. 이때에 "한국 성서공회" 창설자인 트롤높 목사가 성서번역 위원이 되었다.

　그래서 한국 성경번역 중기는 성경의 단편 간행기였고, 또 한국성서번역위원회라는 조직을 가지고 성경 번역에 정진하며, 성서 공회가 뿌리를 박는 초기였다고 하겠다.

(4) 한글 성경번역의 근세 역사

7. 헤브라이즘의 역사. 325

한글성경의 근세 역사는 크게 발전하여 정상적인 궤도에 오른 시대라고 할 수 있다. 그 이유는 첫째 한글 「신약전서」가 완간됐기 때문이다. 1900년 5월에 「신약전서」가 완역 간행되어 동년 9월 9일 오후 3시 30분에 정동교회에서 축하예배를 성대히 거행하였다. 그런가 하면 장로회 공의회가 조직되었으며, 김관근 목사가 관서 일대에 성서를 전했고, 많은 교회를 세운 해였다. 다음 해인 1901년에서 1904년까지 「신약전서 수정본」이 간행되게 되었다. 여기서 특기할 것은 1901년에 옥중에 있던 애국지사였던 이상재, 이원중, 이승만, 유성준 등이 성서를 읽고 기독교에 개종하게 되었으며, 다음 해인 1902년 6월 11일 아침 7시에 성서 번역차 목포로 가던 아펜셀라 목사는 기선의 충돌로 한국인 서기관과 함께 제물포 앞 바다에서 순직하게 되었다. 이때에 성서번역위원으로 죤스 목사가 선임되게 되었다.

1904년에 정정본을 재수정하였으며, 1906년에 재수정 간행된 「신약전서는 결정본」이 되어 1937년에 개역성경이 나올 때까지 사용되었다. 이 성경은 많은 영혼을 구원할 뿐만 아니라 한글을 재생시키고 한국 신문학에 모체가 되었다. 1906년에 유성준 장로의 노력으로 국한문으로 된 신약전서가 간행되게 되었으며, 이 성경은 유식한 사람들에게 크게 환영을 받아 그들을 구원하는데 크게 도움을 주었다. 동년 4월 25일에 고종황제에게 언더우드, 어비슨, 밀러 등 세분이 「신약전서」2책을 헌상하였다. 다음 해인 1907년에 최초로 한인목사 7인(길선주, 양전백, 이기풍, 한석진, 서경조, 송인서, 방기창)(동창회 명부 1907-1978, 총회 신학대학 동창회)이 장립되었으며, 1908년에 김정삼, 이창직, 김명준 등 세분이 「성서번역위원」에 피임되게 되었다. 이때는 한국의 부흥과 개혁기였다. 1903년에는 원산에서, 1905년에 역시 같은 함경도에 부흥의 불길이 일기 시작하여 1907년에는 평양의 장대현 교회에서 큰 부흥이 일어나 일제의 탄압과 만행에도 이기고 그 환난과 고난을 이기고 승리케 했다.

드디어 기다리고 열망하던 「구약전서」가 1910년 4월 2일 오후 2시에 완역되어서 햇빛을 보게 되었다. 그래서 다음 해인 1911년에 「구약전서」와 「신약전서」를 합한 「성경전서」를 간행하게 되었다. 1912년에는 이익채선생의 편찬으로 「관주 신약전서」가 나왔고, 같은 해에 장로회 총회가 조직되었으며, 특기할 것은 그 장로회 총회에서 중국 산동에 선교사를 파송하였으며, 「성서공회회관」을 신축하였다. 1922년에 지식인과 학생들을 위한 「영한대조 누가복음」이 간행되었으며, 그 전전해인 1920년에는 엥겔, 어드만 목사에게, 1922년에는 하디, 빼어드 목사에게, 1923년에는 락, 밀러 선생에게 「개역성서번역 위원」이 선임 되었다.

1925년에는 홀부인에 의하여 불우한 맹인들을 위하여 「점자성경」인 창세기가 출간되었으며, 성경전서가 인도지에 인쇄되게 되었다. 1926년에 완전한 「관주성경」이 출판 되었으며, 1935년에는 맹인들을 위한 점자 성경이 출판되었는데 4복음과 사도행전이었다.

이상에서 본바와 같이 성경이 완역이 되고 심지어 불우한 맹인을 위한 점자성경을 일부분이나마 펴냈으니, 한국교회는 완전 무장을 한 것이었다.

(5) 한글성경 번역의 현대 역사

이 시대는 재정비와 발전의 시대라고 하는 것이 좋겠다. 그 이유는 1900년에 들어서면서 신약만 아니라 구약을 완역한 「성서번역위원회」는 수정에 수정을 거쳐서 결정판을 내었으나 세월이 지남에 따라 인간의 언어와 문자가 발전하게 되었다. 그래서 복음의 도구인 언어와 문자를 새것으로 대치하지 않으면 안되었다. 또 그 기간에 세계 도처에서 고고학에 의하여 발굴된 새로운 사본들의 발견으로 전의 히브리어 사본에 수정을 가하여 더 정확한 권위있는 히브리어 원본들이 성취되었다. 그래서 위와 같은 조건에 근거하여 성서개역의 계획을 세우고 실천하게 되었다. 그러므로 「성서공회」는 성서번역 위원들을 위촉하여 추진하던 것이 마침내 25년 만에 햇빛을 보게 되었는데, 그것이 소위

"개역 구약전서"였다. 다음 해인 1937년에는 "개역신약전서"가 나오게 되면서 한문을 탈피 못한 한국 사람들을 위하여, 또 한글로 분명하게 표현 못할 것들을 좀더 잘 나타내기 위하여 「간이선 한문구약전서」를 내게 되었다. 이 당시의 구·신약전서를 간행하게 되었다. 이 일에 크게 공헌한 분은 최경식씨였으며, 그때가 1939년이었다. 이때는 한국 교회에 가장 치욕적이고 또 하나님 앞에 큰 죄를 범한 해였다. 우리가 잘 아는대로 일본제국주의가 발악을 했던 때로 한국교회에 신사 참배를 강요하게 되었는데, 최후의 보류였던 장로교회마저 굴복하게 되었다. 그러나 그 총회의 결의를 무시하고 신앙의 투쟁을 하면서 순교의 각오를 한 교역자와 교인들이 일어났다. 그들은 신앙의 고투를 하면서 순교의 피를 이 땅에 쏟았다.

일본제국주의는 그것으로 그치지 않고 성서 공회의 성서간행 사업에도 손을 대어 이모저모로 방해하게 되었다. 그뿐만 아니라 일본제국주의도 말로가 가까워 오게 되었다. 그래서 1942년에 성서공회는 최후로 성경전서를 간행하게 되었다. 같은 해에 "조선 성서 공회"로 개편했고, 제3대 총무로 합쓰를 총무로 임명하였다. 그것은 별로 효과가 없었다. 일본제국주의는 그들의 마수를 펴서 성서공회와 한글성경에 고난을 주었다. 그들은 성서원문의 삭제와 한글성경의 간행을 금지시키는 등 갖은 만행을 다하였다. 그 만행은 1945년에 해방 때까지 계속하여 가해 오게 되었다.

1945년 8월 15일에서 1949년까지는 외국성서공회에서 협조와 원조로 성경을 받은 때였다. 그 이유는 해방과 더불어 모든 것이 마비되었기 때문이었다. 국가적인 면만 아니라 기독교제도 역시 혼돈된 시대였다. 이때에 미국 성서공회에서 신약전서 5만권을 기증받게 되었고(1946년), 1947년에 영국 성서공회에서 성경전서 5천 20부를 인쇄하여 기증하여 주었다. 이와 더불어 한국 성서 공회가 재건되었으며, 제4대 총무에 정태웅씨가 되었었으나 물러났고 1949년에 제5대 총무로 임영빈 목사가 피임되었다.

1950년에 한글판 성경전서가 출판되었는데, 한글 성서에만 사용되는 「성서제」라는 특별한 문제와 문법을 창안하여 냈다. 그러나 민족의 역사에 가장 비참했던 6.25 사변이 일어나 국민과 재산이 희생 또는 파괴되면서 성서공회도 파괴되었으며, 10만권에 달하는 성서와 중요 문서가 소실되었다. 그러나 부산에 피난 중에 있던 성서공회는 한글판 구.신약성서를 인쇄하게 되었으며, 또 점자 성경도 일본에서 인쇄해서 가져왔었다. 더욱 경하할 일은 1957년에 「점자 전성경」이 신약 10책, 구약 16책으로 완간되게 된 것이었다. 이때에 교파분열이 시작되었는데 "재건파"를 위시해서, 김재준 목사를 중심한 "자유주의 신학계통의 한국 기독교장로회와 조선 대한예수교 장로회신학교로 분립되었다. 이것은 철학적신학과 기독교 문화주의라고 할 수 있다. 1953년에는 고려파와 고려신학교가 분립이 되었다.

1959년에 이광혁 장로가 10년간의 구상과 노력으로 신약전서를 써서 그리스도의 상을 완성하였다. 이것은 한국기독교 미술에 획기적이고 크나큰 공헌이라고 하겠다.

이때까지 한국성서 번역 현대역사는 한마디로 말하면 보수 신학적이고 성경적인 번역, 또는 개역시대였다. 그것도 그럴 것은 이때에 자유주의 신학적 세력이 강하게 자라지 못한 때였다. 오히려 자유주의 신학이 태동하며 발아하던 때였다.

(6) 한글성경 번역의 최현대 역사

일본 제국주의 시대부터 함경도를 중심으로 자유주의 신학을 부식시켰던 가나다 선교회는 해방과 더불어 한국교회는 논란의 대상이 되었고, 또 해방 전후에 외국에 가서 신학을 연구하는 가운데 자유주의 신학에 감염된 학자들이 속속 귀국하여 여러 교파의 신학교에서 교수하게 되었다. 그래서 50년대에서 60년대에는 신학문제로 교단이 분열될 뿐아니라 신학교도 분립하게 되었다.

그런가하면 한글 성경번역도 이에 자극을 받지 않을 수 없었다. 1957

년 8월 "기독교계"라는 잡비 창간호에 박창환 목사의 「에베소서」사역이 처음 시도되었다. 그 후에 「빌립보서」와 「골로새서」사역이 실렸었다. 그런가 하면 그 제4호에는 김정준씨의 「시편」사역이 몇편 실렸었다. 이보다 몇 달 앞서 동년 5월부터 재경 자유주의 학자들로 구성된 복음 동지회원 몇 명이 자기들대로의 성서 번역의 필요성을 느끼고 우선 마태복음에 착수했다. 그 위원들은 박대선, 김정준, 이여진, 전경연, 문익환, 김철손, 김용옥, 장하구, 지동식, 윤성범, 김찬국, 박창환 등이었고, 배후에서 유관우, 전택부 제씨가 후원했다. 그래서 1961년 1월 25일에 "마태복음"이 나왔고, 동시에 성서공회에서 이들을 흡수하여 새 번역을 착수하였다. 우리가 주의하고 넘어가야할 것은 이때의 성서공회의 요직에 있는 이들이나 그 성서공회에 흡수된 학자들은 어떤 이들인가 하는 점이다. 그 성서공회의 요직자는 신학문제에 관심이 많지 못했고, 또 거기에 흡수된 학자들은 대개 자유주의 신학에 편중된 학자들이었다. 그들에 의하여 번역된 그 신약이 만 4년만인 1967년 12월 15일에 출판되었다. 그것이 소위 "신약 새 번역"이었다. 1971년에 "신약 공동번역"이 출간되었는데 동년 4월 11일이었다.

이 신약 공동 번역을 끝낸 성서공회는 곧 구약성서 번역에 착안했고 재빨리 그 사업에 착수하였다. 이 사업은 신구교가 합작했다. 1968년 2월 15일 신구교 성서번역 공동위원회를 구성했고 4월 1일부터 4일까지 다시 모여 번역위원회를 조직했다. 위원장에 김정준, 서기에 정용섭, 위원에 배제민, 문익환, 서종완(신부), 최의원(사퇴) 제씨였다. 이들은 5년간을 예상하고 착수했다. 이때에 위원중에 최의원, 배제민 목사가 탈퇴했다.

그러나 예상외로 많은 시간이 소비되어 1977년 부활절에 초판이 발행되었는데 "성서"란 이름에 부제로 (공동번역)이라 했으며 (외경포함)이라고 했다. 그 머리말에 의하면 이 책에 "포함되어 있는 신약은 1971년에 출판된 공동번역 신약성서를 개정한 것이다"고 하였다.

문제는 여기에서 그치는 것이 아니다. 이 공동번역이 자유주의적 학자들에 의하여 번역됐을 뿐만 아니라 그것이 번역이 되어 나온 이후에 적지 않은 부작용이 있었다. 그 이유는 그 내용이 자유주의 신학적이고, 또 그 성경속의 용어가 범신적이고, 다신적인 세속적 용어를 사용했기 때문이었으며, 거기에 설상가상으로 영향을 미친 것은 정경이 아닌 외경을 포함시켜서, 성경을 연구하는 신학도들에게는 미미한 도움이 되겠으나, 그와 반대로 평신도들로 하여금 외경을 정경시하게 되었고, 외경을 무비판적으로 받아 카토릭의 우상숭배적인 비신앙과 카토릭의 술책에 빠지기 쉽게 만든 것이다.

다행스러운 것은 오늘날 이에 대한 지상과 비판회를 자주 가짐으로 다소 안심이 되나 앞으로 그 열의가 식은 후에 제2세들에게는 그것이 큰 문제가 되지 아니할 수 없다. 그러나 다행한 것은 이에 반대하여 "생명의 말씀사" 주최로 유능한 보수주의 신학자들이 중심이 되어 성서 번역에 착수한지 많은 시간이 흘렀다. 신약은 보수주의 신학계의 유능한 어학자 4명이 1974년 3월에 번역에 착수하여 이미 끝났으며, 금년말에 그 신약성경이 출판될 예정이며, 구약은 역시 보수주의 신학계의 유능한 어학자 3명이 1976년 3월에 착수하여 많은 진척을 보았는데 1981년 말에 햇빛을 보게 될 예정이다.

(7) 침체기와 세속화

1980-1990년대는 성장과 복음화 절정기였으나 그 시기가 침체기를 맞게 되었는데 2000년대에서부터 물질만능과 향락주의가 교회에 침투하게 되었는데 세계 교회가 그러하다(딤후 3:, 4:).

성령안에서 신앙과 진리적인 것 보다 물질만능, 인기주의, 개인주의, 세속적인 권세와 명예, 그리고 정욕주의 만능주의가 침투하여 세계 교회가 타락하고 그 돈을 위시한 인간적인 우상숭배에 영적이고 신령한 정조가 빼앗기고 사단주의자와 죄악의 도구들이 되고 있다.

(8) 회복과 개혁 (현재, 2010년 이후)

7. 헤브라이즘의 역사 · 331

 2007년부터 한국교회에서 "1907년 산정현교회의 회개와 부흥시대로 돌아가자"는 운동이 일기 시작하여 그것이 일제 강점기를 지나서 1945년에 다시 새로운 시대를 거치다가 북한 김일성의 시대를 거치면서 제1차 숙청이 있었다. 그리고 제2차 숙청은 중산층과 "종교는 아편이라"는 공산주의 망언에 의하여 기독교인들도 박해와 탄압이 있었고 생명을 위하여 남한으로 탈출하게 되었다. 그러나 남은 기독교의 부흥시대를 맞이하여 월남 신자들에 의하여 처처에 교회가 세워졌다.

 그러나 1950-1953년까지 민족상전인 6.25사변은 인생의 무상함과 공산주의 악날한 정치와 만행을 보게 되었고 기독교인들에게 내세의 신앙과 진리에 더욱 굳게 서게 했다. 그러나 일제 강점기의 기독교의 탄압과 공산주의의 기독교 탄압은 교파분열이라는 불행을 맞이하게 되었는데 재건파와 고려파의 분열이 있었고, 가나다 선교지역인 함경도 난민을 중심한 기독교장로회가 세워지게 되었다.

 그런데 중요한 것은 일제 강점기를 거쳐서 한국의 독립과 함께 한국 신학자들이 미국을 위시하여 세계 각국의 우수한 신학대학에 가서 연구하는 중에 자유주의 신학과 신정통 신학만 아니라 보수주의적이고 성경정통적인 신학에 크게 눈을 뜨게 되었다. 그래서 개혁주의 또는 칼빈주의적인 성경 신학에 전심하는 중에

 ① 성경번역이 시작되었다. 그것이 성경공회가 세워져서 첫 번 성경번역이고

 ② 2000년도에 성경공회에서 개혁신학에 근거한 30여명의 학자들이 모여서 성경을 번역한 것이 "바른 성경"이다. 그것이 판을 거듭하고 수정을 계속하면서 좋은 번역 성경이다. 그러나 아쉬운 것은 오늘날 성경 고고학이 크게 발전되었는데 그 뒷받침이 없이 번역이 되어서 다시 수정과 개역의 필요를 느끼게 된다. 중요한 것은 개혁교회에서 ① 성경에 근거한 교회만이 꾸준한 개역이 필요한 것이 아니라 ② 성경번역도 계속적인 수정과 개역이 필요하다. ③ 신학도 마찬가지이다. ④ 성도 개인도 마찬가지이다. 만일 그 계속적인 개혁이 없으면 침체와 타락이 되

어서 영적인 잠만 아니라 병들고 죽어서 에스골 골짜기의 해골떼와 같이 영적 해골교회가 될 것이다. 더욱이 많은 교회가 열린 예배를 들이며 복음성가적 교회와 인기적이고 정치와 주권적인 교회들이 한 유형이다.

그 실예가 한국교회만 아니라 구미의 모든 교회들이다. 그러나 감사하고 감격스러운 것은 2007년부터 개혁과 부흥이라는 주제로 회개와 개혁이라는 주제로 서울시청 앞 광장에서 일부 보수교단의 대표들이 일부 성도들과 함께 모여서 집회를 했다. 또 2010년에 8월 15일에 역시 서울시 광장에서 보다 더 적극적이고 회개와 개혁을 주제로 성경 주의적으로 모였고 2011년 6월 19일에 잠실 체육관에서 합동교단을 중심하여 모였는데 더욱 체계적으로 일제 강점기의 죄악과 지금까지의 모든 죄악을 회개하며 미래의 한국교회와 한국과 세계교회와 세계를 위하여 기도하며 간구하였다.

(9) 미래적인 교회

오늘날 한국교회만 아니라 세계의 교회들이 현실적이고, 현실에 안주하고 만족하는 실용주의적인 교회가 되어 가고 있다. 그러나 과거는 현재를 보여주고, 또 현재는 미래를 바라보게 하여 준다. 이것은 개인만 아니라 가정이나 교회나 교회의 어떤 공동체도 그러하다. 그런데 너무 물질적, 육신적, 양적인 것에 주안(主)을 두다가 보니 현실주의(現實主義)자가 되어진 것이다. 우리는 구약도 그렇지만 신약을 보면 신약의 4복음에서 구세주 예수 그리스도와 그의 구속사역에 근거하여 성령의 충만함을 받은 초대교회가 세계에 나아가 복음을 전파하면서, 생동하면서, 선교하면서, 주의 재림과 천국을 대망하면서 나아갔다. 그러므로 이 신앙과 신학에로 귀환이 절실히 필요하다. 그러기 위하여는 미래에...

㉠ 참된 성경적 교회

이 참된 성경적 교회는 조직과 의식과 양적 번영도 귀하지만 그것보다는 종교개혁시대와 같이 참되고 진실한 성경에로 복귀 또는 회복되는 교회이다. 그래서 계시록 1장 3절에 "이 예언의 말씀을 읽는 자와 듣는 자와 그 가운데에 기록한 것을 지키는 자는 복이 있나니 때가 가까움이라"(계 1:3)고 했고, 22장 7절에 "보라 내가 속히 오리니 이 두루마리의 예언의 말씀을 지키는 자는 복이 있으리라"고 했다. 그래서 하나님께서 모세를 통하여 이스라엘 자손에게 "내가 너희에게 명령하신 말을 너희는 가감하지 말고 내가 너희에게 내리는 너희 하나님 여호와의 명령을 지키라"(신 4:2, 12:32, 민 22:18, 잠언 30:6, 렘 26:1-, 계 22:18-19)고 했다.

그러나 현세는 그 하나님의 말씀을 떠나서 곁길로 가고 범죄하는 시대이다. 그래서 사도 바울이 사랑하는 아들 디모데에게 "너는 이것을 알라 고통하는 때가 이르리니 사람들이 자기를 사랑하며 돈을 사랑하며 자랑하며

딤후 3:1-4 "너는 이것을 알라 말세에 고통하는 때가 이르러 사람들이 자기를 사랑하며 돈을 사랑하며 자랑하며 교만하여 비방하며 부모를 거역하며 감사하지 아니하며 거룩하지 아니하며 무정하며 원통함을 풀지 아니하며 모함하며 절제하지 못하며 사나오며 선한 것을 좋아하지 아니하며 배신하며 조급하며 자만하며 쾌락을 사랑하기를 하나님 사랑하는 것보다 더하며"

또 디모데후서 4장 3절 이하에 "때가 이르니 사람이 바른 교훈을 받지 아니하며 귀가 가리워서 자기의 사욕을 따른 스승을 많이 두고 또 그 귀한 진리에서 돌이켜 허탄한 이야기를 따르리라"고 했다. 그러므로 종교개혁시대와 같이 다시 제2의 한국교회의 종교 개혁으로 성경 제1주의로 돌아가야 한다.

ⓒ 그리스도의 신부적 교회

사도 요한은 소아시아의 밧모섬에서 주의 날에 성령의 충만으로 계시를 받으면서 미래의 순결하고 성결한 그리스도의 신부적인 교회와

성도를 보았는데 계시록 20장 4절과 6절에서 "예수를 증거하고 하나님의 말씀을 지키다가 순교한 그들과 목베임을 당한 자들과 짐승과 우상들에게 경배하지 아니하고 그들의 이마와 손에 그의 표를 받지 아니한 자들이 살아서 그리스도와 더불어 천년동안 왕노릇 할 것이며, 하나님과 그리스도의 제사장이 되어 천년동안 그리스도와 더불어 왕노릇 할 것이다". 그들은 "자기 두루마기 또는 헬라어로 $ςτολάς$ 또는 "예복"을 빠는 자들이 복 있는데 이는 그들이 생명나무에 나아가며 문들을 통하여 성에 들어갈 권세를 얻으려함이로다"(계 22:14).

이것은 분명히 그리스도 예수의 신부인 교회와 그의 성도들의 순결과 성결을 의미한다.

ⓒ 하나님의 신이신 성령의 사역적 교회

이 교회는 예수님이 선언한 참되고 근본적이고 그리고 표본적인 교회로 사도행전 1장 8절과 2장 1절 이하에서 성취된 교회로 선지자 요엘이 하나님께로부터 말씀을 받아 예언한 성령의 충만한 교회이다(욜 2:28-32). 하나님의 말씀은 하나님의 선지자들을 통하여 선포되고 그리고 반드시 성취된다. 그 예언이 선포된지 7-800년후에 다시 신약시대에 예수로 말미암아 재확인되고 선언된지 40일이 되어서 성취되었는데(행 1:8) 예루살렘의 마가 요한의 다락방에 모였던 120명에게 성령이 충만하게 임하여(행 2:1-끝) 그들이 예루살렘과 유다와 사마리아에게 예수 그리스도의 대속의 죽음과 그의 부활과 그의 승천과(마 26:-28) 재림을 증거하게 되었다(행 1:9, 고전 15:51-58, 살전 4:13-17).

그들은 그 성령의 충만함을 받기 전에는 사도들과 제자들이 믿었으나 피동적이고, 나약하고, 허실하였으나 그러나 성령의 충만함을 받은 이후에는 능동적이고, 강력하고 그리고 충성되고 성실하였고 순교자적인 하나님의 사람들이었다.

그들에게 핍박과 순교의 바람이 불자 오히려 그들은 강하고 담대하여 핍박의 바람에 불려서 세계에 복음을 전하게 되었다. 그 중에 가장 대표적인 사람이 사울이었던 바울과 그의 동역자 바나바였다. 그들이 마가 요한의 일로 갈리웠으나 그것은 오히려 세계 복음화에 더욱 박차를 가하여 그 일을 촉진 확대하여서 로마를 통한 세계 복음화였다. 이것을 가리켜서 세계 선교사로 하게 된다. 그 예수님이나 바울도 모두 성경과 그 진리에 따른 생활이다. 그 성경은 예수 그리스도 자신과 구속의 사역이고(눅 24:, 27:, 44:), 사도 바울도 예수 그리스도의 십자가 외에는 결코 자랑할 것이 없다(갈 6:14-15)고 했고, 이 성경이 근본진리이다(딤후 3:15-끝, 벧전 1:20-).

㈃ 개혁이 진행되는 교회

구약에도 신약에도 "새로운 것"과 "새 일"이란 말씀이 있고, 또 "돌아오라!"(שוב), "회개하라!"는 단어들이 사용된다(사 42:9).

이것은 개인이나 가정이나, 민족이나, 사회적이고 국가적인 면만 아니라 육적이고 영적인 모든 면이 포함된다. 하나님 앞에서 인간이 개인이든지 집단이든지 하나님의 거룩한 사랑과 귀한 구원과 축복을 받고 하나님의 뜻에 따라서 그를 잘 섬기며, 그의 영광과 그의 신령하고 복된 나라를 위하여 계속적이고 항구적인 일을 계속하는 일이 많지 않다. 에덴의 사건이 지상의 신자들과 교회에 계속이 되는데 성령에 의한 영적이고 신령한 때에는 교만하고 자만하기 쉽고, 또 역적이고 신령한 면이 저하될 때는 세상적이고 죄악된 것으로 타락하기 쉽다. 그래서 성도나 교회가 하나님 앞에 그의 말씀으로 교훈과 책망을 받고 영적인 눈이 열려야 하고 (사 6:1-7, 눅 24:14-), 그리고 성도와 교회가 성령의 강한 능력과 말씀의 조명으로 밝히보고 성장하고 바른 길로 나아가며 바로 잡아 나아가야 한다. 이것을 신학에서 "개혁"이라 한다.

이 개혁은 성경역사를 볼 때에 시대마다 있었는데 그 실예를 들면 구약시대에 모세의 인도를 받는 시대 유월절(출 12:1-)과 시내 광야의 생활이 있었고(출 20:-), 사무엘의 시대에 있었고(삼상4:-), 다윗과 솔로몬 왕시대에 있었으며(삼하 1:-, 왕상 11:), 히스기야 왕시대(사 38:1-)

와 요시야 왕시대에 있었다(렘 20:1-). 신약시대에는 세례 요한시대와 예수님시대와(마 3:1-28:) 초대교회의 성령강림으로 인한 세계 복음화이다(행 2:1-).

그런가하면 교회시대에는 속사도들과 교부시대에 다소 있었고, 중세의 종교 개혁시대이고, 오늘날까지 한 나라나 지역의 교회에 회개와 개혁의 역사가 성령의 능력과 하나님의 말씀으로 성취되었다. 이런 개혁을 지속적으로 진행될 것이다. 하나님의 섭리와 주권 안에서 진행되는 거룩하고 복된 역사이다.

㉤ 세계를 향하여 선교하는 교회

이 세계를 향한 선교의 사명은 신약만 아니라 구약에서 강조하고 있는데 성경 구절로는 열방으로 하나님을 섬겨 경배하는 것이고 더욱 적극적으로는 요나서에서 하나님께서 선지자 요나에게 이스라엘과 유다의 적대국가인 앗수르의 수도인 니느웨에 가서 하나님의 말씀을 전하게 하여 그들로 회개케하고 용서하여 구원하신 것이다. 그뿐만 아니라 다니엘과 그의 세 친구를 바벨론 제국의 대왕인 느부갓네살로 하여금 그들을 포로로 붙잡아가게 하여 그 다니엘로 여호와 하나님을 진실하고 순교적인 신앙과 하나님의 말씀에 따라 살면서 하나님의 창조와 구원과 절대 유일하신 참 하나님이심을 보여주는 그 선교와 마지막에 그가 페르시야 왕국시대에까지 평신도 선교사로 선교한 것은 값지고 보배로운 것이다.

신약시대에 들어와서 예수님도 유다와 사마리아와 갈릴리 지방만 아니라 수리아와 레바논 지방에 가셔도 선교하셨고 가장 중요한 것은 예수님의 분부인데 사도행전 1장 8절이다. 즉 "예루살렘과 유다와 사마리아와 땅 끝까지 이르러 내 증인이 되라"는 것이고, 사도행전 2장의 예루살렘 마가 요한의 다락방에서 성령의 충만함을 받은 그들이 예루살렘과 유다와 사마리아만 아니라 사도 바울과 사도들과 성도들을 통하여 세계에 복음을 선포한 것이다. 그 중에도 가장 중요한 인물은 사도 바울이다. 그 사도 바울의 세계 선교는 사도행전에 잘 나타나 있는데 이에 관하여는 아래와 같다.

한국 선교사들의 선교 방법과 그 내용과 결과는 네비우스 정책이다. 그 네비우스 선교정책은 한국에 와서 선교한 선교사들의 선교정책으로 성공적인 선교정책의 하나로 "조속한 토착 복음화 정책"인데,
1) 복음 선포와 교회설립
2) 설립된 교회의 교역자는 소속한 현지인으로 교체하는 것,
3) 그 현지인 교역자를 조달하기 위한 현지인 인재 양성 기관인 신학교 설립이고,
4) 현지인을 위한 인재 양성을 위한 현지 학자들을 양성하여 성경번역과 성경연구 사업과 자립을 위한 재정 자립이다.

이 일은 구약에서 여호수아서에서 여호수아가 가나안의 산지를 점령하고 제비를 뽑아 요단강 동쪽의 두 지파 반에게 나누어 준 것과 같이 9지파반에게 나누어 준 것이다.

그 지파들과 연합하여 정복하여 완전 소유화하였는데 역시 선교정책도 그런 것이다. 선교정책만 아니라 문화, 정치, 과학과 경제나 모든 분야도 그러하다. 성경에 근거한 자주(自主), 자립(自立), 자득(自得), 자행(自行), 선교(宣敎)와 하나님의 나라 건설이다.

㈏ 내세적인 종말론적 교회(천국 지향적 교회)

기독교회와 신자가 속화되고 타락할수록 현세적이고 물질과 세상의 인기와 정욕과 명예와 권세에 영합한다. 그 사실은 구약시대만 아니라 신약시대에도 그러하였다. 중세와 현대에도 그러하다. 그러나 요한계시록을 보면 내세적이고 미래적이고 종말론적인 교회와 성도들이 언급되는데 그들은 ① 하나님의 말씀에 굳게 서는데 "그 말씀을 읽고 듣고 지켜 행하는 것이며"(계 1:3), "보라 내가 속히 오리니 이 두루마리의 예언의 말씀을 지키는 자는 복이 있으리라"(계 22:7)고 했다. ② "주 안에서 죽는 자가 복이 있다"(계 14:13). 그 이유는 주께서 재림하실 때에

부활의 첫 열매인 그리스도 예수를 본받아서 첫째 부활에 참여하는 자가 되고(계 20:6), 또 살아 있는 성도들은 변화되겠기 때문이다. ③ 그러기 위하여는 성도들과 주의 교회가 주의 주신 "예복"(stoλαs) 또는 한글역에 두루마기를 항상 빠는 자(계 22:14)가 복이 된다. 이것은 이미 앞에서 언급한 성령의 큰 감동과 하나님의 말씀에 따라서 개혁하는 개혁주의이다. ④ 그래서 신앙과 진리 안에서 재림의 주님을 바라보면서 그를 맞을 준비를 하는 것이다(계 16:15, 고전 15:51-16:, 살전 4:13-17). 그래서 그 주님이 재림하실 때에 나가서 그를 맞이하는데(계 22:20), "아멘 주 예수여 오시옵소서!" 하는 것이다. ⑤ 어린양의 혼인 잔치(계 19:9)에 참여 하는 것이다(계 20:4, 6). 그래서 "그리스도와 더불어 왕노릇하는데 1000년 동안이다. 그 후에 그들이 새 하늘과 새 땅에 들어가서 그곳에서 영생하고 영복을 누리며 삼위하나님께 찬양하게 된다.

이와 같은 미래의 소망과 신앙과 능력 안에서 늘 자신을 신령한 눈을 열어서 자기와 가정과 교회를 하나님의 말씀인 성경에 비추어 살피면서 회개하고 믿음과 진리에 따라 성장하고 저 높은 곳을 향하여 그리스도를 바라보며 닮아 가고 그의 영적이고 신령한 신부로 나아가면서 그 만을 사랑하고 그 만을 바라보고 기다리며, 그 영원한 나라의 영광을 기다릴 것이다. 그래서 고린도전서 13장 13절에 "믿음, 사랑과 소망 중에 제일은 사랑이라"고 하면서 소망은 미래적이고 또 내세적임을 잘 암시하고 있다.

⊗ 내세의 세계, 천국

그 내세의 세계는 이 세상의 "처음 하늘과 처음 땅이 없어졌고 바다도 다시 않지 않는 새 하늘과 새 땅이다"(계 21:1). 그 새 하늘과 새 땅에는 "거룩한 성 새 예루살렘"이 하나님께로부터 하늘에서 나오는 것(계 21:2)으로 "하나님의 보좌"가 있으며 하나님께서 만물을 새롭게 한 것이다(계 21:3, 5). 그 새 예루살렘의 모습은 계시록 21장 10절-22장 5절에 잘 나타나 있다.

제Ⅱ편 헤브라이즘의 행위와 생활

1. 서론

우리는 앞에서 "헤브라이즘"에 관한 정의와 목적과 이론과 실제에 관하여 생각했다. 그러나 중요한 것은 점점 세월이 지나고 역사가 흐름에 따라서 아무리 좋은 정의와 목적과 이론을 가졌다고 할찌라도 실제적인 행위와 생활이 없다면 그것은 야고보의 말대로 "죽은 것"이다. "이와 같이 행함이 없는 믿음은 그 자체가 죽은 것이라"(약 2:17). "네가 보거니와 믿음이 그 행함과 함께 일하고 행함으로 온전하게 되었느니라"(약 2:22). "영혼 없는 몸이 죽은 것 같이 행함이 없는 믿음은 죽은 것이니라"(약 2:26)고 했다. 이에 관하여는 육체적이고, 정신적이고, 영적인 것에도 적용되는데 의학적인 것에도 적용해 보고자 한다.

그와 같이 헤브라이즘도 행함과 생활이 없는 것은 죽은 것이다. 히브리서 11장 1절 이하에 그 믿음의 선진들도 믿고 행함으로 하나님 앞에서 의롭다함을 얻고 또 하나님의 사람들로 우리들의 모범과 표본이 되지 않았는가? 그 헤브라이즘의 그 행함과 생활이 그렇게 귀중하다. 그래서 이하에서 그 헤브라이즘의 행위와 생활의 성경적 근거와 역사적 교회들을 살펴보겠고, 그 기본 언어를 생각하고 그 결론을 내리고자 한다.

2. 헤브라이즘의 행위와 생활의 성경적 근거

우리는 그 헤브라이즘의 행위와 생활의 성경적 근거는 그 성경의 근거가 되시는 하나님의 뜻과 일을 행하신 하나님의 사역에서 찾아 볼수 있다. 하나님의 사역에서 중요한 동사는 네 가지이다. 그 네 가지는 천지 창조에서만 아니라 그의 구원사역과 섭리와 심판과 상벌과 내세의 기업에서도 찾아 볼 수 있다. 먼저 하나님의 창조사역에서 사용된

행위와 사역의 동사는

1) בָּרָא(빠라)이다. 그 동사는 창세기 1장 1절에서 사용되기 시작하였는데 아무것도 없는 "무"(無)에서 장차 또는 다음에 "있게 하시거나"(הָיָה=예히), 또는 "없는 가운데 있게 만드신 것을 가지고 만물을" 만드시는 עָשָׂה(아샤)의 단계를 나타내신다. 그 "창조하신 하나님의 사역"은 하나님의 형상으로 창조하신 사람의 본능 가운데도 있어서 하나님을 닮아서 창조적인 생각과 창조적인 능력과 창조적인 행동과 생활을 만들어 내게 된다. 인류의 역사를 살펴보면 그 창조적인 것이 얼마나 많은지 다 열거할 수 없다.

하나님께서 창조하신 그것을 그 인간이 찾아내고, 또 개발하여 내고, 더욱 크고 위대하게 창조적으로 하는 일이다.[82]

2) חָיָה(하야)는 "생명을 가진다"는 뜻이다. 즉 여호와 하나님을 섬기고, 그의 말씀을 순종하고 행하므로 영적이고 윤리적인 생명을 성령을 통하여 가지고 예수를 통한 영적 새 생명과 영생을 가지고, 이 땅에서만 아니라 하나님의 나라와 영원한 하나님의 나라를 사랑하며 세워 나가며 그 나라를 기업으로 받음을 선포하였다(요 1:4-).

3) הָיָה(하야)이다. 이것은 하나님이신 하나님의 아들이신 예수에게서 찾아 볼 수 있는데 예수는 사람들의 빛이시고, 사람들의 생명이시고, 사람들의 구원자이시고, 놀라우신 천국의 기업주이시다(요 1:1-). 하나님 아버지께서는 자기의 독생자를 "인간의 몸"을 입혀 보내어서 "여인의 후손"(창 3:15)이 되게 하셨는데 그것이 곧 "성육신" 또는 "임마누엘"(사 7:14, 8:8, 마 1:21)이다. 그는 죄인들의 죄를 대속하는 자가 되게 하셨다(사 53:1-8). 그래서 요한복음 3장 16절에 "하나님이 세상을 이처럼 사랑하사 독생자를 주셨으니 누구든지 저를 믿는 자는 멸망치 않고 영생을 얻게 하신 자이시다". הָיָה(하야)로 생명과 영생이 있게 된다. 하나님께서 인간이 되신 것은 하나님께서 선택하고 구속된 그들도 하나님을 본 받아 거룩하고 참되신 하나님의 자녀가 되는 것이다.

---

[82] 원용국, 창세기주석, 호석출판사

2. 헤브라이즘의 행위와 생활의 성경적 근거. 341

4) עשה(아샬)이다. 이 동사는 "만든다", "한다", "되게 한다"로 창세기 1장과 2장만 아니라 그 동사가 수 없이 많이 사용되었는데 우주와 그 가운데 만물만 아니라 최초의 인간인 아담도 만드시고, 그의 배필인 하와도 그의 "한 편"(צלע)을 가지고 만드셨다.83) 그리고 그들에게 에덴을 주어 이끌어 드리시고, 모든 동물들을 돌보며, 그들의 이름을 짓게 하셨다.

그런데 유감스럽지만 "여인의 후손은 뱀 머리를 상하게 할 것이요"(창 3:15)라고 했고, 그들이 하나님께 죄를 범하여 에덴에서 쫓겨나서 놋 땅에 거주할 때에 "너는 수고하여야 그 소산을 먹으리라"(창 3:17)고 했고, 19절에 "네가 흙으로 돌아갈 때까지 얼굴에 땀을 흘려야 먹을 것을 먹으리니"라고 했다. 여인에게는 임신과 해산과 자녀 양육의 고통과 수고가 있을 것을 말씀했다(창 3:16).

그래서 그들이 그 땅에서 여호와로 말미암아 자녀를 낳았는데 그들 중에 가인은 땅을 개간하고 농사를 짓는 자가 되었고, 아벨은 목양자가 되었다(창 4:2-4). 또한 그들은 하나님께 제단을 쌓아서 제사를 드리는 자가 되었다. 그의 후손인 야발도 그런 자가 되었다(창 4:20). 유발은 악기인 수금과 통소를 만들어 잡는 자(창 4:21)가 되었고, 두발가인은 구리와 쇠로 여러 가지 기구를 만드는 자가 되었다(창 4:22).

하나님께서 당시와 그 이후의 모든 인간에게 명령하신 것은

1) 구약의 명령(신 11:26-29, 28:1-끝)

하나님의 명령은 구약의 토랗(הרוה)를 통한 명령과 예언서와 성문서를 통한 명령인데 그 근거는 모세의 토랗에 근거한 것이다. 모세의 토랗는 창세기에서 신명기까지인데 그 중에서도 십계명과 그 해설과 보충인 신명기이다. 신명기에도 11장 26-29절까지인데 "내가 오늘날 복과 저주를 너희 앞에 두나니 너희가 만일 내가 오늘 너희에게 명하는 너

---

83) ----- Ibid, P.

희의 하나님 여호와의 명령을 들으면 복이 될 것이요 너희가 만일 내가 오늘 너희에게 명하는 도에서 돌이켜 떠나 너희의 못하던 다른 신들을 따르면 저주를 받으리라" 는 것이고, 신명기 28장 1절 이하에 의하면 "네가 네 하나님 여호와의 말씀을 삼가 듣고 내가 오늘 네게 명령하는 그의 모든 명령을 지켜 행하면 네 하나님 여호와께서 너를 세계 모든 민족위에 뛰어나게 하실 것이라…"고 했다.

2) 신약의 명령

이 신약에서는 그 중심인 예수님의 생활과 사역을 중심하지 않을 수 없다. 그 예수님의 생활과 사역은 사복음에 잘 나타나 있는데 마태복음에서 요한복음까지 인데 사도행전 1장 1절에서 누가복음의 저자인 의사 누가는 "모든 예수의 행하시며 가르치는 일을…"기록한다고 했고, "그의 택한 자들에게 명하시고 승천하신 일을 기록하였다"(행 1:2)고 했고, "그가 부활하신 40일의 일을 기록한다"(행 1:3)고 했다.

2장에는 성령 충만함을 받은 11제자들과 성도들이,
3장에는 주의 복음을 선포하는데 주의 일들을…
4장에는 사도들과 성도들이 능력과 이적을 행하시는 일들이다.
① 주의 사도들은 주의 말씀과 믿음으로 생활하며, 일을 했는데 사도 베드로는 덕을 세울 것을 말씀했고(벧후 1:5-7),
② 하나님께서 모든 것을 알고 계시므로(시 139:1-18, 계 3:8),
③ 증인들 앞에서 충성되히 일할 것이다(히 11:1-, 12:1-).
④ 이단들을 삼가라(벧후 2:1-, 3:17, 계 3:9-, 15).
⑤ 성도들의 행위와 생활은 여러 가지 면에서 실현이 되었다.
　그 내용을 상고하여 보면 아래와 같다.
　ⓐ 직분에 충성이다(롬 12:1-, 14:8-9, 15:16-18, 고전 4:1-5, 고후 6:1-10, 갈 5:1-6:).
　ⓑ 옥중에서도 일하는 바울을 보라!(엡 6:20)
　ⓒ 주의 성실한 일꾼 두기고는 우리의 표본이다(엡 6:20).

ⓓ 순교적 사역이다(계 14:13, 15:4, 20:12-13).
   자기 행위를 따라 심판하시는 하나님.
   성도들의 흘린 피를 잘 보신다(계 22:11-12).
   그래서 각각 행한 대로 상·벌을 주신다(계 20:12-끝).

그 상벌에는 육체적인 질병들과 정신적인 질환과 영적이고 종교적인 화와 파멸이 있다. 그것은 구약만 아니라 신약시대나 교회시대에도 마찬 가지이다. 이에 관한 좋은 참고서가 S.I. 맥말란 지음, 문창수 옮김으로(1972, 서울) 아래에 인용하면 다음과 같다.

"시카고"시의 "마이클.리스" 병원의 간부의 한 사람인 "로이 R. 그린커" 박사에 의하면 치명적 심장질환은 그 대소를 막론하고 성냄과 낙심과 근심에서 비롯된다고 하였다. "그린커" 박사는 근심이야말로 신체의 운동과 피로를 포함하여 다른 어떤 자극보다는 심장에 더 큰 긴장의 짐을 지운다고 말했다.

신체에 대한 정서상의 긴장의 영향은 그것이 일으키거나 악화시키는 질병을 보아서도 알 수 있다. 그렇다고 정서적인 요소가 다음의 여러 질병의 유일의 원인이라고 생각되어서는 물론 안된다.

● 소화기 계통의 질병: 상한 먹음, 병든 몸
   입과 위장과 대장궤양
   궤양성 점약질 결장염
   식욕부진
   딸꾹질
   변비
   설사
● 순화기 계통의 질병:
   고혈압
   병사의 심장(soldier's heart)
   발작성 심계항진
   동맥경화증

관상 혈전증
괴저
신경통 열
뇌일혈(cerebral strokes of apoplexy)
● 비뇨생식기관의 질병 :
　월경통
　월경불순
　월경전의 긴장 및 흥분성
　냉증 및 질경(Vaginisnus)
　월경폐지증후
　교접 통(Painful Coitus)
　빈발 방뇨통
　신장염
　성적불구
● 신경계통의 질병 :
　각종 두통
　알코올 중독
　간질병
　정신신경증
　정신분열증
　노쇠성 정신착란
● 내분비선 불순 :
　당뇨병
　비만증
● 알레르기성 질환 :
　후두염
　고초열
　천식

2. 헤브라이즘의 행위와 생활의 성경적 근거. 345

● 근육급 관절 질환 :
　등통(잔등이)
　근육통 및 경련
　류마티스성 관절염
　골관절염
● 전염병 :
　전염성 뉴클레오시스
　소아마비
　기타 전염성 질환
● 안질환 :
　녹내장
　각막염
● 피부병 :
　발진
　알레르기성 피부염
　신경성 피부염
　피부 경화증
　레이노드씨 병
　홍반낭창
　버짐
　　(lbid, PP.84-86)[84]

---

84) S.I. 맥밀란 지음; 문창수 옮김, "도피하는 현대인", PP.84-86, 1972, 서울

● 정신적인 병이 신체에 미치는 질병

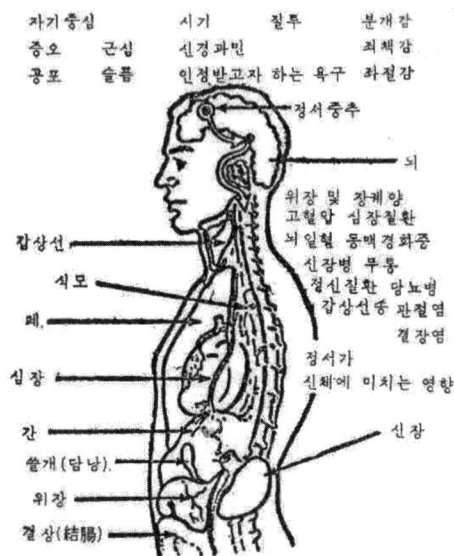

 둥치가 어지간히 큰 그가 침대에 엎디어 누워 있는 것을 보노라면 빌이 가엾다는 생각이 아니 날 수 없는 것이다. 그의 두 눈은 크고 충혈되어 있었으며, 두 눈은 절망 속에서 도움을 청하고 있었다. 그 전에도 몇몇 병원에서 진찰을 받았고, "엑스"선 촬영도 하여 치료비를 제법 썼었다. 그의 병은 언제나 그가 성을 냄으로써 발병했으며, 이 성냄은 위장의 출구를 긴장시켜 치료하기 어려운 구토증을 일으켰다. 병의 발작이 너무 빈번하고 심해서 "빌"은 아내와 8명의 자녀를 부양하는데 어려움을 당하고 있었다.
 "빌"의 위장은 "스테인레스" 쇠로 안벽을 댔어야 했을 것이었다. 그 까닭은 위장 벽에 그처럼 산성층이 생긴 후에는 대부분의 환자들이 암에까지는 번지지 않아도 궤양으로 발전되기 때문이다. 궤양이라는 것은 사람이 무엇을 먹는가에 의해서가 아니라 무엇이 사람을 먹는가에 의해서 발생한다는 사실이 의학계에서는 이미 널리 의견의 일치를 보고 있었기 때문이다. 이것이 궤양으로 발전된 후에는 어떤 종류의 음식을

2. 헤브라이즘의 행위와 생활의 성경적 근거. 347

먹든지 음식과 정서적 불안에 의해서 악화된다.

"잉글리쉬" 박사가 쓴 책의 또 하나의 사진은 감정이 위장의 출구 근육의 경화증을 일으킬 수 있음을 보여주고 있다. 두려움, 사랑의 결핍 상태(안정감의 결여)와 슬픔에 대해서는 뒤에 가서 말하려고 하거니와 이외에도 질투, 시기, 자기중심, 야심, 좌절감, 분노, 분개, 혐오 등등 질병을 일으키는 이 여러 감정들은 자아를 옹호해 주고 버릇없이 기르는 것과 관련된다. 이것은 한마디로 "자기중심"이라고 요약할 수 있을 것이다.

육적 감정이 수많은 "정신병"의 원인이 되는 요소가 되고 있음을 현대 정신의학이 발견하기 이미 이천여 년 전에 성경은 이런 감정들을 정죄한바 있으며, 그에 대한 치료법도 제공해 주었다.

"육적인 인간이 하는 일은 명백합니다. 음행과 더러움과 방탕과 우상숭배와 마술과 원수 맺기와 싸움과 시기와 분노와 당파심과 분열과 분파와 질투와 술주정과 연락과 또 그와 비슷한 것들입니다. 내가 전에도 여러분에게 경고했지만 이제 또 경고합니다. 이런 일을 행하는 사람들은 하나님 나라를 차지하지 못할 것입니다"(갈 5:19-21). "그리스도 예수에게 속한 사람들은 정욕과 욕망과 함께 자기 육신을 십자가에 못박는 사람들입니다"(갈 5:25).

"윌렴 새들러" 박사는 "육적인 인간이 하는 더러운 일들"과 수많은 질병들과 밀접한 관계가 있음을 발견하고 다음과 같이 썼다.

"그 아무도 사람의 병과 수많은 고통이 근심, 두려움, 갈등, 불륜, 방탕, 무지(깨끗지 못한 생각)과, 깨끗지 못한 생활과 직접 관계가 있음을 의사보다 더 잘 알고 있는 사람은 없을 것이다. 마음의 평화와 기쁨과 비이기적인 생각과 깨끗한 생활을 하라고 하신 예수의 교훈과 그 원리를 사람들이 받아 드린다면 인류의 역경, 질병, 슬픔의 절반 이상을 즉시 줄일 수 있을 것이다. 다시 말하면 그리스도의 가르침을 개인의 현실생활을 하라고 하신 예수의 교훈과 그 원리를 사람들이 받아들인다면 인류의 역경, 질병, 슬픔의 절반 이상을 즉시 줄일 수 있을 것이다.

다시 말하면 그리스도의 가르침을 개인의 현실 생활에 적응시킨다면 이것은 인류의 고통의 반 이상을 막을 수 있는 거대한 예방이 된다는 말이다.

예수의 가르침이 현대 문명에 명목상으로써가 아니라 지각있게 적응될 때 그의 가르침은 사람들을 매우 순결하고 고상하게 하며 활력에 넘치게 해주므로 인류는 뛰어난 정신력과 강화된 윤리의 힘을 얻어 새로운 존재양식을 띄우게 될 것이다. 삶에 대한 미래의 보상에 상관없이, 미래의 삶에 대한 모든 변론에 관계없이 정신적이며, 윤리적인 보상을 위해서 예수의 삶을 사는 사람들에게는 이미 현세에서도 보상을 받는다. 사람이 잠에서 깨어나듯, 예수의 가르침이 질병을 예방해 주며, 치료하는데 강력한 효험이 있음을 알 수 있는 날이 올 것이다. 사람들이 자랑하고 있는 과학의 발전이 정신적이며 윤리적인 개선과 함께 예수의 가르침을 채택하는 날이 올 날이 있을 것이다.

"셰익스피어"는 성경과 정신치료법에 대해서 충분히 알고 있었으며 사람들이 고백하지 않은 죄 때문에 병이 날 수 있음을 인정했다. "맥베드" 부인에게서 정신치료의 배움을 일으키게 한 것은 "던컨"을 살해한 기억 때문이었다. "맥베드"가 그녀의 병에 대해서 의사에게 물었을 때 그는 대답하기를

"예, 병환이라기보다는 격심한 망상에 고민하고 따라서 안식을 얻지 못하는가 봅니다".

그때의 의사도 오늘날의 많은 의사와 꼭 같은 질문을 받았던 것이다.

"그대는 마음의 병을 치료할 수 없단 말이요?

부디 깊은 근심을 기억에서 뽑아내고,

뇌수에 찍혀진 고뇌를 지워줄 수 없단 말이요?

무슨 좋은 망각제라도 써서 마음을 짓누르는 위험물을 답답한 가슴에서 제거해 줄 수 없단 말이요".

40여세 된 남자가 어떤 날 저녁, 내 병원 사무실에 들어왔다. 그는 위장이 편치 않아서 잠을 잘 수가 없었다. 그는 직업을 버리지 않으면

안될 것 같았으며, 따라서 세 사람의 가족을 부양할 수 있는 것처럼 보였다. 그가 진찰실에 들어왔을 때 나는 그에게서 신체상의 어떤 병을 진단해 낼 수는 없었으나 그가 매우 심한 신경쇠약에 걸려 있음을 알았다.

그의 병의 원인이 무엇인가를 얼마큼 말한 후에 그는 "의사선생님, 나는 감옥에 들어가야 할 일들을 저질렀습니다"라고 말했다.

나는 진정제의 효과가 미칠 수 있는 범위를 훨씬 넘고 있는 병을 취급하고 있음을 알았다. 나는 그에게 이것을 말해 주고 그의 머리를 숙이고 죄를 고백함으로써 하늘 아버지께 용서를 구하라고 타일렀다.

그는 이것을 단순하고 간절한 마음으로 했다. 갑자기, 기적적으로 하나님께서 그의 "마음을 짓누르던 그 위험한 물건을" 제하여 버리셨다. 그후 몇 년이 흘렀으나 그 사람은 단 하루도 직장에 빠지지 않았다. 그는 지금 행복하고 명랑하다. 그의 병은 그가 먹고 있던 음식에 의한 것이 아니라 그의 생명을 좀먹고 있던 요소로부터 생겼던 것이다.

정신병학자인 "새들러" 박사는 말하기를 "깨끗한 양심은 신경질환으로부터 정신을 보호해 주는 발판이다"라고 했다. 심리학자 "헨리 C. 링크" 역시 죄와 질병이 서로 관계가 있음을 발견하고 나서 "심리학을 통해서 이런 면의 중요성이 발견되고 그 의미가 중요해진 이때에 죄에 대한 강조가 기독교의 가르침으로부터 거의 사라진 것은 유감스럽다고 말했다."

사람들은 이런 질문을 던질 수 있을 것이다. "사람이 개심한 후 하나님의 말씀에 배치되는 것들을 모두 십자가에 못박는다면 그는 질투와 시기, 자기중심의 생활, 분개, 혐오감 때문에 생긴 질병에서 해방될 수 있는가?"라고.

내가 알고 있는 어떤 사람의 "에피소드"가 이 문제의 해답이 될 수 있을 것이다. 그 여인은 인도에서 활동하던 선교사였다. 선교지의 백성들의 불륜한 생활 때문에 그녀는 큰 부담을 느끼고 있었다. 그녀는 그들을 위해서 기도를 했다. 그러나 그녀는 남편과 다른 사람들에게 그

몹쓸 짖들을 개탄하면서 더 많은 시간을 보내었다. 그런 불륜을 책임져야 할 사람들에게 분개하는 것이 분명히 나쁜 일이라고 할 수는 없을지 모르나 문제는 그녀가 그들에 대해서 "분개"했다는데 있다.

그녀의 분개는 그녀의 위장 출구에 근육경화를 일으켰으며 이것은 또 다시 궤양으로 발전했다. 어느 날 그녀는 이로해서 피를 흘리기 시작했으며 이것이 그녀가 거의 빈혈증에 걸릴 때까지 6일간 계속되었다. 그녀는 주님을 사랑한 나머지 자아를 십자가에 못박았으며, 주님을 위해서 모든 시간을 바쳤던 훌륭한 기독교인이었다. 그러나 그녀는 위궤양에 의한 출혈로 해서 거의 죽을뻔 한 것이다.

몇 가지 사소한 차이만 예외로 하면 이와 같은 이야기는 궤양 출혈 대신 지금까지 말한 일이 있는 정신질환의 하나로 해서 넘어지는 수 없이 많은 기독교인들에게도 적용될 수 있다. 강단 앞에서 이루워지는 헌신만으로는 불충분하다. 이런 병에서 해방을 받으려면 이에 더하여 날마다 자아를 십자가에 못박으며 하나님의 모든 계명을 순종해야 한다.

더구나 인간은 아는 것이 완전치 못하다. 우리는 판단하는 일에서나 다른 사람에 대한(이웃) 태도에서 잘못을 여전히 범할 수도 있다. 참으로, 우리는 성경에 있는 모든 명령을 깨닫고 순종하는 비율에 따라서 심신 양면에서 모두 축복을 받을 수 있다.

신약성경에서 히브리 사람들에게 붙인 편지의 권고를 여기에 적용할 수 있을 것이다. "모든 사람들과의 화평을 추구하고 거룩해지기를 힘쓰시오. 거룩해지지 않고서는 아무도 주를 뵙지 못할 것입니다. 여러분은 잘 살펴서 하나님의 은혜를 받지 못하는 자가 하나도 없도록 하고 쓴 뿌리가 돋아나서 괴롭게 하거나 그것으로 많은 사람이 더러워지는 일이 없도록 하시오" (히 12:14-15).

사람이 무엇을 먹느냐 하는 문제는 무정한 정신이나 혐오감이나 그를 좀먹는 죄의식 문제에 비할 때 그처럼 중대한 것은 아니다. 위장 속에 있는 한 첩의 "소다"(소화제)가 육신과 정신과 영혼을 파괴하는, 무

2. 헤브라이즘의 행위와 생활의 성경적 근거. 351

정과 혐오의 산에는 미치지 못한다.

성경은 시기와, 자아중심, 분개, 혐오, 불륜같이 질병의 원인이 되는 요소들을 취급하고 있을 뿐아니라 그 원인에 직접 명중탄을 가하여 효험 좋은 치유력을 발휘한다.

"그리스도 예수에게 속한 사람들은 정욕과 욕망과 함께 자기 육신을 십자가에 못박는 사람들입니다"(갈 5:24).[85]

사랑하지 않으면 망한다(제13장)

앞에서 나는 "잉글리쉬" 박사가 쓴 책에 대해서 말했다. 이 책에서 그는 질병을 일으키는 감정을 이렇게 기록했다. 질투시기, 자기중심, 야심, 성냄, 좌절감, 분개, 혐오.

2100여년 전에 사도 바울은 이런 감정들에 대해서 경고했었을 뿐 아니라 그에 대한 해독제로서 사랑에 대해서도 말했다. 이것은 "잉글리쉬" 박사의 말과 일치한다. 그러나 "잉글리쉬" 박사는 바울이 20여세기 전에 말했던 것과 같은 순서로 이러한 감정들을 열거했다는 사실은 흥미롭다.

"잉글리쉬" 박사 :	사도 바울 :
질투, 시기, 자기중심	사랑은 시기하지 않습니다. 사랑은 자랑하지 않습니다. 교만하지 않습니다.
야심	무례히 행하지 않습니다. 자기 이익을 구하지 않습니다.
좌절감, 성냄, 분개, 혐오	성내지 않습니다.

(고전 13:4-5)

우리의 악한 성품에 의한 여러 가지 감정으로 해서 발병한 질병으로부터 우리를 구할 수 있는 오직 하나의 해독제(교정수단)는 사랑이다.

---

85) Ibid, PP.88-93

정신병학자 "스밀리.블랜튼"은 이것을 그가 쓴 "사랑하지 않으면 망한다"란 책에서 강조했다. 사랑(다른 사람들에 대한 생각과 세심한 배려)이 없는 사람은 정신과 신체상의 여러 가지 병 때문에 멸망하기 쉽다.

세계적으로 잘 알려진 정신병학자 "알프레드.애들러" 박사는 "기독교의 가장 중요한 과업은 언제나 네 이웃을 사랑하라였다. 삶의 가장 큰 어려움을 가지며 다른 사람들에게 가장 큰 해를 끼치는 사람은 다른 사람들에 대하여 관심을 갖지 않는 사람이다. 인간의 모든 실패는 그런 사람들에 기인한다"고 말했다. "애들러" 박사는 수천명의 환자들을 세밀히 연구, 분석한 후 이와 같은 결론을 내렸다. 사랑의 결핍이 "인간의 모든 실패에서 눈에 뜨였다"라고.

이것은 성경의 교훈과 일치한다. 사랑은 구약 성경의 초석이었다. 예수는 이 돌을 혼란하게 만들지 않고 "네 마음을 다하고 목숨을 다하고 뜻을 다하여 주 너의 하나님을 사랑하라 이것이 가장 크고 으뜸되는 계명이요, 둘째는 이것이다. 네 이웃을 네 몸과 같이 사랑하라 이 두 계명은 모든 율법과 예언서의 강령이다"(마 22:37-40, 구약인용)라고 말씀하심으로써 사랑을 신약 성경의 초석으로 만드셨다.

사랑의 결핍으로 해서 신체, 정신 양면에서 고통을 받고 있는 환자들에게 내가 성경과 "애들러" 박사의 말을 말해 주었을 때 그들의 얼마는 사람의 감정(미움을 사랑으로)을 바꾸는 것은 매우 어렵다고 대답했다. 이것은 사실이다. 심리학자들은 이 견해를 지지해서 말하기를 의지는 감정(정서)을 완전히 지배하지 못한다고 주장한다. 그러나 이 심리학자들은 동시에 의지가 우리의 행동을 지배할 수는 있다고 말한다. 그러므로 우리의 의지는 우리가 무엇을 행하고 무엇을 행하지 않을 것인가를 결정할 힘을 갖고 있는 것이다. 이것은 다행한 일이다. 우리가 우리 뜻대로 움직일 수 있는 행위가 우리의 감정을 변화시킬 수 있기 때문이다. "그러나 나는 너희에게 말한다. 원수를 사랑하고 너희를 박해하는 사람들을 위하여 기도하라"(마 5:44).

원수에게 선을 "행하라" 그러면 그를 사랑하는 것이 훨씬 더 쉬워지

2. 헤브라이즘의 행위와 생활의 성경적 근거. 353

는 것을 발견하고 놀랄 것이다. 이것이 우리의 감정을 변화시키는, (성경적으로, 심리학적으로) 건전한 방법이다. 이것은 "알라딘"(Aladdin)의 등잔처럼 많은 기사를 일으킬 것이다.

"너희를 미워하는 사람들을 사랑하라"는 말은 불가능한 말일까? 어떤 쉬운 방법을 따르면 그렇지도 않다. 불가능한 것을 실현하는 첫 걸음은 그대의 부엌으로 가는 것이다. 그대도 그 일을 할 수 있는 것이다. 그대는 전에도 그것을 여러번 했다. 그대는 이제 그곳으로 다시 갈 수 있다.

제2단계는, 잡지 표지에 나 있는 먹음직스러운 "레몬.머랭파이"(레몬과 설탕과 달걀 흰자위로 만든 푸딩과자)를 만들라. 혹은 "페컨 파이"가 그대의 장기라면 그것을 만들라. 이것을 전람회에 출품할 듯이 꾸미기만 하면 종류야 어찌했든 그리 중요한 것이 아니다. 그대가 "파이"를 다 만들었을 때는 기분이 좀 더 좋아졌을 것이다.

그런 다음에는 눈을 부릅뜨고 그대의 두 발을 향하여 위엄있는 목소리로 "발아, 너는 나와 함께 이 파이를 뭐크씨 부인댁으로 데려가라. 그래, 나는 네가 지난 여러 해동안 거기에 가 본 일이 없음을 알고 있다. 그러나 오늘은 가야 하는 것다"라고 발에게 명령하라.

"홀몬"을 빈번히 분비시키게 되면 심신에 큰 해를 받는다.

생활에서 오는 긴장은 이에 대한 우리의 그릇된 반응에 그 책임이 있다. 따라서 그 책임을 질병에 돌리는 것은 잘못이다. 병원 진찰실은 각종 질병으로 해서 고통을 받고 있는 사람들로 붐빈다. 이것은 그들의 마음이 경제문제, 교육문제 등 만가지 근심의 공격을 받고 있기 때문이다. 이럴 때 그들과 함께 고통을 받는 것은 의사들이다. 최근에 나는 많은 금전상의 손해를 보았다. 손실이 나의 마음을 온통 사로잡았었다. 그래서 내가 잠자리에 들었을 때도 이 생각은 나를 새벽 4시에 깨워서는 잠을 이루지 못하게 하였다. 다음 날 밤에도 잠을 잘 수가 없었다. 의기가 꺾여 있었기 때문이다.

●긴장요인과 질병

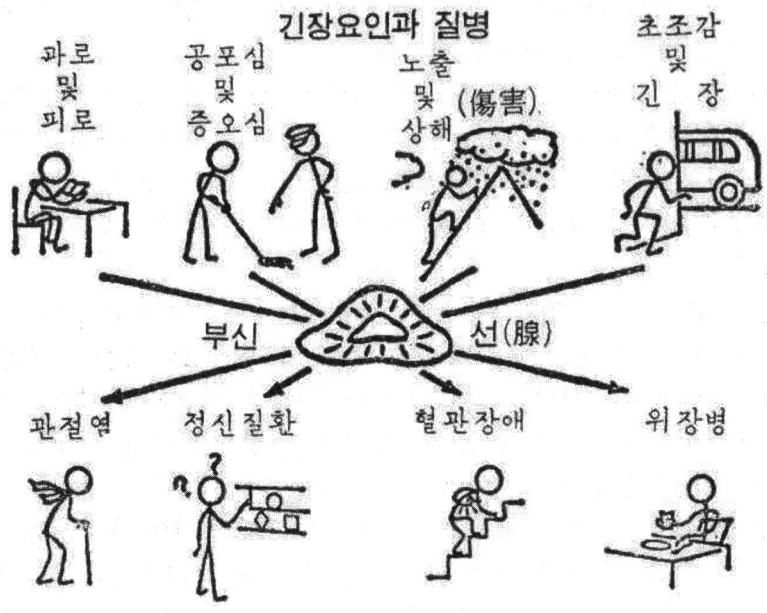

　부신과 기타 선들이 심신에 해가 되는 다량의 분비물을 나의 여러 조직 속으로 펌프질해 넣고 있음이 분명했다. 나의 근심은 오랫동안 계속될 것처럼 생각되었다. 그러나 둘째 날 아침 내가 다음의 성경 말씀을 적용시키기 시작했을 때 나는 의기소침으로부터 즉시 구조되었다. "범사에 감사하시오. 이것이 그리스도 예수 안에서 여러분이 실행해야 할 하나님의 뜻입니다"(살전 5:18). 이 성구를 읽기 전에 나는 환경의 희생물 노릇을 했다. 그러나 후에 나는 환경의 지배자가 되었다.
　나는 진정제가 줄 수 없었던 참된 평화를 체험했다. 이런 약들은 정서중추로부터 보내는 충동의 일부만을 일시적으로 미봉하는데 그쳤으나 내가 얻은 성경의 처방은 이보다 도움이 훨씬 크고 영구적이었다. "아무것도 염려하지 말고 모든 일에 감사하는 심정으로 기도와 간구로

2. 헤브라이즘의 행위와 생활의 성경적 근거. 355

써 여러분의 소원을 하나님께 아뢰시오. 그리하면 사람의 모든 지각을 초월한 하나님의 평안이 그리스도 예수 안에서 여러분의 심정과 생각을 지켜 줄 것입니다"(빌 4:6-7).

나는 1,000불 정도의 가치는 충분한 처방을 알고 있다. 나는 이 처방을 수많은 남녀 환자들에게 주었다. 이 말씀을 기억하고 그들의 생활과 화제의 표준으로 삼아야 하겠다고 결심하는 사람에게는 이 말씀은 더 큰 가치가 있음을 실제로 증명했다.

"끝으로 말합니다. 형제들이여, 모든 참된 것과 모든 고상한 것과 모든 옳은 것과 모든 순결한 것과 모든 사랑스러운 것과 모든 영예로운 것, 곧 덕스러운 것과 칭찬할 만한 것들을 여러분의 마음에 새겨 두시오"(빌 4:8).[86]

일부 정신병학자들은 그들이 내과 의사들을 위해서 쓴 의학서적들 속에 크게 도움이 되는 글들을 썼다. "윌렴.새들러"는 사람들의 질병의 원인을 알 수 있는 방법을 의사들에게 권하고 있다.

"기도는 강력하고 효과적인 근심 제거제이다. 어린 아이처럼 신실하며, 하나님 아버지와 교통하며 기도하는 법을 배운 사람들은 하나님께서 우리들을 돌보심을 알기 때문에 그들의 염려를 모두 하나님께 맡길 수 있는 비결을 지니고 있다. 깨끗한 양심은 신경병(쇠약)으로부터 정신을 지켜주는 지름길이다. 두려움과 근심의 희생자들이 많은 것은 그들의 영적 양식을 적절히 섭취하지 못하기 때문이다. …사람들의 대부분은 그들의 몸에 대해서는 관대하게 먹일 줄 알며 정신의 양식을 공급할 줄은 알지만, 그들의 영혼의 영양상태에는 주의를 거의 기울이지 않는다. 그러므로 그들의 영혼을 죽게 한다. 그 결과 그들의 영혼은 정신을 제어할 수 있는 영향력을 발휘할 수 없으며 정신으로 하여금 여러 어려움을 극복할 수 있으며 갈등과 낙심을 억눌러 버릴 수 있는 분위기를 유지할 수 없게 한다".

그는 의사들로 하여금 그들의 환자들에게 "날마다 성경을 규칙적으

---

86) Ibid, PP.109-118

로 읽으라"고 격려할 것을 권고했다. 의사들을 위한 그의 저서에서 "새들러" 박사는 치유력이 있는 성경의 구절 43개를 인쇄하였다. 여기에 9절을 소개한다. 이 구절들이 마음에 동화되기만 하면, 그 어느 진정제나 안정제가 따를 수 없는 효험이 있다.

"우리가 우리의 죄를 고백한다면 하나님은 신실하시고 의로우시므로 우리의 죄를 용서하시고 모든 불의에서 우리를 깨끗하게 해 주실 것입니다(요일 1:9).

"수고하고 무거운 짐 진 사람은 다 내게로 오라. 내가 너희를 편히 쉬게 하리라. 그리하면 너희의 영혼이 편히 쉬게 되리라"(마 11:28, 29).

"보라, 내가 문 밖에 서서 문을 두드리고 있다. 누구든지 내 음성을 듣고 문을 열면 내가 그에게 들어가 그와 함께 먹고 그도 나와 함께 먹을 것이다"(계 3:20).

"하나님이여 내 속에 정한 마음을 창조하시고 내 안에 정직한 영을 새롭게 하소서"(시 51:10).

"내가 평안을 너희에게 남겨 두고 간다. 나는 내 평안을 너희에게 준다. 이것은 세상이 주는 평안과 같은 것이 아니다. 너희는 마음에 근심하지 말고 두려워하지도 말라"(요 14:27).

"보라. 하나님은 나의 구원이시라. 내가 의뢰하고 두려움이 없으리니 주 여호와는 나의 힘이시며 나의 노래시며 나의 구원이심이라"(사 12:2).

"내 하나님께서 그리스도 예수 안에 있는 영광 가운데서 그의 부요하심을 따라 여러분의 모든 필요를 채워 주실 것입니다"(빌 4:19).

"내게 능력 주시는 분 안에서 나는 무엇이든지 할 수 있습니다"(빌 4:13).

"저가 너를 위하여 그 사자들을 명하사 네 모든 길에 너를 지키게 하심이라. 저희가 그 손으로 너를 붙들어 발이 돌에 부딪히지 않게 하리로다"(시 91:11, 12).

이 구절들은 우리가 실제로 체험한 후에라야 그 뜻이 생생하게 살아

2. 헤브라이즘의 행위와 생활의 성경적 근거. 357

나며 현실화 될 수 있다. 내가 나의 죄를 용서해 주시도록 하나님께 간구한 날 밤 나는 죄 의식과 두려움으로 짓눌려 있었다. 죄를 고백하고 죄를 버리는 몇 순간이 지나가자 죄책감과 두려움은 사라졌으며 하늘나라에서 오는 기쁨이 나의 마음을 가득히 채우는 기적이 일어났다. 사람들이 여러 가지 질병의 원인이 되는 "죄의 갈등"(guilt complex)을 제거하기 위해서 정신과 의사에게 드나들며 오랫동안 비싼 치료비를 내는 대신 나는 하나님의 제단에 한번 나아가서 죄책 그 자체를 제거해 버렸다.

성경은 하나님께서 "동이 서에서 먼 것 같이 우리 죄과를 우리에게서 멀리 옮기셨다"(시 103:12)고 말씀하신다. 그 순간부터 나는 하나님께 크게 감사하게 되었으며 우리 부부 사이에는 사랑이 샘솟기 시작했다. 나는 사도 요한이 "사랑 안에 두려움이 없고 온전한 사랑이 두려움을 내어 쫓습니다"(요일 4:18)란 말씀을 체험했다. 사랑이 증가함에 비례해서 두려움은 감소한다.

지난 여름 어느 날 내가 들에 앉아 있을 때 다람쥐 한 마리가 내게서 석자 가량 떨어진 구멍 속에 들어가려고 접근하고 있었다. 다람쥐의 두 볼은 구멍 속에 있는 제 식구들에게 줄 음식으로 풍선처럼 부풀어 있었다. 내가 너무 가까이 있었기 때문에 그는 주저했다. 그러나 그것도 잠깐이었다. 자식들을 위한 사랑이 두려움을 압도하여 그는 마침내 그 구멍 속으로 뛰어 들어갔다.

그리스도와 그의 말씀에 대한 사랑은 "짐.바우스"가 두려움으로부터 헤어날 필요가 있었을 때 그를 도왔다. 개심하기 전의 짐은 "로스앤젤스"의 악명 높은 "미키.코헨" 지하 갱단의 일원으로써 무선 도청자였다. 그가 "빌리.그레이엄"의 집회기간에서 개심한 다음날 도하의 신문들은 그에 관한 기사를 게재했었다.

"짐.바우스"가 조간신문들을 읽고 있을 때 그는 어떤 중대한 생각을 하기 시작했다. 갱들이 이 사건에 대해서 어떤 행동을 취할 것인가? "짐"은 갱들의 비밀을 깡그리 알고 있었으며 그들의 비밀이 탄로되면

"가스"실까지는 안갈지 모르나 감옥행 감으로는 충분하였다. 갱들의 관점에서 볼 때 "짐"의 개심은 그가 그들에게 배신자가 됨을 의미했다. 그래서 그가 그들의 비밀을 지닌 채 도주하는 것은 그들의 즉각적인 보복을 요청함을 의미했다.

"짐"은 신문을 놓고 난 후 오래 기다릴 필요가 없었다. 창문 밖으로 내다보니 대형 "리무진"차가 그의 집 앞에 와 섰다. "짐"은 암흑세계로부터 무자비한 살인 청부업자들이 나타났음을 알았다. 그들은 길 양편을 조심스럽게 살펴보고 나서 그의 집 현관에 접근했다. "짐"은 공포에 질려 뒷문으로 도망갔었던가?

그가 그의 생명을 잃을까봐 도망가려 했었다면 그는 도망할 수도 있었다. 그가 24시간 전에 그런 위험 속에 빠져 있었음을 알았다면 그는 틀림없이 도망갔을 것이다. 그리고 지금도 도망가고 있었을 것이다. 그러나 그는 도망하지 않았다. 하나님의 사랑이 그의 마음을 가득 채웠으며 주께서 그날 아침 그가 성경을 아무데나 들쳤을 때 그에게 주신 말씀으로 힘을 넣어 주셨기 때문이다.

"사람의 행위가 여호와를 기쁘시게 하면 그 사람의 원수라도 그로 더불어 화목하게 하시느니라"(잠 16:7).

"짐"은 총기 휴대자들에게 문을 열어 주었다. 방에 들어서자 그들은 그에게 무선도청업무가 생겼다고 말했다. 그렇지 않으면… "짐"은 주님께서 자기의 마음을 변화시키셨기 때문에 갈 수 없다고 그들에게 말했다. "짐"이 자기의 개심할 때의 된 일들을 그들에게 말했을 때 그들은 어리둥절해 가지고 모두 떠나가 버렸다. "짐"은 주께서 그에게 주신 말씀을 그대로 지키셨음을 알았다.

죽음의 두려움이 인류 최대의 두려움임에는 틀림없다. 그러나 아무 근심 없이 죽음의 골짜기를 통과한 사람들은 수없이 많다. "존.번연"은 기독교인들의 태도를 이렇게 썼다. "사망이 올 테면 오게 하라. 죽음은 기독자에게는 아무런 해도 주지 못했다. 죽음은 감옥에서 궁전으로 들어가는 통로이며 괴로움의 바다에서 안식의 항고로, 원수들의 무

2. 헤브라이즘의 행위와 생활의 성경적 근거. 359

리로부터 참되고 정다우며 충성스러운 친구들에게로, 수치와 질책과 멸시로부터 크고 영원한 영광으로 들어가는 문이기 때문이다"라고.

사도 바울은 죽음을 정면으로 응시한 채 환희 속에 기뻐 뛰며 "썩을 이 몸이 썩지 않을 것을 입고 죽을 이 몸이 죽지 않을 것을 입을 때에는 죽음이 이김에 삼킨바 되었으니 죽음아, 네 이김이 어디 있느냐? 죽음아, 네 가시가 어디 있느냐고 한 성경말씀이 이루어질 것입니다"(오전 15:54, 55)라고 부르짖었을 때 인류 최대의 두려움을 쫓아 버릴 수 있었다.

참으로, 어느 시대를 막론하고 하나님의 말씀과 성령은 두려움과 질병의 긴 행렬에서 기독교인들을 구해주셨다. 두려움 중의 왕초격의 두려움까지도, 부활과 그 후의 영원한 생활을 바라보는 사람들에게는 두려움이 되지 못한다.

새로운 삶에 대하여 "도피하는 현대인" 마이클 그린 저, 김영재 역 (생명의 말씀사)에서는

●삶의 새로운 영역

생의 욕망은 우리 인간의 본능 중에서도 가장 깊이 뿌리박고 있는 것이다. 우리는 생애 집착해 있을 뿐 아니라 생의 마지막 일순까지 버티어서 삶을 향유한다. 사도들은 삶을 최대한으로 향유하려고 각각 제 나름대로의 생의 비결을 터득한다. 즉 성공, 존경, 남에게 영향력을 미치는 사람이 되는 일, 돈, 기타 등등을 위하여 살고 있다. 욕구불만에서 사는 수많은 사람들을 미루어 생각할 때 그 어떤 것이든 달성하면 그것을 성공으로 보지 않을 수 없다. 그러나 우리가 어떤 것을 목표로 정하고 추구하는 가운데서 얻을 수 있는 진정한 즐거움을 공포, 고독, 걱정, 실망 또는 야수적인 성품(우리 자신이나 다른 사람들의) 때문에 누리지 못할 때가 허다하다. 삶에 대한 우리의 열망에도 불구하고 우리는 아직도 만족스러운 삶에 이르는 열쇠를 발견하지 못하였다. 그러나 예수님만은 이 비결을 가지신 것 같다. 그의 생애를 말해주는 기록을 볼

것 같으면 모두 다 하나 같이, 항상 평화로운 사람, 하늘 아버지와 사랑의 교제 속에서 늘 즐거워했으며, 항상 다른 사람들의 복지를 생각하는 사람, 언제나 자제하는 가운데서 홀로 있어서도 의로운 줄 모르고, 위기를 당하면서도 조금도 당황하지 않은 사람으로 묘사하고 있다. 그의 생애는 실로 당시로부터 오늘날까지의 가장 위대한 예술가나 가장 심오한 사상가들을 무색케 한다. 만일 이런 분이 무엇이 생을 참으로 만족스럽게 해주느냐에 대하여 말씀을 하셨다면, 한 번 그의 가르침에 귀를 기울여 볼만하지 않은가?

아닌게아니라 그는 이 문제를 두고 많이 말씀하셨다. 그 중에서도 요한복음 17장 3절에 기록된 그의 기도 가운데 가장 간명하게 말씀하셨다고 하겠다. "영생은 곧 유일하신 참 하나님과 그의 보내신 자 예수 그리스도를 아는 것이니이다". 이 말씀은 우리의 귀에 익은 말씀이기도 하고 그렇지 않기도 하다. 한편으로 예수께서 삶에 이르는 열쇠를 만나는 것이라고 말씀하신다. 즉, 인격적 관계가 생에 있어서 가장 중요하고 만족을 주는 것이라고 하신다. 다시 말하면 두 마음이 만나는 것, 두 친구가 나누는 우정, 여자에 대한 남자의 사랑, 자녀를 위해 기우리는 부모의 헌신 등이라고 말씀하셨다. 이런 말씀은 뜻 있는 말씀으로 결코 새로운 말씀은 아니다. 그러나 놀라울 정도로 새로운 것은 예수께서 바로 이 인격적인 관계가 충분히 살아 있는 것이 되려면 하나님께서 이 관계에 개입하셔야만 한다는 점이다. 인간이 그의 창조주와 생명 있는 관계를 맺음으로써 무미건조하고 따분한 생이 자유와 경이로 가득찬 생으로 변한다. 오늘날 항간에서는 "신이 죽었다"는 말을 자주 듣게 된다. 우리의 과학적 지식 속에 있는 틈을 메꾸는 데에 필요하였던 신은 아닌게아니라 죽었다. 모든 점잖은 영국의 중산층의 사람들을 천국으로 데려 갔을 뿐만 아니라 그 밖의 사람들에게도 그렇게 까다롭지가 않은, 자비심 많고 믿기에 편한 신은 역시 죽었다. 일요일에는 교회에서 만나지만 다른 날은 멋대로 살도록 내버려 두는 신은 죽었다. 아니 그런 신이 죽은 것은 오히려 다행한 일이라고 하겠다. 그러나 온 우

2. 헤브라이즘의 행위와 생활의 성경적 근거. 361

주와 인간의 원천이 되시는 (참)하나님, 진 선 미의 총화이신 하나님은 죽지 않았다. 그는 살아 계시는 하나님이시어서 우리에게 관심을 쏟고 계신다. 그는 우리를 만드시고 우리를 주관하신다. 그는 우리를 사랑하시는 나머지 우리에게 오셔서 우리에게 생명을 나누어 주시기를 원하신다. 이런 일이 일어날 때 우리의 생에 새로운 차원이 부가된다. 예수께서 이를 "영생"이라고 부르심은 생의 시간적인 연속을 강조하지만 그것보다는 그 질을 강조하시기 위함이었다. 이 인격적인 관계라는 입장에서 유일하신 하나님을 안다는 것이 어떻게 가능한가를 생각해 보게 된다. 그에 대한 대답은 "당신이 보내신 예수 그리스도"라는 말에서 얻는다.

예수께서는 충실하고 모험적이며 극히 행복한 삶을 영위하셨다. 그는 이생의 생명을 십자가 위에서 버리심으로써 위에서 본 바와 마찬가지로 우리를 위하여 값없이 대신 죽어 주셨다. 그러나 이것으로 끝장을 본 것은 아니었다. 예수께서는 그가 복음사역을 하시는 동안 자기가 죽은 자들 가운데서 다시 살아나리라고 거듭 말씀하셨다(예컨대, 마가 8:31, 9:31, 10:34). 그는 언행이 일치하게 선한 분이시었다. 그는 죽은 자들 가운데서 살아나셨다. 이 놀라운 사실을 입증할만한 증거는 충분하다. 어떤 저널리스트가 이를 탐구했는데 그것을 보고 싶으면 프랭크 모리슨(Frank Morison)의 누가 돌을 옮겼나?(Who moved the stone?)를 읽으면 된다. 앤더슨(J.N.D.Anderson)의 부활에 대한 증거(Evidence for the Resurrection)를 읽어 보면 특출한 법률가의 한 사람이 이 부활의 증거를 면밀하게 검토하고 있음을 본다. 그런 많은 사람들이 순수한 기독교의 도전을 피하기 위하여 여러 가지 다른 길을 택한다. 그들은 안일한 교인이 된다. 따라서 그들은 현대의 윤리라는 무대의 주변에서 서성거리는 후기 그리스도인의 점잖은 몸가짐과 선한 행동을 한 조각씩 걸친 교인이 된다. 그들은 가끔 교회에 나가곤 한다. 성찬식(역주 : 영국 성공회에서는 매주 갖는다)에도 나가고, 크리스마스와 부활절에도 참석한다. 그러나 그것이 의미하고 있는 뜻도 조금도 믿지 않는다. 그들에게 교회에 나가는 이유를 물으면, "그러는 것이 맘에 드니까"라고 대답한다. 나는 이것을 위선이라고는 생각지 않는다. 일종의 나태일 뿐이다. 말하자면 예수 그리스도의 인격을 바로 얼굴을 대하여 보기를 꺼려하며, 그를 위하거나 그를 반대하는 편을 택하기를 꺼려하는 나태이다. 어떤 부류의 사람들은 또한 자선을 행함으로써 혹은 한동안 빈민굴에 일함으로써 자기 자신의 양심이 정죄되는 것으로부터 도피하려고 한다. 어떤 의미에서 훌륭한 일이긴 하나 이렇든 저렇든 도피이기는 매한가지이다. 점잖게 행동함으로써 하나님께로부터 도피하는 것은 옛날부터 있었던 편법이다. 다소의 사울이 회개하기 전에 여러 해 동안 그렇게 살았다. 시인 프란시스 톰슨(Francis Thompson) 역시 그랬었다. 그는 많은 도피주의자들을 위하여 이런 글을 썼다.

"나는 그분으로부터 밤에는 낮에도 쉬임없이 달아났노라.
나는 그분으로부터 연륜을 주름잡으며 달아났노라.
나는 그분으로부터 내 마음속의 미궁으로, 눈물의 샘 속으로
나는 그 분을 피하여 숨었노라. 또한 너털웃음의 그늘 아래로."

그리고 또한 그는 한 음성을 들었다. "나는 배신한 너를 만사가 다 배신하리라". "나를 영접하지 않는 너를 아무도 영접하지 않으리". "나를 만족시키지 못하는 너를 그 무엇이 만족시키랴". 그가 늘 잘못을 저질렀던 것을 발견한 것은 하늘의 사냥개에게 항복한 이후였다. "당신께서 사랑을 발하여 나를 몰았습니다".

현실로부터 도피할 수 있는 첩경은 없는 법이다. 현실이 우리가 소량으로만 복용할 수 있는 자극제와도 같다고나 할까. 우리는 도피향의 길을 마련하는 명수이긴 하나 너무나 빈번하게 근본적인 문제에 부닥치지 않으면 안되는 존재이다. 도박, 술, 담배 등이 도피하는 세 가지 방법이기도 한데 많은 사람이 이 길을 택하고 있다. 영국에서 이를 위하여 지출되는 돈을 누계하면 일 년에 25억 파운드(약 2조 5천억원)로서 수에즈 이동에서 철수하기 전 파운드의 평가절하가 있기 이전의 국방비에 해당하는 돈이다. 과학적 유토피아의 설계는 현실을 도피하는 또

2. 헤브라이즘의 행위와 생활의 성경적 근거. 363

하나의 길로서 인기가 있다. "인간이 신들과 같다"고 주장하는 학파에서는 기술과학이 가져다 줄 장래의 기쁨에 대하여 무한한 열정을 가지고 설명한다. 즉 그 날이 오면 사람들은 종교와 도덕의 캐캐묵은 제약으로부터 해방되고 우생학과 안사술과 또한 인류보호위원회에서 결정한 모든 필요한 수단을 동원함으로써 인간은 전례없는 이상적인 상태에 도달한다는 것이다. 이러한 환상도 H.G 웰스의 만년에 이르러서는 퇴색한 것처럼 보였다. 세계의 존폐가 문제시 되고 있는 오늘에 와서이다. 나사렛 사람의 인간됨의 수준은 너무 높고 너무나 고귀한 것이었다는 편이 옳지 않은가? 그러면 무어라고 변명할까 "그저 아무것도 알려고 하지 않았습니다"라고 할까? 하나님의 아들이 당신을 위하여 인간이 되셔서 당신을 위하여 살고 죽으셨다가 당신의 생명을 맡아 당신을 새 사람으로 만들기 위하여 부활하신 것을 어떻게 볼 셈인가? 아니 모든 변명은 예수의 진리와 사랑과 자기희생 앞에서 나무 잎이 시들 듯이 맥없이 사라지고 말 것이다. 세계와 인간의 하나님에 관한 궁극적인 진리가 우리 가운데로 오신 타자에 의하여, "나는 진리다"라고 선언하는 분에 의하여 이미 계시되었다. 그와 우리가 맺는 관계여하에 따라서 우리 각자는 심판을 받을 것이다. 최후의 심판 날이 오면 본디오 빌라도가 희롱한 질문에 (빌라도는 이로써 회피하려고 했으나 결과적으로 회피할 수 없었다) 대하여 우리가 무슨 대답을 하였는지 명백히 드러날 것이다. "너희들은 예수를 어떻게 하려느냐?"

●행동할 시기

만일 당신이 이 질문을 진지하고 솔직하게 받아 들여 고려한다면 나는 두 가지 것을 시사해 주려 한다. 만일 당신이 예수께서 진리이심을 믿지 않으면 복음서를 읽어보라. 천천히 생각하면서 상상력을 동원시키면서 읽으라. 만일 예수가 미친 사람이거나 사기꾼이라면 예수님은 어떻게 말했으며 어떻게 행동 하겠는가 자문해 보라. 또한 예수님은 자기가 주장한 대로 사실 틀림없는 분이었다면 어떻게 말했고 행동 했겠는가 자문해 보라. 읽고 생각하고 그것이 참인지 아닌지 보여 주시도록 하나님께 기도하라. 무엇보다도 예수님에 관한 말씀이 믿어지면 예수를 좇을 마음의 준비를 가져야 할 것이다. 당신이 진리를 소홀히 다루면 하나님께서 밝히 보여 주시지 않을 것이다. 예수께서 한번은 자기의 말씀을 믿지 않고 자기의 인격에 대하여 회의를 품은 사람들에게 이렇게 말씀하셨다. "사람이 하나님의 뜻을 행하려면 이 교훈이 하나님께서 왔는지 내가 스스로 말함인지 알리라"(요 7:17).

그러나 이 글을 읽는 사람이면 대개가 이러한 단계는 이미 넘어 선 줄로 안다. 당신은 예수에 관해서 더 확실해야할 필요는 없다. 예수에 관하여 이미 믿고 있기 때문이다. 그러나 바로 그를 알지는 못하고 있다. 당신이 당신의 뜻을 주님 앞에서 굽히고서 당신을 맡아서 그가 원하시는 대로 만들어 주시도록 요청하기 전에는 그를 참으로 알지 못할 것이다. 당신의 편에서 결정을 짓기 전에는 주께서 당신의 인격 속으로 찾아 들어오실 생각을 않으실 것이다. 하나님께서는 당신의 의사를 존중하신다 당신이 그에게 반대할 경우에도 그렇다. 그는 당신이 행동하기를 기다리신다. 그는 이미 행동하셨다. 그는 당신을 지으셨고 매일 당신을 생존케 해주시며, 그는 당신을 위하여 죽으셨으며, 당신의 생애 속으로 들어오셔서 당신과 함께 미래를 같이 살기 원하신다. 당신이 원한다면 그는 당신에게로 오실 것이다. 주님께 이렇게 기도해 보라 "오 주여, 저는 당신을 떠나 오랫동안 도피하여 왔습니다. 저는 저의 임의 대로 사느라고 당신의 초청을 외면하였습니다. 저는 잘못을 저질렀음을 자인합니다. 이제 저는 새 출발을 하겠습니다. 이제부터 저를 위하여 생명을 주신 당신께 저의 생명을 맡기겠습니다. 당신이 약속하신 대로 마음속으로, 저의 생명 속으로 오시옵소서" 이렇게 진정으로 정직하게 말하면, 모험에 찬, 한없는 보상을 받는 그리스도인의 생활로 들어가는 관문을 통과한 셈이 된다. 용감히 이것을 시도해 보겠는가? 아니면 그냥 비겁한 자의 길을 택하여 그리스도로부터 계속 도피만 하고 있겠는가?[87]

3) 교회의 헌법

교회헌법은 성경에 근거한 교회에서 성도가 생활하고 행하여야 할 법이다. 그 법에는 교회의 정의, 정치, 권징과 예배모범이다.

(1) 소요리문답

제1조는 사람의 제1되는 목적은 하나님을 영화롭게 하는데(고전 10:31) 예배와 찬양과 기도와 성례만 아니라 하나님의 자녀의 성경에 근거한 도덕적 법칙으로 제41-85조이고,

(2) 대요리 문답

이 요리 문답은 소요리문답과 반대로 어린 소년 신자들과 반대로 어른들을 위한 요리 문답이다. 그 어른들에게 신앙을 바로 인도하고 기독교인들의 필수 진리를 교육하여 인도하여 생활케 함이다.

(3) 교회신조들

성령의 강한 능력으로 신앙과 진리 안에서 자신의 인격과 선함인데 장로교신조 제9장-제16장을 보라! 그것은 웨스트민스터 신앙고백에 근거한 것으로 역시 동일하다. 교회신조들 중에는 니케아(The Nicene creed)가 있는데 주후 325년에 니케아에서 있은 것으로 신앙과 행위와 그에 따른 생활을 강조하고 있다.

● 니케아 신조

1.1 우리는 전능하신 아버지이신 한 하나님을 믿는다. 그는 하늘과 땅을 지으신 이요, 보이는 것이나 보이지 않는 모든 것을 지으신 자다.
1.2 우리는 한 주 예수 그리스도를 믿는다. 그는 하나님의 독생자이

---

87) Ibid, PP.146-170

시며, 모든 세상이 있기 전에 하나님으로부터 나셨으며 하나님의 하나님이시오, 빛의 빛이시오, 참 하나님의 참 하나님이시다. 그는 지으심을 받지 않으셨다. 모든 것을 지으신 아버지와 한 본체를 가지신다. 그는 인류와 우리의 구원을 위하여 하늘에서 내려 오셨고 성령에 의하여 동정녀 마리아로부터 몸을 입으시고 사람이 되사, 우리를 위하여 본디오 빌라도에 의하여 십자가에 달리셨다. 그는 코난을 당하시고 매장되셨다가 사흘 만에 성서의 말씀대로 부활하셨다. 그는 하늘에 오르사 아버지의 우편에 앉아 계신다. 그리고 그는 영광중에 다시 오셔서 산 자와 죽은 자를 심판하실 것이다. 그의 나라에는 끝이 없을 것이다.

 1.3 그리고 우리는 주이시며, 생명의 공여자이신 성령을 믿는다. 그는 아버지와 아들로부터 나셨고, 아버지와 아들과 함께 예배와 영광을 받으신다. 그는 예언자들에 의하여 말씀하셨다. 우리는 또한 하나요 거룩하고 보편적이며 사도적인 교회를 믿는다. 우리는 죄를 사해 주는 한 세례만 인정한다. 우리는 죽은 자의 부활과 내세에서의 삶을 바라본다. 아멘.

 그 후에 사도 신조도 마찬가지이고 그것을 블랜서 신학자이고 출판업자인 마그네(Magne. Jacques. Paul)는 루피누스(345-410년)가 쓴 "사도들의 상장"이란 책에서 그 신경이 기원된 것으로 보고 있다.[88]

● 사도 신조

2.1 나는 하늘과 땅을 만드신 전능하신 하나님 아버지를 믿습니다.

2.2 또한 그의 외아들 우리 주 예수 그리스도를 믿습니다. 그는 성령에 의해서 잉태되시고 동정녀 마리아에게 나시고 본디오 빌라도에게 고난을 받으시고 십자가에 못박혀 죽으셔서 매장되셨으며, 음부에 내려 가셨다가 사흘만에 죽은 자들 가운데서 부활하셨으며, 하늘에 올라가셔서 전능하신 하나님 아버지의 우편에 앉아 계시다가 거기서 산 자와

---

88) 조영엽, 사도신경 변호, P.19 참고.

2. 헤브라이즘의 행위와 생활의 성경적 근거. 367

죽은 자를 심판하시기 위하여 오실 것을 믿습니다.

2.3 나는 성령을 믿습니다. 거룩한 보편적 교회와 성도의 교제와 죄의 용서와 죽은 자의 부활과 영생을 믿습니다. 아멘.

주후 17세기에 스코트랜드에서 종교회의가 모여서 스코트랜드 신앙고백을 만들었는데 그 제1장에서 제12장까지 성부 하나님, 성자 하나님, 성령 하나님에 의한 죄인들을 구원하여 의롭고 거룩한 하나님의 자녀의 선한 일을 제13장에서 언급하기를

제13장 선한 일의 원인

3.13 선한 일의 원인은 우리의 자유 의지가 아니라, 주 예수님의 영이라고 우리는 고백한다. 그는 참된 믿음에 의하여 우리의 마음속에 계시며, 하나님이 우리를 위하여 준비하여 주신 그러한 일을 가져오게 한다. 우리는 가장 담대하게 확인하기를 그리스도가 성화의 영이 없는 그러한 사람들의 마음속에 계신다고 말하는 것은 그를 모독하는 일이라는 것이다. 그러므로, 살인자나 압박자나 잔악한 핍박자와 음행자와 불결한 사람이나 우상숭배자나 술취한 자나 도적이나, 악을 행하는 모든 사람들은 그들이 불의한 가운데 있기를 완고하게 계속한다면, 그들은 참 믿음을 가지지 못하여, 주 예수의 영에서 오는 것은 아무것도 가지고 있지 않다고 확인하기를 주저하지 않는다. 왜냐하면, 하나님의 택함을 받은 자녀들이 참 믿음으로써 받아들인 주 예수의 영이 어떤 사람의 마음을 점유하는 즉시로 그를 중생케하고 새롭게 해 주어서 그 사람은 전에 그가 사랑하던 것을 미워하게 되고 전에 미워하던 것을 사랑하게 되기 때문이다. 하나님의 자녀들 안에도 영과 육의 대립이 계속해서 일어난다. 부패해졌고, 유쾌하고 쾌락적인 것을 좋아하는 육적이고 자연적인 사람은 역경 가운데서도 질투하고 번영하면 교만해 질 뿐만 아니라, 매순간 하나님의 위엄을 침범하며 또한 침범하려고 한다. 그러나, 하나님의 영은 우리가 하나님의 아들이라는 것을 우리의 영혼에 동거해 주는 동시에 우리들로 하여금 하나님 앞에서 들어난 불결한

쾌락에 항거케 하고 이 부패의 멍에에서의 해방을 갈망하도록 한다. 끝으로, 죄를 이기게 해서 그 죄가 우리의 죽은 몸을 지배하지 못하게 한다. 다른 사람들은 하나님의 영을 가지지 않기 때문에 이러한 대립은 없다. 그러나, 그들은 쉽게 죄에 빠지고 굴복하며, 그것을 후회하지도 않는다. 따라서 그들은 마귀와 그들의 부패된 본성이 시키는대로 행한다. 그러나 하나님의 아들은 죄에 대항하여 투쟁한다. 그들이 마귀의 꾀임수에 빠져서 악을 행하게 될 때 그것을 발견하고 슬피 울며 가슴을 친다. 그들이 타락하면 성실하고 거짓이 없는 후회로써 다시 일어난다. 그들이 이러한 일을 하는 것은 그들 자신의 힘에 의한 것이 아니라 주 예수의 권능에 의해서 한 것이다. 그를 떠난다면 그들은 아무 것도 할 수 없다.

제14장 하나님 앞에서 선한 것으로 인정받는 일

3.14 하나님께서 그의 거룩한 법을 사람에게 주셨다는 것을 우리는 고백하고 인정한다. 그 안에서는 그의 신성한 존엄성에 대하여 불쾌하게 하거나 또는 무례하게 하는 그러한 모든 일은 금지되어 있다. 그러나, 그를 기쁘게 하고 또는 그가 보상을 약속한 그러한 일은 권장되어 있다. 이러한 일에는 두 가지가 있다. 한 가지는 하나님의 영예를 위하여 한 일이요, 다른 하나는 이웃에게 도움이 되는 일이다. 이 두 가지는 다 같이 그들의 확증으로서 하나님의 계시된 뜻을 가지고 있다. 한 하나님을 가지고, 그를 예배하고 섬기고, 우리가 모든 어려움 가운데서 찾을 수 있고, 그의 거룩한 이름을 존경하고, 그의 말씀을 듣고 믿으며, 그의 거룩한 성례전에 참예하는 것은 이 첫째 유의 일이다. 아버지와 어머니와 왕과 지배자와 위에 있는 권세를 존경하거나, 그들을 사랑하고 지지하고, 그들의 명령이 하나님의 계명에 배치되지 않을 때 그들의 명령에 복종하며, 죄 없는 사람의 생명을 구해주고, 포악한 사람을 견제하고, 압박을 받는 사람을 보호해 주고, 우리의 몸을 깨끗하고 거룩하게 유지하고, 침략하고 절제하는 생활을 하고, 말로나 행동에 있어서

2. 헤브라이즘의 행위와 생활의 성경적 근거. 369

도 여러 사람을 대할 때 정당하게 하며, 끝으로 이웃을 해롭게 하려는 어떤 욕구를 견제하는 이러한 모든 일은 둘째 유에 속한다. 이러한 것은 하나님이 직접 그들에게 명하신 것과 같이 하나님에게 가장 큰 기쁨이 되고 환영을 받는다. 이와 반대되는 행동은 죄다. 그것은 언제든지 하나님을 불쾌하게 하고 노엽게 한다. 우리가 두려운 마음으로 하나님의 말씀을 들어야 할 때 하나님을 찾지 않고, 오히려 그것을 저주하고 무시하고 우상을 섬기거나, 또는 그 우상을 계속 소유하고 보호하거나, 하나님의 존귀하신 이름을 가볍게 생각하고 그리스도 예수의 성례전을 더럽히고 그릇되게 사용하고 저주하거나, 하나님이 세워주신 집권자에 대하여 불복하거나 항거하는 (이들이 그들의 권한의 한계를 넘어서 살인하거나 그것을 용인하거나, 증오하거나, 우리가 막을 수 있음에도 불구하고 무죄한 자의 피를 흘리게 하는, 이러한 일을 하지 않는 한) 이러한 것이 곧 죄다. 결론적으로 첫째와 둘째 종류와 관련되는 어떤 다른 계명을 어기는 일이 죄라고 우리는 고백하고 확인한다. 그 죄에 의해서 교만하고 감사할 줄 모르는 세상에 대한 하나님의 진노와 분노가 일어난다. 그래서 선한 일이라고 확인하는 것은 무엇이든지 믿음 안에서 이루어지고, 그의 율법을 통하여 그가 기뻐하실 일을 정하여 주신 그 하나님의 명령에 따라 행하는 일만을 말한다. 반대로 악한 일이라는 것은 분명히 하나님의 명령에 반대해서 하는 일 뿐만 아니라, 종교적인 일과 하나님을 예배하는 일에 있어서 그것이 사람의 조작물이며 의견에 지나지 않는다고 확증이 된 것을 그대로 행하는 일이다. 처음부터 하나님은 그러한 것은 거부하셨다. 예언자 이사야와 우리 주 그리스도 예수님의 말씀에서 배운 바와 같이 "사람의 계명으로 교훈을 삼아 가르치니 나는 헛되이 경배하는 도다".

제15장 율법의 완전성과 인간의 불완전성

3.15 하나님의 율법은 가장 공정하고 평등하고 거룩하고 완전하여, 그것을 완전하게 행할 때 그 율법은 생명을 주고 인간을 영원한 복락

으로 인도한다. 그러나, 우리의 본성이 너무나도 심하게 부패하고, 약하고, 불완전하여 우리가 율법의 일을 완전하게 행한다는 것은 도저히 불가능하다. 우리가 중생한 후에도 우리는 죄가 없다고 말한다면 우리는 우리 자신을 속이는 것이요, 따라서 하나님의 진리가 우리 안에 없다. 그러므로, 그리스도 예수가 율법의 마지막이요 완성이시며, 가령 우리가 율법의 모든 부분을 실천치 못한다 해도 하나님의 저주가 우리에게 미치지 못하게 해서 우리를 자유롭게 해주신 것도 그분이시기 때문에 그리스도 예수님을 튼튼히 붙잡은 그의 의와 속죄를 의지하는 것이 중요하다. 아버지 하나님이 그의 아들 그리스도 예수의 몸 안에서 우리를 보시는 것과 마찬가지로, 하나님은 그의 아들의 의로써 우리의 불완전한 복종을 완전한 것처럼 용납해 주시고, 여러 가지 오점에 의해서 더럽게 되어 있는 우리의 일을 덮어 주시기 때문이다. 우리가 자유자가 되었기 때문에 율법에 복종할 필요가 없다는 뜻은 아니다. 이 점은 앞에서 이미 인정했다. 그런 것이 아니라 지상에 있는 사람 가운데는 그리스도 예수를 제외하고는 한 사람도 율법이 요구하는 그 율법에 복종했거나 복종하거나 복종할 사람은 없다는 것을 우리는 확인한다. 우리가 모든 일을 하고난 후에도 우리는 무익한 종이라고 할 수 밖에 없으며 거짓 없이 그렇게 고백해야 한다. 그러므로, 누구든지 자기 자신의 일의 공로를 자랑하거나 여공의 효력을 믿는 사람은 실제로 존재하지 않는 것을 자랑하는 것이며, 가증한 우상을 의지하게 되는 것이다.

제16장 교회

3.16 한 아버지 하나님과 아들과 성령을 믿는 것과 같이 우리는 처음부터 한 교회가 있었고 세상 끝날까지 한 교회가 있을 것을 굳게 믿는다. 즉 하나님에 의해서 택함을 받은 하나님의 무리와 집단이 있을 뿐이다. 그들은 그리스도 예수에 대한 믿음으로써 하나님을 바로 예배하며 그를 모신다. 그리스도 예수는 교회의 유일의 머리요 교회는 그의 몸이요 신부다. 이 교회는 보편적인 교회다. 즉 우주적이다. 왜냐하면,

교회는 모든 시대와 지역과 국민과 방언을 가진 백합을 받은 사람들을 포함하고 있기 때문이다. 가령 그들이 유대인에 속했거나 이방인에게 속했거나 그들은 다 같이 성령의 성화를 통하여 아버지 하나님과 그의 아들 그리스도 예수와 더불어 교제하고 공동체를 형성하고 있기 때문이다. 그러므로, 그것을 불경자의 교제라고 부르지 않고 성도의 교제라고 부른다. 그들은 하늘의 예루살렘의 시민으로서 헤아릴 수 없는 많은 은사의 열매를 가지고 있다. 즉, 한 하나님과 한 주 예수와 한 믿음과 한 세례다. 이 교회 밖에는 생명이나 영원한 복락은 없다. 그러므로 무슨 종교를 신봉하든지 공평과 정의에 따라서 살면 다 구원을 얻을 수 있다고 하는 사람들의 모독을 우리는 전적으로 싫어한다. 그리스도 예수가 없이는 생명이나 구원이 없기 때문에, 아버지가 그의 아들 그리스도 예수를 주신 그 사람들과 때를 놓치지 않고 그를 찾아오고 그의 가르침을 고백하고 그를 믿는 자들만이 생명과 구원에 참여할 수 있다 (믿는 부모의 자녀들이 포함된다). 이 교회는 불가견적이다. 하나님만 아신다. 하나님은 자기가 택한 사람들을 아시고 택함을 받은 사람 가운데 이미 세상을 떠난 사람, 즉 승리적 교회와 현재 살면서 죄와 사탄을 대항하여 싸우는 사람들과 지금 이 후로 살 사람들까지 포함한다.[89)]

다음에 하이델베르그 요리 문답인데 주후 1562년에 하이델베르그에서 교회 회의가 모여 결의한 것으로 역시 복음 선포(제84-) 감사와 회개만 아니라 제92개조에서부터 10계명을 지켜 행할 것을 언급한다.
제2 스위스 신앙고백(서서신앙고백)과 웨스민스트 신앙고백도 1643-1648년에 영국 웨스민스터에서 교회 회의가 회집하여 결의한 신앙 고백서에도 마찬 가지이다.

3. 역사적 교회들

여기의 역사적 교회들은 예수를 기점으로 해서 그의 사도들과 그 사

---

89) Ibid, PP.22-27

도들의 계승자인 속사들과 교부들과 중세시대를 거쳐서 종교개혁시대의 교회와 근세와 현대교회의 행위와 생활을 연구하려는 것이다. 그런데 중요한 것은 그 시대 시대마다 암흑기가 있은 것이다.

1) 초대교회

이 초대교회시대는 예수께서 공생애 3년을 거쳐서 고난과 죽음과 부활, 승천을 지나서 성령의 강림으로 예수의 사도들과 성도들이 세계에 나가서 복음을 선포하며 생활과 일로 하나님께 영광을 돌리고 예수 그리스도의 일에 충성이다.

(1) 예수

이 예수의 사생활 30년을 제외한 3년간의 공생애는 절대 무흠하고 오직 하나님의 뜻과 그의 목적하신 구속사역으로 하나님 나라 건설에 있었다. 그 일은 예수께서 마태복음 16장과 17장과 그 이후에 공언하고 있는 그대로 고난을 당하시고, 죽어 무덤에 장사되었다가 제3일에 부활, 승천하시어 선택한 자들의 있을 곳을 준비하시고 재림하여 심판하시어서 천국과 지옥의 상벌이다.

(2) 사도들

예수의 공생애 3년 동안에 예수께 선택과 그의 사역에서 교육과 훈련 받은 제자들이 예수의 고난과 죽으심과 장사지냄과 3일 만에 부활하여 나타내 보이시며 교훈하신 예수의 명령에 따라서 예루살렘의 마가요한의 다락방에서 성령의 충만함을 받은 그들이 세계에 나가서 말씀을 전하면서 그들도 핍박과 고통과 순교까지 하면서 선포한 그 열매가 교회라는 꽃과 열매로 세계에 퍼지게 되었다.

(3) 속사들

그 사도들의 뒤를 이어서 성령의 충만함을 받아서 역시 그들도 사도들에게 선택이 되어서 자기에게 주어진 곳에 나가서 복음전하며, 영혼을 구원하여 교회를 세우며 인재를 양성하여 하나님의 나라를 선포하며 예수의 뒤를 이어서 하나님과 그 복음 사역을 다하였다.

2) 교부들

속사도 이후에 그들에 의하여 세워지고 들어 쓰임이 되고 그들의 신앙과 신학을 계승하여 생활하며 행하여 선포하며 주의 교회들과 성도들을 가르친 이들이 교부들이다. 그들은 Philo를 위시하여 Alexanderia의 Origen과 Augustine, Tuttlelian을 위시하여 Clement, Ambrosius를 위시하여 많은 이들이 있다. 그들 중에도 가장 위대한 이는 그의 생활이나 신학이나 후대에 미친 영향은 Augustine이다. 그의 생활과 행위록은 "참회록"이고 그의 신학과 성경 강해록은 후대에 크게 영향을 주었다.

3) 중세교회[90]

그렇게 훌륭하고 화려했던 교회들이 로마제국에 의하여 기독교가 국교가 되고, 양적으로 부흥하고, 자유화가 되면서 세속화가 되어서, 교권주의가 되었고, 인본주의와 정욕주의와 물질 만능 주의로 변질 되어서 인간이 하나님의 자리에 앉아서 영화와 권세와 부귀를 누리게 되었다. 그것이 중세시대이다. 이때에 신앙과 진리에 따른 경건과 의와 하나님 절대주의를 부르짖는 John Huss와 W. Tyndale과 Wicliff와 같은 이들이 나왔으나 제도적이고, 조직적이고, 형식적이고, 부패한 교권 앞에서 순교의 쓴 잔을 마시고 사라지게 되었으나, 하나님의 성령의 역사는 하나님의 진리와 신앙과 양심에 따르는 사람들을 일으켰는데 소위 종교개혁자인 M. Luther와 그 뒤를 이은 John Calvin과 Busser와 Zwingli

---

90) 원용국, 구약신학 참고

등이다. 그들의 종교개혁의 횃불은 신학만 아니라 행위와 생활면에도 강조점이 있었다.

Rainhold Neiber는 "그리스도와 윤리학"이란 책에서
1. 세속문화와 기독교 교문화의 적대관계이거나,
2. 세속문화와 기독교 교문화의 추종관계이거나,
3. 세속문화와 기독교 교문화의 동등관계이거나,
4. 세속문화와 기독교 교문화의 우월관계이거나,
5. 세속문화를 변화시키는 기독교 교문화를 강조하고 변화시키는 것이 칼빈주의이다.

고 했다.

4) 개혁교회

위에서 언급한 그 종교개혁자들의 그 종교개혁의 불씨는 독일과 불란서에서 시작이 되어 핍박과 탄압의 칼을 피하여 Geneva로 건너가서 종교자유를 주장하면서 마치 사도행전의 파급과 같이 구라파와 세계 각지로 파급이 되었다. 특히 북미와 남미 대륙의 발견으로 그리로 파급이 되어 더욱 확장 확대되게 되었다.

영국과 독일과 북미를 거점으로 한 개혁교회의 선교는 전세계로 확대되어서 아프리카와 아시아와 기타 지역으로 확대되었다.

5) 근대교회

근세에는 인문학의 발달로 Reunessance 시대를 맞이하여 고착화가 된 신학과 신앙에 대항하는 자유주의와 인본주의 물결이 폭풍과 같이 몰려들면서 자유주의 신학과 신앙, 또는 과학의 발달과 이성만능주의의 오염된 독소가 참된 신앙과 신학을 오염시켜서 "신신학"이라는 미명하에 세계적으로 파급이 되었는데 그 신학은 한 부분이 아니라 전체적인 면이다.

3. 역사적 교회들· 375

(1) 자유주의 또는 현대주의 신학으로 이미 앞에서 언급한 "혼란된 근대와 현대신학"에서 언급한 그 수많은 신학들을 참고하라.91)

(2) 신 정통주의 신학

위와 같은 자유주의 신학의 폭풍우 물결 속에 보수주의 신학은 미약하나마 대항하며 성경제국일 주의와 신앙만능주의와 하나님과 예수 그리스도의 구속의 진리의 봉화를 들었다. 이런 투쟁 속에 양자를 공격하면서 혜성과 같이 나타난 자가 소위 Karl Barth로 그의 "신복음주의" 또는 "신정통주의"는 매우 매력적이었다. 그래서 그의 신학을 연구하던 자들이 그의 신학인 "로마서연구"와 그의 "교의학"에 빠져서 잘 항해하는 것 같았으나, 역시 오늘날은 침몰하게 되었다.

(3) 보수주의 신학(개혁주의 신학)

개혁파 신학자들은 교의신학의 임무는 "절대적으로 확실한 진리를 학문적인 형식으로 서술하며 기독교 교리의 전부를 포용하는 것이다"라고 주장한다. 다른 말로 하면 이 임무는 성경의 "사실들을 취하여 그것들의 상호간과 기타 같은 종류의 진리들과의 관계를 결정하고 또 그것들의 정당성을 변호하며 그것들의 조화와 논리적 일치성을 보여주는 것이다"(Charles Hodge: "Syst. Theol", I.p.2). 교의학은 기독종교의 모든 진리들의 조직적 설술을 시도한다. 이 학문은 일시 교회의 신앙의 내용이었던 바의 묘사로 만족할 수 없고 반드시 절대적 혹 이상적 진리를 목표로 할 것이다. 이것은 순전히 역사적 혹 묘사적인 활동에 멎을 것이 아니라, 규범적 의의를 가진 교의 해설에 종사할 것이다. 교의학이 이행하는 임무에 우리가 구별할 수 있는 몇 방면이 있다.92)

---

91) "현대교회" 참고.
92) 박형룡 박사 : 교의학, 서론, P.77

6) 현대교회

앞에서 언급한 근대교회의 자유주의신학과 신복음주의 신학과 보수주의 신학은 다양화되면서 그 이름도 여러 가지로 변명되고 있다. 그와 같이 다양화되면서 그 신앙생활과 행위에는 관심이 없고 이론적이고, 체계적이고, 조직적이고, 연구에만 전심하게 되었다. 그래서 귀와 눈과 입은 커졌지만 손과 발은 매우 작은 기형아가 되게 되었다. 1996년 4월 30일에 김병만 군의 저자의 "구약신신학"의 강의에 제출한 논문 목차이다.

Ⅱ. 혼란한 현대신학

제1부 근대신학(자유주의 신학) / 2
1. 감정의 신학 - 슐라이어마허 / 2
2. 윤리의 신학 - 리츨과 헤르만 / 3
3. 종교사 신학 - 트릴치 / 3
4. 예수전 신학 - 스트라우스 / 4

제2부 신정통주의 신학 / 5
5. 하나님 말씀의 신학 - 바르트 / 5
6. 위기의 신학 - 부룬너 / 6
7. 비신화화 신학 - 볼트만 / 7
8. 존재의 신학 - 폴 틸리히 / 8

제3부 급진신학 / 9
9. 세속화 신학 - 본훼퍼, 로빈슨, 하비콕스 / 9
10. 역사의 신학(부활의 신학) - 판넨베르그 / 11
11. 진화론의 신학 - 삐에르 드 샤스땡 / 12
12. 정치신학 / 13
13. 사신신학 - 알타이져 / 14
14. 희망신학 - 몰트만 / 17
15. 과정신학 - 화이트헤드, 하트쇼온 / 19
16. 여성신학 - 메리 델리 / 20

17. 생태학적 신학 - 창조신학 / 23
제4부 제3세계 신학 / 25
   18. 남미 해방신학 / 25
   19. 북미 흑인신학 / 26
   20. 아프리카 신학 / 28
   21. 아시아 신학 / 29
   22. 물소 신학 / 30
   23. 하나님 아픔의 신학 / 31
제5부 한국의 신학
   제1장 토착화 신학 / 32
     24. 성의 신학 - 윤성범 / 32
     25. 한의 신학 - 서남동 / 33
     26. 민중 신학 - 안병무 / 33
     27. 풍류 신학 - 유동식 / 33
     28. 세계 신학 - 홍정수 / 34
     29. 상생의 신학 - 이정배, 박종천 / 35
   제2장 종교다원주의 신학
     30. 종교다원주의의 신학적 이해 / 37
     31. 종교 신학 - 변선환의 힌두교적 종교신학 / 38
   제3장 상황신학
     32. 통일, 평화 신학 / 39

구약과 신약의 공통 열쇠 또는 보화는 메시야, 예수 그리스도이시다.

	구약		신약
①	말씀	예수 그리스도론	말씀
②	성령(영)		성령
③	믿음		믿음
④	순종	요 14:7	순종
⑤	행함	성령	행함

※요한복음 14장 7절
 "너희가 나를 알았더면 내 아버지도 알았으리로다 이제부터는 너희가 그를 알았고 또 보았느니라."

데살로니가후서 1장 1절 편지 [행 4:12-, 고후 3:1, 벧후 1:4]
           ↓
 종교적 변천 → 천국 열쇄
             그의 의를 구함 ① 찾으라 = 예수 그리스도 = 믿음
                            ② 구하라 = 성령 = 능력
                            ③ 두두리라 = 천국 = 목적

※데살로니가후서 1장 1절
 "바울과 실루아노와 디모데는 하나님 우리 아버지와 주 예수 그리스도 안에 있는 데살로니가인의 교회에 편지하노니"
※사도행전 4장 12절
 "다른 이로서는 구원을 얻을 수 없나니 천하 인간에 구원을 얻을 만한 다른 이름을 우리에게 주신 일이 없음이니라 하였더라"
※고린도후서 3장 1절
 "우리가 다시 자천하기를 시작하겠느냐 우리가 어찌 어떤 사람처럼 천거서를 너희에게 부치거나 혹 너희에게 맡거나 할 필요가 있느냐"
※베드로후서 1장 4절
 "이로써 그 보배롭고 지극히 큰 약속을 우리에게 주사 이 약속으로

말미암아 너희로 정욕을 인하여 세상에서 썩어질 것을 피하여 신의 성품에 참예하는 자가 되게 하려 하셨으니"

데살로니가후서 1장 4절 환난과 핍박시작
　　　　　마 24:15-, 히 12:26-
※데살로니가후서 1장 4절
"이로써 그 보배롭고 지극히 큰 약속을 우리에게 주사 이 약속으로 말미암아 너희로 정욕을 인하여 세상에서 썩어질 것을 피하여 신의 성품에 참예하는 자가 되게 하려 하셨으니"
※마태복음 24장 15절
"그러므로 너희가 선지자 다니엘의 말한바 멸망의 가증한 것이 거룩한 곳에 선 것을 보거든(읽는 자는 깨달을찐저)
※히브리어 12장 26절
"그때에는 그 소리가 땅을 진동하였거니와 이제는 약속하여 가라사대 내가 또 한 번 땅만 아니라 하늘도 진동하리라 하셨느니라"

　　① 멸망의 가증한 것
　　　　사단, 용, 뱀(창 3:1), 짐승
※창세기 3장 1절
"여호와 하나님의 지으신 들짐승 중에 뱀이 가장 간교하더라 뱀이 여자에게 물어 가로되 하나님이 참으로 너희더러 동산 모든 나무의 실과를 먹지 말라 하시더냐"

　　② 거짓 선지자, 거짓 그리스도(마 24:24)
※마태복음 24장 24절
"거짓 그리스도들과 거짓 선지자들이 일어나 큰 표적과 기사를 보이어 할 수만 있으면 택하신 자들도 미혹하게 하리라"

③ 공의로운 심판(요 3:16) → 계 14: 시온산
　　　　　　　　　└→ 바벨론(계 18:-19:, 살후 1:4-10, 2:9-,
　　　　　　　　　　　　마 23:1-)
　　　표면적인 것(고후 12:3-) : 성전에 앉음(살후 2:4)
　　　이면적인 것(살후 1:11-12) : 성령, 진리, 능력, 믿음의 역사
　　　　　　　　　능력으로 이름
　　　　　　　　　하나님의 영광을 들어냄

※요한복음 3장 16절
　"하나님이 세상을 이처럼 사랑하사 독생자를 주셨으니 이는 저를 믿는 자마다 멸망치 않고 영생을 얻게 하려 하심이니라"
※요한계시록 14장
　1절 "또 내가 보니 보라 어린 양이 시온 산에 섰고 그와 함께 십사만 사천이 섰는데 그 이마에 어린 양의 이름과 그 아버지의 이름을 쓴 것이 있도다"
　2절 "내가 하늘에서 나는 소리를 들으니 많은 물소리도 같고 큰 뇌성도 같은데 내게 들리는 소리는 거문고 타는 자들의 그 거문고 타는 것 같더라"
　3절 "저희가 보좌와 네 생물과 장로들 앞에서 새 노래를 부르니 땅에서 구속함을 얻은 십사만 사천 인밖에는 능히 이 노래를 배울 자가 없더라"
　4절 "이 사람들은 여자로 더불어 더럽히지 아니하고 정절이 있는 자라 어린 양이 어디로 인도하든지 따라가는 자며 사람 가운데서 구속을 받아 처음 익은 열매로 하나님과 어린 양에게 속한 자들이니"
　5절 "그 입에 거짓말이 없고 흠이 없는 자들이더라"
　6절 "또 보니 다른 천사가 공중에 날아가는데 땅에 거하는 자들 곧 여러 나라와 족속과 방언과 백성에게 전할 영원한 복음을 가졌더라"
　7절 "그가 큰 음성으로 가로되 하나님을 두려워하며 그에게 영광을 돌리라 이는 그의 심판하실 시간이 이르렀음이니 하늘과 땅과 바다와

3. 역사적 교회들 · 381

물들의 근원을 만드신 이를 경배하라 하더라"

8절 "또 다른 천사 곧 둘째가 그 뒤를 따라 말하되 무너졌도다 무너졌도다 큰 성 바벨론이여 모든 나라를 그 음행으로 인하여 진노의 포도주로 먹이던 자로다 하더라"

9절 "또 다른 천사 곧 셋째가 그 뒤를 따라 큰 음성으로 가로되 만일 누구든지 짐승과 그의 우상에게 경배하고 이마에나 손에 표를 받으면"

10절 "그도 하나님의 진노의 포도주를 마시리니 그 진노의 잔에 섞인 것이 없이 부은 포도주라 거룩한 천사들 앞과 어린 양 앞에서 불과 유황으로 고난을 받으리니"

11절 "그 고난의 연기가 세세토록 올라가리로다 짐승과 그의 우상에게 경배하고 그 이름의 표를 받는 자는 누구든지 밤낮 쉼을 얻지 못하리라 하더라"

12절 "성도들의 인내가 여기 있나니 저희는 하나님의 계명과 예수 믿음을 지키는 자니라"

13절 "또 내가 들으니 하늘에서 음성이 나서 가로되 기록하라 지금 이후로 주 안에서 죽는 자들은 복이 있도다 하시매 성령이 가라사대 그들은 복이 있도다 하시매 성령이 가라사대 그러하다 저희 수고를 그치고 쉬리니 이는 저희의 행한 일이 따름이라 하시더라"

14절 "또 내가 보니 흰구름이 있고 구름 위에 사람의 아들과 같은 이가 앉았는데 그 머리에는 금 면류관이 있고 그 손에는 이한 낫을 가졌더라"

15절 "또 다른 천사가 성전으로부터 나와 구름 위에 앉은 이를 향하여 큰 음성으로 외쳐 가로되 네 낫을 휘둘러 거두라 거둘 때가 이르러 땅에 곡식이 다 익었음이로다 하니"

16절 "구름 위에 앉으신 이가 낫을 땅에 휘두르매 곡식이 거두어지니라"

17절 "또 다른 천사가 하늘에 있는 성전에서 나오는데 또한 이한 낫을 가졌더라"

18절 "또 불을 다스리는 다른 천사가 제단으로부터 나와 이한 낫 가진 자를 향하여 큰 음성으로 불러 가로되 네 이한 낫을 휘둘러 땅의 포도송이를 거두라 그 포도가 익었느니라 하더라"

19절 "천사가 낫을 땅에 휘둘러 땅의 포도를 거두어 하나님의 진노의 큰 포도주 틀에 던지매"

20절 "성 밖에서 그 틀이 밟히니 틀에서 피가 나서 말굴레까지 닿았고 일천육백스다디온에 퍼졌더라"

※요한계시록 18장-19장

18장 1절 "이 일 후에 다른 천사가 하늘에서 내려오는 것을 보니 큰 권세를 가졌는데 그의 영광으로 땅이 환하여지더라"

2절 "힘센 음성으로 외쳐 가로되 무너졌도다 무너졌도다 큰 성 바벨론이여 귀신의 처소와 각종 더러운 영의 모이는 곳과 각종 더럽고 가증한 새의 모이는 곳이 되었도다"

3절 "그 음행의 진노의 포도주를 인하여 만국이 무너졌으며 또 땅의 왕들이 그로 더불어 음행하였으며 땅의 상고들도 그 사치의 세력을 인하여 치부하였도다 하더라"

4절 "또 내가 들으니 하늘로서 다른 음성이 나서 가로되 내 백성아, 거기서 나와 그의 죄에 참예하지 말고 그의 받을 재앙들을 받지 말라"

5절 "그 죄는 하늘에 사무쳤으며 하나님은 그의 불의한 일을 기억하신지라"

6절 "그가 준 그대로 그에게 주고 그의 행위대로 갑절을 갚아 주고 그의 섞은 잔에도 갑절이나 섞어 그에게 주라"

7절 "그가 어떻게 자기를 영화롭게 하였으며 사치하였든지 그만큼 고난과 애통으로 갚아 주라 그가 마음에 말하기를 나는 여황으로 앉은 자요 과부가 아니라 결단코 애통을 당하지 아니하리라 하니"

8절 "그러므로 하루 동안에 그 재앙들이 이르리니 곧 사망과 애통과 흉년이라 그가 또한 불에 살라지리니 그를 심판하신 주 하나님은 강하

3. 역사적 교회들. 383

신 자이심이니라"

9절 "그와 함께 음행하고 사치하던 땅의 왕들이 그 불붙는 연기를 보고 위하여 울고 가슴을 치며"

10절 "그 고난을 무서워하여 멀리 서서 가로되 화 있도다 화 있도다 큰 성, 견고한 성 바벨론이여 일시간에 네 심판이 이르렀다 하리로다"

11절 "땅의 상고들이 그를 위하여 울고 애통하는 것은 다시 그 상품을 사는 자가 없음이라"

12절 "그 상품은 금과 은과 보석과 진주와 세마포와 자주 옷감과 비단과 붉은 옷감이요 각종 항목과 각종 상아 기명이요 값진 나무와 진유와 철과 옥석으로 만든 각종 기명이요"

13절 "계피와 향료와 향과 향유와 유향과 포도주와 감람유와 고운 밀가루와 밀과 소와 양과 말과 수레와 종들과 사람의 영혼들이라"

14절 "바벨론아 네 영혼의 탐하던 과실이 네게서 떠났으며 맛있는 것들과 빛난 것들이 다 없어졌으니 사람들이 결코 이것들을 다시 보지 못하리로다"

15절 "바벨론을 인하여 치부한 이 상품의 상고들이 그 고난을 무서워하여 멀리 서서 울고 애통하여"

16절 "가로되 화 있도다 화 있도다 큰 성이여 세마포와 자주와 붉은 옷을 입고 금과 보석과 진주로 꾸민 것인데"

17절 "그러한 부가 일시간에 망하였도다 각 선장과 각처를 다니는 선객들과 선인들과 바다에서 일하는 자들이 멀리 서서"

18절 "그 불붙는 연기를 보고 외쳐 가로되 이 큰 성과 같은 성이 어디 있느뇨 하며"

19절 "티끌을 자기 머리에 뿌리고 울고 애통하여 외쳐 가로되 화 있도다 화 있도다 이 큰 성이여 바다에서 배 부리는 모든 자들이 너의 보배로운 상품을 인하여 치부하였더니 일시간에 망하였도다"

20절 "하늘과 성도들과 사도들과 선지자들아 그를 인하여 즐거워하라 하나님이 너희를 신원하시는 심판을 그에게 하셨음이라 하더라"

21절 "이에 한 힘센 천사가 큰 맷돌 같은 돌을 들어 바다에 던져 가로되 큰 성 바벨론이 이같이 몹시 떨어져 결코 다시 보이지 아니하리로다"

22절 "또 거문고 타는 자와 풍류하는 자와 퉁소 부는 자와 나팔 부는 자들의 소리가 결코 다시 네 가운데서 들리지 아니하고 물론 어떠한 세공업자든지 결코 다시 네 가운데서 보이지 아니하고 또 맷돌 소리가 결코 다시 네 가운데서 들리지 아니하고"

23절 "등불 빛이 결코 다시 네 가운데서 비취지 아니하고 신랑과 신부의 음성이 결코 다시 네 가운데서 들리지 아니하리로다 너의 상고들은 땅의 왕족들이라 네 복술을 인하여 만국이 미혹되었도다"

24절 "선지자들과 성도들과 및 땅 위에서 죽임을 당한 모든 자의 피가 이 성중에서 보였느니라 하더라"

9장 1절 "이 일 후에 내가 들으니 하늘에 허다한 무리의 큰 음성 같은 것이 있어 가로되 할렐루야 구원과 영광과 능력이 우리 하나님께 있도다"

2절 "그의 심판은 참되고 의로운지라 음행으로 땅을 더럽게 한 큰 음녀를 심판하사 자기 종들의 피를 그의 손에 갚으셨도다 하고"

3절 "두 번째 가로되 할렐루야 하더니 그 연기가 세세토록 올라가더라"

4절 "또 이십사 장로와 네 생물이 엎드려 보좌에 앉으신 하나님께 경배하여 가로되 아멘 할렐루야 하니"

5절 "보좌에서 음성이 나서 가로되 하나님의 종들 곧 그를 경외하는 너희들아 무론 대소하고 다 우리 하나님께 찬송하라 하더라"

6절 "또 내가 들으니 허다한 무리의 음성도 같고 많은 물 소리도 같고 큰 뇌성도 같아서 가로되 할렐루야 주 우리 하나님 곧 전능하신 이가 통치하시도다"

7절 "우리가 즐거워하고 크게 기뻐하여 그에게 영광을 돌리세 어린 양의 혼인 기약이 이르렀고 그 아내가 예비하였으니"

8절 "그에게 허락하사 빛나고 깨끗한 세마포를 입게 하셨은즉 이 세마포는 성도들의 옳은 행실이로다 하더라"

9절 "천사가 내게 말하기를 기록하라 어린 양의 혼인 잔치에 청함을 입은 자들이 복이 있도다 하고 또 내게 말하되 이것은 하나님의 참되신 말씀이라 하기로"

10절 "내가 그 발 앞에 엎드려 경배하려 하니 그가 나더러 말하기를 나는 너와 및 예수의 증거를 받은 네 형제들과 같이 된 종이니 삼가 그리하지 말고 오직 하나님께 경배하라 예수의 증거는 대언의 영이라 하더라"

11절 "또 내가 하늘이 열린 것을 보니 보라 백마와 탄 자가 있으니 그 이름은 충신과 진실이라 그가 공의로 심판하며 싸우더라"

12절 "그 눈이 불꽃 같고 그 머리에 많은 면류관이 있고 또 이름 쓴 것이 하나가 있으니 자기밖에 아는 자가 없고"

13절 "또 그가 피 뿌린 옷을 입었는데 그 이름은 하나님의 말씀이라 칭하더라"

14절 "하늘에 있는 군대들이 희고 깨끗한 세마포를 입고 백마를 타고 그를 따르더라"

15절 "그의 입에서 이한 검이 나오니 그것으로 만국을 치겠고 친히 저희를 철장으로 다스리며 또 친히 하나님 곧 전능하신 이의 맹렬한 진노의 포도주 틀을 밟겠고"

16절 "그 옷과 그 다리에 이름 쓴 것이 있으니 만왕의 왕이요 만주의 주라 하였더라"

17절 "또 내가 보니 한 천사가 해에 서서 공중에 나는 모든 새를 향하여 큰 음성으로 외쳐 가로되 와서 하나님의 큰 잔치에 모여"

18절 "왕들의 고기와 장군들의 고기와 장사들의 고기와 말들과 그 탄 자들의 고기와 자유한 자들이나 종들이나 무론 대소하고 모든 자의 고기를 먹이라 하더라"

19절 "또 내가 보매 그 짐승과 땅의 임금들과 그 군대들이 모여 그 말 탄 자와 그의 군대로 더불어 전쟁을 일으키다가"
　20절 "짐승이 잡히고 그 앞에서 이적을 행하던 거짓 선지자도 함께 잡혔으니 이는 짐승의 표를 받고 그의 우상에게 경배하던 자들을 이적으로 미혹하던 자라 이 둘이 산 채로 유황불 붙는 못에 던지우고"
　21절 "그 나머지는 말 탄 자의 입으로 나오는 검에 죽으매 모든 새가 그 고기로 배불리우더라"
※데살로니가후서 1장 4-10절
　4절 "하나님의 사랑하심을 받은 형제들아 너희를 택하심을 아노라"
　5절 "이는 우리 복음이 말로만 너희에게 이른 것이 아니라 오직 능력과 성령과 큰 확신으로 된 것이니 우리가 너희 가운데서 너희를 위하여 어떠한 사람이 된 것은 너희 아는 바와 같으니라"
　6절 "또 너희는 많은 환난 가운데서 성령의 기쁨으로 도를 받아 우리와 주를 본받은 자가 되었으니"
　7절 "그러므로 너희가 마케도냐와 아가야 모든 믿는 자의 본이 되었는지라"
　8절 "주의 말씀이 너희에게로부터 마게도냐와 아가야에만 들릴 뿐 아니라 하나님을 향하는 너희 믿음의 소문이 각처에 퍼진 고로 우리는 아무 말도 할 것이 없노라"
　9절 "저희가 우리에 대하여 스스로 고하기를 우리가 어떻게 너희 가운데 들어간 것과 너희가 어떻게 우상을 버리고 하나님께로 돌아와서 사시고 참되신 하나님을 섬기며"
　10절 "또 죽은 자들 가운데서 다시 살리신 그의 아들이 하늘로부터 강림하심을 기다린다고 말하니 이는 장래 노하심에서 우리를 건지시는 예수시니라"
※데살로니가후서 2장 9절
　"악한 자의 임함은 사단의 역사를 따라 모든 능력과 표적과 거짓 기적과"
※마태복음 23장 1절

"이에 예수께서 무리와 제자들에게 말씀하여 가라사대"
※고린도후서 12장 3절
"내가 이런 사람을 아노니(그가 몸 안에 있었는지 몸 밖에 있었는지 나는 모르거니와 하나님은 아시느니라)"
※데살로니가후서 2장 4절
"저는 대적하는 자라 범사에 일컫는 하나님이나 숭배함을 받는 자 위에 뛰어나 자존하여 하나님 성전에 앉아 자기를 보여 하나님이라 하느니라"
※데살로니가후서 1장 11-12절
11절 "이러므로 우리도 항상 너희를 위하여 기도함은 우리 하나님이 너희를 그 부르심에 합당한 자로 여기시고 모든 선을 기뻐함과 믿음의 역사를 능력으로 이루게 하시고"
12절 "우리 하나님과 주 예수 그리스도의 은혜대로 우리 주 예수의 이름이 너희 가운데서 영광을 얻으시고 너희도 그 안에서 영광을 얻게 하려 함이니라"

현대의 개혁 교회는 현대의 세속문화를 기독교문화의 근거인 성경과 성령 안에서 신앙과 진리 안에서 생명과 능력으로 변화시켜서 성경적이고 진리적이고 새롭고 아름답고 영광된 것으로 이끌어 나가야 한다. 그런데 위와 반대로 개혁교회와 기타 교회가 그 더럽고 가증하고 죄악된 세속문화에 동화되어 타락되는 제2 에덴과 분열왕국시대로 나아가지 않는가!

우리는 Thomas Aguinas의 "그리스도를 본받아"야 하고, 교역자는 Richard Baxter의 "참 목자상"이 되고, 한국의 교인들과 교회가 사도행전 10장에 "가이사랴 고넬로"의 가정과 성령의 충만함을 받은 교인과 교회이다. 우리는 삼보능자의 "길은 여기에" 있는 것이다.

4. 행함과 생활의 기본적인 어의

한글의 어의는 그 행함과 생활은 "배우고, 익히고, 행하는 것"으로 되어 있으나, 히브리어는 למד(라마드)로 그 뜻은 "습관화하다", "생활화되다", 또는 "완전히 관습화되었다"는 것이다. 우리의 신앙생활은 의식적인 면도 있으나, 무의식적으로도 일과 생활이 행해져야 한다(렘 2:24, 9:4, 10:2). 그것은 훈련과 연단을 통하여 되어지는데 하나님께서 모세를 통하여 이스라엘 자손에게 말씀하셨다. 이스라엘 자손의 광야의 40년 생활이 마치 독수리가 그 새끼를 연단함과 같이 연단했다고 했다(신 32:10-12). 그 뿐만 아니라 신앙의 조상인 아브라함과 이삭과 야곱만 아니라 이스라엘 자손도 그러하고 그 대표적인 인물이 욥이다(욥 28:7, 39:26-28). 사사기 3장 31절에서는 מלמד(마레마드)를 역대기상 25장 8절에서는 תלמיד(타레미드)를 사용하여 제자로 훈련하심이다.

그것이 신약에서는 μαθytής(마데티스)로 제자로 삼아서 신앙과 진리와 영적이고 능력을 키워 세우심인데 예수께서 자기의 제자들에게 행하신 것이다(마 5:1, 8:21-25, 9:10-14, 19, 37, 10:1…, 요 6:61-66, 7:3, 8:31, 9:2…). 그 동사는 μαθήτρια(마데트리아)이다. 그래서 야고보가 1장 2-4절에 "내 형제들아 너희가 여러 가지 시험을 당하거든 온전히 기쁘게 여기라 이는 너희의 믿음의 시련이 인내를 만들어 내는 줄을 너희가 앎이라 인내를 온전히 이루라 이는 너희로 온전하고 구비하여 조금도 부족함이 없게 하려 함이니라"고 했고, 히브리서 12장 5절 이하에서 아버지가 자기의 자식을 단련하심 같이 주께서 사랑하는 자들을 단련하신다고 했다.

5. 성도의 행위와 생활의 시련

우리 성도의 행위와 생활의 평가는 시련이다. 하나님은 우리 성도들의 행위와 생활을 창세기 22장 1절 이하에서 아브라함을 "시험하신 것"과 같이 시험하시며, 이스라엘 자손을 "시련과 연단하신 것"과 같이 연단하신다(신 32:10-12, 욥 39:26-). 그래서 히브리 12장 1-13절에 "부모가 자식을 연단함과 같이 하나님께서 자기의 자녀의 성도들에게 연단하시고 크게 세우신다." 그 사실은 종교개혁자들인 마틴 루터와 죤 칼빈에게서도 찾아 볼 수 있는데 "루터와 칼빈이 말하는 참 신앙의 삼중주"(기도, 묵상, 시련 중에서)에서93)

1) 시련을 겪는 행위와 생활

그리스도인이 이 땅에 사는 한 믿음은 시련을 동반합니다. 루터는 시련이 전혀 없는 것 그것이 가장 큰 시련이라고 말했습니다. 잘 알려진 것처럼 루터는 영적 성숙의 과정에서 믿음이 자라고 확신에 이르게 하는 영적 투쟁에 중요한 자리를 부여했습니다. 그 투쟁을 알지 못한다면 어떻게 믿음을 소유할 수 있으며 또 승리를 확신할 수 있겠습니까?

루터와 같은 사람에게 귀를 기울이는 것은 지혜로운 일입니다. 루터는 아마 루터 전후 세대에서 찾아보기 드물게 시련을 알았던 사람입니다. 그 시대 사람들은 루터를 참된 신학자로 불렀습니다. 그러나 루터의 대적자들은 루터의 시련을 루터가 특별한 방법으로 마귀와 관련을 맺고 있다는 것을 보여 주는 하나의 증표로 여겼습니다. 또 이런 투쟁을 아주 부정적 방법으로 평가했습니다. 그리고 루터의 고생과 의심을 죄와 은혜에 대한 루터의 개념들과 연관시켰습니다. 대적자들이 보기에는 루터가 죄와 은혜를 너무 쉽게 생각했던 것입니다. 그래서 루터가 마귀의 희생양이 쉽게 된 것이라고 보았습니다. 의심의 여지없이 루터의 강력한 투쟁은 루터의 강인한 성격과 성장 배경과 관련 있었고, 당시 일반적으로 받아들이던 견해인 어둠의 영들이 인생에 영향을 미치는 힘과도 연관이 있었습니다.

아마 오늘날 사람들은 루터를 설명할 때 이전보다 더 심리적 영향인 부자 관계에서 설명하려 할 것입니다. 그러나 사람들이 이런 방법으로 모든 것을 설명하려는 것은 너무 지나친 일입니다. 우선 루터는 여러

---

93) 발렘 판엇 스페이거로 지음, 황대우 옮김, 그 책의 사람들, 2013, PP.156-256

면에서 당대 사람들이 가질 수 있는 모습들을 지니고 있었을 뿐만 아니라 은혜로 구원받은 하나님의 자녀라는 특징을 더 많이 드러내기도 했습니다. 설령 루터와 아버지 사이의 관계가 여러 면에서 성격에 어떤 흔적을 남겼을지라도 루터에게 미친 영향은 이 땅의 아버지보다 하늘의 아버지에 대한 믿음의 힘이 훨씬 더 강력했습니다.

루터에게 시련은 바로 이 점에서 가장 강력한 것이었습니다. 루터는 믿음과 구원의 개인적 사유화라는 부분에서 멈추어 섰습니다. 루터가 직면한 저항할 수 없는 문제는 하나님께서 죄인들을 부르실 때 그분이 실제로 루터 자신을 부르신다는 것을 의미하는 것입니다. 왜냐하면 하나님의 은혜로운 선택이 루터 자신을 위한 것이 아니었다면 루터는 하나님을 배워 알려는 자신의 노력을 그만두었을 수도 있기 때문입니다. 루터는 이것을 영원한 섭리 가운데 높은 수준의 시련이라고 불렀습니다.

우리는 이것을 은혜로운 선택에 대한 시련이라고 부릅니다. 우리는 차후에 루터가 어떤 방법으로 이 시련을 극복했는가를 보려고 합니다. 지금 여기서 지적하고자 하는 단순한 사실은 그리스도인이 겪는 이런 시련을 다루는 글이 희귀해졌다는 점입니다.

● 영적 장성함?

우리가 오늘날 시련에 대해 거의 들을 수 없게 된 것은 영적 장성함의 표시거나 아니면 실제 영적 신앙생활에 결핍이 나타나는 증상일 것입니다. 오늘날 교회 환경은 여러 면에서 영적 투쟁과 같은 그런 환경들이 드러나도록 자극하지 않습니다. 우리는 어려움 없이 살아가는 사람들을 알고 있습니다. 그 배후에는 지극히 개인적 신앙 경험을 서로 나눌 여지를 주지 않는 교회의 견해가 숨겨져 있을 수 있습니다. 사람들은 교회 공동체의 군중 속에 받아들여집니다. 그리고 이들은 근본적인 존재 이유도 알지 못한 채 그냥 살아가는 것입니다. 이런 교회생활의 근거에는 시련을 당하고 투쟁하는 영혼들에게 아무것도 주지 않는 교회관이 자리 잡고 있습니다. 분명한 것은 시간이 지남에 따라 그런 교회생활이 내적 능력을 상실하게 된다는 점입니다. 전체를 유지하는 것은 그것이 어떤 종류의 중요성을 지녔든 간에 외적 제도들을 통해서 입니다.

이런 양상들은 이유 없이 나타난 것이 아닙니다. 이것들은 사물에 대한 통찰력, 이성적 작업에 높은 위치를 부여하는 신학적 환경에 달려 있었습니다. 신학의 목적은 모든 종류의 의심을 제거하는 것입니다. 신학은 이성적 확실성과 상존할 수 없었습니다. 신학은 그 의심을 극복하기 위한 것이었습니다.

그러나 오늘날 우리는 종교개혁에서 얼마나 멀리 떨어져 있습니까? 그리고 비록 신자들이 모든 것을 주님께 맡김에도 오늘날 우리는 성경이 시련을 당하고 투쟁하는 신자에 대해 묘사하는 것에서 얼마나 먼 거리감을 느끼고 있습니까?

종교개혁의 확실성과 시련을 저는 아직 말하지 않았습니다. 단지 시편을 말했을 뿐입니다. 투쟁과 떠남과 시련을 말하는 성경의 노래들 그리고 주님의 성도들에게 가장 사랑 받는 성경의 노래들은 이유없이 거저 있는 것이 아닙니다. 예를 들면 시편 42편, 43편, 73편, 138편을 열거할 수 있습니다. 이외에도 아주 많은 다른 노래들이 은혜의 깊은 어조를 드러내 줍니다. 왜냐하면 이런 시편은 고난이다. 지난 다음에 기록한 것이 아니라 엄청난 고난을 경험하는 중에 태어났기 때문입니다. 시편은 환난의 한 가운데 있는 인생을 증거하고 마음의 투쟁 가운데 있는 평화를 증거하며 바로 그 시련 속에서 깨닫게 되는 확신을 증거합니다.

혹 우리가 성경에 합당한 이 경건의 요소들을 잃어버린 것은 아닙니까? 믿음의 이런 측면을 살펴보는 것은 지혜로운 일입니다. 시련을 겪는 믿음은 하나님의 영광을 위해 더욱더 확실히 새 노래를 부르도록 예정된 것입니다.

2) 믿음의 시금석

만일 루터가 믿음의 시련이라는 깊은 골짜기를 지나지 않았더라면 개혁자가 될 수 없었을 것입니다. 그러므로 루터가 시련을 참된 믿음을 판단하는 빼놓을 수 없는 척도로 여기는 것은 놀라운 일이 아닙니다.

루터는 한 걸음 더 나아가 시련을 참된 믿음의 시금석으로 부릅니다.

"시련은 우리에게 모든 지혜보다 더 지혜로운 하나님의 말씀이 얼마나 바르고 진실하며 달콤하고 사랑스럽고 또한 얼마나 강력하며 위로가 가득한 것인지를 알려 주고 깨닫게 할 뿐만 아니라 경험하게 해 줍니다."

시련은 믿음의 진정성을 밝혀 줍니다. 하나님을 신뢰함이 참되게 드러나야만 하는 것입니다.

그럼에도 인상적인 것은 루터가 시련을 다르게 표현한다는 것입니다. 루터는 시련 가운데 드러나는 우리 자신의 믿음의 진정성이나 진실함을 논하고자 하는 것이 아닙니다. 오히려 시련을 하나님 말씀의 신실함이라 부릅니다. 그 말씀이야말로 올바른 자리에서 씨름하는 신자를 돕고 지켜 주기 때문입니다.

여기서 우리는 루터가 1539년에 출판한 작품집의 첫 권의 연설문을 살펴볼 필요가 있습니다. 참으로 숙지할 필요가 있는 그 연설문에서 우리는 루터의 유명한 말을 세 가지 볼 수 있습니다. 첫째는 기도입니다. 그 다음으로는 하나님의 말씀에 대한 숙고 즉 묵상인데, 이를 통해 하나님의 말씀이 우리 자신의 것이 됩니다. 우리는 묵상을 통해 말씀을 되새김질합니다. 셋째는 시련입니다. 시련은 믿음의 시금석입니다. 우리를 하나님의 말씀에 묶어 두는 아주 강력한 끈이기 때문입니다.

● 마귀가 참된 박사를 만든다.

루터는 이것에 대해 다음과 같이 기록하고 있습니다.

"그러므로 당신은 다윗이 시편 119편에서 모든 대적, 분노하는 영주들이나 독재자들에 대해, 다윗을 고통에 빠트린 거짓 영들과 분파들에 대해 얼마나 자주 탄식하는지 살펴보십시오. 또한 다윗이 그런 중에도 어떻게 묵상하는지 즉 말한 것처럼 다윗이 가능한 모든 방법으로 하나님의 말씀과 교제하고 있는지 살펴보십시오. 당신이 하나님의 말씀을 더 많이 묵상하면 할수록 마귀는 당신을 더욱 괴롭힐 것입니다. 또한 당신을 진짜 박사(성경교사)로 만들 것이며 시험을 통해 말씀을 잡고 사랑하도록 가르칠 것입니다. 이런 점에서 사실 저 자신도(쥐똥과 같은 저 자신이 값비싼 후추와 더불어 섞이게 해 주소서) 교황들에게 정말 감사해야 할 일이 많습니다. 왜냐하면 교황들은 악마의 분노를 사용하여 나를 낙담하도록 궁지로 몰았고 불안에 떨게 했기 때문입니다. 즉 교황들이 저를 매우 탁월한 신학자가 될 수 없었을 것입니다. 또한 반대로 교황들이 저를 위해 수고한 것에 대한 보답으로 저는 진심으로 아낌없이 교황들에게 영광과 승리를 돌립니다. 왜냐하면 이런 방법으로 교황들은 영광과 승리를 얻고 싶어 했기 때문입니다."

이 인용문은 교훈적입니다. 시련을 통해 루터의 믿음은 견고해졌습니다. 그러나 루터는 이것을 다르게 표현합니다. 즉 하나님의 말씀이 자신을 굳건히 붙들기 위해 찾아온 것이라고 표현합니다. 루터는 말씀을 신뢰하는 법을 배웠습니다. 마귀가 루터를 대적하면 할수록 더 큰 힘으로 루터는 자신을 하나님의 말씀에 붙들어 매었습니다. 어둠의 주관자의 의도와는 반대로 루터는 성경에 따라 좌우되었던 것입니다. 이런 방법으로 루터는 은혜와 진리, 신실함, 하나님 말씀의 달콤함을 배우게 되었습니다.

시편은 우리로 하여금 믿음의 뿌리를 성경에 두게 합니다. 성경은 우리에게 사랑스러운 것, 힘이 있고 위로가 넘치는 것이 됩니다.

● 참된 신학자

우리는 여기서 또한 루터의 신학 개념을 알 수 있습니다. 의심의 여지없이 루터는 기독교의 뛰어난 신학자입니다. 그러나 참된 신학이 무엇인지에 대한 루터의 개념은 이것을 평가하는 현대 관점들 때문에 너무 다르게 나타납니다. 오늘날 신학은 일반 신자에게는 거의 접근 불가능한 것이 되어 버렸습니다. 현대 신학은 철학적 이해가 매우 중요한 부분으로서 구성되는데, 대부분은 일반 신자들의 이해를 넘어서는 것입니다.

종교개혁은 이른바 성직자라 불리는 자들의 지배에서 우리를 해방했습니다. 또한 독재적 지배 구조를 물리친 것입니다. 그러나 오늘날 우리 시대는 그 자리에 신학자의 지배가 대신하고 있는지도 모릅니다. "실제로 신학을 공부한 사람이 누구란 말인가?" 하고 여기저기서 교인에게 힐문하는 오만한 신학자가 있다면 이것이 교만함의 표지, 지배욕의 상징이 아니고 무엇이겠습니까? 이런 교만과 지배욕은 주님의 유산을 독점하려는 것과 같은 위험한 시도입니다. 종교개혁은 바로 이 같은 지배에서 교회를 구출해 낸 것입니다.

루터의 신학은 분명 현대 신학과는 다릅니다. 루터의 글은 "도대체 무슨 의도로 쓴 것인가?" 하는 의문 없이 읽을 수 있을 정도로 쉽습니다. 어려운 소논문이 몇 개 있기는 합니다. 하지만 루터가 기록한 글은 대부분 일반 신자들이 쉽게 접근할 수 있습니다. 루터는 접근의 용이성에 관심을 기울였습니다. 그래서 일반 신자들의 언어를 사용했습니다. 또한 신자들의 시련을 알고 있었습니다. 자신도 시련을 경험했기 때문입니다. 그런 신자들의 그룹 내부에서 루터는 자신의 신학을 펼쳤습니다. 그래서 루터의 신학은 쉽게 이해할 수 있는 것입니다. 루터가 쓴 것은 여전히 호소력이 있습니다. 특히 시련에 대한 글은 많은 사람이 즐겨 듣기 원하는 것입니다. 거기에는 경험과 일치하는 것이 있는데 현대 신학에서는 배우기 어려운 것입니다. 참된 신학은 경험으로 훈련됩니다. 그것은 결국 이 세상의 한가운데서 믿음의 견고함을 배워야만 하는 참된 신자에게도 마찬가지입니다.

● 성경으로 훈련하기

우리는 여기서 성경의 권위에 대한 종교개혁의 힘 있는 개념을 생각하고자 합니다. 성경의 권위를 무너뜨린 과학적 방법이 후대에 발전했습니다. 오늘날 우리는 성경비평 즉 성경을 대하는 과학적 방법을 자주

들습니다. 이런 사고방식은 계몽사상의 원숙한 열매입니다. 또한 아주 잘 알려진 것처럼 계몽시대의 관점으로 보자면 루터의 개혁은 불완전한 것이라는 비난을 받게 됩니다. 루터는 교황의 권위에 대항하여 싸웠고 결국 제거했습니다. 그러나 계몽시대의 사람들이 성경을 종이 교황으로 불렀고 그런 관점에서 사람들이 종교개혁을 종이 교황의 승리로 간주한 것을 루터가 어떻게 알 수 있었겠습니까!

우리 시대의 연구를 통해 루터와 같은 견해가 이전의 개혁신학자들 가운데서도 아주 강력했다는 것을 알 수 있습니다. 사람들은 루터가 근본주의자였다고 말하지는 않지만 실제로는 그렇다고 생각합니다. 오늘날 믿음에서 나오는 확고함이 모두 사라진 것은 놀라운 일이 아닙니다. 사람들은 이 마지막 장애물을 치워 버렸다고 우쭐댑니다. 그렇다면 시련을 견디기 위해 사람들이 아직 가지고 있는 수단이란 어떤 것입니까?

루터는 시련 가운데서 자신의 믿음을 위한 힘을 성경에서 얻었습니다. 성경은 루터에게 직접적 권위가 있었습니다. 루터는 성경에 자신을 맡겼습니다. 그런 방식으로 말씀의 권위는 확고하게 세워졌고 따라서 믿음이 굳건하게 서게 되었습니다.

● 또한 열광주의자들에 대항하여

로마 교회가 성경의 자리에 교회의 권위를 올려놓았기 때문에 루터가 단지 로마 교회에 대항해서만 치열한 싸움을 한 것이 아니라는 것을 우리는 또한 이해할 수 있습니다. 루터는 열광주의자들에 대해서도 똑같이 치열한 싸움을 했습니다. 열광주의자들은 다른 방법으로 말씀의 권위를 격하했습니다. 열광주의자들은 성령에 호소함으로써 말씀의 권위를 의심스럽게 만들었습니다. 자신의 경험에 근거한 모든 종교는 말씀의 권위를 상실하게 됩니다. 그렇게 되면 시련은 또한 더는 참된 의미를 부여받지 못하게 됩니다.

루터는 열광주의자들에 대항해서도 동일하게 성경에 호소했습니다.

누구든지 성경을 잃게 되면 투쟁과 시련에서 손에 갖출 무기를 갖지 못하는 것입니다.

　루터가 무엇보다도 먼저 가르치는 것은 우리가 시련 가운데서 하나님 말씀의 능력 있는 확실성을 자신의 지혜나 통찰력 또는 자신의 경험과 체험으로 바꿀 때 실제 위험이 따른다는 것입니다.

　시련 가운데서 우리가 배워야 하는 것은 단지 종교개혁 기념일에만 다음과 같은 노래를 불러서는 안 된다는 점입니다. "하나님의 말씀은 영원합니다. 한 치의 양보도 없을 것입니다".

3) 시련은 필연이다

　루터는 자신의 작품 중 여러 곳에서 시련이 자신을 어떻게 형성했는지 기술합니다. 그러나 사람들은 루터 자신이 의도적으로 그렇게 한 것으로 생각하지 않을지도 모릅니다. 그렇게 생각하기에는 그 내용이 너무 과격합니다. 아무도 지옥에 대한 두려움을 스스로 찾지는 않을 것입니다. 만약 지옥에 대한 두려움이 찾아온다면 싸움과 시련은 이미 시작된 것입니다.

　루터는 자신이 작성한 면죄부에 대한 95개 조항의 설명문에서 싸움과 시련을 보여 줍니다. 알려진 것처럼 루터의 주장은 논쟁을 불러일으키기 위해 의도한 것입니다. 이 사건을 통해 종교개혁의 돌파구를 마련할 수 있었습니다. 그 배후의 동기는 목회를 위한 것이었습니다. 그렇다면 종교개혁은 참된 목회를 수행하려는 소원에서 비롯된 것이라고 말할 수 있습니다.

　95개 조항에는 연옥의 의미가 등장합니다. 연옥에서 영혼은 반드시 정화되어야 하며 상당한 고통이 따르게 됩니다. 루터는 여기서 죽음 이후에도 정화가 필요하다는 견해를 완전히 거부하는 단계로까지 나아가지는 않습니다. 단지 루터의 생각은 이 땅에서 이미 경험한 고통과 싸움을 회상하게 한다는 정도였습니다.

　여기 이 땅에서 하나님을 두려워하는 것은 마치 지옥에 떨어지는 것과 같은 느낌을 말합니다. 이런 경각심은 절망에 대한 두려움과 유사합니다. 즉 용기를 잃어버리는 것, 모든 것이 자신에게서 등을 돌리는 것 그리고 자신이 하나님을 완전히 떠나 있다고 느끼는 것입니다.

이런 영혼의 경각심은 루터에게 영혼을 정화하는 불입니다. 연옥의 불과 다른 점은 단지 그것이 짧은 순간이라는 사실입니다. 하지만 이 짧은 순간에 우리의 영원함의 전부가 달려 있습니다.

● 나는 한 사람을 알고 있다.

루터는 이 격렬한 시련을 단호하게 묘사했습니다. 마치 바울처럼 루터 역시 자신의 이야기를 다른 사람에 대해 말하듯이 이야기 합니다.

제가 알고 있는 한 사람은 자신이 이런 벌을 자주 당했다고 증언했습니다. 그 벌은 분명 단지 잠깐 주어진 것이었음에도 아주 무겁고 지옥 같은 것이었는데 말로나 글로는 도무지 표현할 길이 없습니다. 그 벌이 가장 높은 단계에 이르게 되면 단지 삼십 분 아니 단지 육 분만 흘러도 그 사람은 땅에 완전히 주저앉을 수밖에 없고 모든 뼈는 재로 소멸해 버린다는 것을 경험해 보지 않은 사람은 결코 믿을 수 없을 것입니다.

여기서 끔찍스러운 진노의 하나님이 등장하시고 동시에 그 분과 함께 모든 창조물도 등장합니다. 사람은 피할 수 없습니다. 안팎으로 위로는 전혀 없으며 만물이 우리 죄악을 고발합니다. 이때 우리는 눈물 흘리며 이 구절을 외칩니다. "내가 주의 목전에서 끊어졌나이다"(시 31:22 참고). 이 순간에는 단 한 번만 이것을 외치는 것이 아닙니다. "여호와여 주의 분노로 나를 책망하지 마옵소서"(시 6:1 참고). 이 순간 그 영혼은 단지 아직 완전한 벌을 느끼지 않았음에도 자신이 구원받을 수 있다는 것을 믿을 수 없습니다. 이것은 주목해 볼 필요가 있습니다. 왜냐하면 완전한 벌은 영원한 것이고 영혼은 그 벌을 일시적으로 받고 마는 것이 아니기 때문입니다. 단지 남아 있는 것이라고는 도움을 바라는 단순한 기대와 엄청난 한숨뿐입니다. 그러나 영혼은 자신의 도움이 어디서 오는지 알지 못합니다. 영혼은 마치 그리스도께서 십자가에 달리신 것처럼 넓게 펼쳐져 자신의 모든 뼈를 셀 수 있고 쓰디쓴 비통함과 경악과 전율과 슬픔으로 채워지지 않는 곳이라고는 하나도 없는 상태고 나아가 이 모든 것은 영원토록 계속됩니다.

어쨌든 비교하자면 이렇습니다. 즉 총알이 직선을 그리며 날아갈 때 총알을 따라가는 각 점은 그 선을 따르지만 그 총알 전체를 포함할 수는 없습니다. 영혼에게도 그러합니다. 왜냐하면 자신을 지나가는 영원한 파도가 엄습할 때 그 영혼은 다름 아닌 바로 영원한 징벌을 경험하고 마시게 되겠지만 이 영원한 징벌이 머물지 않고 영혼을 지나쳐 가기 때문입니다.

● 성장과 변화

루터의 경험에 대한 이런 감동적인 묘사는 루터가 면죄부에 대한 논문을 발표한 이후에 이런 것들을 어떻게 체험했는지 보여 줍니다. 루터와 비교할 때 우리는 시련을 반드시 견뎌 내야 한다는 것을 종종 잊어버립니다. 그래서 루터를 이해하기란 거의 불가능해집니다.

루터 자신도 역시 아우구스티누스에 대한 글을 쓰면서도 아우구스티누스의 경험을 개인적으로 몰랐던 적이 있었다고 인정했습니다. 루터는 아우구스티누스에 대해 읽었으나 모든 점에서 이해할 수는 없었습니다.

루터의 시련에 대한 이 같은 글을 살필 때 우리도 그런 것을 경험합니다. 우리는 이렇게 생각할지도 모릅니다. "그러나 그것은 여전히 중세 루터의 입장이며 점차 사라져 가야만 하는 유물이다". 루터는 거의 물리적 방식으로 마귀와 싸웠습니다. 그리고 마귀를 방에서 쫓아내었고 잉크병으로 대적했습니다. 물론 이것이 의미하는 것은 상징적입니다. 루터는 진실로 마귀와 대항하는 싸움을 잉크에 적신 펜으로 수행했기 때문입니다. 그러나 싸움을 위해 사용한 펜과 잉크는 반물질적인 것이라는 점 또한 인정해야 합니다. 루터는 전 생애에 걸쳐 수많은 시련을 겪었습니다. 그러나 거기에는 성장이 있었고 어떤 변화가 일어났습니다. 중세 경건 서적들에서 볼 수 있는 이런 경험들이 초기에 있었기 때문에 나중에 순수한 개혁적 요소가 그 시련을 겪게 되고 결국 그 시련 가운데 승리하게 된 것이라고 저는 생각합니다.

● 변화했지만 여전히 남아 있는 것

루터에게 시련은 긍정적 의미가 있었습니다. 먼저 믿음의 훈련에 대한 견해가 시련 때문에 아주 강한 영향을 받았습니다. 묵상의 요소가 루터에게 그렇게 강력했던 적은 없었습니다. 그러나 시련은 시간이 흐를수록 차츰 사라졌습니다. 시련은 루터의 신학을 하나님에 대한 사고 이상의 실제적인 것으로 만들어 주었습니다. 루터가 만난 것은 진노하시며 분노하시는 하나님입니다. 그런 하나님을 대면하지 못했더라면 호의적이시고 자비로우신 하나님을 만나지 못했을 것입니다. 이런 경험들은 루터의 신학이 참되다는 것을 확증했습니다.

사람들은 루터의 글을 읽을 때마다 항상 루터에게 동참하고 있다는 것을 경험합니다. 루터는 시간상 우리에게서 멀리 떨어져 있지만 같은 문제의식을 느끼는 것은 동일합니다.

루터는 경험한다는 것 즉 체험이 무엇인지 압니다. 그러나 회개와 믿음을 절대적 통로로 조직화한 것은 아닙니다. 루터에게 체험이란 항상 싸움과 승리의 표식이요 깊고도 더욱 깊은 하나님을 아는 지식의 표식입니다. 하나님을 아는 지식이란 특별히 고난 가운데 주님의 은혜와 도움을 놀랍도록 경험하는 것과 연관됩니다.

두 번째 변화 즉 루터에게서 일어났고 또한 우리가 종교개혁이라는 사건의 진행 과정으로 여기는 두 번째 변화는 더욱 강하게 그리스도를 지향하는 것입니다. 그것은 성경을 읽고 이해하기 위해 요구되는 일입니다. 그것은 해석학의 문제였다고 오늘날 사람들은 말할 것입니다. 우리는 그것을 특별히 성경에서 그리스도를 발견하는 것이라고 생각합니다. 루터는 시편에서 십자가에 달리시고 시련을 겪으신 그리스도를 찾고 발견합니다. 그리스도와 나누는 교제는 가장 깊은 것이요 루터를 인생의 괴로움 중심부에서 구원한 것입니다. 시련은 루터를 그리스도께로 몰고 갔던 것입니다.

4) 하나님의 은혜와 시련

루터는 학생들과 지인들에게 자신의 시련을 자주 말했습니다. 루터는 『탁상담화』(크리스챤다이제스트 역간)에서 자신이 경험한 가장 큰 싸움 가운데 하나를 소개하는데, 그것은 1531년에 하나님께서 죄인들의 원수라고 하면서 마귀가 루터를 시험했던 것입니다. 하나님께서는 죄인들을 미워하신다고 하면서 마귀는 거기에다 "너도 죄인이야! 그러므로 하나님께서는 너 역시 미워하시는 거야!"라고 첨가했습니다. 이것은 단순한 방식의 추론이었습니다. 먼저 일반적 명제가 있고 뒤이어 특별한 선고가 뒤따릅니다. 그래서 결론이 납니다. 그것은 다름 아닌 첫 번째 일반적 선언의 연역적 추론입니다. 루터는 이렇게 말합니다.

"한 사람이 겪는 시련은 다른 사람이 겪는 것과는 다릅니다. 마귀는 제가 어렸을 때 저지른 죄들 예컨대 제가 잘못한 것 그리고 제가 하나님의 아들을 제물로 바치고 죽이고 그것으로 모독한 것 등을 들추어내어 저를 비난하지 않습니다".

5) 얍복 강가의 야곱

칼빈은 창세기 32장의 주석에서 야곱이 약속의 땅에 들어가기 전에 하나님과 더불어 투쟁한 것에 주목했습니다. 이 영적 씨름의 역사에서 칼빈이 가장 먼저 본 것은 그 씨름이 야곱에게 유익한 경험이었다는 점입니다. 야곱은 자신에게 더 많은 투쟁이 기다리고 있음을 알아야 했습니다.

특히 야곱은 신자가 소멸될 지상의 인생에서 견뎌야 할 시험의 한 예가 될 것입니다. 칼빈은 이 역사를 사탄이나 사람이 우리를 대항하는 표시로만 여기지 않았습니다.

하나님께서는 친히 우리를 그 싸움에 개입하게 하십니다. 하나님께서 우리의 믿음을 검증하신다는 것을 알아야만 합니다. 시련을 당할 때 우리는 참으로 자주 하나님과 씨름해야 합니다. 이것은 우리가 하나님의 명령하에 싸워야 하기 때문만은 아닙니다. 하나님께서 스스로 우리의 상대자로 경기장에 내려오셔서 우리의 힘을 조사하십니다. 우습게 보이지만 우리의 경험과 이성과 지성은 그것이 사실이라는 것을 인정합니다.

결국 우리의 모든 행복은 하나님의 은혜에서 나옵니다. 그러나 우리의 역경은 우리의 죄를 징계하시는 하나님의 채찍입니다. 여기서 동시에 우리의 믿음과 인내가 드러납니다. 하나님께서 시련을 통해 자기 백성을 검증하시지 않는 시련이란 하나도 없습니다. 그러므로 우리가 하나님 자신의 손을 붙잡고 씨름한다는 비유가 눈에 띄는 것입니다.

칼빈에 따르면 우리가 야곱에게서 보는 그 시련은 교회의 지체들이 삶에서 매일 겪는 것입니다. 교회의 지체들은 시련 가운데서 하나님 자신과 투쟁해야 합니다.

그러면 사탄의 시험은 어떻습니까? 사탄의 시험은 완전히 다른 성격입니다. 우리를 하나님께로부터 떼어 놓으려 합니다. 그러나 하나님께서는 친히 십자가와 시련의 유일한 저자가 되십니다. 이사야 45장 7절에서 읽을 수 있듯이, 오직 그분만 빛과 어둠을 창조하십니다. 그러므로 그분께서 우리의 믿음을 검증하시는 한 이것을 연단이라 부릅니다.

여기서 칼빈이 특별히 생각하는 것은 신자들이 역경의 때에 견뎌야 하는 연단입니다. 그래서 칼빈의 시련이 얼핏 보기에는 루터의 시련과 약간 다르게 보이는 것입니다.

루터는 본문을 근거로 그 치열한 투쟁을 다음과 같이 묘사합니다. 즉 "마치 사람의 생명을 빼앗기라도 하실 것처럼 하나님께서 친히 싸움에 나서서 적개심으로 싸우십니다. 그런 투쟁에서 승리하여 살아남으려는 사람은 참으로 거룩하고 의로운 사람이어야 합니다". 루터에게 이것은 절망의 시련이며, 이 때문에 육신의 고통과 공포가 점점 더 중대했습니다. 이때 슬픔에 잠긴 마음은 하나님께로부터 버림받고 유기되었다고 탄식합니다. 루터가 말한 바로는 이것은 가장 거룩한 사람들만이 겪게 되는 시련이며 이들은 주님께서 얼마나 선하신지 그 달콤함을 맛본 사람들입니다. 그리고 이런 투쟁을 모르는 사람들도 있는데 이것을 부정할 필요는 없다는 것입니다. 칼빈은 그 본문이 모든 성도를 위한 가르침을 포함한다고 말하지만 루터는 단지 신적 위로의 부요를 아는 사람들, 즉 가장 거룩한 사람들만 이런 심각한 신적 시련을 어느 정도 알게 된다고 말합니다.

루터가 특히 이런 씨름의 영적 측면을 말하는 반면에 칼빈은 그 씨름이 자신의 역경과 연단의 삶 속에서 수행되는 측면을 봅니다. 이것을 서로 대조하지 말아야 한다고 생각합니다. 이 주제는 칼빈보다는 루터 편에서 훨씬 더 직접적입니다. 이런 의미에서 변화를 말할 수 있습니다. 칼빈에게 확고한 것은 하나님께서 모든 것을 인도하시고 지도하신다는 점입니다. 또한 역경조차 그분의 손에서 나옵니다. 하나님께서는 역경을 통해 자신의 백성을 징계하시는데, 이런 방법으로 백성을 시험하시고 참된 믿음을 논할 수 있는지 보시기 위해 그렇게 하신다는 것입니다.

여기서 한 걸음 더 나아가 시련은 평범한 것 즉 특별한 것이 아니라 일반적인 것이 되어 버렸습니다. 그래서 시련은 이미 시련 자체가 가지고 있는 격렬함이라는 특성조차 어느 정도 잃어버리게 되었습니다. 그래서 사람들 대부분이 겪는 시련이란 격렬함을 상실한 일반적인 것들이 됨으로써 사람들이 감당하는 시련은 어떤 방법으로든지 경건한 사람들이 감당했던 것보다 훨씬 더 감당하기 쉬운 것이 되었습니다.

●투쟁을 어떻게 극복할 것인가

문제는 경주자인 신자가 하나님과 겨루어 어떻게 승리할 수 있는가 하는 점입니다. 어떻게 사람이 적대자가 되신 하나님을 막아 낼 수 있습니까? 모든 육체는 하나님의 입김에 사라져 버리고 산들이 하나님의 면전에서 녹아내리고 하나님의 음성은 온 세상을 진동하게 합니다.

5. 성도의 행위와 생활의 시련. 403

  사람이 그분을 상대로 심지어 가장 작은 투쟁을 벌인다 할지라도 그것은 아주 대단한 용기일 것입니다. 칼빈은 이 문제에 대해 간단한 해결책을 말합니다.

  "우리는 그분과 싸울 때 단지 그분 자신의 힘과 무기들로만 싸우는 것입니다. 그분이 우리를 싸움에 불러들이시는 그 순간 동시에 어떻게 저항해야 하는지도 우리에게 가르쳐 주십니다. 그래서 그분은 우리를 상대로 싸우시고 또한 우리를 위해 싸우십니다. 그렇게 될 경우 이 싸움의 양상은 그분이 한손으로 공격하시고 다른 손으로 막으시는 것과 같습니다. 그렇습니다. 심지어 그분이 우리에게 저항할 수 있는 더 큰 힘을 주시기 때문에 그분이 우리와 싸우시는 날에 자신의 왼손으로 우리를 대적하여 싸우시지만 동시에 자신의 오른손으로는 우리를 위해 싸우신다고 말하는 것은 정당합니다. 상대편에 계신 그분이 너무 쉽게 무적의 힘을 주시기 때문에 우리가 더 강해지는 것입니다."

  칼빈은 시련이라는 사건 전체를 나눔 즉 하나님 안에 있는 힘의 정당한 분배로 환원합니다. 그분의 오른손은 강하게 하시는 손이고 왼손은 징계하시는 손입니다. 그래서 우리가 하나님의 힘으로 하나님 자신을 이기는 것입니다. 칼빈의 표현은 최소한 이런 의미를 내포하고 있습니다. 그러나 우리가 알아야 하는 것은 하나님께서 스스로 상처를 입으시는 분이 아니시라는 사실입니다. 하나님의 완전무결하심은 칼빈에게 흔들림이 없이 확고한 것입니다. 하나님께서는 변함없이 거룩하고 정결한 하나님으로 계십니다. 이 말에 이해하기 어려운 것이 있다는 것 또한 사실입니다. 그러나 하나님께서 우리와 교제하시는 방법을 단순한 방법으로 논하지 않는다면 이런 것들을 표현하는 것이 불가능합니다.

  "이런 표현 방식이 이해하기 어려운 것임에도 실제 당면하게 되면 그 난해함은 간단하게 줄어듭니다". 분명한 사실은 칼빈 스스로 시련의 실제가 때때로 시편의 신학과는 달리 전개된다는 것을 인식하고 있었다는 것입니다. 시련의 신학에서 시련은 로스(S.O.Los)가 "나눔"이라는 단어를 "역할"로 번역했듯이 일종의 동등한 "역할" 분담과 관련됩니다. 즉 하나님의 왼손과 오른손, 은혜와 의지, 하나님의 행위와 인간의 행위 사이에서 이해할 만하고 받아들일 만한 힘의 균형을 이루는 것입니다. 그렇게 함으로써 아마도 균형있는 탐구적 신학으로 한 발짝 나아가게 됩니다. 그러나 시련이 실제 단계에 이르면 문제는 훨씬 더 쉬워지고 단순해집니다. 시련이 줄어듭니다.

그러나 이것이 참으로 쉬워집니까? 아니면 그 일은 더 어려워지고 불투명해집니까? 여기서 문제시되는 시험 혹은 연단에 관련한 모든 요소를 칼빈이 정당하게 처리하려고 노력했다는 것을 알 수 있습니다. 하지만 칼빈 역시 시련의 일들을 정확한 공식으로 만드는 데는 신학적으로 무능했습니다.

● **씨름으로서 겪는 시련**

우리가 시련을 우연으로 이해하는 것이 아니라 하나님께로부터 오는 씨름으로 이해할 때, 바로 그곳에서 우리는 하나님을 우리의 적대자로 만나게 됩니다. 거기에서 그 나머지 모든 것이 흘러나옵니다.

즉 바로 이런 시련의 형식에서 하나님께서 우리보다 약한 분으로 나타나신다는 사실입니다. 그런데 그렇게 하시는 것은 하나님께서 우리 안에서 승리하시기 위해서입니다. 우리 안에 계신 하나님께서는 우리를 대적하시는 하나님과 싸우십니다.

루터가 그랬던 것처럼 이런 생각이 야곱의 씨름을 의미한다고 제한하는 사람들에게 칼빈은 동의하지 않습니다. 칼빈은 야곱의 역사에서 야곱 자신에게만 적용되는 아주 특별한 요소가 있음을 인정합니다. 하지만 야곱의 역사를 하나님께서 모든 신자를 훈련하시는 것의 모형으로 해석합니다. 그 이유는 하나님께서 원수를 대하듯이 신자들을 대항하여 행동하시기 때문입니다. 모든 시련을 통해 우리는 우리를 대적하시는 한 분을 만납니다. 그분은 우리의 믿음을 시험하시고 훈련하시고 동시에 능력을 주시는 우리의 하나님이십니다.

이런 역사를 통해 배우는 것은 우리의 전 인생 여정에 전쟁을 늘 수행해야 한다는 점입니다. 아무도 자신에게 평화를 약속해서도 안 되고 그것으로 자신을 속이지도 말아야 합니다.

이런 권고는 우리에게 정말 필요합니다. 왜냐하면 우리가 얼마나 쉽게 나태에 빠지는 경향이 있는지 스스로 잘 알기 때문입니다. 이런 경향 때문에 전쟁이 진행 중인데도 우리는 평화롭다고 상상할 뿐만 아니라 심지어 하나님께서 우리를 훈련하시지 않는 전투 중에도 평화롭다고 착각하는 것입니다.

계속해서 우리는 싸움 속에 내던져집니다. 평화라고 말할 수 있는 순간은 없습니다. 주님께서 우리를 깨우시지 않는다면 우리는 나태함에 빠질 것입니다. 주님께서는 우리에게 주시는 시련으로 우리를 깨우십니다. "승리하기 위한 놀라운 방법입니다! 주님께서는 비록 그분의 능력이 모든 찬송을 받으시기에 합당할지라도 연약한 인간을 승리자로 나타내기를 원하십니다…".

하나님의 자녀는 이런 식으로 하나님과 더불어 싸웁니다. 이것은 실제입니다. 이 모든 것을 균형있게 신학화하는 것은 칼빈에게조차 힘든 일이었습니다. 우리가 본 것처럼 시련을 실제로 겪게 되면 시련의 곤경이 없어지게 된다는 이해하기 어려운 방식으로 칼빈은 시련을 논했습니다. 하나님의 자녀들이 자신들을 상태로 싸우시는 하나님께서 자신들에게 승리를 주시는 하나님이심을 발견할 때 시련은 실제로 이처럼 힘을 잃게 된다는 것입니다.

이런 시련은 더 쉬운 것인가요, 아니면 더 어려운 것인가요? 이것이 어떻게 되는지 가르쳐 주는 것은 경험의 몫입니다. 이것은 내적으로 모순되는 것처럼 보입니다. 그러나 그렇게 보인다 하더라도 우리가 승리를 거두었을 때, 하나님의 은혜가 승리했고 이 은혜 때문에 우리가 폐하지 않았다는 사실이 밝혀지는 것입니다.

사탄은 시험으로 우리를 부패와 정죄와 황폐함과 멸망으로 인도합니다. 그러나 하나님께서는 자신의 자녀들을 검증하고 훈련하기 위해 시험하십니다. 그분은 불로써 자녀들의 육을 죽이고 씻어 정결하게 하기를 원하십니다. 이런 방법으로 육체를 억제하지 않는다면 육체는 방탕에 빠지고 분수를 몰라 교만해집니다. 게다가 사탄은 준비되지 않은 무방비 상태의 사람들을 공격하여 갑작스럽게 멸망의 자리에 떨어지게 합니다. 하지만 하나님께서는 연단과 동시에 피할 길을 주셔서 자녀들에게 예비하신 것을 인내하며 견딜 수 있게 하십니다.

강력한 원수인 마귀와 투쟁하는 것이 우리의 능력에 달려 있지 않다는 사실에 칼빈은 주목했습니다. 허황된 자기 신뢰로 싸움에 임하는 자는 임전태세로 무장한 원수 앞에서 우리가 무엇을 가지고 싸워야 하는지 즉시 경험하게 될 것입니다. 이런 점에서 우리의 인간적 의지가 허황되다는 것에 칼빈은 주시합니다.

다른 사람들에 대해서는 그 사람들이 원할 경우 자신의 자유의지와 자신에게 있는 능력을 신뢰하게 내버려 두십시오. 우리는 오직 하나님의 능력 안에서 강하게 된다는 것으로 충분합니다.

● 1537년에 출간한 『제네바 교리문답』

1537년에 출간한 작은 교리문답서에서 칼빈은 주기도문의 여섯 번째 기도를 다음과 같이 요약합니다.

그러므로 우리가 어떻게 기도하는 것은 우리가 어떤 시험에도 노출되지 않게 요청하는 것이 아닙니다. 우리에게 정말 필요한 것은 시험을 통해 깨어나고 불안에 떨고 경악하는 것입니다. 그렇지 않으면 우리는 지나치게 큰 안정 속에서 게으름과 나태의 위험에 빠져들 것이기 때문입니다.

주님께서 택하신 자들을 매일 연단하실 때 택하신 자들을 불명예와 가난과 슬픔과 다른 여러 종류의 십자가를 통해 연단하십니다. 우리의 기도는 그 주님께서 우리에게 시험을 동시에 그 시험을 통과할 수 있는 수단을 주시도록 기도하는 것입니다. 우리가 실패하여 의기소침하게 되지 않기 위해 그리고 우리를 위협하는 모든 권세에 대항하여 하나님의 힘으로 강하게 되기 위해 기도하는 것입니다. 더 나아가 그분의 보호와 돌봄을 받을 때, 그분의 성령의 은혜로 거룩하게 될 때, 기분의 인도하심을 받을 때, 우리는 마귀와 죽음과 지옥의 모든 무기와 계략에 대항하여 정복당하지 않을 수 있습니다. "악에서 구하시옵소서!"라는 기도가 의미하는 것이 바로 이것입니다.

●1545년에 출간한 『제네바 교리문답』

1545년에 칼빈은 또다시 새롭게 주기도문의 조항들을 해설했습니다. 이제 칼빈은 『기독교 강요』와 루터의 교리문답서에서 자신을 어느 정도 분리했습니다. 1545년 작품에서 질문과 대답으로 나누어져 있는 이 부분을 다시금 전체적으로 살펴보겠습니다.

287문: 그 뒤에는 무엇이 옵니까?
287답: "우리를 시험에 들게 하지 마시옵고 다만 악에서 구하시옵소서"입니다.

288문: 당신은 이것이 둘이 아닌 하나의 기도라고 생각합니까?
288답: 예. 두 번째 부분은 첫 번째 부분의 설명이기 때문입니다.

289문: 이 기도는 무엇을 담고 있습니까?
289답: 하나님께서는 우리가 시험에 들게 하시지 않고, 우리를 대항해 싸우는 마귀와 육체의 정욕 때문에 정복당하도록 허락하시지 않습니다. 오히려 우리에게 견딜 수 있게 힘을 주시고 자신의 손으로 우리를 붙잡으시고 보호하셔서 자신의 돌보심 가운데 안전하게 살아가게 하십니다.

290문: 이런 일이 어떻게 일어납니까?
290답: 그분이 자신의 성령으로 우리를 다스리실 때 우리는 사랑으로 충만하여 의를 사모하게 됩니다. 그래서 우리는 죄와 육체, 마귀를 정복하는 것입니다. 또한 우리가 죄를 미워함으로써 세상과 분리되어 순수한 거룩함 속에 보존되는 것입니다. 왜냐하면 우리의 승리는 그분의 성령의 능력에 달려 있기 때문입니다.

291문: 우리에게 모두 이런 도움이 필요합니까?
291답: 예. 마귀는 항상 우는 사자처럼 삼킬 자를 찾아 돌아다니기 때문입니다. 그리고 우리는 약하고 깨지기 쉬워서 하나님께서 우리로 승리하도록 강하게 하시지 않는다면 마귀는 우리가 선 자리에서 우리를 때려눕힐 것이기 때문입니다.

292문: 시험이란 단어는 무엇을 의미합니까?
292답: 하나님의 도우심이 우리를 지키지 않는다면 교활하고 위선적인 마귀는 우리를 잽싸게 낚아챌 것입니다. 왜냐하면 우리의 영혼은 본 성적으로 마귀의 교활함에 유혹당하기 쉽고 우리의 영혼이 악으로 기우는 속도가 빠르면 빠를수록 마귀는 우리를 제압할 것이기 때문입니다.

293문: 시험이 하나님께로부터 온 것이 아니라 마귀의 것으로 보이는데 당신은 왜 하나님께 우리를 시험에 빠지지 않게 해 달라고 기도합니까?
293답: 하나님께서는 자신의 성도들을 자비로 보존하십니다. 그리고 마귀가 성도들을 유혹하는 것을 허락하지 않으실 뿐만 아니라 죄가 성도들을 향해 승리의 개가를 부르지 못하게 끔 하십니다. 그러나 하나님께서는 자신이 벌하기를 원하시고 마귀의 지배에 넘겨주시는 자들에게서 자신의 은혜를 거두어 가십니다. 그리고 하나님께서 그 사람들을 보지 못함과 유기 상태에 버려두심으로 그 사람들은 죄의 노예가 되고 모든 시험을 당하게 됩니다.

칼빈은 시험과 연단과 시련에 대한 자신의 전체 생각을 지배하는 줄거리를 이 작은 세 개의 저술에서 재현합니다. 인간은 죄를 맞서 대처할 수 없습니다. 또 싸움에 약하기 때문에 하나님으로 말미암아 강해져야 합니다. 칼빈에게 있는 이런 요소들은 믿음의 시련에서 다시 나타납니다. 우리는 하나님의 은혜를 의지합니다. 그렇다면 하나님의 은혜와 능력으로 우리 역시 계속 살아갈 수 있고 승리할 수 있습니다. 칼빈은 이런 것들을 설교했고 그렇게 교회를 가르쳤습니다. 이것은 모든 믿음의 조상인 아브라함의 연단에 대한 해설에서 아주 분명하게 나타납니다. 아브라함의 역사에서 특히 이삭을 바치는 제사에서 그 모든 요소는 함께 나타납니다.

6) 아브라함의 믿음의 연단

칼빈은 아브라함이 통과했던 믿음의 연단에 대한 설교 세 편을 우리에게 남겼습니다. 설교는 따로 출판되었고 판 프로스데이(C. van.Proosdij)가 프랑스어에서 네덜란드어로 번역했습니다. 이것은 칼빈 작품집이 완성된 직후 1897년에 출간되었습니다.

이 설교에서 칼빈은 자신이 아브라함의 역사에서 보듯이 믿음의 연단의 본질에 대해 꽤 광범하게 다룹니다. 이 설교 외에도 창세기주석이 있습니다. 창세기주석은 다른 주석에서도 그렇듯이 간결하고 분명합니다. 여기서 우리는 본문 주석과 설교를 서로 비교해 볼 수 있습니다. 이것이 더욱 흥미진진한 것은 칼빈의 설교와 주석을 『기독교 강요』와는 다른 것으로 평가하기 때문입니다. 이 일에 대해서는 너무 깊이 다루지 않을 것입니다. 또한 우리는 믿음의 연단에 대한 루터와 칼빈의 강조점의 차이를 다시 한 번 비교해 볼 수 있습니다. 루터는 첫째 성경책인 창세기를 아주 광범하게 다루어 연속으로 강의했습니다. 루터와 칼빈을 나란히 놓고 보면 두 개혁자는 이 점에서 큰 차이가 없다는 것이 분명해질 것입니다.

7) 하나님께서 우리를 부르신 곳을 향해 걸어간다는 것

칼빈은 아브라함의 제사에 대한 설교에서 믿음의 순종을 강조했습니다. 칼빈의 설명에 비추어 보면 믿음의 순종이란 눈먼 순종입니다. 하나님께서 아브라함에게 주신 약속은 겉으로만 본다면 아브라함이 받은 명령 즉 아브라함의 아들을 제사로 바치라는 말씀을 통해 더는 효력 없는 것이 되고 말았습니다. 약속과 명령이 서로 싸우는 것입니다. 그러나 아브라함은 초지일관 순종했습니다. 아브라함은 하나님께 이렇게 반항할 수 있었을 것입니다. "하나님 나라의 미래가 이삭 안에서 확고하게 세워진다는 약속을 저는 붙잡고 있습니다. 그러므로 저는 지금 제가 받은 그 명령을 따르지 않을 것입니다. 그리스도께서 이삭에게서 태어나셔야 하기 때문입니다". 그러나 아브라함은 그 약속이 하나님께서 지금 자신에게 요구하시는 것과 어떤 식으로든 일치하지 않는다 하더라도 눈먼 순종을 통해 하나님의 말씀에 자신을 붙들어 맸습니다.

믿음으로 아브라함은 하나님께서 이삭을 죽은 자들 가운데서 다시 살리시리라고 생각했습니다. 이처럼 아브라함은 약속에 우선순위를 두었기 때문에 하나님의 명령을 완수할 수 있었습니다. 이것이 보여 주는 것은 아브라함이 하나님의 명령과 하나님의 길에 대해 절대 아무것도 이해하지 못했지만 자신을 하나님께 붙들어 맸다는 점입니다.

우리는 하나님을 판단하지 말아야 합니다. 우리 자신의 생각에 사로잡혀서는 안 됩니다. 또한 하나님의 능력에 대해서도 사색하지 말아야 합니다. 우리는 눈을 감아야 합니다. 그리고 눈을 감은 채 이렇게 말해야 합니다. "내가 깜짝 놀라게 될 그런 방법으로 일하실 것이다. 그러나 하나님께서 왜 이런 방법으로 일하기를 원하시는지 조사하는 것은 나의 몫이 아니야. 내게 이전에 알려지지 않았던 것을 하나님께서 내게 설명해 주실 때까지 나는 기다려야 해". 우리는 하나님께서 섭리하실 것을 신뢰해야 합니다.

"우리가 우리 앞에 심연 외에 어떤 것도 보지 못하게 될 때 그 심연이 우리를 삼켜 버리는 것처럼 보일지라도 우리는 하나님께서 우리를 부르시는 곳을 향해 걸어갈 것입니다". 이런 방법으로 칼빈은 믿음을 순종에 연결했습니다. 어떤 상황에서도 믿음은 하나님을 확고히 붙듭니다. 믿음은 일이 어떻게 진행되고 다가올 지에 대해 설명하려고 시도하지 않습니다. 그러나 하나님께서 온전히 신뢰할 수 있는 분임을 믿는 것입니다. 믿음은 하나님께서 우리를 부르신 곳을 향해 걸어가게 합니다. 그런데 칼빈은 이것을 뒤집어 말하기도 합니다. 즉 믿음은 순종에서 태어난다고 말하는 것입니다. 그렇습니다. 믿음은 다름 아닌 순종

안에서 자신을 드러냅니다.

● 섭리

　아주 분명한 사실은 칼빈의 사상에서 하나님의 섭리에 대한 믿음이 엄청난 위로라는 점입니다. 섭리에 대한 칼빈의 말은 후대 사람들이 했던 것과는 완전히 다릅니다. 후대 사람들에게 이 믿음은 빈약한 믿음이 되어 버립니다. 이런 믿음에는 하나님께서 더는 그 자신이 아니십니다. 그렇다면 그분은 아버지로서 계시는 것이 아닙니다.

　칼빈에게 하나님의 아버지 되심은 믿음의 연단에서 핵심입니다. 그리스도 안에 있는 하나님의 부성적 선하심에 대한 확고한 증거가 칼빈에게는 믿음을 꽉 붙드는 것입니다. 이것이 사람들에게는 너무 많이 부족합니다.

　그러므로 세상에 존재하는 믿음은 너무도 적은 것입니다. 그렇습니다. 약간의 선한 경향을 지닌 자들과 하나님을 믿기에 적합하게 보이는 자들조차도 그런 빈약하고 흔들리는 믿음을 가지고 있는데, 이런 믿음을 넘어뜨리기 위해서는 아무것도 필요하지 않습니다. 모든 악은 우리가 하나님의 섭리에 대한 어떤 뿌리 깊은 증거도 가지고 있지 않다는 것에서 흘러나옵니다.

　칼빈에게 섭리 교리는 자신의 신앙고백의 핵심입니다. 항상 우리는 하나님께서 공급하시리라는 것을 주시해야 합니다. 바로 이 믿음이 연단을 받습니다. 그러므로 아브라함의 역사를 읽을 때 마치 성령님께서 그 역사를 통해 우리를 훈계하시되 우리가 적당한 정도를 넘어 지나치게 지혜로워지지 않게 훈계하신 것처럼 읽어야 합니다. 우리는 "어떻게? 그리고 무엇이 일어날 것인가?" 하고 물음으로써 너무 앞에 있는 것을 보거나 접근하려고 해서는 안 됩니다. 이런 생각은 우리 마음의 평화를 도둑질해 갑니다. 하나님의 섭리를 믿는 믿음의 내용은 다음과 같습니다.

　하나님의 섭리를 믿는다는 것은 하나님께서 말씀하신 것을 확실하고 분명하게 간직하는 것입니다. 그분은 상황을 어떻게 다룰 수 있는지 알고 계십니다. 무슨 일이 일어나든지 일어나게 하십시오. 그분이 우리 하나님이시라면 모든 것을 분명 선하게 진행하실 것입니다. 이런 일들에 대해 우리의 생각을 내려놓읍시다. 그리고 자원해서 장님이 됩시다. 즉 모든 것을 알고 싶어하고 판단하려는 세상의 지혜로운 사람들처럼 그렇게 총명한 사람들이 되지 말자는 것입니다. 세상의 지혜로운 사람들은 심지어 하나님께서 무엇을 하셔야 하는지에 대해서도 알고 싶어 합니다. 그러나 우리는 그분의 것을 그분께로부터 강탈해서는 안 됩니다. 우리의 의무를 수행하는 것으로 만족해야 합니다.

여기에 적합한 기도는 이것입니다.

"주님. 주님께서 기뻐하시는 대로 저를 인도하소서. 저는 본래 장님이기 때문입니다. 저는 이 자리를 보지 않아야 합니다. 그 자리는 제가 스스로 인도자가 되고 싶어했을 때 추락하게 되는 깊은 심연이 될 것이기 때문입니다."

●눈먼 믿음

우리는 눈을 감은 채 주께서 부르시는 음성을 따라갑니다. 눈먼 순종은 눈먼 믿음에 적합한 것입니다. 칼빈의 "눈먼 믿음"이 의미하는 것은 불합리한 어리석음과 동류인 비이성적 신앙이 아닙니다. 그것은 칼빈의 설교 전체의 의도와 상반하는 것입니다. 그러나 칼빈은 하나님의 위대하심이라는 개념을 통해 우리가 하나님의 길을 이해하지 못해도 하나님을 신뢰하도록 호소합니다.

이 믿음의 근거는 전형적 개혁주의 사상인 하나님의 주권적 사역에 있습니다. 주님께서 모든 것을 인도하십니다. 그분께는 실패가 없으시며 그분은 장님이 아니십니다. 하나님의 섭리에 대한 칼빈의 견해는 하나님의 눈이 모든 것을 살피신다는 사실에 기초합니다. 주님께서 공급하신다는 말로 아브라함은 자신의 믿음을 고백했습니다. 칼빈에 따르면 아브라함이 한 말의 의도는 하나님께서 보신다는 것과 그래야 우리가 하나님을 볼 수 있게 된다는 것입니다.

　이것이 우리가 주의해야 할 바른 순서입니다. 즉 하나님께서 우리를 보고 계신다는 사실을 먼저 인정하는 것입니다. 그 결과로 우리가 그분을 보고 우리의 믿음을 그분께 맞추는 것입니다. 우리는 그분이 우리를 보호하시며 안전하게 하신다는 것을 압니다. 그분은 결코 우리를 잊지 않으시며 우리의 모든 고난 가운데 도울 수단들을 가지고 계십니다.

　하나님의 섭리는 하나님께서 하나님의 모든 자녀를 돕기 위해 마련한 하나님의 전능하심입니다. 그러나 이 전능하심은 오직 한 곳에서만 볼 수 있습니다. 즉 그리스도의 제사입니다. 아브라함이 자신의 아들 대신에 제단에 놓은 양, 수풀에 걸린 그 양은 그리스도께서 이루실 화해의 모형입니다. 그러므로 하나님의 섭리의 핵심은 그리스도의 십자가에서 찾아야 한다고 말할 수 있습니다.

　칼빈에게 시련이라는 주제는 루터만큼 그렇게 중심이 아니라고 합시다. 하지만 칼빈 역시 모든 시련 가운데 유일한 위로를 그리스도의 십자가에서 그리고 그 십자가 안에서와 곁에서 발견한다는 것은 명확합니다.

　하나님의 권능은 아버지의 권능입니다. 이것을 믿고 자신을 하나님께 맡기는 사람은 가장 힘든 시련 중에도 위로가 있다는 것을 경험하게 될 것입니다. 우리는 눈먼 믿음으로 하나님께 우리 자신을 맡깁니다. 그러면 하나님께서 우리가 여전히 보지 못하는 동안에도 우리를 충분히 지켜보고 계신다는 것을 고백하기 위해 우리가 영광을 그분께 돌린 것은 까닭 없는 것이 아니라는 사실을 하나님께서는 우리의 경험을 통해 증거 하십니다.

　믿음이란 다름 아닌 하나님의 눈으로 보려는 것입니다. 믿음은 연단을 받을 때 그 연단의 깊은 것과 심각한 것을 제거해 주지 않고, 때로는 쓰라림조차 제거해 주지 않습니다. 고통과 괴로움은 고통과 괴로움으로 남아 있습니다. 그러나 그것들은 다르게 경험됩니다. 우리의 경험을 통해 하나님께서는 우리가 이유 없이 그분을 경외한 것이 아니라는 것을 증거하십니다. 우리가 보지 못한다 할지라도 그분은 우리를 충분히 보고 계십니다. 신자는 연단을 통해 하나님을 신뢰하는 법을 배웁니다. 이것을 위해 칼빈은 아주 의미심장한 표현을 했습니다. "그때 우리가 배우는 것은 하나님의 미소 가운데 인내하며 우는 것입니다. 그렇게 함으로써 우리의 눈물은 순종의 제사가 됩니다". 불신자들은 오직 두려움과 괴로움뿐이기 때문에 절대 웃을 수 없습니다. 그러나 하나님의 자녀들은 연단 가운데 하나님의 미소를 알고 있습니다. 하나님의 자녀들의 눈물은 감사의 제사입니다. 세상은 이것을 이해하지 못합니다. 실제 역시 세상과 다르지 않습니다. 그러므로 우리는 눈먼 믿음과 신뢰 가운데 하나님의 눈을 통해 바라보는 것입니다. 바로 여기에 심연을 건너가는 다리가 있습니다.

6. 교역자의 행위와 생활의 평가

이 부분은 김미자 교수가 저술한 "체제적 교수 설계 모형의 개념"에서 오늘날 교회의 교역자들에게 주는 귀한 교훈과 새로운 영적이고 신령한 목회 모형이 생각이 나서 이곳에서 그의 논리와 방법과 체계를 소개한다. 우리는 중세시대에 로마 카토릭이 부패하여 치유의 길이 없었으나, 마틴 루터가 일어나 살고 새로워지는 방법을 제시하였다. 그러나 그 교회는 오히려 그를 해치고 죽이려 했다. 그의 개혁의 봉화는 존 칼빈에게 이어져서 더욱 확대되고 큰 생명을 주고 세계화되었다. 그러나 그 세계화된 개혁교회는 다시 중세의 로마 카토릭의 뒤를 밟으며, 잠자고, 병들고, 그리고 죽어가고 있다. 교회와 교역자와 성도는 성령 안에서 그 잠과 그 중병과 죽음에서 반성하고 바른 평가를 하고 신앙과 진리 안에서 일어나서 바로 서야 한다. 그것은 하나님의 뜻과 하나님의 크신 일이다.

앞에서도 언급한 것과 같이 각자가 지난 30년 동안 연구되어 온 교수설계는 학문적 측면과 과정적 측면의 양 측면으로 정의 내려지고 있

6. 교역자의 행위와 생활의 평가. 415

다. 학문으로서의 교수설계란 수업의 과정을 이해하고 개선하려는 과학적인 학문영역으로서, 학습자의 지식과 기술에 바람직한 결과를 가져오기 위하여 적절한 교수방법을 처방하는데 관심이 있는 분야(Reigeluth, 1983)이며, 과정으로서의 교수설계는 수업과정을 투입-과정-산출로 이어지는 일련의 순환과정으로 보고, 학습이 일어나는 조건에 대한 과학적인 지식 및 전략을 목표의 효과적 달성을 위하여 체계적으로 적용시켜 나가는 절차 및 단계(Dick and Carey, 1996), 그리고 수업을 설계, 개발, 실행 그리고 평가하기 위한 체제적 과정(Dick & Reiser, 1989)으로 정의내리고 있다.

한편 체제적 교수설계모형이란 수업을 설계, 개발, 실행 그리고 평가하기 위한 체제적 과정을 기술한 것(Gustafson, 1991)으로 교수설계과정을 언어형태의 설명과 함께, 시각적으로 보여주는 전략구성요소들의 통합된 일련의 틀이다. 또한 교수설계 모형은 교수설계이론을 명료하게 해줄 뿐만 아니라, 교수설계 이론을 실행하는 수단이 되며 주어진 상황에서 수업결과를 산출하기 위해서 사용할 방법을 결정해야 하는 교수설계자에게는 대단히 중요한 것이다(Jonassen, 1988).

● 체제적 교수설계모형

그림은 이 책에서 다루려는 체제적 교수설계모형이다. 이 교수설계모형은 교수설계분야의 여러 문헌에서 흔히 볼 수 있는 모형들과 매우 비슷한 것이다. 특히 Dick-Carey의 모형과 거의 비슷하다. 교수설계를 위한 체제적 교수설계모형들은 그 구성요소가 모두 유사하지만 개발절차가 조금씩 다를 뿐이다. 또한 설교자와 그 설교를 듣고 행하고 생활하는 성도의 평가가 필요하다.

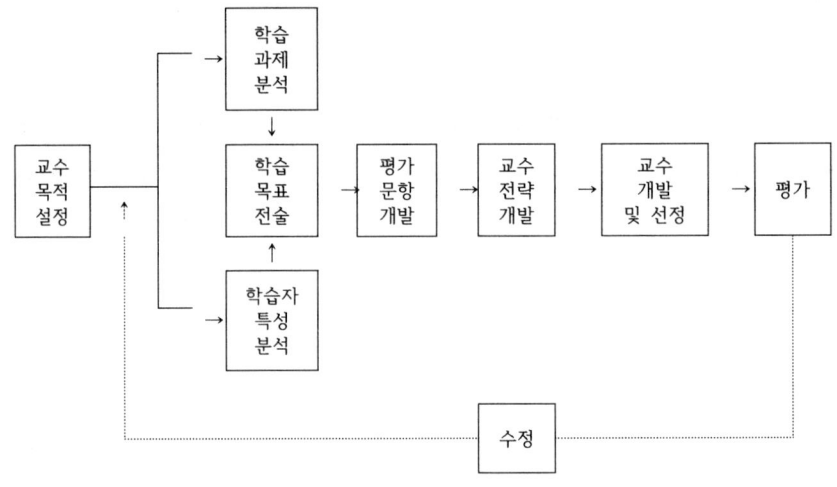

<그림. 체제적 교수설계 모형>

이 모형의 구성요소들도 경험있는 교수설계자들에게 많이 알려진 것들이다. 이 교수설계모형은 그 절차 및 구성요소가 기본적은 틀에서 크게 벗어나지 않도록 설계되었으므로, 이 모형을 적용하는 데 있어서 그 자체를 그대로 적용할 수도 있고, 혹

6. 교역자의 행위와 생활의 평가. 417

<표1.1> 성취 행동과 평가문항 유형(Dick & Carey, 1996)

성취내용	평가문항의 유형						
	논문형	완결형	완성형	선다형	배합형	작품평가	수행평가
진술한다(VI)	X	X	X				
확인한다(IS)		X	X	X	X		
논의한다(IS)	X		X				
정의한다(IS)	X	X	X				
선정한다(VI,IS)				X	X		
변별한다(IS)				X	X		
해결한다(IS)	X	X	X	X		X	
개발한다(IS,C)	X		X			X	
정착한다(IS)	X	X	X	X	X	X	
구성한다(IS)	X	X	X			X	X
창안한다(CS)	X		X			X	X
조작한다(PS)							X
선택한다(AT)	X			X			X

표1.1은 평가문항 유형별 특징을 간략히 비교하고 각 유형에 대한 예를 제시한 것이다.

<표1.2> 평가 유형별 특징 비교
(서울시 교육연구원 교직실무편람, 1991)

구분	정의	장점	단점	문항 예
단답형	한두 개 정도의 단어, 어구 또는 숫자, 기호, 간단한 그림이나 한두 줄의 짧은 문장을 이용하여 답하는 문항형식	•출제가 용이 •추측에 의해서 우연히 정답 할 가능성 희박	•지식수준 이상의 학습결과를 측정하기 곤란 •두 가지 이상의 정답이 나올 수 있음 •철자를 잘못 쓴 답안의 처리 등 채점상 곤란	•고구려의 시조는 누구인가? •춘원 이광수의 작품 특징을 한 문장으로 써라.
완성형	한 문장이나 도형적 자료의 중요한 부분을 공란으로 만들어 적당한 단어나 어구, 기호 또는 숫자를 채워 넣는 문항형식	•단답형의 장점과 비슷	•단답형의 단점과 비슷 •응답의 의미가 불명료하여 학습자의 임의적 판단에 의해 응답할 가능성이 큼.	•유전은 ( ) 세대 사이의 ( ) 관계이다. •훈민정음은 ( )년에 창제되었다.
논문형	주어진 주제에 관한 지시나 질문에 따라 응답자가 문장형태로 답안을 작성함에 어느 정도 자유가 허용되는 문항형식	•응답자는 자기들의 지식의 배경 속에서 선택하여 답안 작성 •전체적 관련에 주의 집중시킴 •응답자의 창조력 측정	•채점의 비신뢰성 •채점에 소요되는 시간과 노력 과다 •학생간의 타당한 비교 불가	•고려의 불교문화에 대하여 논하라. •논문형 평가의 장점을 객관식평가와 비교하여 설명하라.

●수행을 평가하기

수업을 통하여 학생들이 획득한 학습결과로서의 성취수준을 평가하고 사정함으로써 학습결손부분을 확인하고 보완해 준다. 이 단계에서는 주로 형성평가의 목적으로 실시한다.

●파지 및 전이를 향상시키기

학습자가 학습한 내용을 오랫동안 기억하고, 또 학습한 내용을 다른 문제상황에 적용할 수 있도록 연습 및 복습을 시켜야 한다. 파지와 전이를 높이기 위해서는 학습자가 잘못 반응한 문항을 다시 해결해 보도록 하거나, 복습을 시키거나, 학습한 개념이나 원리를 검토해 보도록 예시자료를 제공해 주거나, 문제해결상황을 제공해 주는 방법 등을 사용할 수 있다.

Gagne-Briggs는 표1.3에서 각 학습영역 내의 모든 교수사태들을 제공해 주는 방법에 관해 다음과 같이 제시하고 있다.

<표1.3> 교수사태의 학습의 조건: 이들은 다섯 가지 유형의 학습된 능력을 시사한다(Gagne & Briggs, 1979).

교수사태	능력의 유형				
	지적기능	인지전략	정보	태도	운동기능
1. 주의력을 획득시키기	자극 변화를 도입한다 : 감각적 양식으로 변화				
2. 학습자에게 목표를 제시하기	기대하는 주행의 기술과 예를 제공한다.	예상되는 해결책의 일반적 특성을 명료화 한다.	대답해야 할 언어적 질문의 종류를 알려준다.	목표로 삼고 있는 선택된 행동의 예들을 제공한다.	기대하는 수행의 시범을 제공한다.
3. 선수학습 요소의 회상을 자극하기	하의개념과 규칙의 회상을 자극한다.	과제 방략 그리고 연합된 지적 기능의 회상을 자극한다.	조작된 정보의 맥락에 대한 회상을 자극한다.	관련된 정보, 기능, 인간 모델 확인의 회상을 자극한다.	실행적 하위 기능과 부분 기능의 회상을 자극한다.
4. 자극자료를 제시하기	개념이나 규칙의 예들을 제시한다.	새로운 문제들을 제시한다.	명제의 형태로 정보를 제시한다.	개인적 행위의 선택을 보여주는 인간 모델을 제시한다.	도구와 기구를 포함하고 있는 수행을 위한 외재적 자극을 제공한다.
5. 학습안내를 제공하기	적절하게 조합된 계열에 따라 언어적 단서를 제공한다.	새로운 해결책에 대한 암시와 단서를 제공한다.	보다 의미있는 맥락에서 언어적 결합을 제공한다.	모델의 행위의 선택을 관찰하고, 모델의 수용한 강화를 관찰하도록 한다.	수행행동에 대한 피드백과 함께 연습기회를 제공한다.

참고문헌

1. 성경전서
   1) 바른성경,　　　　　한국성경공회, 2008년 9월
   2) 관주성경전서,　　　한국성서공회, 1954년
   3) K. Eliger et. W. Rudolph, Biblia Hebraica.
   4) B. B. Davidson, Analytical Hebrew & Chaldee Lexicon, Eerdmans.

2. 사전
   1) Webster's New Collegiate Dictionary.
   2) Si-Sa, Elite English-Korean Dictionary.
   3) Robert Young : Youngs Analytical Concoldance to the Bible, Eerdmans.

3. 주석
   1) 원용국, 『창세기주석』　　　　　　　　　호석출판사, 1985.
   2) 원용국, 『성경사본학과 고대 근동사본 비교연구』,
   　　　　　　　　　　　　　　　　　　　　　호석출판사, 1998.
   3) 원용국, 『성경형성의 역사』,　　　　　　호석출판사
   4) 원용국, 『구약성문서』,　　　　　　　　　호석출판사
   5) 원용국, 『율법과 복음에 관한 연구』,　　호석출판사
   6) 원용국, 『신명기주석』,　　　　　　　　　호석출판사
   7) 가이서 저, 윤영탁 역, 『구약성경개론』, 엠마오
   8) 『교사의 벗』, 1993년 5월호, 교사의 벗 사
   9) 막스 J. 다이몬트, 김수영 역, 『이것이 유대인이다』,
   　　한국기독교문학연구소
   10) S. 맥밀런, 문창수 역, 『고뇌를 극복하는 길』, 백합출판사

11) K.B.S Video, K.B.S 방송사
12) 원용국, 『최신성서고고학, 구약편』, 호석출판사
13) 원용국, 『최신성서고고학, 신약편』, 호석출판사
14) 원용국, 『신학부 교수 논문집』, 1994년 제1권, 대신대학교
15) Josephus, Wars of Jewish, Kregel.
16) 이원종, 정기수, 오성환, 『불멸의 나라 이스라엘』, 농원출판사
17) History Unitl 1889, Israel 문부성.
18) 탐 라헤이, 『성령과 기질』, 생명의 말씀사, 1981.
19) 국어국문학회편, 『국어새사전』, 1942.
20) 박영미, 『유대인 부모는 이렇게 가르친다』, 백성, 2000.
21) 현용수, 『I.Q는 아버지, E.Q는 어머니 몫이다.Ⅰ』, 조선일보사
22) 현용수, 『I.Q는 아버지, E.Q는 어머니 몫이다.Ⅱ』, 조선일보사
23) 현용수, 『I.Q는 아버지, E.Q는 어머니 몫이다.Ⅲ』, 조선일보사
24) 스페이 커트, 홍대우 역, 『기도.묵상시련』, 그책의 사람들, 2012
25) 마이클 그린, 김영재 역, 『도피하는 현대인』, 생명의 말씀사

4. 잡지
 1) 들소리 문화, 조효근, 들소리문화사, 2009년 창간호
 2) 성경과고고학, 2009년 여름호 제62호, 한국성서고고학회
 3) 성경과고고학, 2009년 가을호 제63호, 한국성서고고학회

| 저자 |
| 판권 |
| 소유 |

헤브라이즘과 그 생활

☐ 2018년 12월 10일 재판발행
☐ 저　자 : 원　용　국
☐ 발 행 인 : 원　용　국
☐ 발 행 처 : 호석 출판사

값 19,000 원

호석 출판사

서울시 서대문구 연희로 41-142 서강APT 1동 710호
TEL : 070-7584-6499
H.P : 011-9788-1937
ISBN 97889-87228-05-1

본도서 내용의 무단전재 또는 복제행위 일체을 금지 합니다.